KB095864

탄소시장

일러두기

1. 맞춤법과 외래어 표기법은 국립국어원의 용례를 따랐다. 다만, 전문용어와
   고유명사(기관명, 보고서명 등)의 경우 연구서나 논문에서 통용되는 방식을 따랐다.
   또한 출처와 자료의 외국 인명은 국문을 병기하지 않고 원어 그대로 썼다.
2. 본문에서 단행본은 겹화살괄호(《 》)를, 보고서와 논문, 선언문, 법은
   홑화살괄호(〈 〉)를 썼다. 프로젝트와 사업명 등은 작은따옴표(' ')를 썼다.
3. 국제기구와 협약은 가능한 국문으로 풀어쓰되, 가독성이 떨어지는 경우에는
   약어로 표기했다. 영문 공식 명칭은 처음 언급됐을 때 표기했다.
4. 기후변화에 대한 국제 협약과 온실가스 단위, 배출권 관련 용어는 따로 정리해
   책날개 안쪽에 실었다.
5. 본문에 인용한 협약문 중 밑줄 친 부분은 내용과 관련해 필자가 강조하고자 하는
   부분이다.

탄소시장

황석태

OJERI BOOKS

목차

Part 1.
지구환경문제와 국제적 대응

들어가는 글   8

1장
모두의 문제이면서
누구의 문제도 아닌

1. 지구환경문제   17
2. 국제사회가 모른 척하는 이유   27
3. 지구환경 거버넌스   32
4. 주목해야 할 행위자와 제도   41

2장
기후변화와 탄소중립

1. 기후변화   47
2. 탄소중립   51
3. 탄소중립으로 가는 길   60

기후변화 대응을 위한   66
국제협력의 역사

Part 2.
기후변화 대응

1장
온실가스

1. 온실가스의 종류와   71
   지구온난화지수
2. 온실가스의 특성과 탄소시장   74

2장
배출

1. 배출 부문   79
2. 스코프 배출량   86

3장
배출량 산정

1. 배출량 산정   91
2. MRV: 측정, 보고, 검증   95
3. 대한민국 온실가스 배출 현황 96

4장
감축

1. 감축 시나리오와 경로 분석   101
2. 배출 경로의 실제 분석   116

Part 3.
국제 탄소시장

1장
탄소시장의 이해

1. 일반시장과 탄소시장   123
2. 탄소시장의 수요와 공급   126
3. 탄소시장의 종류   131

2장
총량규제시장

1. 개요   135
2. 배출권거래제의 설계   140
3. 총량규제시장의 운영   150
4. 배출권거래제의 평가   154

3장
상쇄시장

1. 상쇄시장의 이해   159
2. 상쇄배출권의 생애주기   165
3. 상쇄배출권의 품질   168

4장
두 시장의 비교와 연계

1. 두 시장의 차이점   173
2. 두 시장의 연계   175
3. 연계 사례: K-ETS   179

5장
자발적 탄소시장

1. 자발적 탄소시장의 이해   185
2. 자발적 탄소시장의 운영   190

Part 4.
국제 탄소시장의 근거

1장
기후변화기본협약

1. 목표와 원칙 199
2. 책무 204
3. 협약 기구 207
4. 이행 메커니즘과 기타 사항 212

2장
교토의정서

1. 체결 경과와 의의 219
2. 신축성 메커니즘 221

3장
청정개발체제

1. 거버넌스 225
2. 사업 유형과 운영 결과 228
3. 상쇄배출권 발행 절차 230
4. 평가와 교훈 242

Part 5.
파리협정의 국제 탄소시장

1장
파리협정의 주요 내용

1. 목표 251
2. 감축 254
3. 적응 258
4. 재정 지원과 기술 개발 및 이전 261
5. 투명성체계 265
6. 파리협정의 작동 원리 270

2장
제6조 탄소시장

1. 제6조 탄소시장의 종류 273
2. 제6조 본문 해설 278

3장
운영 여건의 변화

1. 개요 287
2. 세 가지 핵심 개념 290

4장
제6조 탄소시장의 주요 쟁점

1. 상응조정 적용 315
2. 베이스라인 설정 324
3. 청정개발체제와 330
   6.4조 메커니즘의 연계
4. 활동 수익 일부의 사용과 340
   지구 순 배출량 감소 이행
5. 자발적 탄소시장과 345
   파리협정 탄소시장

Part 6.
파리협정 탄소시장의
세부이행규칙

1장
6.2조 협력적 접근법

1. 협력적 접근법의 형태와   357
   참여 조건
2. ITMO와 상응조정   361
3. 단일 연도 목표와 ITMO 거래   370
4. 국제사회의 감시   375
5. 협력적 접근법의 주요 과제   388

2장
6.4조 메커니즘

1. 사업 유형과 품질 기준   394
2. 거버넌스   398
3. 사업유치국의 역할   402
4. 사업 주기   406
5. 6.4조 메커니즘의 방법론   412
6. 허가와 A6.4ER의 용도   418
7. 메커니즘 등록부와 유효기간   420
8. 청정개발제제의 전환   425

Part 7.
국제 탄소시장과 대한민국

1장
전망   432

2장
탄소시장의 위험 요소와
국가의 평판   436

3장
국제 탄소시장과 대한민국
배출권거래제   444

주요 용어   448
참고 문헌   452

대한민국은 온실가스를 줄이기가 정말 어려운 나라라는 생각을 자주 한다. 무엇보다 한국은 온실가스를 다량으로 배출하는 제조업 중심의 국가이다. 제조업 비중이 세계에서 가장 높다. 전체 GDP에서 제조업이 차지하는 비중이 한국 27.5%, 미국 10.9%, 독일 19.1%, 일본 20.7%, 프랑스 9.8%, 영국 8.7%이다(송경호, 2022). 탄소 집약적인 산업구조를 가졌다고 한다. 더 큰 어려움은 한국 제조업의 경쟁력이 세계 최고 수준이라는 데서 비롯된다. 국제 경쟁력은 다른 말로 하면 효율성이다. 온실가스를 배출하는 에너지의 사용도 마찬가지이다. 에너지 사용이 세계 최고 수준으로 효율적이니 그만큼 온실가스를 줄일 여지가 적다.

여기에 국민의 심리와 정서가 역할을 한다. 한국은 전기 요금을 흔히 전기세電氣稅라 부르는 나라이다. 자신이 쓰는 전기에 부과되는 사용료를 마치 세금稅金처럼 인식한다는 말이다. 그러다 보니 생산 원가가 올라 전기 요금이 오르는 걸 당연하게 받아들이지 않는다. 정부가 생산 비용을 보조해서라도 '전기세'를 낮춰야 한다고 생각한다. 기후위기에 대응하기 위해 온실가스를 줄여야 한다고 하면서, 전기 요금이 오르는 데는 반발하는 묘한 상황이 벌어진다. 전기를 만드는데 전체 배출량의 40%에 육박하는 온실가스가 배출된다. 전력 부문에 가격 기능이 작동하지 않는다는 건 심각한 문제이다. 온실가스 피해 비용이 반영되어 전기 가격이 오르고, 오른 가격에 맞춰 소비를 줄이고 효율 개선 투자도 이루어져야 하는데 그렇게 되지 않는다.

그렇다고 부정적으로 볼 것만은 아니다. 한국 기업은 시장 동향과 변화에 민감하다. 글로벌 공급망에 긴밀하게 연결되어 있고, 세계 시장을 상대로 경영하기 때문이다. 국제적인 온실가스 감축 mitigation 움직임에 촉각을 세우고, 적극적으로 대응하려 한다. 더구나 한국 기업은 발 빠르게 움직인다. 어려움이 닥치면 길을 열고 방법을 찾을 것이다. 한국은 시민과 정치인 모두가 기후변화 대응과 온실가스 감축에 동의하는 나라이다. 인위적인 온실가스 배출로 인해 기후변화가 일어나고 있다는 과학적 사실을 부정하는 사람을 찾기가 어렵다. 국가 번영을 위해 세계의 시류 변화에 동참하고 글로벌 스탠다드는 따라야 한다고 생각한다.

지금 인류에게 주어진 가장 어려운 숙제가 기후변화 대응이다. 대한민국을 포함한 국제사회는 파리협정Paris Agreement이라 불리는 협력체제 아래에서 기후변화를 막기 위해 노력하고 있다. 지구에서 살아가는 생명체를 구하기 위해 기후변화를 완화하는 방법은 여러 가지가 있을 것이다. 그 중 하나가 탄소시장이다. 탄소시장은 우리가 익히 알고 있는 여러 가지 종류의 시장 가운데 하나이다. 시장은 원하는 사람들이 자발적으로 무언가를 거래하는 곳이다. 탄소시장은 화석연료의 사용과 산업공정의 부산물로 배출되는 대표적 온실가스인 이산화탄소와 지구온난화를 유발하는 다른 온실가스를 거래한다. 정확하게는 온실가스를 배출할 수 있는 권리 또는 자격으로서 온실가스 '배출권'을 거래하는 곳이다.

현대 사회는 탄소 문명이라고 해도 과언이 아니다. 화석연료에서 나오는 에너지로 움직이기 때문이다. 따라서 배출권이 있어야 연소 행위를 할 수 있도록 규제한다면, 사실상 경제 활동을 규제하는 셈이 된다. 경제 행위를 위해 배출권을 원하는 사람이 있을 터이니 당연하게 배출권에 가격이 붙고, 이를 거래하는 탄소시장이 형성된다. 탄소시장의 배출권 수요가 규제에서 나온다는 점을 꼭 기억해야 한다. 기후변화 대응, 더 정확히 온실가스 감축을 위한 규제이다. 규제에는 법적 근거가 있어야 한다. 국내 탄소시장은 해당 국가의 개별법에 따른다. 그리고 배출권의 국제 거래를 위한 국제 탄소시장의 근거는 파리협정 제6조에 담겨있다. 쟁점과 논란이 많은 주제가 국제 탄소시장이다. 나라마다 생각이 다르고, 찬성과 반대가 갈린다. 그래서 운영규정(세부이행규칙)을 만들어 합의하는데 상당한 어려움을 겪은 바 있다.

대한민국에게 국제 탄소시장은 선택지가 아니다. 2030년 국가 온실가스 감축 계획에서 제시한 바 해외에서 구매하는 상쇄배출권의 수량은 3,750만 톤이다. 이런 나라는 찾기 어렵다. 국내 산업 여건상 스스로 줄이기 어려우니 다른 데서 배출권을 구매해야 한다. 한국 기업이 국제 탄소시장에 관심을 갖는 이유이다. 당연히 가격이 중요하다. 국내 기업이 자체적으로 줄이는 비용보다 낮은 가격이면 구매하고 싶어할 것이다. 이렇게 국제 탄소시장을 활용하면 적은 비용으로 많은 양의 감축이 가능하다. 다만, 자칫 국내 기업의 자체 감축 역량을 떨어뜨릴 수 있다. 국가 전체적으로 장기적이고 신중한 판단이 필요하다.

국제 탄소시장은 분명 새로운 기회이기도 하다. 온실가스 감축 사업을 새로운 해외 시장으로 볼 수 없을까? 똑같은 감축 사업을 다른 나라보다 더 낮은 비용으로 실행할 수 있다면 경쟁력을 갖추고 있다는 의미가 된다. 감축 기술과 실행 능력에서 경쟁력이 있다면 이를 최대한 활용할 필요가 있다. 국제 탄소시장의 운영 방식과 동향을 주의깊게 관찰하며, 관련 논의에 적극 참여해야 하는 또 다른 이유이다.

이렇게 국제 탄소시장이 중요함에도 이에 대한 지식과 정보에 접하기가 힘들다. 세계적으로 탄소시장에 대한 관심이 높아지는 추세이지만 국내에서는 일반 독자를 대상으로 파리협정의 국제 탄소시장을 소개하는 책자 한 권 찾기 어렵다. 나름 안타까운 마음에서 일반 독자를 위해 이 책을 쓰기 시작했다. 하지만 시작하자마자 일반 독자 입장에서 탄소시장이라는 주제가 얼마나 어려운 주제인지 알게 되었다. 탄소시장을 이해하려면 파리협정의 전반적인 내용과 기후변화에 대한 배경 지식이 필요하다. 해당 분야의 전문가나 이해할 수 있는 기술적인 사항도 많다. 여러 분야의 전문가가 역할을 분담해서 운영하는 것이 국제 탄소시장이기 때문이다.

이 책은 기후변화기본협약UNFCCC에 근거하여 협약 사무국이 관할하고 통제하는 탄소 상쇄 프로그램에 관한 내용이다. 이 책의 주요 독자는 정책 담당자와 기업의 관련 부문 담당자, 전공자와 연구자일 것이다. 그러나 탄소시장에 대한 인식은 더 넓어질 필요가 있다. 기후위기라는 용어가 당연하게 들리고, 기후변화에 대한 지식이 상식이 되어야 하는 시대이기 때문이다. 일반 독자를 염두에 두지 않을 수 없었던 이유이다. 그래서 앞부분에서는 기후변화와 온실가스에 대한 내용을 담았다. 탄소시장을 이해하는데 필요한 기초 지식이고 배경정보이다. 전반적으로 국제 탄소시장의 큰 그림을 그리고, 세부 운영 원리를 파악할 수 있도록 썼다. 얼마나 성공적인 집필이었는지 모르겠다. 독자의 필요와 수준에 따라 취사선택해서 읽는 것도 요령이겠다.

1부에서는 기후변화를 완화하기 위한 국제협력이 왜 어려운지, 또 누가 참여하는지, 그리고 기후변화의 원인과 장기 감축 목표로서 탄소중립의 의미를 설명했다. 2부는 온실가스의 특성과 과학적인 감축 방법, 온실가스 배출 경로에 대해 이해하는 것을 목적으로 했다. 3부부터 본격적으로 탄소시장에 관한 내용이 나온다. 3부에서는 일반적인 시장의 작동 원리에 비추어 탄소시장은 무엇을 거래하고 어떤 목적하에 무슨 기능을 수행하는지 개략적으로 설명했다. 최대한 국제 탄소시장을 이해하는데 필요한 일반 지식을 담았다. 관련 전문가나 정책담당자라면 3부부터 읽어도 무방할 것이다. 반면, 국제협약의 세부 조항을 이해하기 어려운 독자라면 3부까지만 읽어도 기후변화와 탄소시장에 관한 상식 이상의 지식을 충분히 얻으리라 생각한다.

4부, 5부, 6부는 협약문을 중심으로 내용을 설명했다. 본문에서 언급하는 협약문의 영문본을 각주에 수록했다. 또 주요 협약문의 원문과 공식 번역본은 QR코드로 연결했다. 가능하다면 찬찬히, 영문본과 정부 번역본과 비교하면서 읽으면 좋겠다. 4부는 국제 탄소시장의 근거가 되는 기후변화협약, 교토의정서Kyoto Protocol와 청정개발체제CDM: Clean Development Mechanism의 의미와 쟁점을 소개했다. 5부에서는 앞의 내용을 토대로 파리협정이 관할하는 국제 탄소시장이 이전의 청정개발체제와 다른 이유와 쟁점에 대해 소개했다. 특히 실제 협상 과정에서 쟁점이 된 사항이 무엇인지 상세히 담았다. 국제사회가 무엇을 고민했는지 또 결론은 어떻게 났는지 안다면 파리협정 탄소시장의 향후 운영 기조를 예상해 보는데도 도움이 될 것이다. 6부는 파리협정의 두 가지 탄소시장을 관장하는 세부이행규칙(안내서guidance와 RMP)에 대해 자세히 다루었다. 세부이행규칙의 조문을 따라가면서 제6조 탄소시장의 구체적인 운영방식에 관해 설명한다. 파리협정에 의한 국제 탄소시장이 열렸다. 이 시장이 어떻게 운영될 지, 대한민국에 어떠한 영향을 미칠지, 그리고 대한민국은 어떻게 해야 할지 생각해 보아야 할 것이다. 이 내용을 7부에 담았다.

국제사회는 빠르게 변하고 있다. 인공지능 기술은 거침없이 새로워지고 있고, 기후와 자연의 변화는 종잡기 어려울 정도이다. 현재의 기후위기는 인간의 활동에서 비롯된 것인데, 기후변화를 멈추기 위해 활동을 멈추라고 할 수도 없다. 지금 주목받고 있는 인공지능을 비롯한 첨단 기술을 개발하고 사용하기 위해 인류는 여전히 많은 에너지를 사용해야 한다. 에너지를 사용해 산업을 발전시키면서도 어떻게 온실가스를 감축할지가 관건이다. 그 과정에서 국제사회에서 어떤 위치에 서고, 어떤 평판을 얻을 지 결정해야 하는 중요한 시기이다. 탄소시장은 하나의 해법이 될 것이다. 부디 지구와 대한민국 모두에게 현명한 방법을 찾아내길 희망한다. 이 책이 초석이 된다면 더 바랄 것이 없겠다.

2024년 5월

황석태

Part 1

지구환경문제와
국제적 대응

1장
모두의 문제이면서
누구의 문제도 아닌

1. 지구환경문제

지구호에 생긴 문제

인류가 직면한 대표적 지구환경문제인 기후변화climate change는 근대의 산물이다. 19세기 말에서 20세기 초, 근대화와 산업화, 도시화가 빠른 속도로 일어나면서 인류는 역사상 처음 지구적 규모로 환경이 악화되는 상황과 마주했다. 한정된 장소에서 국지적으로 발생하던 환경 문제가 국경을 넘어 인접한 여러 국가의 문제, 즉 지역regional 단위의 문제가 되고, 연이어 지구 전체의 문제로 발전했다. 지구화·세계화globalization 시대에는 한 국가의 환경 문제가 언제든 국경을 넘어 지구촌이 공유하는 자원global commons 곧 대기, 해양, 생태계 등에 악영향을 미친다. 환경 문제에서 국내, 지역, 지구의 담장이 허물어지고 있는 것이다. 기후변화는 국경이 없는 문제이기에 모든 국가가 함께 해결해야 하는 문제이면서 어떤 국가도 앞장서기 싫어하는 난제 중의 난제이다.

그리 오래지 않은 옛날 이야기를 해보자. 1968년, 인류 역사상 처음으로 인간이 지구를 직접 바라보는 사건이 일어났다. 유인 달 탐사선 아폴로 8호가 달 궤도에서 지구돋이Earthrise를 촬영해 지구로 전송한 것이다.

Apollo 8: Earthrise

시인 아치볼드 매클리시는 까만 우주에 떠 있는 파란 지구를 보고는 〈뉴욕타임스〉에 이런 글을 실었다. "저 끝없는 고요 속에 떠 있는 작고, 푸르고, 아름다운 지구를 있는 그대로 본다는 것은 바로 우리 모두를 지구의 승객riders으로 본다는 것"이라고. 소설가 김영하는 이 글을 《여행의 이유》(2019)에 인용하며 다음과 같이 썼다.

"지구가 고작 아이들이 가지고 노는 장난감 구슬처럼 보인다는 것을 알았을 때, 시인은 자존심을 다친 것이 아니라 오히려 그렇기에 지구라는 작은 행성, 푸르게 빛나는 우주의 오아시스와 우리 서로를, 모든 동식물을, 같은 행성에 탑승한 승객이자 동료로 소중히 여겨야 한다고 암시한 것이다."

지구가 아닌 곳에서 지구를 바라본 사진에서 국경이 보일 리 없다. 이때부터 지구호의 승객들은 지구와 환경 문제를 연결하는데 별다른 어려움을 느끼지 않게 되었다. 지구는 우리 모두를 태운 한 척의 배이자 '공동의 집'이다.[1]

지구환경문제의 근저에 세계경제체제가 있다. 20세기의 새로운 경제 질서 아래서 각국의 경제는 급속히 성장했고 동시에 자본과 상품이 자유롭게 이동했다. 그 결과 천연자원의 고갈과 광범위한 환경오염으로 이어졌다. 선진국은 자국의 오염 산업을 제3세계 국가로 옮기고, 그 곳에서 싸게 만든 상품을 대량으로 소비해왔다. 처리하기 성가신 폐기물은 또다시 가난한 나라에 떠넘겼다. 그렇게 선진국에서 쓰다 버린 의류, 가전제품, 자동차 등이 자원 재활용을 핑계로 개발도상국으로 돌아갔다. 하지만 그곳에서도 멀쩡한 옷이 산처럼 쌓이고 불타거나 방치되고 있다. 환경오염의 외부 효과가 지구 차원으로 번지고 있는 것이다.

국제적 대응의 시작

오염은 여기에서 저기로 번지지만 우리가 인식하는 지구는 하나의 행성이다. 그래서 국제사회는 공동 대응을 시작했다. 지구의 날

---

[1]   프란치스코 교황의 생태와 정의에 관한 회칙《찬미 받으소서(Laudato si')》에서는 지구를 모든 피조물이 더불어 살아가는 '공동의 집'이라고 부른다.

(1970년 4월 22일)을 만들었고, 고래를 지키고the Save the Whale Campaign, 아마존의 열대우림과 생물다양성을 보호하자는 운동이 나타났다. 이제는 "지구 수준에서 생각하자Think Globally"고 한다.

1972년 스웨덴 스톡홀름에서 국제연합 차원의 정상회의인 유엔인간환경회의UNCHE: UN Conference on Humans and Environment가 개최되었다. 여기서 과학 지식의 중요성, 국제기구의 조정 역할과 국제환경법의 지배력 등과 같은 환경 분야 국제협상의 기본 원칙과 방향을 정립해 〈스톡홀름 선언Stockholm Declaration〉으로 발표하였다. 유엔환경계획UNEP: UN Environmental Programme도 이때 만들어졌다. 이어 1987년 브룬트란트 보고서Brundtland Report라 불리는 세계환경개발위원회World Commission on Environment and Development 의 보고서가 《우리 공동의 미래Our common future》라는 제목으로 출간되었다. 1992년에는 브라질 리우데자이루에서 지구정상회의 Earth Summit라 부르는 유엔환경개발회의UNCED: UN Conference on Environment and Development가 열렸다. 이 때, 지구환경문제 논의를 포괄하는 규범으로 '지속가능한 발전' 개념이 탄생했으며, 기후변화협약UNFCCC과 생물다양성협약CBD이 채택되었다.

곤혹스러운 과제

기후변화 문제를 위키드wicked problem하다고 한다(한삼희, 2016). 사악할 정도로 짓궂다는 뜻이다. 해결이 정말 어렵다는 의미가 되겠다. 문제 해결을 위한 노력이 시작부터 난관에 봉착한다. 내가 운전하는 자동차가 저 멀리 듣지도 보지도 못한 섬나라를 물에 잠기게 하고, 지금 내뿜는 온실가스가 짧게는 수 십 년, 길게는 수백만 년 후까지 기후변화를 유발한다고 한다.

사실 온실가스는 그 자체로 유해한 기체는 아니다. 이산화탄소는 동식물의 호흡 과정에서도 배출되고, 우리가 마시는 탄산음료에도 녹아 있다. 유해하지도 않은 기체인데 배출하면 위험하다고 한다. 그래서 기후변화의 위험에 공감하고, 나아가 기후변화를 현실의 위협으로 느끼기가 어려운 것이다. 더구나 지금 당장 온실가스를 줄인다고 해서 곧바로 기온이 떨어지는 것도 아니다. 커다란 수영장에 비유할 수 있다. 과거 수백 년 전부터 화석연료 연소 과정에서 배출된 이산화탄소(물)가 수영장(대기)을 채우고 있는 상황이다. 일부 새는 물이 있지만 아주 소량이다. 온실가스 배출이 전혀 없어도 온실효과는 지속된다. 수영장의 수도꼭지(배출)를 잠근다고 해도 수영장의 물이 오랜 기간 동안 변동 없이 남아있는 것과 다르지 않다. 담뱃불을 잘못 버리면 산불이 난다는 것을 이해하기는 쉽지만, 온실가스(원인)와 기후변화(결과)는 다양한 간섭 요소와 가속 요소가 복합적으로 작용하는 복잡한 관계이다.

레빈 등(2012)에 따르면 기후변화 문제가 난제 중의 난제인 이유로 크게 4가지를 꼽을 수 있다. 첫째, 해결할 시간이 사라지고 있다. 음주운전, 간접흡연, 불량식품 등 수많은 사회 문제를 해결하는 것은 쉽지 않다. 사건·사고 등 다양한 계기로 여론의 관심이 집중되면서 정부에서 해결 방안을 고민하기도 하지만, 대다수는 여러 가지 이유로 딱 부러지는 해결책을 찾거나 실행되지 못한 채 사람들의 관심에서 멀어진다. 하지만 이번에 해결하지 못해도 다음 정부에서 다시 기회가 온다. 기후변화 문제는 다르다. 시간이 흐를수록 문제는 악화되고, 일정한 시점을 지나면 해결 불가능한 상황이 온다. 기후변화는 시한폭탄이다(Lazarus, 2009). 터지는 시점은 정치 시스템이 아니라 자연환경이 정한다. 더구나 시간을 끌수록 온실가스 배출은 기하급수적으로 증가한다. 미래의 기술은 이렇게 증가한 온실가스까지 줄여야 한다. 대응을 미루는 가운데 기후변화로 경제가 심각한 타격을 받으면 어떻게 될까? 경제 문제가 없었다면 실현되었을 기술 혁신까지 같이 무산될 수 있다. 대응이 지연되는 동안에 화력발전소처럼 장기간 운영되는 시설에 대해 잘못된 투자가 이루어졌다면 치유는 더 어려워진다. 이러한 시설 투자로 인해 경제 정책의 방향을 바꾸기가 더욱 어려워진다. 매몰 비용이 발생하기 때문이다. 탄소집약적 기술 및 배출 경로에 갇히는(lock-in) 것이다.

둘째, 문제를 일으킨 사람이 문제를 해결해야 한다. 온실가스를 배출하지 않는 국가는 없다. 대다수 사회 문제는 문제를 일으킨 사람과 문제 해결을 요구하는 사람이 다르다. 음주운전 문제를 해결하자고 주장하는 사람과 음주운전을 하는 사람이 다르다는 말이다. 온실가스 감축은 한 술 더 뜬다. 기후변화에 가장 큰 원인을 제공한 국가, 예를 들면 미국과 같은 선진국이 온실가스 감축을 제일 잘 할 수 있는 나라이면서, 정작 온실가스 감축 노력에 바로 나설 유인이 가장 없는 나라이기도 하다. 기후변화에 적응하는 능력을 갖추고 있고, 자국의 경제에 피해를 주는 온실가스 감축을 꺼리기 때문이다. 기후변화의 피해를 크게 보는 것은 개발도상국이다. 온실가스 배출량이 지구 전체 배출량의 1%도 안 되는 파키스탄은 2023년 기후변화가 초래한 폭우로 전 국토의 1/3이 물에 잠겼다. 부조리하지 않은가?

셋째, 중앙집권적 해결이 불가능하다. 기후변화 문제를 해결하려면 국제사회가 협력해야 한다. 하지만 주권국가에게 이래라저래라 할 세계 정부는 없다. 한 나라 안에서도 수많은 경제 주체가 관련되기 때문에 이해관계가 복잡하기 이를 데 없다. 이런 사정 때문에 온실가스 감축을 위한 국제협력은 단순히 주권국가 간의 해결책 찾기가 아니다. 예컨대, 온실가스 감축 규제에 대해 한국의 철강회사와 유럽연합의 철강회사가 연대해서 반대한다. 복잡한 무정부 상태이다.

마지막으로 비합리적인 시간 할인discount 문제가 있다. 정치가나 정책결정자는 당장의 문제를 해결하는데 치중한다. 정치인 탓만 하지 말자. 개인도 마찬가지이다. 담배를 피우면 언젠가 폐암에 걸려 죽을 수 있다는 것을 안다. 하지만 폐암에 걸리는 건 불확실한 미래의 일이다. 나 자신도 먼 미래의 일에 대해 낮은 가치를 부여하고 가까운 즐거움에 커다란 가치를 부여한다. 5년 후 가격이 낮아지면 태양광 패널을 설치하겠다고 하지만, 5년이 지나면 다시 5년 후로 투자를 미룰 것이다. 5년 후에는 가격이 더 내려 갈 거라고 하면서. 당장의 투자 비용이 크게 느껴지기 때문이다. 불확실성(미래의 폐암), 미래의 기술 개발(비용 감소), 현재의 소비 감소(불편 증가). 이 세 가지 요소가 당장의 행동을 뒤로 미루게 만든다.

난제 중의 난제인 기후변화 문제를 해결하려면 반드시 세계가 함께 협력해야 한다. 어렵지만 해야 한다. 직접적인 강제가 불가능하니 강한 유인이 필요하다. 어쩌면 실질적인 강제가 있어야 할지도 모른다. 주어진 시간도 많지 않아 보인다. 이래저래 어려운 도전 과제임이 분명하다.

임계점과 국제협력

기후는 안정된 상태를 유지한다. 열대, 온대, 한대寒帶 등 기후 유형은 다르고 해마다 차이는 있지만 비슷한 패턴의 날씨와 강우를 지속한다. 그래서 지구의 평균 기온은 오랜 기간 동안 별다른 변동 없이 유지되어 왔다. 그러다 불과 100년 남짓한 기간에 수백만 년 동안 보지 못했던 급격한 기온 상승이 일어나고 있다. 이처럼 어떤 현상이 서서히 진행되다가 어느 한순간 폭발하는 것처럼 변하는 것을 임계점tipping point이라고 한다. 문턱threshold을 넘는다고 말하기도 한다. 임계점(티핑포인트) 이전과 이후는 전혀 다르기 때문이다. 작은 변화가 지속적으로 발생하면서 누적되다 보면 어느 순간 똑같은 작은 변화가 발생했는데 갑자기 커다란 변화가 나타나는 것이다.

이렇게 단시간에 급상승하는 지구의 평균 기온이 지구시스템에 돌이킬 수 없는 근본적인 변화를 일으키지 않을까? 돌이킬 수 없다는 말을 좀 어렵게 표현하면 비가역적非可逆的이라고 한다. 스프링을 생각해 보자. 적당한 힘으로 누르면 바로 원상태로 돌아오지만, 너무 강한 힘을 가하면 스프링이 부러지거나 눌려서 영원히 처음 상태로 돌아오지 못한다. 돌이킬 수 없는 변화 지점이 임계점이다. 이러한 가능성을 우려하는 목소리가 있다.

균형은 안정된 상태이다. 그런데 안정된 균형 상태는 하나가 아니라 여러 개이다. 그림 1-1은 하나의 균형 상태에서 다른 균형 상태로 이동하는 모습을 보여준다. 원인은 다량의 온실가스 배출로 인한 지구온난화이다. 어느 정도는 버틸 수 있다(b). 하지만 그 정도가 어느 수준을 넘으면 다른 균형 상태로 이동한다(c). 새로운 균형 상태(d)는 어떨까? 객관적으로 좋다, 나쁘다 말할 수 없을 것이다. 하지만 지금 인류에게는 안 좋게 느껴질 것이 분명하다. 견디기 어려울 정도로 고통스러울지도 모른다. 인류가 지난 수백만 년 동안 진화하면서 지금의 기후에 적응했기 때문이다. 그나마 인간은 사정이 나을 것이다. 몸으로 적응해야 하는 수많은 동식물에게 새

그림 1-1. 임계점과 균형상태의 이동(Nordhaus, 2013)

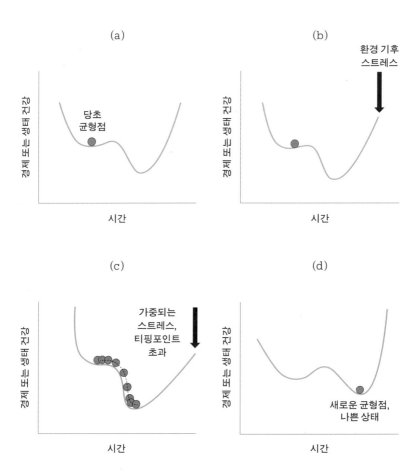

로운 기후는 말 그대로 재앙일 수 있다. 심지어 멸종만이 유일한 선택지일 가능성도 있다.

여기서 기후변화에 대응하기 위한 국제협약이 어떠한 모습으로 귀착될지, 임계점이 존재하는 기후변화의 특성과 정치 상황에 비추어 예상해 보자(Victor, 2006).

첫째, 한 국가의 기후변화 적응adaptation 능력은 그 나라의 발전 수준에 비례한다. 잘사는 나라는 기후변화가 닥쳐도 잘 버틸 수 있다는 말이다. 역사적으로 또 지금도 많은 양의 온실가스를 배출하고 있는 국가들이 기후변화의 위협에 대해 가장 안전하다. 아이러니하지만 분명 사실이다.

둘째, 기후변화는 오랜 시간을 두고 서서히 발생하고 심화된다. 당장 닥치는 문제가 아니라는 의미이다. 어느 나라나 당장 처리해야 할 현안이 산적해 있다. 기후변화 문제는 이런 현안에 비해 우선순위 면에서 밀리기 십상이다.

셋째, 기후변화가 오히려 기회가 되는 나라가 있다. 러시아 같은 나라가 대표적이다. 러시아의 농업과 산림 산업은 기후변화로 혜택을 본다. 당장 일년 내내 얼어붙어 못쓰던 땅을 활용할 수 있다. 한 나라 안에서도 기후변화로 혜택을 보는 집단이 분명히 존재한다.

넷째, 모두가 두려워하는 한 가지 기후변화 시나리오가 있다. 기후시스템이 붕괴해서 지금과 전혀 다른 단계로 기후가 변화하는 상황이다. 대멸종 가능성을 이야기하는 그런 수준의 기후변화말이다. 남극의 얼음이 녹아서 해수면이 급격히 상승하고, 아마존의 생태계가 해체되고, 영구 동토층이 녹으면서 메탄이 방출된다. 남극의 얼음이 녹으면 햇빛을 반사하는 것이 아니라 오히려 흡수해서 얼음이 더 잘 녹는다. 아마존의 산림을 벌채하면 수자원이 줄면서 가뭄이 발생하고 산불이 더 자주 일어난다. 영구 동토층에서 배출되는 메탄이 지구 기온을 높이고, 그 결과 영구 동토층이 추가로 녹으면 메탄은 더욱 많이 배출된다. 이른 바 양의 피드백positive feedback이 발생하는 상황이다. 연쇄작용이 일어나면서 지구온난화가 가속화되는 것이다. 이렇게 해서 비가역적인 변화가 발생하고, 지구 기후 시스템이 새로운 균형 상태로 이동한다. 임계점을 넘어서는 것이다.

모든 국가가 이런 상황만큼은 절대 막아야 한다고 생각한다. 이제 어떤 내용으로 국제협약이 체결될지 상상해 볼 수 있다. 일단 국가들은 기후변화의 극한 시나리오를 회피하는 수준에서 최소한으로 협조하려고 할 개연성이 크다. 문제는 극한 시나리오를 회피하는 객관적 수준에 관해 국가들이 합의하기가 매우 어렵다는 사실이다. 1.5℃인가 2℃인가? 아니면 그 이상인가? 또 극한 시나리오가 발생하는 시점이 당장이 아니라는 점도 문제이다. 아마도 몇십년 후의 일인 것이다. 어쩌면, 극한 시나리오 상황이 어느 순간 갑자기 닥쳐올 수도 있다. 닥쳐 보고 경험해 봐야 알 수 있는 상황일 지모른다. 그때는 이미 늦지 않을까? 결국 기후변화에 대응하는 국제협력의 정치적 리더십은 먼 훗날에 일어날 극한 시나리오의 가능성을 얼마나 효과적이고 논리적인 설명을 통해 지금의 감축 결의와 실행으로 연계시킬 수 있을 지에 달려있다.

2. 국제사회가 모른 척하는 이유

공유지의 비극

기후변화는 실존적 위협existential threat이다. 모두의 문제임에도 막상 행동해야 하는 순간에는 누구의 문제도 아닌 것으로 변한다. 지구환경문제는 지구가 인류의 공공재global public good이고, 공유재common property resource이기 때문에 발생한다. 혜택은 오염 행위자가 누리고 비용은 사회가 분담하는 잘못된 유인 체계incentive structure로 인해서 무임승차 유인이 강하게 작동한다. 협력을 통해 가장 우월한 결과를 만들어 낼 수 있는데도 당장 눈앞에 보이는 이익 때문에 거부한다. 이 모두가 합리적인 판단과 행동임에 주목하자. 그래서 근대의 합리성이 인류 공멸의 파국을 만들어 낸다고 말한다. 그나마 국내의 공공재 문제는 시장 실패로서 정부가 나서서 해결할 여지가 있는데 지구 공공재는 권한을 가진 세계 정부가 없다.

지구 규모의 온실가스 감축을 위해 왜 국제사회가 협력해야 할까? 바꾸어 물어보자. 왜 국제사회는 온실가스 줄이기 위해 더 적극적으로 협력하지 않을까? 기후변화로 지구가 몸살을 앓고 있다. 수많은 생명체가 적응하지 못해 멸종하고 있으며, 기상이변으로 많은 사람이 죽고 엄청난 재산 피해를 본다. 그런데도 왜 국제사회는 모른 척할까? 우선 떠오르는 해답은 지구가 전 세계인이 함께 소유하고 사용하는 공유재라는 점이다. 하늘(대기)의 부피는 엄청나게 크다. 아무리 온실가스를 배출해도 문제 되지 않을 것 같다. 공해상의 물고기와 마찬가지이다. 주인이 없고, 충분해 보인다.

1968년 생물학자인 하딘G. Hardin은《사이언스》지에 발표한 유명한 논문 〈공유지의 비극Tragedy of the Commons〉에서 사유화되지 않은 목초지가 황폐화해질 수밖에 없는 이유를 설명했다. 우리 앞에 누구나 사용할 수 있는 목초지가 있다고 가정해 보자. 이곳에서는 누구나 양을 키울 수 있고, 몇 마리를 키우든 제한하지 않는다. 그렇다면 목동은 가능한 한 많은 양을 키우려 할 것이다. 어떤 목동이 양을 한 마리(A) 더 키운다면 모든 혜택은 그 양(A)의 주인인 목동에게 돌아가지만, 추가 방목에 따른 비용(양이 먹는 풀)은 공유 목초지에서 방목 중인 모든 목동이 함께 감당해야 한다. 추가 방목된 양 한 마리가 먹는 풀만큼 기존에 방목되던 모든 양(n)이 나누어 덜 먹어야 된다(1/n). 이익은 한 사람이 독점하고 비용은 많은 사람이 나누는 이런 시스템에서 합리적인 목동은 방목하는 양의 수를 계속 늘릴 것이다. 그러나 모든 목동이 이렇게 행동하면 공유 초지는 어느 순간 황무지로 변하고 말 것이다.

하딘이 강조하는 바는 이런 결과를 피할 수 없다는 슬픈 사실이다. 그래서 비극이고 암울한 것이다. 목동들은 유한한 공유지에서 제약 없이 양의 수를 늘리다가 결국 함께 파멸하는 시스템에 꼼짝달싹 하지 못하게 갇힌다. 목동들은 나쁜 사람들이 아니다. 합리적이다. 전 세계의 모든 사람, 모든 공장, 모든 국가가 제한 없이 계속 온실가스를 배출하고 있다. 지구의 대기가 공유 초지이고 온실가스 배출자가 양치기인 상황이다. 온실가스 배출의 혜택은 개인이 가져가고 피해(비용)는 전 세계가 고스란히 감당해야 한다.

집단행동의 논리

공공재에는 《집단행동의 논리The Logic of Collective Action》(맨슈어 올슨, 1965)가 작용한다. 간단히 말하면 노력은 남이 하고 혜택은 내가 보고 싶어 한다. 이런 심리는 무임승차자free rider가 되려는 유인으로 작용한다.

노동조합을 구성해서 사업주와 협상하면 임금을 올릴 수 있다. 그런데 왜 노조 참여율이 낮을까? 노조를 만들어 임금 인상 요구를 관철시키면 이익이 노조원과 비노조원 모두에게 돌아간다. 하지만 노조를 구성하고 활동하는데 드는 비용은 노조원 개인이 부담한다. 그러니 합리적인 노동자라면 노조에 가입해서 활동하는데 들어가는 비용은 부담하지 않고, 노조가 만드는 혜택(임금 인상)만 누리려고 할 것이다. 무임으로 승차하는 게 합리적이다. 여기에는 집단의 크기가 영향을 미친다. 집단의 규모가 커질수록 개인 하나의 참여가 대세에 큰 영향을 미치지도 않고, 불참에 대한 사회적 제재도 크지 않다. 무임승차 유인이 걷잡을 수 없도록 커진다. 이와 달리 적은 수로 이루어진 집단은 비용과 혜택에서 개인이 차지하는 몫이 크다. 또 불참과 비협조가 동료의 눈에 금방 드러난다.

올슨의 결론은 이렇다.

"집단에 소속된 개인의 숫자가 충분히 작거나, 개인이 공동의 이익을 위해 행동하도록 만드는 강제와 같이 특별한 수단이 없다면, 합리적이고 사익을 추구하는 개인은 공동의 이익이나 집단의 이익을 달성하기 위해 행동하지 않을 것이다."

집단행동을 당연시하지 말라. 집단행동에 따른 이익이 있다고 해서 조직을 만들고 집단 행동을 하는 일이 자연스럽게 나타나지 않는다. 강제 조치와 선별적인 유인을 잘 만들어야 한다. 집단의 이익뿐 아니라 개인에게 부수적인 개별 이익을 보장하고, 불참에 대해서는 강제와 제제를 적절하게 구사하는 관리의 기술이 필요하다.

집단 행동의 논리에 비추어 온실가스 감축 문제를 생각해 보자. 국제협약에 가입하면 비용이 든다. 주권국가의 경우 상당부분

자율과 재량을 빼앗긴다. 국제사회가 요구하는 온실가스 감축 목표를 받아들여야 하고, 감축은 국내 기업의 생산 활동에 악영향을 미친다. 세금을 올려야 할 수도 있고 많은 예산을 투입해야 할 수도 있다. 세금을 올리는 걸 좋아하는 시민이 없고, 감축 사업 예산을 확보하려면 수혜자가 있는 기존의 예산을 줄여야 한다. 모두 인기 없는 정책이다. 사정이 이렇다 보니 국가는 국제협약에 가입하는 비용은 지불하려 하지 않고, 무임승차자가 되고자 한다.

죄수의 딜레마

죄수의 딜레마는 게임 이론에서 나오는 비非제로섬 게임 사례이다. 한 사람의 행동이 가져오는 결과가 다른 사람의 행동에 의존하는 상황을 말한다. 두 명의 죄수가 격리된 상태로 심문을 받고 있다. 죄수 A와 죄수 B는 공범이다. 검사에게는 범행 증거가 없다. 용의자의 자백에 의존해야 하는 상황. 하지만 검사는 용의자에게 "범죄 사실을 자백하면 석방한다"고 약속한다. "네가 자백하지 않았는데 다른 공범이 자백하면 10년 형을 받게 된다"고 협박도 한다. 이들의 범죄는 기껏해야 5년 형이 부과되는 유형이다. 따라서 두 사람 모두 자백하면 5년 형이 구형되고, 모두 자백하지 않으면 무죄로 둘 다 석방될 수 있다. 그럼에도 불구하고 합리적인 죄수라면 범행을 자백하고 함께 5년 형을 받게 될 것이다. 둘 다 침묵하면 같이 석방될 수있을 텐데 말이다(그림 1-2). 합리적인 개인의 편협한 사익 추구 행동이 협력보다 열등한 결과를 가져온다.

그림 1-2. 죄수의 딜레마

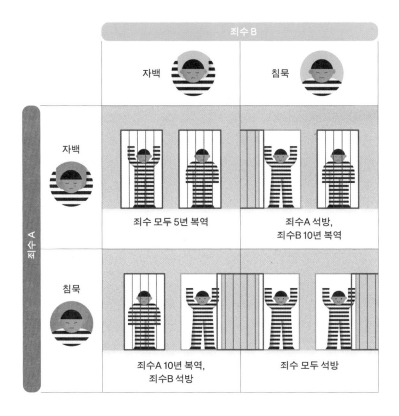

3. 지구환경 거버넌스

거버넌스의 등장

어떤 지구환경문제는 단시일에 성공적으로 해결되기도 한다. 프레온가스CFCs, 할론halon 등 오존층을 파괴하는 물질의 사용을 금지하거나 규제하는 내용의 몬트리올 의정서가 성층권 오존층 문제를 해결한 바 있다. 하지만 어떤 환경 문제는 국제협약을 체결하는 데에도 도달하지 못하고 있다. 산림 문제가 그렇다. 기후변화는 그 중간이다. 협약은 체결되었지만, 기후변화를 약화시키기에는 역부족이다. 왜 이런 차이가 나는 걸까?

단순히 다자간 국제환경협정MEA: Multilateral Environmental Agreements의 효과성을 따져서는 답이 나오지 않는다. 더 폭넓고 종합적인 접근이 필요하다는 주장이 힘을 얻는다. 지구환경 거버넌스GEG: Global Environmental Governance라 부르는 개념이 등장한 이유이다. 국제협약은 체결 과정뿐 아니라 운영 과정 역시 협상에 참여하고 조약을 이행하는 주체로서 국가를 중심으로 움직인다. 하지만 거버넌스의 틀에서 접근한다면, 국가는 더 이상 독점적 지위를 누리지 못한다. 다양한 행위자가 자신들에게 유리한, 또 자신들이 바라는 영향력을 미치기 위해 활동한다.

지구환경 거버넌스 참여자

국제협상과 국제협약의 이행과정에 참여하고 영향력을 행사하는 행위자는 누구이고 어떤 특성을 가지고 있는지, 지구환경 거버넌스라는 맥락에서 살펴본다.

국가

국제법상 정부만이 결정권을 갖는다. 주권국가로서 국제협약에 참여하는 결정은 정부의 공식 대표만 할 수 있다. 국제협약에 따른 의무 이행도 국가의 몫이다. 현재 200여 개의 국가가 있다. 각국 정부는 주권국가sovereign state로서 외부로부터 침해받지 않는 자기 결정권을 가지고 있다. 국가의 주권을 제한하는 국제협약을 체결하기가 어려운 이유이다. 주권국가는 세 가지 특징을 가진다. 정치적 자기결정의 권리, 법적인 평등함, 외부의 간섭 없이 국내 문제를 처리할 수 있는 자유이다. 1648년 베스트팔렌조약의 체결로 자리 잡힌 국제관계의 틀이다(Nordhaus, 2015).

국가를 움직이는 동력은 이익, 선호, 능력이다. 국가는 자국에 이익이 되는 행동을 한다. 자국의 경제적 이익이 되는 국제 질서를 지지한다. 국가가 선호하는 가치도 동인이 된다. 냉전 시대에 서방 국가들은 민주주의에 찬성하고 공산주의에 반대하는 활동을 벌였다. 여기에 국가의 능력이 활동의 범위와 수준을 결정한다. 모든 국가는 주권국가로서 동등하지만 실제 국제 무대에서 강대국과 약소국이 할 수 있는 일은 다르다.

주권국가 중심의 국제협력체제는 지구환경문제 해결에 도움이 될까, 방해가 될까? 주권국가의 역할과 힘은 줄어들고 있을까, 아니면 예전과 별다르지 않나? 지구화·세계화로 인해 여러 분야의 정책, 특히 경제정책에서 개별 국가의 자율성이 상당히 감소했다는 주장이 있다. 세계 경제의 영향을 받고, 국제금융기구의 간섭이 있기 때문이다. 지구환경 거버넌스의 관점에서 보면 시민사회(민간단체), 기업 조직, 국제기구와 같은 비非국가 참여자가 수행하는 역할에 주목하게 된다. 종전에는 국가가 독점적으로 국제 질서를 형성했다. 이제 이 역할을 비국가 참여자와 나누어 담당하게 되었다고 보는 것이다. 나아가 지구환경문제를 해결하려면 주권국가의 힘을 약화시켜야 한다는 과감한 주장도 나오고 있다. 국경에 기반하는 주권국가는 국경을 넘는 지구환경문제를 해결할 수 없다. 이들이 보기에 주권국가는 문제 해결자가 아니라 문제 해결의 방해자이다. 실제로 환경 규범과 환경 이념이 국가 중심의 국제시스템에 서서히 스며들어 변화를 불러오고 있다고 주장한다(Falkner, 2012). 세계를 대상으로 활동하는 환경주의global environmentalism와 지구거버넌스global governance 네트워크는 주권국가 중심의 현실을 타파하려는 노력이다.

국제기구

국제 문제를 해결하고 관리하기 위해 여러 국가가 합의해서 만드는 정부간 기구IGO: Intergovernmental Organizations가 있다. 현재 약 250개 정부간 기구가 활동하고 있다. 세계은행WB, 국제통화기금IMF, 세계무역기구WTO, 유럽연합EU, 아세안ASEAN 등이다. 정부간 기구는 회원국의 총의에 따라 결정한다. 하지만 실제 많은 경우 정부간 기구 스스로 의제를 만들고 독자적인 활동을 수행한다. 정부와 비정부기구의 접점에서 국제협상의 향배에 영향을 미친다.

지구환경 거버넌스에서 가장 중요한 정부간 기구는 단연코 유엔 기구이다. 유엔의 업무는 평화 유지, 안보, 군축, 인권, 경제 개발, 사회·복지 등 다방면에 걸쳐 있는데, 유엔은 초기부터 중요한 국제환경회의UNCHE, UNCED를 개최한 바 있다. 유엔 회원국은 최고의결기구인 총회에서 동등한 투표권을 행사한다. 15개국으로 구성되는 안전보장이사회가 핵심 의사결정 기구인데, 상임이사국 5개국

(미국, 영국, 러시아, 중국, 프랑스)은 이사회의 모든 표결에 거부권을 행사할 수 있다. 유엔은 자체 조직(총회, 안전보장이사회, 사무국, 경제사회이사회, 국제사법재판소) 이외에도 산하에 여러 전문기구(세계은행, 세계보건기구, 국제통화기금, 유엔식량농업기구), 프로그램(유엔환경계획, 유엔개발계획), 기금 등을 두고 있다. 유엔환경계획은 환경에 특화된 유엔의 프로그램으로 유엔 총회와 사무국의 지배·관리를 받으면서, 동시에 여러 국제환경협약 담당 국제기구 사무국의 활동을 관할한다. 또한 유엔개발계획, 세계은행과 함께 지구환경금융GEF: Global Environment Facility 지원 사업을 운영한다.

환경 분야 밖의 정부간 기구도 지구환경 거버넌스에 참여한다. 국제해사기구IMO: International Maritime Organization, 국제민간항공기구ICAO: International Civil Aviation Organization, 세계기상기구WMO: World Meteorological Organization 등을 거명할 수 있다. 환경과 경제·무역의 관계는 논란이 많은 주제이다. 처음부터 무역 자유화와 환경 정책은 긴장 관계이다. 그래서 국제환경협약의 규제와 자유 무역은 종종 마찰을 빚는다. 그러므로 지구환경 거버넌스에서는 경제 관련 정부간 기구에 대해서도 주목해야 한다.

비정부 민간단체와 활동가

환경 분야에서는 민간단체인 비정부기구NGO와 개인 활동가의 행동과 영향력이 특히 두드러진다. 시간이 갈수록 국제환경 논의에 참여하는 NGO의 숫자가 증가하고 있다. NGO라고 총칭하지만 각 기구마다 규모, 형태, 이념, 전략, 목적, 행동 목표 등이 다르다. 그래서 NGO를 정의하는 일마저 쉽지 않다. NGO의 종류에 따라 불리는 이름도 다르다. 국제 NGOINGO: International NGO, 환경 NGOENGO: Environmental NGO, 원주민 단체IPO: Indigenous People's Organizations, 젊은이 단체YOUNGO: Youth NGO, 지방정부 단체LGMA: local government and municipal authorities가 있고, 기업 단체BINGO: Business and Industry NGO도 있다. NGO 이외에 풀뿌리 단체GRO: grassroot organizations, 지역 단체CBO: community based organizations, 과학자들이 모인 과학기반 이익집단science based interest group도 있다.

오닐(2017)에 따르면 환경 분야 NGO의 역할과 행동에 몇 가지 특징이 나타나고 있다. 첫째, 지구환경문제에 집중하는 단체의 등장이다. 그린피스Greenpeace, 세계자연기금WWF, 기후행동 네트워크CAN: Climate Action Network, 제3세계 네트워크Third World Network가 대표적이다. 특히 1989년에 창설된 CAN은 가장 대표적인 NGO 연합단체로서 기후환경협상에서 활발하게 활동하고 있다. 1,500개 이상의 단체를 회원으로 하고, 기후협상 때마다 하루하루의 회의 경과와 평가를 적은 일간지(〈ECO newsletter〉)를 발간한다. 단체에 따라 운동 방식에 차이가 있다. 그린피스는 국제적인 정치적 관심과 주목을 받기 위해서 과격한 행동을 불사하고, 세계자원연구소WRI: World Resources Institute는 보고서 발간과 데이터 제공에 주력한다. 둘째, 국내 정치과정에 참여하는 데 그치지 않고, 국제 협상과 주요 국제회의에서 눈에 띄게 활동한다. 3,000여 개 단체가 UN의 공식 참관인observer 지위를 받았다. 이들은 국제회의장 안팎에서 다양한 캠페인을 전개한다. 국가정상회의와 병행해서 NGO정상회의를 개최하기도 한다. 셋째, 환경조직 간에 국제 연대와 네트워크TAN: transnational advocacy network가 활발하게 이루어지고 있다.

각국에서 활동하는 다종다양한 민간단체가 공통의 목표를 달성하기 위해 연합을 만든다. 여기서 공동 전략을 만들고, 함께 행동한다. 힘이 약한 지방의 활동가와 활동단체가 네트워크를 이용해서 자국 정부나 국제기구, 다국적 기업에 대항한다.

NGO는 영향력을 행사한다고 말한다. 권력이라는 용어는 주로 국가에 대해 사용한다. 영향력은 '관계'이고, 권력은 '능력'이다. NGO는 그들이 보유한 전문성과 지식, 그리고 정보를 의도적으로 제공함으로써 의사결정자의 생각에 변화를 주고, 이해관계를 수정하도록 만든다. 로비, 협상 문안 제안, 보고서나 입장문 작성, 나아가 자신의 입장에 우호적인 국가의 대표와 협업하기도 한다. NGO의 활동 전략은 과격한 행동과 시위에서 기업과의 협력관계 형성까지 폭이 상당히 넓다. 때로 기업과 NGO의 협력에는 그린워싱 greenwashing과 유착 스캔들을 동반하기도 한다.

기업과 민간 부문

기업은 민간단체와 공동 사업을 하기도 하지만, 독자적 비정부 참여자BINGO로서 활동한다. 기업은 풍부한 자금을 바탕으로 그들의 입장을 지지하는 연구와 연구자를 지원하고, 이를 활용해서 자신들에게 유리한 상황을 조성한다.

지구환경 거버넌스의 참여자로서 기업의 활동은 환경 NGO와 다르게 상당한 논란을 불러일으킨다. 기업이 환경 파괴의 주범이면서, 자금력을 활용해서 정치적으로 지나친 영향력을 행사한다고 보는 측이 있는 반면, 기업이 환경 개선에 실질적인 기여를 하고 있을 뿐 아니라 기업의 협조 없이 환경 개선은 실제 불가능하다고 보는 입장이 있다. 이러한 논란과 별도로 기업 전체를 단순화시켜 보는 잘못을 범해서는 안 된다. 생산품뿐 아니라 이해관계, 규모, 능력이 다종다양한 것이 기업이니 말이다. 심지어 같은 업종, 비슷한 규모라도 사회적 책임에 입각해 환경보전 노력을 기울이는 기업이 있는가 하면, 악당의 역할을 자임하고 환경규제 강화에 대놓고 반대하는 기업이 있다.

기업은 환경단체에 비해 뒤늦게 국제환경협상에 직접 참여했다. 기업 단체로는 1992년 지구정상회의UNCED를 앞두고 1991년에 창설된 '세계 지속가능발전 기업위원회WBCSD: World Business Council for Sustainable Development'가 있다. 또 여러 업종을 대표하는 국제상공회의소가 주요 참여자로 눈에 띈다. 유엔 규정상 기업은 NGO로서 유엔 회의에 참석할 수 있다. 따라서 원하는 기업은 NGO로 가입하고, 홍보 부스를 만들거나 부대행사를 통해 자신들의 입장을 전달한다. 주목할 것은 환경문제 해결을 위해 시장을 활용하려는 움직임이다. 기업이 중심이 되는 거버넌스인데, 민간의 각종 인증제도가 사례이다. 많은 경우, 여기에 NGO가 함께 한다. 지속가능한 방식으로 목재제품이 생산되었는지 확인하는 산림인증, 건강유해성을 기준으로 하는 화학제품 안전 인증이 대표적이다. 물론 이런 인증에 대해서도 입장이 갈린다. 유연한 미래형 환경기준으로 보는 입장이 있는가 하면, 환경개선 효과는 없으면서 법령의 강제적 규제를 회피하려는 수단이라고 보는 입장도 있다.

환경주의자는 전통적으로 시장을 불신하고 심지어 미워한다. 초기 환경주의는 모든 환경 문제의 원인으로 자본주의를 지목하였다. 경제와 생태는 양립할 수 없다고 주장했다. 하지만 시간이 흐르면서 시장(자본주의)과 환경주의는 화해하고 있다. 시장 자체가 아니라 시장의 오작동으로 환경 문제가 발생한다고 보고, 시장 메커니즘을 활용해서 환경 문제를 해결하려고 한다. 배출권거래제ETS: Emission Trading System가 대표적이다. 하지만 분명히 환경주의와 시장자본주의 간에는 긴장이 흐르고 있다. 여전히 환경주의는 자본주의의 확장과 자기증식의 논리에 도전한다.

전문가 집단

환경 분야는 복잡할 뿐 아니라 불가피하게 불확실성을 안고 있다. 그래서 논의 단계마다 과학이 제공하는 지식의 도움을 얻고자 한다. 과학자의 역할이 중요할 수밖에 없는 이유이다. 국제환경 무대에서 가장 두드러지는 과학자 집단은 '기후변화에 관한 정부간 협의체IPCC: The Intergovernmental Panel on Climate Change'이다. 전 세계에서 3,000명 이상의 과학자가 참여해서 기후변화 현상에 대한 자료를 수집하고 평가한다. 그 결과를 서로 공유하고, 보통은 5년 주기로 〈평가보고서AR: Assessment Report〉를 발표한다. 주요 국제 환경협약은 과학기구(조직)를 산하에 두고 있다. 기후변화협약에 기후변화에 관한 정부간 협의체가 있다면 생물다양성조약에는 생물다양성 과학기구IPBES: Intergovernmental Science-Policy Platform on Biodiversity and Ecosystem Services가 있다.

여기서 생각해 보아야 할 주제가 과학의 중립성이다. 적잖은 경우 과학자 간에 진영이 형성된다. 또 각 진영 안에서도 과학자 간에 주장의 강도에 차이가 생긴다. 예컨대 기후변화 대응을 강하게 요구하는 옹호형 과학자가 있는가 하면, 유보와 객관적 표현을 선호하는 과학자가 있다. 과학이 지구환경 거버넌스와 국제협상의 장에 들어오는 순간, 과학은 정치와 불가분의 관계가 된다. "과학은 정치 밖에 존재하면서 권력(정치)에 대해 진실을 말한다

(speaking truth to power)"는 주장은 한편의 극단이다. "모든 과학은 정치다"라 주장하는 다른 극단이 있으니 말이다. 기후변화와 같이 정치적 논란이 큰 주제의 경우 과학자의 신뢰성을 확보하는 일이 쉽지 않은 과제가 된다. 기후변화를 부정하는 집단이 보수적인 기업, 언론, 정치세력으로부터 연구 자금을 포함한 적극적인 지원을 받고 있다면 더더욱 그렇다. IPCC의 이른바 기후게이트Climategate가 대표적이다. 히말라야의 만년설이 언제 사라질 것이냐는 문제를 두고 영국의 이스트 앵글리아 대학University of East Anglia 학자들이 주고받은 이메일이 해킹되어 언론에 유출되었는데, 여기에 트릭tricks이라는 단어가 사용되었다. 기후변화 부정론자들은 이 단어를 IPCC 연구 전체의 신뢰성을 부정하는 근거로 사용했다. 이런 경우, 실체(히말라야 만년설이 사라지는 시점)의 진위를 가리는 문제는 사라지기 마련이다. 참고로 후속 조사 결과 이들 학자들의 연구 내용에 아무 문제가 없다는 사실이 밝혀졌다.

IPCC 같은 과학자 조직은 언론 대응에 미숙하기 마련이다. 어쩌면 IPCC는 과학과 정치 사이에서 줄타기를 하고 있다. 명칭에서 드러나듯이 IPCC는 정부간 협의체이다. 기후변화협약에 가입한 각국 정부가 소유권을 갖는 조직이다. 연구 결과에 대해 정부가 권위를 인정해 주는 셈이 된다. 그럼에도 IPCC는 과학자 집단으로서 자율성을 유지해야 한다. 연구 결과에 대해 미국 국립과학원과 같은 다른 일반 과학자 집단의 인정을 받을 수 있어야 한다 (Bodansky, 2005).

4. 주목해야 할 행위자와 제도

IPCC

기후변화는 과학으로 설명되는 현상이다. 역사적으로 불명확하던 기후변화 현상이 점차 분명해지고 과학자들 사이에서 기후변화의 원인에 대한 합의가 형성되었다. 하지만 기후변화의 전망과 기후변화로 인한 영향의 종류 및 강도와 관련해서는 아직도 과학적 불확실성이 존재한다. 이런 이유로 기후변화 협상은 불가피하게 과학자 집단의 지원 아래 진행된다. 미래의 과학적 불확실성에 관해 과학자 집단의 의견을 참고해야 하기 때문이다.

기후변화를 둘러싸고 진행된 국제협력의 역사를 알려면 1988년 세계기상기구와 유엔환경계획이 공동으로 설립한 IPCC에 주목해야 한다. IPCC에는 세계기상기구와 유엔 회원국이면 가입할 수 있다. 정부 대표가 참여하는 기구로, 현재 회원국이 195개이다. 5년마다 IPCC에서 발간하는 평가보고서는 기후변화 협상의 향배에 커다란 영향력을 미쳐왔다. 1990년 〈1차 평가보고서〉 이후 1992년 기후변화기본협약이 체결되었고, 최근에는 2018년 1월에 발간된 〈지구온난화 1.5℃ 특별보고서(이하 '1.5℃ 특별보고서')〉가 전 세계적인 탄소중립 약속pledge의 기폭제가 된 바 있다. 평가보고서는 지금까지 모두 6차례 발간되었다. 최근 발행된 〈제6차 평가보고서〉에 따르면 기후변화가 인위적 온실가스 배출에 기인한다는 사실은 더 이상 논란이 대상이 아니다.

IPCC의 보고서가 영향력을 갖는 이유는 독자적으로 연구하지 않기 때문이다. 이들은 기후변화의 영향과 위험, 적응 및 감축 방안과 관련한 과학, 기술, 사회경제 분야에서 축적된 광범위한 연구를 평가한다. 최신의 균형 잡힌 과학 정보를 정책결정자에게 제공하기 위해서다. 이를 위해 종합적이고 객관적인 보고서를 작성하고자 전문가와 회원국 정부가 참여하는 평가 과정을 반복한다. 〈제6차 평가보고서〉의 실무그룹1WG1이 활용한 연구 논문이 1만4천 개가 넘고, 최초 초안에 대한 검토 의견은 23,462개, 두 번째 초안에 대한 검토 의견이 51,387개였다(IPCC, Factsheet).

IPCC는 세 개의 실무그룹WG과 1개의 태스크포스[2]를 두고 있다. WG1은 과학적 기반Physical Science Basis, WG2는 적응Impacts, Adaptation and Vulnerability, 마지막으로 WG3는 감축Mitigation of Climate Change에 관한 보고서를 작성한다. 각 평가보고서는 3개 실무그룹에서 작성하는 〈보고서〉와 〈종합보고서Synthesis Report〉로 구성된다.

민간 국제기구

파리협정이 국가 단위의 온실가스 감축을 다룬다면, 단일 국가에서 관리하기 어려운 온실가스 관리를 어찌할 지가 고민이다. 나라와 나라를 이동하는 국제 항공이 대표적이다. 국내 항공 배출량은 각국이 감축하면 된다. 배출권거래제ETS를 시행 중인 한국이나 유럽연합의 경우 총량규제 대상에 항공 부문을 포함하고 있다. 하지만 국제 항공 노선의 경우 어느 나라의 배출량으로 할지, 또 어느 나라에 감축 책임을 부여할지 애매하다.

국제 항공 분야를 관장하는 유엔 산하 국제기구가 국제민간

---

2   Task Force on National Green House Gas Inventories(TFI)이다.
     온실가스 배출량 인벤토리를 작성하는데 필요한 지침서(G/L)와 방법론을
     개발하는 임무를 가지고 있다.

항공기구ICAO이다. 항공 부문의 배출량은 약 9억 톤(2018년 8억 9,500만 톤)으로 전 세계 에너지 배출 온실가스의 2.4%를 차지한다. 증가 속도 역시 가파르다. 2013년에만 26%가 증가했다. 항공기를 이용하는 승객의 수가 2037년에 82억 명이 되고, 2050년까지 배출량이 현재보다 2.4~3.6배 증가할 전망이다(Timperley, 2019).

이에 국제민간항공기구는 2016년에 '국제항공 탄소상쇄·감축 제도CORSIA: Carbon Offsetting and Reduction Scheme for International Aviation'를 도입하기로 했다. 목표는 국제 항공 부문의 배출량을 2020년도 수준으로 동결하는 것이다. 자체적으로 줄이는 방법도 가능하다. 하지만 매년 1~2%에 그칠 것으로 예상되는 에너지 효율 개선으로는 매년 5% 정도 증가하는 국제 항공 수요를 감당할 수 없다. 따라서 항공사가 상당한 양의 상쇄배출권을 국제 탄소시장에서 구매해야 할 것으로 예상된다. 국제 항공 탄소상쇄·감축 제도는 세 단계로 진행한다. 2021~2023년은 시범사업 기간이다. 이어서 1단계는 2024~2026년이다. 여기까지는 자발적 참여이다. 하지만 2027~2035년은 강제적 참여로 시행된다. 연간 온실가스를 1만 톤 이상 배출하는 모든 국제 항공사가 대상이다. 다시 말하지만, 항공사는 매년 2020년 기준 배출량을 초과하는 배출량을 상쇄해야 할 의무를 진다. 예컨대 2021~2023년 자발적 단계에 참여한 항공사는 2025년 1월 말까지 2020년 배출량을 초과하는 배출량에 대해 상쇄배출권을 구매해서 제출해야 한다.

원시림(열대우림) 보유 국가와 REDD+

기후변화협약은 탄소 흡수원이자 저장고로서 산림의 중요성을 분명히 인식하고 협약의 목적, 당사국의 책무 등에 관련한 내용을 담는다. 실제 산림을 어떻게 보전하고 가꿀 것인지에 대해서는 'REDD+'라는 주제 아래 상당 기간 당사국총회에서 논의되어 왔다. 훌륭한 산림자원을 보유하고 있는 개발도상국에게 산림의 보전과 지속가능한 경영을 다루는 REDD+Reducing Emission from Deforestation and Forest Degradation plus는 뜨거운 주제가 아닐 수 없다.

산림전용deforestation으로 인한 온실가스의 배출 문제가 2005년 제11차 기후변화협약 당사국총회에서 제기되었다. 산림전용으로 인한 온실가스 배출 감축Reducing Emissions from Deforestation, RED가 등장한 것이다(그림 1-3). 당시 코스타리카와 파푸아뉴기니는 RED 활동을 통해 온실가스 배출을 줄일 수 있으므로 여기서 발생하는 감축 실적을 인센티브로 활용하자고 주장했다.

나무의 성장은 광합성 작용을 통해 이산화탄소를 흡수해서 줄기, 가지, 뿌리, 잎과 같은 바이오매스biomass로 저장하는 과정이다. 또 나무가 죽으면 고사목, 낙엽층, 토양 등에 탄소 형태로 저장된다. 이후 벌채, 고사와 부패, 산불(연소) 등으로 산림이 파괴되면 산림

그림 1-3. REDD+의 개념(이우균 등, 2023)

에 고정되어 있던 탄소는 다시 대기 중으로 배출된다. 산림파괴는 산림 지역이 농지, 목초지, 도시 등 다른 용도로 바뀔 때 일어난다. 산림전용이다. 여기에 기존 산림의 황폐화forest degradation, 즉 산림 훼손도 산림전용과 같은 결과를 가져온다. 산림전용과 산림황폐화를 방지하는 활동이 REDD이다. RED 뒤에 D가 하나 더 붙었다. 여기에 플러스(+)가 붙으면서 산림보전활동의 범위가 더 넓어진다. 국립공원 등 각종 보호구역의 확대와 같은 산림보전활동, 산림생태계의 장기적인 건전성을 증진시키기 위한 산림의 지속가능한 경영, 신규조림, 재조림, 산림복원을 포괄하는 산림탄소 축적 능력(탄소 흡수 능력) 증진 노력이 추가된다. 그런데 REDD+는 기본적으로 산림의 보전, 관리, 복원에 따라 발생하는 감축 실적을 '경제적 인센티브'로 활용하려는 목적이 있다. 간단히 말해 개발도상국이 산림을 보전하는 대가를 선진국이 부담하도록 하는 것이다. 열대우림을 보유한 국가들은 이러한 REDD+의 목적을 탄소시장을 활용하여 실현하고자 한다. 즉 REDD+ 활동을 상쇄배출권으로 발행하는 것이다.

실제 제26차 당사국총회(2021, 영국 글래스고)를 코앞에 두고 진행된 제6조 탄소시장의 운영 규정(세부이행규칙) 협상의 마지막까지 이들 국가는 제6조와 제5조(산림 조항)를 직접 연계하려고 했다(Espelage et al., 2022). REDD+에서 발생한 제거·흡수 실적을 자동으로 국제 상쇄배출권ITMO으로 전환할 수 있도록 하는 방안이다. 당시에는 실패했지만, 앞으로도 이러한 시도는 계속될 것이 분명하다. 참고로 REDD+는 산림전용의 회피avoided deforestation와 종종 동의어로 쓰인다. 기존 산림을 훼손하지 않고 보전하는 것, 여기에 그치지 않고 이에 대한 대가로서 상쇄배출권 등 경제적 유인을 요구하는 것이라고 이해하면 된다.

2장
기후변화와 탄소중립

1. 기후변화

원인과 추이

기후는 매일매일의 날씨와 다르다. 대개 30년에 걸친 날씨 평균의 변동이다. 30년 평균 기온이 상승하는 것이 지구온난화global warming이고, 이로 인해 기후변화가 일어나고 있다. 지구의 기후는 오랜 기간 천천히 그러나 끊임없이 변한다. 대기권, 수권(물), 빙권(얼음), 생물권, 지권(토지)으로 구성된 지구시스템 안에서 기후변화는 크게 자연적 요인과 인위적 요인 때문에 일어난다.

자연적 요인은 크게 보면 세 가지이다(기상청, 2020). 첫째, 화산활동 때문이다. 화산재는 태양 복사를 반사함으로써 지구의 기온을 낮춘다. 1991년 필리핀의 피나투보 화산에서 배출한 이산화황은 3년 동안 지구 평균 기온을 0.2~0.5℃ 냉각시켰다. 둘째, 지구 공전 궤도와 자전축의 변화이다. 지구의 공전 궤도는 타원형이다. 자전축은 똑바르지 않고 비뚤어져 있다. 자전하는 지구의 회전축은 원을 그리며 움직이는 세차운동을 한다. 이로 인해 지구와 태양 간의 거리가 달라지고, 지구에 도달하는 태양 에너지의 양이 변한다. 지구 공전 궤도 이심률(E)은 대략 10만 년과 41만 년, 자전축 경사(T)는 4만 년, 세차운동(P)은 2만6천 년 주기를 갖는다(그림 1-4). 지난 백만 년 동안 지구의 평균 기온, 해수면, 이산화탄소 농도에 주기적 변화가 발생한 원인이다. 셋째, 태양의 흑점 활동(11년 주기)에 따라 태양이 방출하는 에너지의 양이 변하기 때문이다. 태양 에너지는 흑점이 많을 때 크고, 적을 때 작아진다. 흑점 활동이 줄어 태양에서 지구에 도달하는 복사 에너지가 감소하면 기온이 낮아진다. 15~18세기에 나타났던 소빙기가 발생한 이유이다.

그림 1-4. 빙하기 순환을 주도하는 지구 궤도의 변화(산림청, 2020)

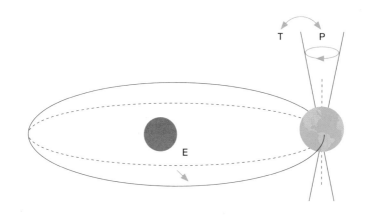

　　45억 년이 넘는 장구한 지구의 역사에서 기후변화는 결코 낯선 현상이 아니다. 자연적 원인에 의해 발생하는 기후변화에 시비를 걸 수는 없다. 수천, 수만 년을 주기로 변하던 기후가 채 100년이 안되는 기간에 급격히 변해서 문제다. 지금의 기후변화는 인위적 요인 때문이다. 인위적 요인도 세 가지를 꼽을 수 있다. 온실가스와 에어로졸의 배출, 그리고 토지이용의 변화이다. 에어로졸은 고체 또는 액체 상태의 아주 작은 입자(0.001~100μg)로 공기 중에 떠다니면서 태양에서 들어오는 복사 에너지를 차단하고, 구름과 상호작용해서 지구 기온을 낮추는 역할을 한다. 에어로졸은 산불, 특히 화석연료의 연소 과정에서 나온다. 연소 과정에서 나오는 이산화탄소는 지구온난화를 유발하지만, 이산화탄소와 같이 배출되는 미세한 입자상 물질(에어로졸)은 반대의 기능을 한다. 이산화탄소와 같은 온실가스는 양의 복사강제력Radiative Forcing, 에어로졸은 음의 복사강제력을 갖는다. 이상하게 들리겠지만, 오염물질인 에어로졸의 냉각 효과가 없었다면 지구의 기온은 더 올라갔을 것이다. 환경규제 기준을 강화해서 미세먼지(입자상 물질)를 줄이면 지구의 기온은 올라간다. 이산화탄소를 흡수해서 품고 있는 산림, 농지, 습지를 목초지나 도시로 바꾸는 토지이용은 기후변화를 유발한다. 이 과정에서 이산화탄소와 메탄이 방출하고, 온실가스 흡수 능력이 상실되기 때문이다. 온실가스는 수증기와 함께 대기 중에 오랜 기간 잔류하면서 지표면에서 우주로 방출하는 태양복사에너지를 가두는 작용을 한다. 온실에서 유리나 비닐이 하는 역할을 한다고 보면 된다.

　그림 1-5는 IPCC에서 2021년 발표한 〈제6차 평가보고서〉에 나오는 지구 표면 기온의 변화이다. 그림(a)를 보면 지난 2,000년 동안 평균 기온 변화가 아래위로 0.5℃를 넘지 않는다. 지난 10만 년 동안의 최대 상승치가 1℃에 못 미친다. 그러다 1850년 이후 급격한 상승 곡선을 그리고 있다. 마치 하키 스틱 같다. 그림(b)은 연평균 기온으로 시뮬레이션한 자료이다. 실측 기온을 나타내는 검은색 실선에 인위적 요소와 자연적 요소가 얼마나 영향을 미치는지 보여준다. 실제 기온 상승의 대부분이 인위적 요소에 기인한 것임을 알 수 있다.

그림 1-5. 1850~1900년 대비 지구 표면 기온 변화(IPCC, 2021)

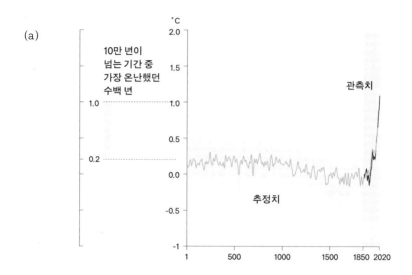

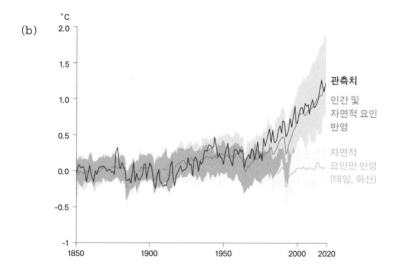

2. 탄소중립

탄소 순환

탄소는 형태를 바꾸면서 지권, 대기권, 수권, 생물권 사이를 이동한다. 화석연료 연소로 대기 중으로 배출된 탄소, 즉 이산화탄소가 나무에 의해 땅으로 돌아올 수도 있고, 빗물에 녹아서 바다로 들어가 바다 생명체에 의해 흡수되어 바다 밑으로 가라앉기도 한다. 지금 우리가 사용하는 화석연료도 오래전에 탄소가 땅 밑에 저장된 것이다. 화석연료를 사용함으로써 배출된 이산화탄소는 다시 새로운 순환과정에 들어간다. 같은 탄소가 장소(대기, 육지, 바다)를 바꾸어가면서 존재하는 것이다. 이를 탄소순환이라고 한다(그림 1-6).

탄소 배출

지구온난화의 원인으로 지목되는 탄소의 배출원은 크게 두 가지, ① 화석연료의 연소와 공정, ② 토지이용, 토지이용의 변화, 임업 LULUCF: Land Use, Land Use Change, and Forestry으로 나눌 수 있다.[3]

인간은 화석연료인 나무, 석탄, 석유, 천연가스를 태워 에너지원인 열과 빛을 얻는데, 이 연소 과정에서 반드시 이산화탄소 CO_2가 배출된다. 탄소 C와 산소 O_2가 결합하는 과정에서 빛과 열이 방출된다. 배출량은 석탄, 석유, 천연가스 순으로 많다. 산소와 결합하는 탄소의 양이 더 많기 때문이다. 이와 달리, 탄소중립 시대의 연료로 관심을 모으는 수소 기체는 연소 과정에서 이산화탄소가 아니라 물이 배출된다($2H_2 + O_2 \rightarrow 2H_2O$). 탄소가 아닌 수소가 산소와 결합

---

3   기후변화의 인위적 요인 중 에어로졸의 배출은 지구 기온을 낮추는 역할을 한다. 따라서 지구온난화의 요인은 아니다.

그림 1-6. 탄소순환(기상청, 2020)

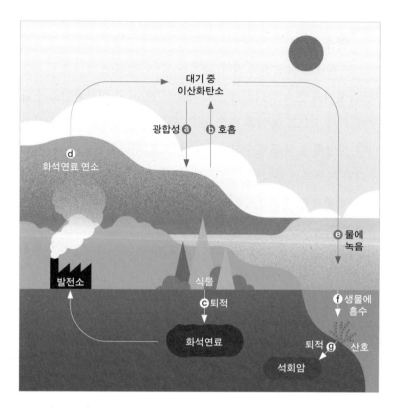

a. 광합성으로 이산화탄소 흡수: 대기권 → 생물권
b. 호흡으로 이산화탄소 방출: 생물권 → 대기권
c. 동식물의 유해가 땅속에 묻혀 화석연료가 됨: 생물권 → 지권
d. 화석연료의 연소로 이산화탄소 방출: 지권 → 대기권
e. 이산화탄소가 물에 녹음: 대기권 → 수권
f. 물에 녹은 탄소가 산호, 조개껍데기 구성: 수권 → 생물권
g. 물에 녹은 탄소나 해양 생물체가 퇴적되어 석회암 생성: 수권 → 지권, 생물권 → 지권

하기 때문이다.

석탄	$C + O_2 \rightarrow CO_2$(이산화탄소)
석유	$2CH_2 + 3O_2 \rightarrow 2CO_2 + 2H_2O$(물)
천연가스	$CH_4 + 2O_2 \rightarrow CO_2 + 2H_2O$

산업공정 배출이 있다. 알루미늄을 제련하는 등 제품 생산 과정에서 산화가 발생하거나, 시멘트 생산과정에서 탄산염이 분해되는 화학 반응이 일어나면서 이산화탄소가 부산물로 배출된다.

연료 연소와 산업공정에서 배출하는 온실가스의 양은 2021년에 36.4기가이산화탄소톤이었다. 10년 단위 연평균 증가율을 보면 60년대 4.3%, 70년대 3.2%, 80년대 1.6%, 90년대 0.9%, 2000년대 3.0%, 2011~2020년 0.6%이다. 배출량이 계속 증가하지만 그나마 연평균 증가율은 감소하는 추세인데, 2000년대에 3%로 갑자기 증가했다. 이는 당시 중국의 급속한 성장이 원인이었다.

토지이용, 토지이용의 변화, 임업LULUCF은 산림훼손, 신규조림, 벌목과 산림 황폐화, 산림의 농지 전환 후 방치, 벌목지와 방치 농지에서 일어나는 식물의 재성장, 토탄습지 태우기 또는 물 빼기 등 농업이나 개발을 위해 인간이 토지를 이용하는 과정에서 배출되는 온실가스를 의미한다. LULUCF로 인한 배출량은 산정하기에 불확실성이 크다. 배출량의 추이도 큰 변화 없이 상대적으로 안정된 모습을 보인다. 다행히 지난 20년 동안은 배출이 약간 준 것으로 나타난다. 최근 10년 추이를 보면, 2011~2020년간 4.1 ± 2.6기가이산화탄소톤이 토지이용 변화로 인해 배출되었다. 이는 순 배출량이다. 토지이용에 따른 배출량($14.1 \pm 2.2GtCO_2$)에서 토지가 흡수한

제거량(9.9±1.4GtCO$_2$)을 뺀 것이다. 토지는 배출원이자 흡수원
이기 때문이다.

탄소 흡수

가장 잘 알려진 탄소 흡수원은 식물이다. 식물은 사람의 호흡과 반
대로 이산화탄소를 들이마시고 산소를 내뿜는다. 이 과정에서 탄소
가 식물에 축적되며 식물이 자란다. 광합성 반응식(12H$_2$O + 6CO$_2$
→C$_6$H$_{12}$O$_6$(포도당) + 6H$_2$O + 6O$_2$)은 식물에서 이산화탄소가 산소
로 바뀌어 배출되는 과정을 보여준다. 식물뿐 아니라 땅과 바다도
이산화탄소를 흡수한다. 대기 중의 탄소가 식물과 땅, 그리고 바다
에 저장된다.

그렇다면 2100년까지 얼마만큼의 이산화탄소를 바다와 토
지가 흡수할 수 있을지 궁금해진다. IPCC의 답은 그림 1-7와 같
다. 여기서 미래의 배출량은 IPCC가 만든 배출 시나리오SSP: Shared
Socioeconomic Pathways, 공통 사회경제 경로를 활용한다. 인간이 배출하
는 이산화탄소의 양이 늘어날수록 해양과 토지의 흡수량도 어느 정
도까지 증가한다. 예컨대 대기 중에 이산화탄소가 많아지면 나무가
잘 자란다. 하지만 전체 배출량 대비 흡수 비율은 감소할 수밖에 없
다. 배출량이 증가하는 크기가 흡수량의 증가분을 상쇄하고도 남기
때문이다. 다(多)배출 시나리오로 갈수록 대기 중에 남아 온실효과
를 유발하는 이산화탄소의 비율이 증가한다. 다시 말해서 인위적 배
출량이 많아질수록 토지 및 해양의 흡수(자연적 흡수) 비율이 줄어
든다. 참고로 1850~2019년까지 1,430기가이산화탄소톤이 토지 및
해양에 의해 흡수되었는데 이는 전체 배출량의 59% 수준이다.

그림 1-7. 공통 사회경제 경로(SSP)에 따른 육지와 해양의 이산화탄소
흡수량 전망

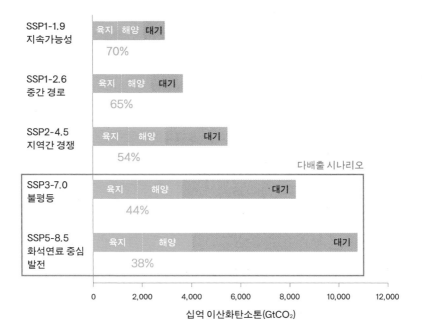

탄소중립

기후변화를 궁극적으로 통제하려면 온실가스 배출과 흡수(제거)
가 균형을 이루는 탄소중립 상태에 도달해야 한다. 파리협정(제
4조 19항)에서 요구하는 바이다. 2012~2021년까지 배출된 온실
가스의 48%, 29%, 26%가 각각 대기, 육지, 바다로 흡수·저장되
었다(그림 1-8). 전체 배출의 89%는 화석연료의 연소와 산업공
정 등에서 기인하고, 11%는 산림 및 습지의 훼손 등으로 육지에
고정되어 있던 탄소가 배출된 것이다. 이상의 내용을 정리하면,
① 배출(연소와 공정) + ② 배출(토지이용) - (③ 대기 중 이산화탄

그림 1-8. 탄소 배출과 흡수의 균형(Global Carbon Project, 2022)

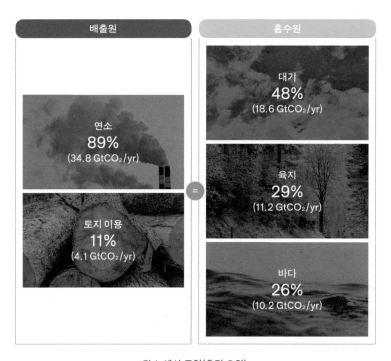

탄소 예산 균형(측정 오차)
3%
(-1.0 GtCO$_2$/yr)

소 농도 비율 증가 + ④ 해양 저장 + ⑤ 토지 저장) = ⑥ 오차[4]이다 (Friedlingstein et al., 2022).

산업화 이후 축적된 온실가스는 자연적인 탄소 순환으로 해결되지 않는다. 그래서 인위적인 노력으로 탄소 배출(+)과 흡수(-)를 합쳐서 중립, 즉 순net 배출량emission을 영zero으로 만든다는 의미의 탄소중립Net Zero 개념이 등장했다. 탄소중립에 대한 공식적인 정의는 파리협정 4조 1항에 언급된다.

> … 금세기 하반기에 온실가스의 배출원에 의한 인위적 배출과 흡수원에 의한 제거 간의 균형을 달성할 수 있도록 한다.
>
> – 파리협정(2016)

IPCC가 2018년도에 발간한 〈1.5℃ 특별 보고서〉의 용어사전glossary에도 탄소중립의 정의가 나온다. 인위적인 배출만이 아니라 인위적인 제거를 활용해서 탄소중립을 달성할 수 있다는 사실이 보다 분명하다.

> 이산화탄소 순 배출 제로(넷제로)는 인위적인 이산화탄소 배출과 인위적인 이산화탄소 제거가 특정한 기간 동안 지구 전체적으로 균형을 이룰 때 달성된다.
>
> –IPCC(2018)

---

4   배출(①, ②)에서 저장(③, ④, ⑤)을 빼면 영(0)이 되어야 하지만, 데이터 간 비정합성, 산정 오차, 누락과 같은 문제로 인해 불가피하게 오차(⑥)가 발생한다.

이 핑계, 저 핑계로 감축을 미루는 시간이 길어지면서 지금부터 미래에 배출하는 온실가스를 줄이는 정도로 파리협정의 목표를 달성하기가 불가능한 상황이 되어 가고 있다. 이미 배출되어 대기 중에 쌓여 있는 온실가스만으로도 지구의 기온은 계속 올라갈 것이기 때문이다. 과거에 배출되어서 대기 중에 누적된 이산화탄소를 인위적으로 제거해서 기후변화를 완화해야 하는 상황이다. 이에 이산화탄소 제거기술CDR: carbon dioxide removal 또는 탄소 제거기술 NET: negative emission technology이라 불리는 기술과 방법이 다양하게 제안되고 있다(참고 2-1).

〈1.5℃ 특별보고서〉는 1.5℃ 경로를 따르려면 불가피하게 이산화탄소 제거 기술을 사용해야 할 것으로 보고, 현존하거나 미래에 유망한 인위적 탄소 제거 기술 8가지를 나열한 바 있다.[5] 그 양은 시나리오에 따라 100~1,000기가이산화탄소톤이다. 이 같은 기술을 사용하면 배출이 불가피한 이산화탄소를 상쇄시킬 수 있고, 탄소중립 달성 이후에는 배출량보다 흡수량이 많아지는 마이너스negative의 배출을 통해 지구 평균 기온을 떨어뜨리는데 기여할 수 있다. 하지만 부정적인 측면을 외면해서는 안 된다. 이산화탄소 제거 기술CDR의 대표 주자라 할 바이오에너지와 탄소 포집·저장BECCS 기술은 무한정 실행할 수 있는 방법이 아니다. 또 대규모로 실행할 수 있을지 검증된 사실이 없음을 기억해야 한다. 신규조림

---

5   신규조림(afforestation), 재조림(reforestation), 토지복원(land restoration), 바이오에너지와 탄소 포집·저장(BECCS: Bio Energy with Carbon Capture and Storage), 토양탄소격리(soil carbon sequestration), 직접 대기 탄소 포집·저장(DACCS: Direct Air Carbon Capture and Storage) 강화된 풍화(enhanced weathering), 해양 알칼리화(ocean alkalinization)이다.

과 바이오에너지 활용 방법은 농업(식량), 생물다양성 및 기타 생태계 서비스와 경쟁 관계에 놓여 있다. 간단히 말해서, 배출을 줄이는 일은 게을리하면서 제거 기술에만 의존하려는 유혹은 위험하다.

이산화탄소 제거 기술은 탄소시장에서 상쇄배출권을 발행할 수 있는 사업으로 등록될 수 있다. 물론 파리협정 탄소시장에서 요구하는 절차와 방법을 준수해야 한다. 다만 비용이라는 측면에서 다른 감축 사업과 경쟁할 수 있기까지 시간이 필요할 것이다. 눈여겨 보아야 할 기술이다.

3. 탄소중립으로 가는 길

탄소중립은 저절로 이루어지는 과제가 아니다. 적극적인 정부의 정책 개입과 혁신적인 감축 기술 개발이 있어야 가능하다. 탄소중립의 세계가 된다고 해서 에너지를 사용하지 않는 것은 결코 아니다. 탄소배출이 없는 에너지의 사용, 곧 에너지의 탈탄소화脫炭素化, decarbonization가 이루어져야 한다. 어떻게 가능할까? 국제에너지기구IEA는 현재의 기술로 충분히 가능하다고 하면서, 특별히 7가지 요소key pillars, 핵심 기둥를 강조한다(IEA, 2021).

에너지 효율 개선

탄소중립은 에너지 효율을 높이는 데서 시작해야 한다. 같은 양의 에너지로 더 많을 일을 하라는 말이다. 자동차 연비를 생각하면 쉽게 이해할 수 있다. 에너지 효율을 높이면 에너지 수요를 줄일 수 있다. 산업, 건물, 수송 부문의 에너지 수요를 줄이기 위해 2030년까지 최우선으로 추진해야 할 과제이다.

현재 수준에서 기존 화석연료의 사용량을 줄이기 위해 할 수 있는 방법은 에너지 효율 개선, 행태 변화, 그리고 전기화이다. 탄소중립 시대에는 지금까지 화석연료가 담당하던 역할을 전기가 상당 부분 떠안아야 한다. 에너지 효율 개선이 없다면 전기 수요 증가를 감당하기 어렵다. 탄소중립 시대의 전기는 상당 부분 태양광으로 생산된다. 태양광은 날씨 변화에 취약한(민감한) 에너지원이다. 공급의 안정성이 떨어진다는 말이다. 전기 공급망의 불안정성에 대비하는 측면에서도 에너지 효율을 높일 필요가 있다. 수전해 수소 생산, 탄소 포집·저장 등 에너지 신기술은 아직 비용이 많이 든다.

2030년 이후에 가격 경쟁력을 가지는 에너지 신기술이 들어오게 되면 에너지 효율 개선의 비중이 감소할 것이다.

행태 변화

탄소중립을 위해서는 시민의 적극적인 참여가 필수이다. 시민의 참여 없이 순수하게 저탄소 기술로 감축할 수 있는 부분은 40%에 못 미친다. 55% 정도는 소비자로서 저탄소 기술을 선택하는 시민의 적극적인 참여와 협조가 필요하다. 생산과정에서 온실가스를 적게 배출하는 제품, 에너지 효율이 높은 제품을 구매하고, 에너지 절약을 생활 중에 실천해야 한다. 전기차나 태양열 온수기의 구매가 이러한 사례에 해당한다. 좋은 제품이 나와도 소비자가 선택하지 않으면 소용이 없다. 기술과 무관하게 순수한 시민의 행태 변화나 물질(자원) 사용의 효율 개선에 의해서 8% 정도의 감축이 일어나야 한다. 승용차 대신 대중교통을 이용하고, 비행기 이용을 줄여야 한다. 여기에 육식을 줄이는 식생활 행태의 변화도 포함된다. 행동 변화는 단발적이어서는 안 되며, 지속되어야 한다.

특별히 세 가지 행태 변화가 중요하다. 첫째, 건물이나 수송 부문에서 과도하게 낭비되는 에너지 사용을 줄인다. 우리가 잘 아는 것들이다. 실내 기온과 실외 기온의 차이를 줄인다. 가정에서 에너지를 절약한다. 환경친화적인 운전습관을 실행한다. 둘째, 수송 체계를 개선한다. 개인 승용차 사용을 줄일 수 있도록 각종 수송 인프라를 구축하는 일이다. 걷기, 자전거 타기, 카풀car pool 등이 활성화될 수 있도록 필요한 제도를 만든다. 무엇보다 대중교통망을 촘촘히 갖추는 게 중요하다. 항공 수요를 줄이기 위해 고속전철망網을 까는 것도 방법이다. 셋째, 물질(자원)의 사용을 줄인다. 재활용률을 높이고, 일회용품 사용을 줄여야 한다. 물질 사용의 효율을 높이려면 기술 혁신과 함께 각종 규정을 개정할 필요가 있다. 건축 기준과 관련된 규정이 대표적이다.

전기화

탄소중립 시대의 저탄소 에너지원이 전기이다. 여기서 전기는 온실가스를 배출하지 않고 생산된 전기여야 한다. 태양광과 풍력이 대표적이다. 탄소중립 시대에는 가능한 화석연료 대신 전기를 사용해야 하므로, 당연히 전기 수요가 늘어난다. 특히 산업공정에서 전기로 전환이 일어나면 2050년까지 수요가 두 배 이상 증가할 것으로 예상한다. 전기 전환이 일어나는 공정은 주로 중간 수준 이하의 열원과 고철 용융 전기로이다. 수송 부문에서도 전기화 비율이 2050년에 45% 정도(현재 2%)까지 증가한다. 건물 부문의 경우 각종 가전기기의 효율은 높아지지만, 천연가스를 사용하는 난방과 취사에 전기를 사용하는 비율이 늘어나면서 수요가 66% 증가할 것이다. 마지막으로 이러한 직접 수요 이외에 수소 생산을 위한 전기의 사용 수요가 있다. 2050년에 현재 미국과 중국의 전기 수요를 합친 12,000TWh가 수소 생산에 사용될 것으로 전망한다.

수소

2030년(초기 단계)까지 기존의 산업, 정유, 발전에서 수소를 사용하고, 천연가스 공급망에 수소를 주입해 이산화탄소 발생을 줄인다. 이 단계에서 전기분해로 수소를 생산하는 수전해기electrolysers의 생산 능력이 증가하고, 수소 수송 인프라가 확대될 것이다. 수소 생산 및 저장 단가도 덩달아 낮아질 것이다. 2030년 이후 기존 가스

발전시설을 수소가스 병합 발전시설로 개조하고, 석탄화력 발전시설을 암모니아 병합 발전시설로 개조하게 된다. 수송 부문에서 정책결정자들이 2030년까지 필요한 인프라를 설치할 경우 트럭 연료의 1/3, 해운의 60%를 수소가 차지할 것이다.

수전해로 생산되는 수소의 비율이 점차 늘어날 것이다. 2050년에 전체 수소의 60%가 수전해로 생산된다. 수소 생산 수전해기는 재생에너지와 원자력 발전소에서 생산한 전력망 전기를 활용한다. 일정에 맞춰 수소 생산 수전해기를 생산·공급할 수 있어야 한다. 재생에너지 생산에 유리한 지역, 예컨대 중동에서 아시아와 유럽으로 수소의 국제 이동이 일어날 것이다.

바이오에너지

현재 목재와 같은 고형 바이오매스가 주로 조리 용도로 사용되고 있다. 이 과정에서 발생하는 연기로 공해가 유발되면서 2020년 기준 매년 250만 명이 조기 사망하고 있다.

2050년에 사용되는 모든 바이오에너지는 지속가능한 방식으로 생산되어야 한다. 생물다양성이나 수질 관리에 위해危害를 초래하거나 식량 생산과 경쟁하지 않도록 적정한 범위에서 사용해야 한다. 2050년까지 바이오에너지 사용량이 매년 약 3%씩 증가할 전망이다. 2050년에 바이오에너지 연료를 사용하는 발전량이 전체의 5%를 차지하고, 지역 난방의 50%를 담당할 것이다. 높은 기온의 열원이 필요한 산업 부문에서 고형 바이오매스를 사용하고, 제지(60%)와 시멘트(30%)가 바이오에너지를 사용하게 될 것이다.

바이오에너지의 주된 장점은 기존의 시설을 활용할 수 있다는 것이다. 바이오LPG는 LPG와 다르지 않다. 바이오에너지를 활용할 경우 농촌 지역에 일자리를 만들고 수입을 창출하는데 도움이 된다. 또 대기환경 개선이라는 추가 혜택이 있다. 바이오에너지와 탄소 포집·저장BECCS은 넷제로로 이행하는 과정에서 중요한 역할을 한다. 불가피하게 배출해야 하는 이산화탄소를 상쇄하는 역할을 하기 때문이다. 2050년에 가면 전체 바이오에너지의 10% 정도가 탄소 포집·저장이 장착된 시설에서 사용되고, BECCS에 의해서 포집되는 이산화탄소의 양이 1.3기가이산화탄소톤에 달할 것이다.

탄소 포집·사용·저장

탄소 포집·사용·저장CCUS은 기존 시설에서 발생하는 이산화탄소, 이산화탄소 감축이 매우 어려운 영역, 특히 저탄소 수소 생산시설의 비용 효과적인 확장, BECCS와 대기 중 탄소 직접 포집·저장DACCS의 실행을 위해 필요하다. 앞에서 설명한 저탄소 기술의 상당 부분이 탄소 포집·저장에 의존하게 된다. 천연가스LNG를 고온·고압에서 분해해서 개질 수소를 생산하는 과정에서 발생하는 이산화탄소, 바이오연료 생산과정에서 발생하는 이산화탄소, 개조한 발전시설에서 수소와 화석연료를 혼합 연소함에 따라 발생하는 이산화탄소, 시멘트와 같은 기존 산업시설이나 LNG 발전소의 불가피한 운영에 따라 발생하는 이산화탄소, BECCS를 운영하면서 바이오매스의 연소와 함께 발생하는 이산화탄소를 포집·저장해야 한다. DACCS도 마찬가지이다.

지구 전체적으로 보면 저장 용량이 향후 발생하는 이산화탄소 저장 수요를 충족하기에 충분할 것으로 예상한다. 저장 후보지가 충분하다는 말이다. 저장 수요 전망에 따르면, 산업 부문에서 40%, 발전 부문에서 20%, 연료 전환 과정에서 30%, 이산화탄소 직접 포집DAC: Direct Air Capture에서 나머지 10%를 차지한다.

재생에너지

전기 생산 과정에서 발생하는 온실가스를 줄이기 위해서는 재생에너지 사용의 확대가 불가피하다. 태양광과 풍력을 중심으로 2030년까지 3배, 2050년까지 8배 이상으로 재생에너지의 생산이 증가해야 한다. 또 전기 공급의 안정성을 확보하기 위해서 에너지 저장시설의 설치와 전력공급망의 개선과 함께 수력, 바이오에너지, 집중형 태양광 시설, 지열 등과 같이 출력을 조절할 수 있는 재생에너지 dispatchable renewables를 확보해야 한다. 재생에너지는 수송 부문에서는 전기차의 에너지원이, 산업 부문에서는 온수와 난방에 사용된다. 특히 2050년에는 난방의 40%를 담당할 것이다. 온수 생산에는 태양광PV보다 태양열solar thermal water heating이 더 효율적이다.

1957~1979	기후변화 문제 등장
1957.7~1958.12	국제 지구물리의 해(International Geophysical Year)
1960년대	대기과학과 기상 예측의 국제협력 증가
1972.7	UN인간환경회의(UN Conference on the Human Environment)
1979.2	제1차 세계기후회의(First World Climate Conference)

1985~1990	세계 정치의 과제로 기후변화 문제 대두
1985.10	필라흐 회의(Villach Conference)
1987.9	몬트리올의정서 채택(Adoption of the Montreal Protocol)
1987.10	브룬트란트 보고서 발간(Publication of the Brundtland Report)
1988.6	토론토 회의(Toronto Conference)
1988.11	IPCC 1차 회의(First meeting of IPCC)
1988.12	UN 총회 기후변화결의안 채택(First UN General Assembly resolution on CC)
1989.3	헤이그 환경 선언(Hague Declaration on the Environment)
1989.11	노르트베이크 대기오염과 기후변화 선언(Noordwijk Declaration on AP and CC)

1990~1992	기후변화기본협약 채택까지
1990.8	IPCC 제1차 보고서 발간(Release of the IPCC's First Assessment Report)
1990.10~11	제2차 세계기후회의(Second World Climate Conference)
1990.12	협상위원회 설치(Establishment of Negotiating Committee on Framework Convention)
1990~1992	기후변화기본협약 협상(Negotiation of the UNFCCC)
1992.6	기후변화기본협약 채택(Adoption of the UNFCCCC at Earth Summit in Rio de Janeiro)

1994~1997	기후변화 조약 채택 협상(Negotiation of the first global climate treaty)
1994.3	기후변화기본협약 발효(The UNFCCC enters into force)
1995.3~4	제1차 당사국총회(COP1 in Berlin)
1996.6	IPCC 제2차 보고서 발간(Release of the IPCC's Second Assessment Report)
1996.7	제2차 당사국총회(COP2 in Geneva)
1997.12	제3차 당사국총회 교토의정서 채택(Adoption of the Kyoto Protocol at COP3 in Kyoto)

1998~2005 교토의정서 발효까지

1998.11	제4차 당사국총회(COP4 in Buenos Aires)
1999.10~11	제5차 당사국총회(COP5 in Bonn)
2000.11	제6차 당사국총회(COP6 in Hague)
2001.3	미국 교토의정서 탈퇴(US withdrawal from Kyoto)
2001.5	IPCC 제3차 보고서 발간(Release of the IPCC's Third Assessment Report)
2001.7	제6차 당사국총회 재개(COP6 resumed in Bonn)
2001.10~11	교토의정서 세부이행규칙 채택(Adoption of Kyoto rulebook at COP7 in Marrakech)
2002.5~12	EU 등 교토의정서 인준(Ratification of the Kyoto Protocol)
2002.10~11	제8차 당사국총회(COP8 in New Delhi)
2003.12	제9차 당사국총회(COP9 in Milan)
2004.12	제10차 당사국총회(COP10 in Buenos Aires)
2005.2	교토의정서 발효(The Kyoto Protocol enters into force)

2005~2009 교토에서 코펜하겐까지

2005.11~12	제11차 당사국총회(COP11 in Montreal)
2006.12	제12차 당사국총회(COP12 in Nairobi)
2007	IPCC 제4차 보고서 발간(Release of the IPCC's Fourth Assessment Report)
2007.12	제13차 당사국총회(COP13 in Bali)
2008.12	제14차 당사국총회(COP14 in Poznan)
2009.12	제15차 당사국총회(COP15 in Copenhagen)

2010~2015 코펜하겐에서 파리까지

2010.11~12	제16차 당사국총회(COP16 in Cancun)
2011.11~12	더반 플랫폼 채택(COP17 adopts the Durban Platform for Enhanced Action)
2012.11~12	제18차 당사국총회(COP18 in Doha)
2013.1	교토의정서 2차공약기간 시작(Start of the second Kyoto commitment period)
2013.11	제19차 당사국총회(COP19 in Warsaw)
2014.11	중국-미국기후협정(China-US Climate Accord)
2014.12	제20차 당사국총회(COP20 in Lima)
2015.11~12	파리협정 채택(Adoption of the Paris Agreement at COP21 in Paris)

2016~현재 파리협정 완성

2016.11	제22차 당사국총회(COP22 in Marrakech)
2017.6	미국 파리협정 탈퇴 발표(US withdrawal from the Paris Agreement)
2017.11	제23차 당사국총회(COP23 in Bonn)
2018.10	IPCC 1.5℃ 특별보고서(IPCC Special Report on Global Warming 1.5℃)
2018.12	파리협정 세부이행규칙 채택(Adoption of Paris Agreement's rulebook at COP24 in Katowice)
2021.12	제6조 세부이행규칙 채택(Adoption of guidance and RMP at COP26 in Glasgow)

Part 2
기후변화 대응

1장
온실가스

1. 온실가스의 종류와 지구온난화지수

온실가스의 종류와 배출량

기후변화의 원인 물질로 지목되는 온실가스는 7개이다(표 2-1). 〈교토의정서(부속서 A)〉에서 규정한 이산화탄소CO_2, 메탄CH_4, 아산화질소N_2O, 수소불화탄소HFCs, 과불화탄소PFCs, 육불화황SF_6, 그리고 제18차 당사국총회(2012, 카타르 도하)에서 추가한 삼불화질소NF_3이다. 여기에 더해서 프레온가스로 알려진 염화불화탄소CFCs가 강력한 온실효과를 유발한다. 다만 이들 물질은 기후변화협약이 아니라 〈오존협약(몬트리올의정서)〉에 의해 관리·통제된다. 참고로 교토의정서 1차 공약기간commitment period의 관리대상 온실가스는 6개이다. 2차 공약기간에 7개로 확대되는 것이다.

2019년을 기준으로 전 세계 온실가스 배출량을 살펴보면 토지이용LULUCF의 이산화탄소 순 배출량(11%)과 연소(산업공정 포함) 과정의 이산화탄소 배출량(64%)이 대부분(75%)을 차지하고, 그 다음으로 많은 것이 메탄으로 18%이다(그림 2-1).

표 2-1. 7대 온실가스의 용도와 배출원

구분	용도 및 발생원
이산화탄소(CO_2)	화석연료 연소, 산림훼손, 에너지 사용
메탄(CH_4)	가축, 습지, 논, 쓰레기
아산화질소(N_2O)	석탄, 폐기물 소각, 화학비료 사용, 질산/카프로락탐/아디피산
수소불화탄소(HFCs)	에어컨 냉매, 스프레이 분사제, 반도체 세정용
과불화탄소(PFCs)	반도체 제조·세정용
육불화황(SF_6)	LCD·반도체 공정, 전기제품 및 변압기 등의 절연체
삼불화질소(NF_3)	반도체 공정 등의 세정용

그림 2-1. 지구의 온실가스 순 배출량 추이(1990~2019) (IPCC, 2022)

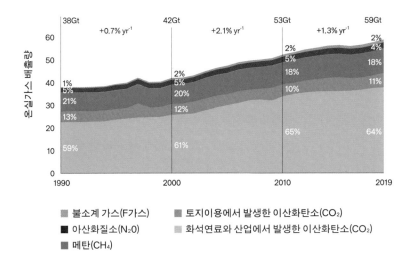

- 불소계 가스(F가스)
- 아산화질소(N₂O)
- 메탄(CH₄)
- 토지이용에서 발생한 이산화탄소(CO₂)
- 화석연료와 산업에서 발생한 이산화탄소(CO₂)

지구온난화지수

온실가스마다 온실효과를 유발하는 강도에 차이가 있다. 이는 에너지를 효율적으로 흡수하는 정도와 온실가스의 체류기간에 따라 결정된다. 7대 온실가스 중 메탄의 체류기간이 11.8년으로 가장 짧다. 아산화질소 109년, 육불화황 3,200년 등이다. 이산화탄소는 수천 년까지 체류한다고 본다. 온실가스가 지구온난화에 미치는 영향을 '지구온난화지수GWP: Global Warming Potential'라고 한다. 태양복사에너지를 더 잘 흡수하거나, 대기 중에 오래 남아 있는 온실가스의 지구온난화지수가 높다. 지구온난화지수는 이산화탄소를 기준(1)으로 해서 여러 온실가스 간의 흡수능력 차이를 상대 비율로 표시한다. 이 때문에 지구온난화지수는 7가지 온실가스 배출량을 계산할 때 환산계수로 쓰일 수 있다.

표 2-2. IPCC 보고서의 지구온난화지수 값 변화(Greenhouse Gas Protocol, 2016)

구분	지구온난화지수		
	2차보고서(SAR)	4차보고서(AR4)	5차보고서(AR5)
이산화탄소(CO_2)	1	1	1
메탄(CH_4)	21	25	28
아산화질소(N_2O)	310	298	265
수소불화탄소HFCs	140~11,700	124~14,800	4~12,400
과불화탄소PFCs	6,500~9,200	7,390~12,200	6,630~11,100
육불화황(SF_6)	23,900	22,800	23,500
삼불화질소(NF_3)	-	17,200	16,100

보통 100년 동안 흡수하는 능력을 기준(100-year GWP)으로 하며, 20년을 기준(20-year GWP)으로 하는 값도 있다. 후자의 방식을 사용할 경우 체류기간이 이산화탄소 보다 짧은 메탄의 지구온난화지수 값이 높아지고(27~30 → 81~83), 반대로 이산화탄소보다 체류기간이 긴 온실가스는 지구온난화지수 값이 준다(US EPA). 개별 온실가스의 지구온난화지수 값은 IPCC의 보고서에 따르는데, 관련 연구가 발전하면서 조금씩 변한다(표 2-2). 따라서 어떤 값을 사용할 지가 중요하다. 2021년에 나온 〈제6차 보고서〉의 수치가 최신 값이다. 하지만 기후변화협약에서는 〈국가 인벤토리(온실가스 배출량) 보고서NIR〉를 작성할 때 2007년도〈제4차 보고서〉의 수치를 사용하도록 안내하고 있다.[6]

---

6   한국 정부의 공식 지구온난화지수는 〈온실가스 배출권의 할당 및 거래에 관한 법률〉 시행령의 '별표 2'에 나온다.

2. 온실가스의 특성[7]과 탄소시장

확산성

이산화탄소는 대기 중으로 확산되는 정도가 어마어마한 기체이다. 오늘 내가 호흡을 통해 내뿜은 이산화탄소 분자가 한 해가 지나기 전에 전 지구에 퍼진다. 우리 인류는 오직 하나의 대기를 공유한다. 국경은 말할 것도 없고, 온실가스의 이동을 방해하는 어떤 경계도 없다. 사정이 이러하다 보니 온실가스는 배출 장소를 불문한다. 배출과 동시에 지구 곳곳으로 확산되어서 지구 평균 기온을 높인다.

탄소시장의 관점에서, 이러한 특성 때문에 온실가스 감축 실적을 거래할 수 있게 된다. 어디서 배출하든 동일하게 온실효과를 일으킨다고 했으니 뒤집어 말하면 어느 곳에서 줄이든 똑같이 온실효과가 줄어든다. 그렇다면 가장 싼 곳에서 줄이는 게 가장 효율적이다. 한 나라 안에서도 그렇고 지구적으로도 그렇다. 거래를 허용함으로써 감축 비용을 줄일 수 있다. 지구적 관점에서는 누가 배출하고 누가 줄이느냐보다 배출되는 '총량'이 얼마인지가 중요하다.

예를 들어보자. 아프리카의 어떤 나라는 조리하기 위해 주변의 나무를 주섬주섬 모아서 태운다. 바람이 조금이라도 불면 열이 음식물을 조리하는 용기에 제대로 전달되지 않는다. 여기에 시멘트로 아궁이를 만들고 굴뚝도 설치한다. 이를 쿡 스토브cook stove라고 부른다. 종전에 비해 적은 연료火木로 더 많은 요리를 할 수 있다. 한편, 선진국의 공장에 값비싼 최신형 모터를 설치하면 에너지 효율이 높아져서 온실가스가 준다. 같은 양의 전기를 사용해서 더 많이

---

7   한삼희(2016)는 최신 과학적 연구를 인용하면서 이산화탄소의 특성을 실감
     나게 설명한다.

생산할 수 있으니 바꾸어 말하면 동일한 수량의 제품을 생산하는데 발생하는 온실가스의 양이 감소한다. 비용 대비 효과를 따져보니 이산화탄소 1톤을 줄이는데 150달러가 들었다. 이 비용으로 아프리카에서 쿡 스토브 사업으로 15톤의 이산화탄소를 줄일 수 있다고 하자. 아프리카의 주민과 선진국의 공장주 간에 거래를 허용하면 공장주가 150달러를 지원해서 15톤의 감축 실적을 만들어 낼 수 있다. 그만큼 서로에게 이익이 된다.[8]

축적성

온실가스는 차곡차곡 쌓인다. 배출된 온실가스가 오랜 기간 동안 대기 중에서 사라지지 않고 남아 있다. 10만 년의 시간이 지나도 지금 배출한 이산화탄소의 70%가 대기 중에 남아 있을 것이라는 연구 결과도 있다. 수천, 수만 년 이상 온실효과를 일으킨다. 몇 년의 시간은 별 의미가 없다.

온실가스의 축적성은 탄소시장의 작동에 영향을 미친다. 축적되는 성질 때문에 과거의 온실가스 감축 실적을 지금 활용해도 상관없다. 또 지금의 감축 실적을 미래에 사용해도 무방하겠다. 이를 이월banking이라고 한다. 과거의 감축 실적을 지금 활용한다는 말이 왠지 안 좋게 들린다면 지금 감축하면 되는데 과거에 미리 감축했다고 생각하자. 조기早期 감축이라고 부른다. 지금 공장 리모델링을 하면서 5년 후 강화될 온실가스 감축 규제에 대비해서 에너지 효율 개선 투자를 하는 경우이다. 온실가스는 대기 중에 축적되기

---

8   일부러 단순화시켜서 설명했다. 거래 비용이 있다. 예컨대 실제 얼마만큼
     감축되었는지 모니터링하는 비용(실행 비용)이 든다. 쿡 스토브와 최신형
     모터의 사용 연한도 비교해 보아야 한다. 고려해야 하는 비용과 항목이 훨씬 많다.

때문에 지금 줄인 온실가스나 5년 후에 줄인 온실가스나 별 차이 없는 온실효과를 일으킨다. 더구나 5년을 조기에 감축했는데 이를 이월해서 사용할 수 있도록 허용하지 않을 이유가 없다. 한 가지 더 있다. 온실가스의 축적성으로 인해 온실효과는 누적 배출량이 결정한다. 누적 배출량을 결정하는 배출 경로가 중요하다.

감축을 위한 국제협력의 어려움

온실가스의 놀라운 확산성은 온실가스 감축, 나아가 기후변화 대응을 진정한 지구환경문제로 만든다. 다른 환경오염물질처럼 온실가스가 특정 지역에만 악영향을 미친다면 국제적인 압력이 없어도 각국이 알아서 온실가스 배출을 줄이고자 할 것이다. 지역 주민의 반발과 국내 정치의 필요성, 당장 선거 때문일 것이다. 미세먼지 문제와 비교해 보면 알 수 있다. 정부가 석탄화력발전소에서 나오는 미세먼지는 통제하지만 온실가스는 그렇게 하지 않으려 한다. 이산화탄소는 지역 주민에게 별다른 해를 끼치지 않기 때문이다. 이산화탄소 자체가 특별히 유해한 물질이 아닐 뿐 더러, 금방 나라 밖으로 확산되니 더더욱 문제가 될 리 없다. 결과적으로 온실가스는 가해자와 피해자가 전혀 다른 상황을 만들어 낸다. 선진국이 배출하고, 피해는 태평양에 있는 도서국가가 본다.

　여기에 더해 온실가스의 축적성은 기후변화의 원인자와 피해자를 시간상으로 분리시킨다. 내가 배출한 온실가스로 나의 후대가 피해를 본다는 말이다. 할아버지가 배출한 온실가스의 피해를 손주가 당하는 셈이다. 할아버지와 손주의 관계를 생각한다면 할아버지가 손주를 위해 온실가스를 줄일 지도 모른다. 하지만 온실가스의 잔존 기간을 생각할 때 5대, 10대, 50대 이후의 문제가 된다. 나보다 10세대 뒤에 후손을 위해 온실가스를 줄이려는 사람이 얼마나 될까? 그나마 공간적 분리는 모여서 대화나 가능하지만, 세대간 분리는 이마저 불가능하다.

　　환경 문제가 나오면 오염자 부담 원칙Polluter Pays Principle을 말하고, 현세대가 미래세대의 발전 여력을 훼손시켜서는 안 된다는 지속가능한 발전을 이야기한다. 오염자 부담 원칙은 오염물질을 배출한 사람에게 피해를 줄이는 비용을 부담케 하고, 오염 피해에 따르는 책임을 물어야 한다는 원칙이다. 공장에서 배출하는 오염물질로 인해 물고기가 죽었다면, 공장주가 오염물질을 줄여야 하고 죽은 물고기로 피해 본 하류의 어부들에게 보상해야 한다. 직관적, 상식적으로 타당하다. 그런데 온실가스는 확산성과 축적성으로 인해 오염자 부담 원칙을 적용해서 줄이기가 쉽지 않을 뿐 아니라, 비가역적 기후 재앙을 유발함으로써 미래세대에 결정적인 피해를 줄 수 있다. 참으로 난감한 상황이 아닐 수 없다.

2장
배출

1. 배출 부문

배출량 정보와 배출량 관리

배출량을 배출 부문sectors에 따라 구분하는 일은 온실가스 배출원을 경제 분야에 배정하는 작업이다. 국가에서 온실가스 감축 대책을 세울 때는 감축 비용을 따져서 우선순위를 정하기 마련이다. 기업의 입장에서도 마찬가지이다. 배출 부문별로 감축 비용이 다를 것이다. 규모의 경제economy of scale라는 원리도 작용한다. 같은 기술이라면 배출량이 많은 부문에 적용할 때 톤당 감축 비용이 줄어들 것이다. 정리하면, 배출 부문별로 정확한 배출량 정보가 있어야 감축 비용, 감축 용이성 및 효율성을 기준으로 우선순위를 제대로 잡을 수 있다.

나라에 따라 배출 부문을 분류하는 방식에 큰 차이는 없다. 다만, 나라마다 배출 패턴이 조금씩 다르니 분류 역시 이에 맞춰서 조정할 수 있다. 기본은 IPCC의 분류체계이다. IPCC는 온실가스 배출원을 ① 에너지, ② 산업공정, ③ 농업, ④ LULUCF, ⑤ 폐기물 부문으로 나눈다. 이 중 에너지 분야(①)는 연료 연소로 인한 배출량인데, 다시 에너지 산업, 제조업 및 건설업, 수송, 기타, 미분류로 세분한다. IPCC는 배출 분야에서 농업을 축산(장내 발효, 가축 분뇨 처리)과 경종(작물 재배, 토양 배출, 작물 소각)으로 나누는데 LULUCF(④)와 같이 자연적인 요소가 강하다. 이를테면, 농기계에서 배출되는 온실가스는 에너지 연소 분야에 해당된다. LULUCF는 산림지, 농경지, 초지, 습지의 토지 이용 변화에 따른 온실가스 배출량 및 흡수량 현황이다. 농업과 LULUCF를 합쳐서 '농업, 임업 및 기타 토지이용AFOLU: Agriculture, Forestry and Other Land Use'이라 한다. 참고로 IPCC 감축 시나리오에서 자연적 흡수능력 향상 방법으로 농업, 임업 및 기타 토지이용AFOLU을 다룬다. 자연기반해법NbS: Nature-based Solution과 비슷한 개념이다.

대한민국(관계부처 합동, 2019)은 발전(전환), 산업, 건물, 수송, 폐기물, 농축산을 배출 부문으로 분류한다. 영국(Committee on Climate Change, 2020)은 수송, 건물, 제조업 및 건설, 발전, 연료 공급, 농업 및 LULUCF, 해운, 폐기물, F-가스로 세분한다. 영국은 산유국이라서 연료 공급 부문을 별도로 구분한 것이리라.

배출 부문

민간 보고서 〈Project Drawdown(2020)〉은 배출 부문을 발전 부문(25%), 음식물, 농업 및 토지이용(24%), 산업(21%), 수송(14%), 건물(6%), 기타(10%)로 나눈다.

발전 부문

샤워 도중 전기가 나간다면? 캄캄한 것은 물론 따뜻한 물마저 나오지 않는다. 냉난방만이 아니다. 냉장고, 컴퓨터에서, 분신이나 다름없는 휴대전화에 이르기까지, 모두 전기가 있어야 작동한다. 현대의 일상은 전기가 움직인다고 해도 과언이 아니다. 1800년대 후반에 전기가 발명된 이래로, 전기 생산은 화석연료의 몫이다. 석탄이나 천연가스로 물을 끓여서 증기를 만들고, 증기의 힘으로 발전용 터빈을 돌려서 전기를 생산했다. 수백만 년 전에 죽은 식물과 동물이 전기로 바뀌는 순간이다. 이렇게 전기는 다른 연료가 전환conversion된 것이다. 전기를 2차 에너지라 부르고, 발전을 전환 부문이라고 부르는 이유이다.

배출 부문은 간접 배출과 직접 배출로 나뉜다. 가정에서 사용하는 전기는 간접 배출이다. 전기를 만들 때는 이산화탄소가 배출되지만, 전기를 쓸 때는 그렇지 않다. 가정에서 직접 온실가스를 배출하지는 않았지만 전기를 사용함으로써 '간접적으로' 온실가스를 배출한 셈이 된다. 이러한 사정 때문에 배출량 통계를 두 가지 방법으로 작성할 수 있다. 전기 사용으로 인한 배출을 발전 부문의 배출로 잡을 수도 있고, 전기를 사용한 부문, 예컨대 가정이나 건물의 배출량(간접 배출량)에 포함시킬 수도 있다. 후자의 방법을 선택할 경우 발전 부문에 대해 따로 배출량을 계산하면 안 된다. 배출량을 두 번 계산하는 결과를 초래하기 때문이다.

규제를 담당하는 정책 당국 입장에서 어떤 방식이 보다 유용한 것일까? 후자일 것이다. 발전 부문은 산업, 가정, 건물 등과 같이 실제 전기를 사용하는 배출 부문을 위해 전기를 생산할 따름이다. 온실가스 감축, 곧 전기 사용량을 줄이는 일은 발전사가 아니라 산업체, 가정, 건물주가 해야 한다. 정부에서도 이들 소비자를 대상으로 감축 정책을 시행해야 한다. 선택할 수 있는 자를 규제하는 게 옳다.

모든 전기가 똑같은 것은 아니다. 온실가스 배출 측면에서 재생에너지나 원자력으로 생산된 전기와 유연탄과 천연가스LNG를 태워서 만든 전기는 전혀 다르다. 여기서 전력의 온실가스 배출계수를 만들 수 있다. 보통 메가와트시(MWh)의 전기를 생산하는 과정에서 배출되는 온실가스의 양(tCO_2eq)으로 표시한다. 배출계수는 전력을 생산할 때 화석연료를 적게 사용할수록 낮아질 것이다.

소비자 입장에서 온실가스의 배출량을 줄이는 방법은 크게 두 가지이다. 전기 사용량을 줄이는 방법과 온실가스 배출계수가 낮은 전기를 사용하는 방법이 있다. 두 번째 옵션이 문제이다. 내 맘대로 이 전기, 저 전기를 구분해서 사용할 수 없다고 생각한다. 하지만 그것도 전력 공급자가 하기 나름이다. 한국전력과 같은 전력 송배전망을 운영하는 전기 공급자가 생산 방식에 따라 가격을 달리해서 요금을 물릴 수 있다. 실제 유럽에서는 그렇게 한다.

산업 및 건설 부문

지금 주위를 살펴보자. 자신이 스스로 만든 물건이 얼마나 되나? 없다시피 할 것이다. 절대다수의 물건이 공장에서 생산한 제품(공산품)이다. 또 우리가 사는 집, 일하는 건물을 지으려면 시멘트를 포함해서 각종 기자재가 있어야 한다. 공산품을 생산하고 건물을 지으려면 우선 원료를 추출해서 부품을 만들어야 한다. 그 후에 부품을 조립해서 완성품을 생산한다. 생산된 제품은 소비자까지 전달되고, 판매되어야 한다. 팔려 나간 제품은 이후 일정한 기간 소비되고, 쓰임새가 다한 물건은 폐기된다. 이 전체 과정에서 온실가스가 배출된다.

산업 부문이라고 하면 많은 에너지를 사용하는 기계, 보일러, 모터, 용광로가 연상된다. 이 모두 직접 배출원이다. 많은 양의 전기를 사용하는 곳도 산업 부문이다. 건물에서 전기를 쓰고, 절대다수의 기계가 전기로 움직인다. 또 시멘트, 철강 생산 등의 공정에서 온실가스가 배출된다. 산업 부문 배출량은 그 나라의 산업 부문 비중과 특성을 반영한다. 제조업의 비중이 크고, 수출 지향의 중후장대重厚長大한 거대 장치산업과 중화학공업 위주의 산업 생산 구조를 가진 대한민국은 산업 부문의 배출량 비중이 크기 마련이다.

수송 부문

이동 과정에서도 온실가스가 배출된다. 온실가스 배출이라는 측면에서 보면 다른 어떤 부문보다 단순해 보인다. 하지만 걷거나, 뛰거나, 말을 타던 시절에서 비행기, 기차, 승용차, 버스를 이용하는 시대로 옮겨오면서 사회에 아주 복잡한 변화가 나타났음을 기억해야 한다. 더욱이 더 빠른 운송수단을 원하는 수요와 욕구는 결코 줄지 않고 있다. 바야흐로 현대는 속도를 탐하는 시대이다. 수송 부문의 배출 행태와 감축은 현실에 의해 강력한 영향을 받는다. 속도가 떨어지고 주행거리가 짧은 전기차를 만들면서 탄소중립을 위해 이러한 전기차를 타라면 사람들이 탈까? 또 조용하고 승차감 좋은 전기차의 시대가 와도 시끄럽고 연기나는 경유차를 타겠다는 사람들이 있을 것이다. 차종의 선택은 지금도 미래도 개인 선호의 문제로 남을 것이다.

현재의 운송 수단은 액체 탄화수소, 즉 가솔린, 경유, 항공유를 사용한다. 이들 연료가 값이 싸고, 수량도 많으며, 무엇보다 에너지 밀도가 높기 때문이다. 작은 양의 연료로 많은 에너지를 얻을 수 있다는 의미이다. 간단히 말해, 효율적이다.

속도의 대가는 온실가스만이 아니라는 사실을 기억해야 한다. 차량이 달리면서 태우는 화석연료 때문에 오염물질이 나온다. 미세먼지로 시민이 몸살을 앓는다. 원유를 채굴하는 과정에서 땅과 바다가 오염되기도 한다. 이러한 배출은 방지시설을 달아서 적정한 수준으로 관리할 수 있다. 하지만 차량에서 화석연료를 태우는 과정에서 나오는 온실가스는 그럴 수 없다. 기후위기 시대에 기존의 경유차나 휘발유차를 전기차나 수소차로 대체하는 일은 더 이상 선택사항이 아닌 것으로 보인다. 다만 전기차나 수소차로 바꾸더라도 화석연료로 생산한 전기나 LNG를 개질한 수소(그레이 수소)를 사용한다면 이산화탄소 배출량에 큰 변화가 없다.

건물(가정, 상업, 공공) 부문

농경사회에서 건물은 기껏해야 먹고 자는 공간이었을 뿐이다. 대부분의 시간은 농경지에서 일하면서 지냈다. 하지만 지금은 먹고, 자고, 모이고, 일하고, 배우고, 만들고, 즐기는 모든 활동을 건물 안에서 한다. 건물은 현대인의 활동공간이다. 건물은 한 번 지으면 수십 년, 길게는 백 년 이상 사용한다. 많은 건축 자재가 들어간다. 당연히 상당한 양의 온실가스가 배출된다. 크게 보면 두 가지이다. 건물을 짓고, 고치고, 허물 때, 또 이 과정에서 사용하는 다종다양한 건축자재를 만드는 과정에서 온실가스가 나온다. 다른 하나는 건물 안에서 활동하면서 배출하는 온실가스이다. 보통 건물 부문 배출 온실가스라고 하면 후자를 말한다. 전자는 건설 부문에 포함된다.

건물에서 배출되는 온실가스의 배출원은 직접 배출과 간접 배출로 나눌 수 있다. 직접 배출은 건물의 냉난방과 조리과정에서 사용하는 천연가스LNG이고, 간접 배출은 건물에서 쓰는 전기를 말한다. 보통 전체 전기의 50% 이상이 건물에서 사용된다.

농업, 산림, 토지이용 부문

신神은 자연을 만들었고, 인간은 도시를 만들었다고 한다. 도시는 인간의 창조물이다. 점점 더 많은 사람이 도시에 살기 위해 모여든다. 도시를 만들기 위해서는 산림이나 농경지를 없앤다. 도시 내에 있던 녹지공간이 주거용지와 상업용지 등 도시의 각종 시설을 위한 자리로 바뀐다. 온실가스 배출을 야기하는 토지이용 방식이다.

온실가스를 배출하는 토지이용에 대해 더 생각해 보자. 작물과 가축을 키우는 농업과 축산업, 나무를 베어내는 임업이 있다. 여가 생활을 위해서도 산림과 황무지wilderness를 없앤다. 지구의 토지는 수십억 명의 사람만이 아니라 수많은 동식물이 함께 살아가는 공유지이다. 사람만이 아니라 동식물도 살아갈 자리(공간)가 필요하다. 인구의 증가와 소비의 증가가 동시에 일어나면서, 인간의 욕구를 충족시키는 일과 지구의 토지를 지속가능한 방식으로 관리하는 일 사이에 조화를 이루기가 더욱 어려워지고 있다.

폐기물 부문

우리가 사용하는 모든 물건은 요약하면 '원료 추출 → 생산 → 소비 → 폐기'라는 일직선의 흐름을 따른다. 이 모든 과정에서 온실가스가 발생한다. 폐기물 부문은 폐기 후 발생하는 온실가스를 말한다. 매립지에서는 메탄CH_4가스가 나오고 소각장에서는 이산화탄소가 배출된다. 당연한 얘기지만, 폐기물 부문 배출량은 폐기물의 양에 절대적으로 영향을 받는다. 재사용과 재활용을 통해서 매립장과 소각장으로 유입되는 폐기물의 양을 줄이는 노력이 우선되어야 하는 이유이다.

2. 스코프 배출량

스코프 배출량이란

스코프scope는 경계이다. 온실가스 배출의 경계라고 이해해도 무방하다. 스코프는 배출자의 배출 시설 소유 또는 통제와 관련된다. 스코프 1은 배출자가 직접 관리·통제할 수 있는 배출원이다. 배출자가 소유해서 운영하는 각종 생산시설과 차량 등이 대표적이다. 스코프 2와 3은 간접 배출이다. 배출자가 소유하지 않은 시설, 예컨대 발전시설에서 온실가스를 배출했다면 이는 간접 배출이다. 간접 배출은 경계를 어디까지 설정하느냐가 중요하다. 스코프 2는 외부에서 구매하는 전기가 대표적이다. 또 공장 밖에서 구매하는 스팀 등 냉난방용 열원이 해당한다. 스코프 3은 기업의 생산 활동 가운데 업스트림upstream과 다운스트림downstream에서 배출되는 온실가스를 말한다(표 2-3). 스코프 3은 간접 배출의 범위를 가치 사슬 전체로 확대한 것이다.

스코프 3

업스트림의 스코프 3 배출량은 기업이 구매하는 제품과 서비스를 생산하는 과정에서 간접적으로 배출되는 온실가스이다. 이에 비해 다운스트림의 스코프 3 배출량은 기업이 판매하는 제품과 서비스를 소비하고 폐기하는 과정에서 간접적으로 배출되는 온실가스이다. 강원도의 과수원에서 사과를 재배하고 수확해서 경기도의 공장까지 운송하는 과정 전체에서 배출되는 온실가스가 업스트림 스코프 3 배출이라면, 생산된 사과주스를 서울에 사는 소비자에게 유통하고 소비된 사과주스 용기를 폐기하는 데까지 배출되는 온실가스

표 2-3. 스코프 3의 범주(Greenhouse Gas Protocol, 2013)

배출 구분	스코프 3의 범주
업스트림 스코프 3	1. 구매한 제품과 서비스 2. 자본재 3. 연료와 에너지 관련 활동 4. 교통 및 배달 5. 폐기물 발생 6. 출장 7. 종업원의 출퇴근 8. 자산 리스
다운스트림 스코프 3	9. 교통 및 배달 10. 판매 물품의 가공 11. 판매 물품의 사용 12. 판매 물품의 폐기 13. 자산 리스 14. 체인점 15. 투자

가 다운스트림 스코프 3 배출이다.

　사실 스코프 3 때문에 스코프라는 배출원을 구분해야 할 필요가 생긴다. 스코프는 기업 활동 전반에 대해 온실가스 배출량을 계산하고, 감축 노력을 독려하려는 목적으로 만든 개념(분류)이다. 기업의 온실가스 감축 책임론이 커지면서 스코프 3에 해당하는 간접 배출량까지 줄이라는 요구가 나오고 있기 때문이다. 미국의 애플Apple 사가 부품 공급자에게 RE-100(재생에너지 100% 사용)을 요구한다. 참고로 배출권거래제 할당 업체에게는 스코프 1과 스코프 2 온실가스 배출량에 대한 보고 의무가 있다. 하지만 스코프 3 배출량은 보고하지 않는다.

그냥 보아도 배출량을 산정하기가 만만치 않음을 알 수 있다. 당장 정확한 산출 기준을 잡기가 쉽지 않고, 무엇보다 배출량 산정에 많은 보조 데이터가 필요하다. 구매한 제품과 서비스의 범위가 어디인가? 업체에 따라 구매와 판매 활동이 다종다양하게 이루어지는데 어떻게 공통의 기준을 잡을 것인가? 설령 공통의 기준이 있더라도 대체 그 많은 자료와 데이터를 어디서 구할 지가 현실적인 문제로 대두한다. 이러한 어려움과 모호함에도 불구하고, 기후위기의 심각성을 감안할 때, 온실가스 배출 활동의 경계를 아래위로 넓혀서 종합적으로 파악하고, 기업에 대해서 가치 사슬 전반에 걸쳐 보다 적극적인 감축을 요구해야 할 필요성은 분명히 있다. 실제 국제사회가 그러한 방향으로 가고 있으므로 대비해야 한다. 기업이 외부에 공시하는 자료에 스코프 3 배출량을 포함하도록 하고 있다. 기업에게 스코프 3 배출량의 관리는 선택이 아닌 필수가 되어가고 있다.

기후위기와 스코프 3 배출량 활용

기후위기를 어떻게 해소해 나갈 지가 기업의 핵심 과제로 대두하고 있다(TCFD, 2017). 기후위기라고 하면 물리적 위기가 먼저 떠오른다. 태풍, 홍수, 가뭄과 같은 극한기후 이벤트에 따른 단기적 영향과 기후 패턴의 변화에 따른 장기적 영향이다. 이런 위기는 직접 기업의 자산에 영향을 미칠 수도 있고, 공급망에 일시적인 장애를 유발해 간접적인 충격이 발생하기도 한다. 둘째, 전환 리스크가 있다. 기후위기가 심화되면서 정부는 각종 정책과 법적 규제를 시행할 것이다. 배출권 거래제와 탄소세가 대표적이다. 기술과 시장 역시 새로운 위기 상황에 적응하기 위해 변한다. 예컨대 저탄소, 에너지 효율 개선 기술 개발과 확산을 기업 경영에 반영해야 한다. 이러한 변화의 성격, 속도, 초점에 따라 전환 위기가 기업의 재무와 평판에 미치는 영향이 달라질 것이다.

다시 말하지만 스코프3 배출량을 산정하는 일이 결코 쉽지 않다. 그럼에도 스코프3 배출량을 산정하는 이유는 기업의 입장에서 기후위기가 가치 사슬 전체에 미치는 영향을 제대로 알고 대처하기 위해서이다. 온실가스 배출이 가치 사슬 전반에 야기하는 위기와 사업 기회를 이해하고, 투자 및 조달 관련 결정을 내릴 수 있다. 가치 사슬 전체에서 가장 효율적인 감축 기회를 찾아서 실행하고 이 과정에서 가치 사슬에 참여하는 업체들과 협력할 수 있다. 무엇보다 기업의 배출 책임이 분명해진다. 배출량을 공급업체에게 떠넘길 수 없다. 또 이를 투명하게 공개함으로써 정부와 시민에게 정확한 기업의 배출 정보가 제공될 것이다.

3장
배출량 산정

1. 배출량 산정

산정 원칙: TACCC

다시 강조하지만, 어디서 얼마만큼의 온실가스가 배출되는지 모르는데 온실가스를 제대로 줄일 수는 없다. 인벤토리inventory라고 줄여 부르는 온실가스 배출량 통계의 산정이 온실가스 감축의 시작이요, 기본인 이유이다. 국제 탄소시장에 참여하는 데도 배출량 인벤토리가 필요하다. 그런데 인벤토리 구축이 간단하고 손쉬운 작업은 아니다. 배출량 산정에 있어 수준 차이가 존재한다. 배출 부문 별로 산정 등급이 다르고, 나라 별로 산정 범위coverage와 정확도에 차이가 난다. 국가 간에 존재하는 온실가스 산정 및 관리 능력의 차이 때문이다. 또 여건에 차이가 있다. 저개발 국가의 경우 산업 부문에서 배출되는 온실가스는 관리의 필요성이 상대적으로 떨어진다.

국제협약을 비준하고 이행하는 국가를 당사국이라고 한다. 국제협약의 회원국이라고 이해하면 된다. 기후변화협약의 당사국은 온실가스 배출량 통계national GHG inventories를 IPCC에서 만드는 지침서G/L: guidelines와 우수실행지침Good Practice Guidance에 따라 작성해야 한다. 그래야 배출량 정보의 국가간 비교가 가능해지고, 일관성이 확보된다. IPCC 지침서는 발표 연도에 따라 1996년, 2000년, 2006년 지침서라 부른다. 어느 지침서를 사용할 지 당사국총회에서 정하는데, 앞으로 당사국은 2006년 개정 지침서를 사용해야 할 것이다. 다만 상당수의 개발도상국이 1996년 지침을 함께 사용하자고 하고 있다(Graichen, Cames and Schneider, 2016). 보다 정교한 지침을 따르기 어렵기 때문이다.

국가 배출량을 산정할 때, 그리고 파리협정의 탄소시장에서 지켜야 할 원칙이 있다. 각 원칙의 첫 글자를 따서 'TACCC 원칙'이라 부른다.

① 투명성(transparency): 배출량 산정에 쓰인 방법론, 가정, 전제 등을 명확히 밝혀야 한다.

② 정확성(accuracy): 더하기 빼기를 정확히 해야 한다. 과다 또는 과소 산정이 있어서는 안 된다.

③ 비교가능성(comparability): 배출량을 비교해야 하므로 필요하다. 표준화된 방법을 사용해야 할 것이다. 그런데 프로젝트나 기업의 배출량을 산정할 때는 비교가능성 대신 적절성 relevance을 말하기도 한다. 산정 대상에 부합하는 산정 지침과 규정을 활용하라는 의미이다. 예컨대 승용자동차에 특수자동차의 배출계수를 쓰면 안 된다. 온실가스 배출량은 국가만이 아니라, 배출권거래제에 참여하는 민간기업도 산정해야 한다.

④ 일관성(consistency): 동일한 산정 방법과 변수 값을 보고서 안에서 지속적으로 적용해야 한다.

⑤ 완전성(completeness): 배출량과 흡수원을 모두 파악해서 빠지지 않고 보고해야 확보할 수 있다.

산정 과정(김승도, 나승혁, 2008)

① 경계 설정: 배출량 산정의 경계boundary를 설정한다. 경계는 온실가스를 관리하는 자의 지배력이 미치는 시설의 부지 경계를 말한다. A업체의 배출량은 A업체가 관련 법령에 따라 허가받은 공장의 부지에서 배출되는 온실가스이다. 국가 또는 기업의 경계를 정해야 배출량을 알 수 있다.

② 배출원 파악: 경계 내의 배출원을 파악한다. 국가 또는 기업이 소유하거나 통제하고 있는 배출원이나 전기를 쓰는 간접 배출원이 대상이다. 예컨대 공장의 보일러와 차량, 전기를 사용하는 사무실 등이다.

③ 산정 방법론 결정: 주로 수집할 수 있는 배출량 자료의 종류와 수준에 따라 적합한 방법론을 선택하게 된다. 자료가 없으면 정교한 산정 방법론을 사용할 수 없다.

④ 배출량 산정: 산정 방법론에 따라 배출량을 산정한다. 이때 위에서 열거한 배출량 산정의 원칙을 준수해야 한다.

⑤ 집계: 배출량을 집계하고 데이터베이스로 만든다.

산정 등급

온실가스 배출량을 산정하려면 활동 자료, 배출계수, 그리고 매개변수 값이 필요하다. 보일러를 예로 들면, 보일러에 투입되는 고체연료(석탄)의 사용량이 활동 자료이다. 배출계수는 고체연료 단위 열량 당 온실가스 배출량을 표현하는 계산식(kg-GHG/MJ)이다. 이 밖에 산정 분야에 따라 매개변수 값을 부여해야 한다. 에너지 부문의 순 발열량은 에너지의 총 발열량에서 수증기의 잠열潛熱을 제외한 값이다. 화석연료에는 수증기가 포함되어 있다. 이 수증기가 액체에서 기체로 변할 때 기온의 변화 없이 열에너지를 흡수한다. 이를 잠열이라고 한다. 이를 계산하려면 매개변수로서 열량계수가 필요하다. 즉 온실가스 배출량을 계산할 때는 총 발열량이 아니라 순 발열량 값을 사용하기 때문에 열량계수를 매개변수로 사용해야 하는 것이다.

온실가스 배출량을 산정하기 위해 확보할 수 있는 자료의 수준이 배출원에 따라 천차만별일 수 있다. 확보한 자료의 수준에 따라 아래의 표와 같이 배출량의 산정 등급이 나뉜다. 산정 등급을 크게 4단계tier로 나누는데 단계가 높을수록 산정된 결과값의 신뢰도와 정확도가 높아진다(표 2-4).

온실가스 관리를 강화할수록 배출량 산정 방식도 개선해 나가야 한다. 예를 들어보자. 개발도상국에서 선진국 민간 사업자의 도움을 받아 비위생매립지에서 배출되는 메탄가스를 모아서 태우는 시설을 만들었다. 강력한 온실가스인 메탄 배출을 줄였으니 온실가스 배출량이 분명히 감소한다. 그런데 이 나라의 매립지(배출원) 배출량 산정등급이 Tier 1이다. 모든 매립지에 IPCC 기본 배출계수를 적용한다는 말이다. 사정이 이러하다면 설령 특정 비위생매립지에 메탄가스 소각flaring시설을 설치해도 이를 배출량 통계에서 국가 감축량으로 반영할 방법이 없다. 즉 메탄가스 소각시설이 설치된 비위생매립지에 별도의 배출계수를 적용할 방법이 없다는 말이다. 모든 매립지에 일률적으로 하나의 배출계수를 사용하니 그렇다.

표 2-4. 배출량 산정 등급 체계(강헌, 박기학, 김서현, 2022에서 재구성)

Tier 1	Tier 2	Tier 3	Tier 4
활동 자료와 IPCC '기본 배출계수'를 활용하여 배출량 산정	Tier 1보다 더 높은 정확도를 갖는 활동 자료 '국가 고유배출계수' 및 일정 부분 시험·분석을 통해 개발한 매개변수를 활용하여 배출량 산정	Tier 2보다 더 높은 정확도를 갖는 활동 자료 '사업장 단위의 배출계수' 등 상당 부분 시험·분석을 통해 개발한 매개변수를 활용하여 배출량 산정	배출가스 '연속측정방법'을 활용하여 배출량 산정

2. MRV: 측정(산정), 보고, 검증

온실가스 배출량을 관리하기 위해서는 산정 또는 측정Measurement 또는 Monitoring, 보고Reporting, 검증Verification의 단계를 거쳐야 한다. 배출량을 확정하는데 필요한 일련의 활동이자 과정이다. 온실가스 배출량 산정의 신뢰도가 일정 수준 이상이 되기 위해 필요한 계획과 지침이라고 할 수 있다.

배출량 산정(측정)은 적절한 배출계수를 사용해서 정확하게 계산해야 한다. 특별히 산정의 5원칙(TACCC)를 기억하자. 보고는 사용한 방법론과 데이터를 투명하게 제시하는 게 중요하다. 여기에 배출량이 제대로 산정되었는지 외부 독립기관의 검증이 있어야 한다. 검증기관은 산정 주체와 이해관계가 있어서는 안 되고, 충분한 숙련도와 전문성을 갖춘 기관(인력)이어야 한다.

탄소시장에서 MRV는 배출권의 품질을 보장하기 위한 필수 요건이다. 제대로 작동하는 국제 탄소시장이라면 MRV가 국제 수준의 기준, 절차, 방법을 준수해야 한다. 이에 교토의정서와 파리협정은 능력과 독립성을 갖춘 '지정운영자DOE: Designated Operational Entities'가 감축 사업의 타당성 평가와 감축결과물의 검증 및 인증을 담당하도록 규정하고 있다.

3. 대한민국 온실가스 배출현황

총 배출량 추이

대한민국의 온실가스 배출량은 그야말로 쉬지 않고 증가해 왔다. 2019년의 배출량은 7억137만 톤(tCO₂eq), 전년도에 7억2,700만 톤을 배출해서 역대 최고치를 경신했다. 최근 배출량 추이(표 2-5)를 보면 2017년(2.5%)과 2018년(2.3%)의 증가세가 눈에 띈다. 거슬러 올라가면 2013년 6억9,800만 톤에서 2014년 6억9,200만 톤으로 처음 배출량이 미미하게 감소(-0.1%)했다. 이후 2015년과 2016년의 배출량이 6억9,200만 톤, 6억9,300만 톤으로 거의 변동이 없었다. 그러다 2017년과 2018년에 상당히 증가한 것이다. 다행히 2019년과 2020년은 세계를 휩쓴 코로나19 팬데믹의 영향으로 배출량이 10% 정도 감소하였다. 하지만 2021년에는 경제가 회복되면서 다시 6억8천만 톤 수준으로 상승했다.

분야별 배출량

대한민국 국가 온실가스 배출량 통계에서 총 배출량은 LULUCF를 제외한 4가지 분야의 배출량을, 순 배출량은 LULUCF를 포함한 배출량을 의미한다. LULUCF는 배출량과 흡수량을 함께 산정하므로 흡수량이 배출량보다 많으면 음negative의 값을 가진다. 한국의 LULUCF는 산림지의 임목 축적량(흡수량)이 대부분을 차지하는데 2019년 -3,770만 톤, 2020년 -3,790만 톤 정도이다. LULUCF가

---

9   발전(전환) 부문을 별도 배출로 계산하는 방식을 사용한다. 다시 말해, 간접 배출이 해당 배출 부문에 포함되지 않는 방식이다. 실제 전력 사용량을 가정, 산업, 건물 등 배출 부문 별로 나누는 일이 간단치는 않다.

표 2-5. 2016~2021년 대한민국 온실가스 배출량 추이(환경부, 2022)

구분	2016년	2017년	2018년	2019년	2020년	2021년
배출량(백만 톤CO₂eq)	693.6	710.7	727.0	701.4	656.6	679.6
증가율(%)	(0.1)	(2.5)	(2.3)	(-3.5)	(-6.4)	(3.5)

그림 2-3. 2019년 대한민국 온실가스 배출량 구성(환경부, 2021)

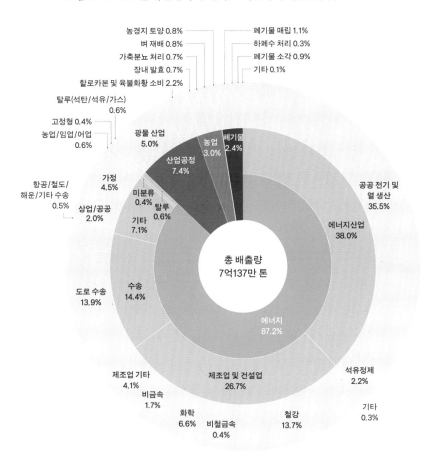

음의 값이므로 총 배출량이 순 배출량보다 크다. 그림 2-3에서 총 배출량 7억137만 톤은 IPCC 배출원 분류에서 LULUCF를 제외한 배출량이다.

세 번째와 마지막 원은 배출 부문을 세분화한 것이다.[9] 에너지 연소가 87.2%(6억1,150만 톤)로 대부분을 차지한다. 화석연료를 태워서 전기도 만들고, 또 증기를 생산해서 난방에 쓰고 공장의 동력원으로 사용하니 그렇다. 에너지 연소에서 가장 큰 비중을 차지하는 것이 에너지 산업(38.0%)인데 그 중에 공공전기 및 열 생산이 35.5%로 대부분을 차지한다. 한국의 발전은 한국전력의 5개 발전자회사(남동, 중부, 서부, 남부, 동서)에서 대부분을 담당한다. 이들 5개 발전회사가 온실가스 다배출 업체 순위 2위에서 6위까지를 차지한다. 참고로 1위는 포스코이다. 다음으로 제조업 및 건설업이 26.7%를 배출한다. 특별히 철강업은 온실가스 다량 배출 업종이다. 국가 전체 배출량의 13.7%에 해당하는 양을 배출한다. 발전을 빼고 가장 많은 온실가스를 배출하는 업종이다. 화학(6.6%)과 제조업(4.1%)이 뒤를 잇는다. 한국은 세계 최고의 제조업 강국이다. 당연히 공산품 제조에서 기인하는 온실가스 배출량이 많다.

수송은 14.4%를 배출한다. 전 세계의 수송 부문 배출 비중(14%)과 차이가 없다. 수송은 도로 수송과 비非도로 수송(항공, 철도)으로 나뉘는데 도로 수송의 비중(13.9%)이 압도적이다. 이는 차량에 쓰이는 휘발유와 경유의 사용량이다. 이동 수요가 늘어서 유류 소비가 늘어나면 배출량이 증가한다. 당연히 유류의 가격(유가)과 세금(유류세)이 자동차의 이동 수요에 영향을 미친다.

기타(7.1%)는 상업·공공시설과 가정에서 사용하는 도시가스라고 보면 된다. 배출 부문으로 따지면 건물이다. 여기서도 전기 사용 배출량은 앞에서 이미 공공전기 및 열 생산의 배출량으로 분류했으므로 제외된다. 직접 배출량만 반영한 결과이다. 전기 사용으로 인한 간접 배출량까지 포함하면 배출 비중이 두 배로 늘어난다고 보면 된다. 냉난방 수요에 직접적인 영향을 미치는 요인은 날씨이다. 춥고 더운 날씨는 난방 및 냉방 수요를 높인다. 이는 '냉난방도일'이라는 지표로 알 수 있다. 매일의 일평균 기온과 기준 기온, 즉 냉방은 24℃, 난방은 18℃와의 차이를 누적해서 계산한다. 당연히 냉난방도일 값이 클수록 냉난방 에너지 수요가 늘어난다.

산업공정에서 7.4%(5,200만 톤)를 배출한다. 역시 전기 사용량을 제외한 배출량이다. 광물 산업(5%)의 비중이 가장 큰데 시멘트 생산 공정에서 나오는 온실가스 때문이다. 건설 경기가 좋아서 시멘트 수요가 늘어나면 산업공정 배출량이 증가한다. 불소계 가스 소비로 인한 배출도 2.2%를 차지한다. 냉매가스나 반도체 산업의 세정제 등이다. 이들 가스는 양은 적지만 지구온난화지수가 높아서 이산화탄소로 환산하면 배출량이 커진다.

농업 부문 배출량이 3.0%(2,100만 톤)이다. 농업은 볏논, 비료 시비, 소 등의 장내 발효, 축산 분뇨 분해를 말한다. 육류의 소비 증가로 소牛 사육 두수가 증가하면서 배출량이 늘어나는 추세를 보인다. 쌀 소비가 줄면서 벼 재배 면적이 줄고 있다. 배출량 감소 요인이다. 마지막으로 폐기물 부문이 2.4%(1,690만 톤)를 차지한다. 고형 폐기물, 하수, 산업폐수의 처리와 폐기물의 소각 등으로 구성된다. 한국의 폐기물 처리는 매립은 감소하고 소각 및 재활용이 증가하는 추세를 보인다. 매립하면 메탄가스가 배출되고, 소각은 이산화탄소를 배출한다. 따라서 폐기물 분야는 메탄 배출량이 줄고, 이산화탄소 배출량이 증가하고 있다.

4장
감축

1. 감축 시나리오와 경로 분석

우리는 미래에 대해 기대와 불안을 함께 느낀다. 미래의 모습을 여러 가지 형태로 그려보고, 지금 무엇을 해야 할지 해답을 찾는다. 이른바 시나리오 분석이라는 방법이다. 기후변화는 불확실한 미래이다. 전 세계 과학자들이 힘을 모아 시나리오를 만든다. 기후변화 모델(지구시스템 모델)을 이용해서 계산한 미래의 전망에 관한 정보라고 보면 되겠다. 기후시스템에 영향을 미치는 온실가스 배출량·토지이용·에어로졸의 변화 등을 토대로 미래의 기후에 어떠한 변화가 일어날지 예측하는 것이다. 여기에 감축과 적응 노력, 사회경제 요인을 포함시킨다.

평가보고서에 사용된 IPCC의 시나리오

국제적으로 가장 많이 활용되는 기후변화 시나리오는 IPCC(WG1)에서 만든다. 온실가스 배출량과 기온 상승의 선형적linear 관계를 토대로 목표 기온별로 비용 효과적인 최적의 감축 경로를 제시한다. 다만, 지구 평균 기온의 상승에는 온실가스만이 아니라 지구시스템의 다양한 인자가 영향을 미치기 때문에 전망은 불확실성을 동반한다. 확률이 나오고 범위를 설정하는 이유이다. IPCC의 시나리오는 세 가지 종류가 있다.

배출 시나리오 특별 보고서
(SRES: Special Report on Emission Scenarios)

미래에 예상되는 이산화탄소 배출량에 따른 6개의 시나리오로 IPCC 〈3차 평가보고서TAR: Third Assessment Report〉와 〈4차 평가

보고서〉에서 사용되었다. 뒤에 나오는 대표 농도 경로, 공통 사회경제 경로의 기반이 되었다. 기후변화 시나리오 분석의 시작이다.

대표 농도 경로

(RCP: Representative Concentration Pathways)

복사강제력의 크기(W/m²)에 따라 온실가스 농도를 예측하는 4종의 시나리오이다. 인위적인 온실가스 배출량에 따라 예상되는 미래(2100년)라 할 수 있다. 특정한 복사강제력에 이르는 여러 가지 시나리오 중에 대표적인 시나리오라는 뜻으로 대표 경로라 부른다. 각 시나리오의 뒤에 붙는 숫자(8.5, 6.0, 4.5, 2.6)가 복사강제력의 크기이다. 양陽의 복사강제력은 지구대기시스템의 에너지를 증가시키기 때문에 복사강제력이 클수록 온실효과가 커진다. 온실가스의 배출량은 세계 각국이 실행하는 저감정책의 강도에 따라 달라진다. 〈5차 평가보고서〉에서 사용되었다.

RCP8.5 현 추세로 온실가스 배출하는 경우

RCP6.0 온실가스 저감정책이 어느 정도 실현되는 경우

RCP4.5 온실가스 저감정책이 상당히 실현되는 경우

RCP2.6 인간 활동에 의한 영향을 지구 스스로가 회복할 수 있는
경우

공통 사회경제 경로(SSP)

IPCC 〈6차 평가보고서AR6〉를 위해 작성되었다. 미래의 기후변화 완화(감축) 및 적응 노력에 따라 사회 경제 구조가 어떻게 변화할지를 예상한다. 인구 통계, 경제 발전, 복지, 생태계 요소, 자원,

제도, 기술 발달, 사회적 인자, 정책을 고려해서 지속가능성(SSP1, Sustainability), 중간 경로(SSP2, Middle of the Road), 지역간 경쟁(SSP3, Regional Rivalry), 불평등(SSP4, Inequality), 화석 연료 중심 발전(SSP5, Fossil-fueled Development) 시나리오를 만든다. 중간 경로(SSP2)를 제외한 4가지 미래 모습의 이야기 storyline는 아래와 같다.

SSP5 고속 성장: 빠른 경제 성장, 탄소집약적 화석연료 기반 자유 무역, 높은 기술 발전, 환경에 대한 낮은 관심

SSP4 양극화 성장: 지역간·지역내 불평등, 사회적 연대 약화, 낮은 기술 발전, 일부 부유 계층을 위한 환경 보전, 제한적 무역

SSP3 불균형 성장: 지역간 경쟁, 높은 인구증가와 낮은 경제성장, 낮은 기술 발전, 환경 및 사회 목표에 소극적, 국내 자원에 집중

SSP1 지속가능 성장: 국제 협력, 빠른 기술 발전, 강력한 환경정책, 낮은 인구 성장, 불평등 감소, 재생에너지·에너지 효율 중심, 육식 감소, 산림 보호

5개의 공통 사회경제 경로에 대표 농도 경로에서 사용한 복사강제력을 통합해서 미래 배출 경로를 그리면 그림 2-4와 같다. 또 표 2-6은 5개 시나리오별로 단기, 중기, 장기 기온 상승을 예상한 것이다. 배출량 가정(시나리오)에 따라 2100년에 1.0~1.8℃(최소 배출), 2.1~3.5℃(중간 배출), 3.3~5.7℃(최대 배출) 수준으로 기온이 상승할 것으로 전망된다. 참고로 지구 표면 기온이 1850~1900년 대비 2.5℃ 이상 높았던 가장 최근의 때는 300만 년 전이다.

그림 2-4.SSP 시나리오의 배출 경로(IPCC, 2021)

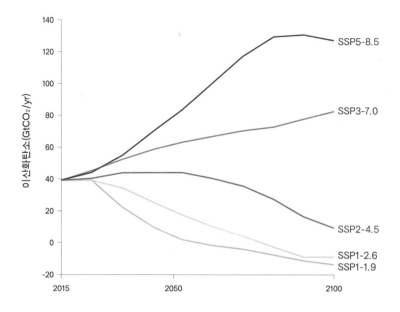

표 2-6. SSP 시나리오별 평균 지구 표면기온의 변화(IPCC, 2021)

| 시나리오 | 단기(2021~2040) | | 중기(2041~2060) | | 장기(2081~2100) | |
	최적 추정치 (℃)	가능성 매우 높음 (℃)	최적 추정치 (℃)	가능성 매우 높음 (℃)	최적 추정치 (℃)	가능성 매우 높음 (℃)
SSP1-1.9	1.5	1.2~1.7	1.6	1.2~2.0	1.4	1.0~1.8
SSP1-2.6	1.5	1.2~1.8	1.7	1.3~2.2	1.8	1.3~2.4
SSP2-4.5	1.5	1.2~1.8	2.0	1.6~2.5	2.7	2.1~3.5
SSP3-7.9	1.5	1.2~1.8	2.1	1.7~2.6	3.6	2.8~4.6
SSP5-8.51	1.6	1.3~1.9	2.4	1.9~3.0	4.4	3.3~5.7

탄소시장

1.5℃ 경로와 제거 기술의 사용

〈1.5℃ 특별보고서〉는 1.5℃ 이하로 기온 상승을 억제하려면 과감한 수준의 저탄소 기술 혁신이 이루어지거나 극히 효율적인 에너지 이용이 필요하다고 본다. 만일 이것이 어렵다면 이산화탄소 제거기술의 광범위한 사용이 불가피하다. 이 보고서는 자연적 방법(농업, 임업 및 기타 토지이용AFOLU)과 인위적 방법BECCS을 조합한 4가지 (P1~P4) 경로를 제시하고 있다.

P1 신규조림 등 자연의 힘을 이용한 이산화탄소 흡수·제거 경로: 사회, 기업, 기술의 광범위한 혁신으로 2050년까지 에너지 수요가 크게 감소한다. 줄어드는 에너지 수요로 에너지의 빠른 탈탄소화가 가능하다.

P2 인위적 방법의 제한적 도입(2100년까지 총 151GtCO$_2$) 경로: 에너지 집약도 및 인간 능력의 향상, 경제적 집중, 국제협력 등 제반 분야에서 지속가능성을 확보한다. 지속가능한 건강과 소비 패턴, 저탄소 기술혁신, 토지관리 시스템의 개선이 필요하다.

P3 상당한 수준(2100년까지 총 414 GtCO$_2$)의 인위적 방법 도입: 중도적 경로이다. 현재 방식과 수준으로 사회 및 기술 발전을 이루고, 에너지·공산품의 생산에서 온실가스 감축을 실현한다. 미미한 에너지 수요 감소가 발생한다.

P4 인위적 방법의 광범한 도입(2100년까지 총 1,119 GtCO$_2$): 자원 집약적, 에너지 집약적 발전 시나리오로서 경제 성장과 국제화로 온실가스 다배출 생활 방식이 확산되고, 교통 수요와 육식 소비가 증가한다. 기술적인 수단에 의존한 감축에 그친다.

기후변화 대응을 위해 에너지 효율을 높이고, 에너지원을 바꾸어나가는 노력은 결코 게을리할 수 없다. 하지만 이러한 노력이 미진한 상황에서 1.5℃나 2℃ 수준으로 기온 상승을 억제하기가 점점 어려워지고 있다. 그림 2-5를 보면, 1.5℃ 목표 달성을 위해서는 BECCS의 활용이 불가피하다. 감축 필요량과 실제 감축량의 격차가 계속 유지된다면 BECCS 활용도가 더 증가할 것이다. 여기서 BECCS를 포함한 인위적 이산화탄소 제거 기술CDR이 국제 탄소시장에서 주요한 상쇄 사업으로 대두할 가능성을 엿볼 수 있다.

그림 2-5. 1.5℃에 이르는 4가지 경로의 배출과 제거(IPCC, 2018)

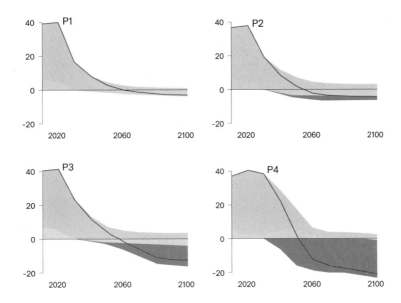

　　　　　　　　　　　　　　　　　　　탄소시장

① 신규조림과 재조림

최소한 과거 50년 동안 산림이 아니었던 토지에 나무를 심으면 신규조림, 본래 산림이었다가 다른 용도로 전환되어서 1989년 12월 31일까지 산림이 아니었던 토지에 나무를 심으면 재조림이다. 관건은 나무를 심을 토지의 확보이다. 다른 쓰임새에 필요한 토지, 즉 도시 택지, 농경지, 목축지 등과 경쟁할 수밖에 없다. 인구가 증가해서 식량 수요가 증가하면 나무 심을 땅을 찾기 어려울 것이다. 소고기를 좋아하는데 목축지를 줄일 수 없다. 그런데 거대한 토지에 나무를 심을 경우 태양빛 반사, 구름 생성, 토양과 물의 균형에 영향을 미칠 수 있다.

② 바이오차Biochar

탄소 성분으로 이루어진 나무, 쓰레기, 배설물을 공기(산소)와 접촉을 못하게 하고 고열을 가하면 숯charcoal이 만들어진다. 본래 숯은 열을 얻기 위해 사용했지만, 바이오차는 탄소를 고정하기 위해 토양에 뿌린다. 바이오차에 고정된 탄소 성분은 토양에서 오랫동안 서서히 분해된다. 그래서 농경지의 토질(비옥도)이 좋아지는 효과도 있다. 하지만 바이오차로 인해 토지가 검은 색으로 바뀌면 태양빛 흡수를 더 많이 해서 지구온난화를 악화시키는 문제도 생긴다. 한편, 바이오차가 토양 중에 잔존하는 기간에 대한 논란이 있다.

③ 바이오에너지와 탄소 포집·저장BECCS

가장 대표적인 이산화탄소 제거 기술이다. 나무, 풀 등 바이오매스를 태워서 에너지원으로 활용하고, 연소 과정에서 나오는 이산화탄소를 포집·저장해 대기 중으로 다시 돌아가지 못하게 만드는 기술이다. IPCC <5차 평가보고서>에서 2℃ 이하 억제 목표 달성 시나리오 116개 중 101개가 BECCS를 상당한 규모로 활용되는 상황을 가정한다. 이 기술을 사용하지 않으면 1.5℃ 또는 2℃ 목표 달성이 불가능해 보이지만 아직 대규모 수준에서 실증된 적이 없다. 미래 시나리오의 과

반수 이상(67%)이 2100년에 전체 에너지원의 20%를 BECCS가 차지한다고 예상한다. 기대가 큰 만큼 의구심도 커진다. 엄청난 양의 바이오매스를 어떻게 생산해 낼 지가 우선 문제이다. BECCS와 농지, 목축지가 서로 경쟁하는 형국이다. 단일 수종을 경작할 경우 생물다양성을 저해할 수 있다. 포집한 탄소를 저장하는 장소를 확보하는 문제는 말할 것도 없다.

④ 연안습지 복원

탄소를 흡수하는 연안과 해양의 생태계를 블루 카본blue carbon이라고 부른다. 염습지salt marsh에 자라는 염생식물, 맹그로브숲, 각종 해초류는 육상 식물보다 이산화탄소를 더 빨리 흡수하기도 한다. 이러한 연안과 해양의 습지를 해안가 주택, 항구, 위락시설 등 각종 개발행위로부터 보전함으로써 블루 카본이 흡수원의 역할을 유지하도록 하는 방법이다. 물이 빠진 습지는 오히려 이산화탄소의 배출원이 된다. 망가진 연안 및 해안 습지 생태계에서 배출되는 탄소가 산림전용으로 인한 탄소 배출의 3~19%를 차지한다(Pendleton et al., 2012). 해안 습지의 생태계를 지키고 복원하면 탄소 흡수원으로 기능할 뿐 아니라 각종 어패류의 산란장으로서 수산자원을 풍부하게 하고, 태풍과 해일로부터 내륙을 지키는 방파제 역할을 한다.

⑤ 목조 건축물

목재 등 임산물은 탄소를 고정하고 있다. 임산물을 태우면 이산화탄소, 썩히면 메탄의 형태로 고정되어 있던 탄소가 대기로 돌아간다. 반대로 임산물을 오랫동안 활용하면 그 기간만큼 탄소를 고정하는 셈이다. 철골이나 콘크리트 대신 목재로 건축물을 짓는다고 생각해 보자. 탄소 고정 효과 이외에 철골 또는 콘크리트 생산 과정에서 배출되는 이산화탄소를 감축하는 효과가 생긴다. 공기 정화 등 목재가 생산되는 숲이 주는 각종 혜택은 더 말할 것이 없다.

⑥ 해양 알칼리화

이산화탄소가 물에 녹으면 탄산이 된다. 물이 이산화탄소를 녹인 셈이다. 탄산을 품은 물이 바다로 흘러간다. 이는 탄소순환 과정의 일부이자, 대기 중 이산화탄소 농도가 높아지면 바다가 산성화되는 이유이다. 이산화탄소는 알칼리(염기성)가 높을수록 물에 더 잘 녹는다. 석회석(탄산칼슘)을 가열하면 생석회(산화칼슘)가 만들어지는데, 이를 바다에 뿌리면 바다의 이산화탄소 흡수 능력을 높인다. 그런데 10억 톤의 이산화탄소를 포집하려면 25억 톤의 석회석이 필요하다. 만만치 않은 양이다. 참고로 석회석의 전 세계 연간 생산량이 80억 톤이다.

⑦ 대기 중 탄소 직접 탄소 포집(DAC)

보통 특수한 용매(액체)에 공기를 통과시켜서 공기 중에 포함된 이산화탄소를 걸러낸다. 막membranes을 통과시켜 이산화탄소를 분리시키는 방법도 있다. 이산화탄소가 포함된 액체는 다시 열을 가해 이산화탄소를 빼내고 재활용한다. 포집한 이산화탄소는 산업 공정에 쓰거나 지하에 저장한다(CCUS: carbon capture, utilization, and storage). 그런데 공기 중 이산화탄소 농도 비율은 매우 낮다. 그래서 경제성이 떨어진다. 화력발전소에서 배출되는 연소 가스의 이산화탄소 농도는 이보다 300배 이상 높기 때문에 효율적이다. 용매에서 이산화탄소를 빼내는데도 엄청난 양의 에너지(열)가 필요하다.

⑧ 해양 시비(해양 비료 살포)

연근해 밖 깊은 바다에는 영양분nutrient iron이 없어서 미생물이 자라지 못하는데 이곳에 영양분을 뿌리면 식물성 플랑크톤이 급격하게 번식하게 된다. 플랑크톤이 죽으면 흡수한 탄소와 함께 깊은 바다 밑바닥으로 가라앉는다.

⑨ 강화된 풍화

암석의 풍화 작용으로 연소에서 기인하는 온실가스의 3%가 흡수된다. 빗물은 대기 중의 이산화탄소가 녹아 있어서 약산성을 띤다. 비는 암석 및 토양과 반응해서 중탄산염을 형성하고, 중탄산염은 바다로 흘러 들어가 칼슘, 칼륨과 결합해서 바다 밑으로 가라 앉는다. 대기의 탄소가 바다로 돌아가는 과정이다. 강화된 풍화는 이 과정을 더욱 활성화시킨다. 즉 암석을 잘게 부수어서 넓은 지역에 뿌리면 토양의 미생물이 풍화작용을 가속한다. 토양에 양분을 공급하여 농업 생산성을 높이고, 해양 산성화를 완화하는 부수적 효과도 거둘 수 있다.

⑩ 토양 탄소 격리
소출을 늘리기 위한 각종 근대 농경 방법은 토양이 품고 있던 탄소를 배출케 한다. 땅을 깊이 자주 갈고, 농작물을 태우고, 화학 비료를 쓰면서 토양 속 엄청난 양의 탄소가 대기 중으로 나온다. 농경 방법을 바꿔서, 토양이 탄소 흡수원이 되도록 하자는 것이 토양 탄소 격리의 아이디어이다. 밭을 얕게 갈고, 유기질 비료를 사용하며, 윤작이나 탄소를 고정하는 식물을 심는 방법 등이 있다. 다만 지구온난화 상황에서 토양이 예상대로 반응할지는 여전히 불확실하다.

경로 분석

배출 경로
온실가스가 어느 날 갑자기 줄지는 않는다. 경제 전 부문에서 배출되기 때문에 그렇다. 국내총생산GDP이 갑자기 늘거나 줄 수 없는 것처럼 온실가스 역시 서서히 증가하고 서서히 감소한다. 완만한 궤적을 그리면서 변동한다. 또 경제의 성장과 하락에 분명한 원인이 있는 것처럼 온실가스의 증가와 감소에도 이유가 있다. 국가 전체의 온실가스 배출을 줄이려면 과거의 궤적을 분석하고, 미래의 배출 경로를 예측하면서, 필요한 대책을 적기에 실행해야 한다. 국가 온실가스 관리는 경로 분석을 토대로 해야 한다는 말이다. 배출 경로는 감축 경로와 같은 말이다. 온실가스 감축을 추진하는 입장에서는 감축의 결과가 배출이기 때문이다. 파리협정(제4조 1항)에서도 배출 정점을 조속히 달성하고 이후 과감한 감축을 실행하라고 한다. 당사국이 추구해야 할 배출(감축) 경로에 대한 요구이다.

지금 국제사회는 탄소중립을 말한다. 파리협정도 넷제로를 장기 배출 목표로 삼는다. 파리협정의 당사국이라면 탄소중립을 목표로 온실가스를 관리해야 한다. 이제 어떻게 탄소중립으로 갈 지가 과제이다. 온실가스 배출은 '증가 → 정점 → 하락 → 탄소중립 (넷제로)'의 단계로 간다. 장기 배출 경로이다. 탄소중립 단계 전에 2030년 감축 목표가 있다. 파리협정에서 국가가 제출하는 감축 목표를 국가결정기여NDC: Nationally Determined Contribution라 부른다. 현재 나라마다 2030년 국가결정기여를 제출하거나 갱신하는 상황이다. 한국을 포함해서 상당수의 나라가 2030년부터 5년 단위로 온실가스 감축 목표를 제시한다.

탄소중립 배출 경로에서 배출량이 배출 정점에 도달하는 시점 (연도)이 무엇보다 중요하다. 국가 배출량이 일단 최댓값(정점)을 찍어야 이후 배출 경로의 하강이 가능하다. 그런데 배출 정점은 어떻게 알 수 있을까? 시간이 지나면 안다. 온실가스 배출이 특정 연도에 하락하면 하락 직전의 연도가 정점이다. 하지만 다시 배출량이 늘어서 종전 정점을 상회한다면 종전 정점은 정점이 아니다. 아직 배출 정점에 도달하지 못한 것이다. 이러한 잘못을 피하려면 배출량의 감소 추세가 왜 나타났는지 분명한 이유를 밝힐 수 있어야한다. 단순히 경제의 부침에 따른 배출량의 변화를 가지고 배출 정점을 운운해서는 안 된다.

누적 배출량

누적 배출량에 대해 이해하려면 넷제로에 어떻게 도달할지 배출 정점과 2030년 배출(감축) 목표를 가지고 따져야 한다. 그림 2-6 같이 세 가지 경로가 가능하다.

그림 2-6. 감축 경로와 누적 배출량(UNEP, 2021)

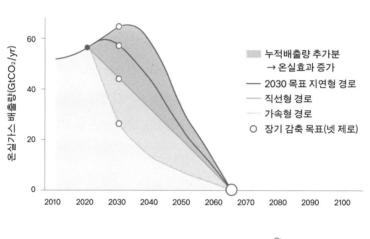

① 직선형(linear)
배출 정점, 2030 배출
목표, 넷제로 지점이
하나의 직선상에 위치하는
형태이다. 배출 정점을
지난 상황으로 2030년
배출 목표가 배출 정점의
오른쪽에 있다.

② 가속형(accelerated)
직선형과 마찬가지로 배출
정점을 지난 상황이다.
하지만 직선형과 비교해서
초기에 과감한 감축을
이행한다. 2030 배출
목표가 직선형(점선) 아래에
있다.

③ 지연형(delayed)
배출 정점을 지나지 못한
상황이다. 2030년까지
배출량을 늘린다. 2030년
이후에 배출 정점에 도달한
후 급격하게 감축을
추진하는 형태이다.

　　　　　　　　　　　　　　　　　　　　탄소시장

가속형은 넷제로 시점에 가까이 갈수록 감축 부담이 줄어든다. 이에 비해 지연형은 초기에는 감축 부담이 없지만, 배출 정점 이후 매우 급격하게 감축해야 한다. 어느 경로가 합당한가? 기후 기술은 시간이 지날수록 가격이 내려가므로 감축을 늦출수록 적은 비용으로 감축을 실현할 수 있다는 주장이 있다. 이에 대해 넷제로로 갈수록 값비싼 첨단의 기후 기술을 써야 하므로 지금 더 많이 줄이는 것이 비용 효과적이라는 주장도 있다. 누가 맞는지 따지는 건 이 책에서 다룰 주제가 아니다. 선택은 감축 비용 때문이 아니라 자국의 배출 여건이나 정치적 상황 때문일 가능성이 높다.

이보다 중요한 건 누적 배출량이다. 누적 배출량은 배출 경로 아래의 면적이다. 세 가지 경로가 누적 배출량에 상당한 차이를 보인다는 사실을 알 수 있다. 동일한 연도에 탄소중립을 달성해도 빠른 감축을 하는 경우(②)와 그렇게 하지 않는 경우(①) 간에 누적 배출량에 차이가 난다. 배출 정점이 늦춰지는 경우(③)는 더욱 늘어난다. 배출 정점 도달 시점이 늦어지면 늦어질수록 누적 배출량이 커진다. 기후변화에 영향을 미치는 건 누적 배출량이다. 배출된 온실가스가 대기 중에 쌓여서 오랜 기간 지속적으로 온실효과를 유발하기 때문이다. 파리협정 제4조 1항에서 빠른 시일 안에 배출 정점(배출 최대치)에 도달하고, 이후 급속한 감축을 실행하라고 하는 이유가 분명해진다.

배출 격차와 탄소 예산

배출 격차
과학자들은 이미 배출되어 누적된 온실가스의 양, 즉 누적 배출량과 온실효과의 강도 간에 상당한 '선형관계'가 존재한다는 사실을 발견했다. IPCC(2021)의 추산에 따르면, 1,000기가톤의 이산화탄소가 0.45℃(0.27℃~0.63℃)에 해당하는 기온 상승을 유발한다. IPCC는 이에 대해 강한 확신을 가진다고 말한다. 이 선형관계 때문에 2℃ 또는 1.5℃ 상승을 유발하는 누적 배출량을 계산할 수 있다. 또 파리협정의 당사국은 국가결정기여라 불리는 온실가스 감축 목표를 제시하므로 각국이 제시한 국가결정기여를 이행하였을 때 배출되는 온실가스 총량을 계산할 수 있다.

이제 1.5℃ 상승을 일으키는 온실가스의 누적 배출량을 알고 국가결정기여 이행 후 온실가스 배출량을 계산하면, 두 배출량의 차이를 알 수 있다. 전자는 바람직한 배출량이고, 후자는 실제 배출량(전망)이다. 바람직한 배출(감축)에 못 미치는 배출 격차emission gap이다. 격차는 바람직한 상황(목표)과 실제 간의 차이이다. 유엔환경계획(2021)은 배출 격차를 "국가결정기여의 완전한 이행 후 지구 온실가스 배출 총량(추계)과 여러 가지 확률로 지구 기온을 2℃, 1.8℃ or 1.5℃로 유지하는 지구 온실가스 배출 총량(최소 비용 시나리오 기준) 간의 차이"라고 정의한다.

다른 방법도 있다. 각국이 국가결정기여를 이행함에 따라 배출되는 온실가스가 몇 도(℃)의 기온 상승을 유발하는지 계산하고, 이를 목표 기온(2℃, 1.5℃)와 비교하는 방법이다. 기온을 기준으로 하는 격차라 하겠다. 이렇게 배출량과 기온을 기준으로 하는 두 가지 격차를 찾아낼 수 있다. 유엔환경계획은 매년 이 두 가지 격차를 계산해서 〈배출격차보고서Emission Gap Report〉를 발간한다.

탄소 예산

일정한 목표에 비추어 앞으로 얼마나 추가로 탄소를 배출할 수 있을까? 2℃ 또는 1.5℃ 상승을 가져오는 누적 배출량에서 이미 배출한 온실가스 배출량을 빼면 나온다. 잔여 배출량remaining carbon budget이라 할 수 있는데, 보통 탄소 예산carbon budget이라 부른다. 예산은 내가 쓸 수 있는 돈이고 정해진 지출의 범위 또는 한계이다. 이 개념을 온실가스 배출에도 적용한 것으로 보면 된다. IPCC(2021)는 1850~2019년간 총 2,390±240기가이산화탄소 톤이 인위적으로 배출된 것으로 추산한다.

목표 기온을 1.5℃, 1.7℃, 2.0℃로 잡았다(표 2-7). 1850년 이후 이미 1.07℃가 상승했으므로, 목표 연도까지 남아 있는 기온 상승분이 얼마인지 계산할 수 있다. 잔여 배출량(탄소 예산)은 다양한 확률로 산출한다. 달성 확률을 높일수록 잔여 배출량이 줄어든다. 확실하게 목표를 달성하려면 그만큼 더 확실하게 줄여야 한다는 의미이다. 달성 확률 50%를 기준으로 할 경우 1.5℃, 1.7℃, 2.0℃ 목표 기온 대비 잔여 탄소 배출량은 각각 500/850/1,350기가이산화탄소톤이다. 탄소 예산이 많지 않음을 알 수 있다.

표 2-7. 목표 기온 대비 탄소 예산(IPCC, 2021)

목표 온도 (℃)	잔여 온도 (℃)	잔여 탄소배출총량(GtCO₂)				
		17%	33%	50%	67%	83%
1.5	0.43	900	650	500	400	300
1.7	0.63	1,450	1,050	850	700	550
2.0	0.93	2,300	1,700	1,350	1,150	900

2. 배출 경로 실제 분석

장기 목표와 배출 경로

파리협정은 금세기 후반까지는 배출과 흡수가 균형을 이루는 탄소중립을 달성하도록 요청한다. 그러면서 〈장기 저탄소(저배출)발전전략LT-LEDS: Long-term low GHG Emission Development Strategies〉을 제출하도록 권고한다(제4조 19항). 이에 한국을 포함해서 많은 나라가 2050년 탄소중립 달성을 약속한 바 있다.

그림 2-7은 G20 회원국의 넷제로 경로이다. 현재 배출량, 2030년 배출 목표, 탄소중립 달성 연도를 이어 그렸다. 감축 경로의 기울기를 보라. 배출 정점을 달성한 이후 급격한 감축을 실행해야 한다. 탄소중립 시점이 같다면 배출 정점을 늦출수록 더욱더 가파른 감축이 불가피하다. 계속 강조하지만 온실가스 감축은 결코 쉬운 일이 아니다. 당연히 급격한 감축은 그만큼 더 힘들 것이다. 탄소중립은 당연히 해야 하지만, 의지, 노력, 투자 없이, 말(선언)로 결코 이루어지지 않는다. 탄소중립 약속에 대해 국제법상 준수 의무가 없고, 또 무엇보다 꽤 오랜 시간 뒤의 일이다 보니, 당사국들이 마치 유행처럼 탄소중립 선언을 남발하는 느낌을 지울 수 없다.

여기서 한 가지 꼭 짚고 넘어갈 사항이 있다. 모든 당사국이 5년마다 진전된 감축 목표(국가결정기여)를 제출해야 한다고 했다. 어떻게 정해야 할지 반복적으로 격한 논란이 있을 것이다. 그런데 앞에서 설명한 장기 감축 경로가 시사점을 준다(그림 2-6). 탄소중립 달성에 진심인 국가라면 직선형 경로를 최소한 지켜야 할 것이다. 물론 또다시 지연형을 택할 수는 있다. 하지만 지연하면 지연할수록 탄소중립의 약속은 공수표가 될 가능성이 더욱 커진다.

그림 2-7. G20 주요 국가의 넷제로 배출 경로(UNEP, 2021)

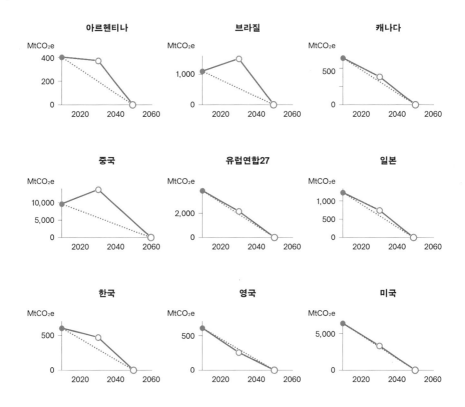

실제 배출 경로 분석

국가 배출량의 추이를 보면서 배출 경로에 대해 생각해 보자. 그림 2-8은 4개 국가(군)에 대해 화석연료 연소에서 기인하는 이산화탄소의 실제 배출 경로를 보여준다. 선진국인 미국과 유럽연합은 현재 화석연료의 순위가 석유 〉가스 〉석탄의 순이다. 언제 미국과 유럽연합의 배출량이 급격히 감소하나? 석탄에서 기인하는 이산화탄소 배출량의 급격한 감소한 시점이다. 미국은 2005년 근처이고, 유럽연합은 1990년 근방이다. 그즈음에 석탄 사용량이 급감하면서 미국과 유럽연합은 배출 정점을 지났다. 온실가스 배출을 획기적으로 줄이려면 석탄 사용량을 줄이라고 주장하는 이유를 알 수 있게 하는 대목이다.

급속히 성장하는 중국과 인도는 분명 유사한 배출 패턴을 보인다. 특정 시점부터 온실가스 배출량이 급격히 증가하고 있는데, 이유는 석탄 사용량의 급증 때문이다. 현재에도 석탄에서 기인하는 배출량이 압도적이다. 배출 정점과 거리가 먼 배출 패턴임을 단번에 알 수 있다.

미국과 유럽연합의 사례로 미루어 보면, 중국과 인도의 석탄 소비량이 급감하는 시점이 곧 배출 정점이 될 것으로 예측할 수 있다. 마찬가지로 한국도 발전 부문의 석탄 사용량이 획기적으로 줄지 않는다면 배출 정점을 말하기 위험하다. 안정적인 감소 추세에 들어서지 않아서 그렇다고 말할 수 있다.

그림 2-8. 미국, 유럽연합, 중국, 인도의 배출 경로(Global Carbon Project, 2021)

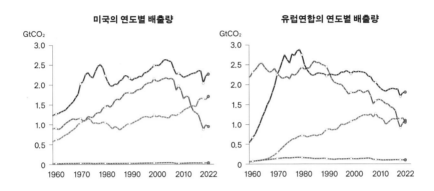

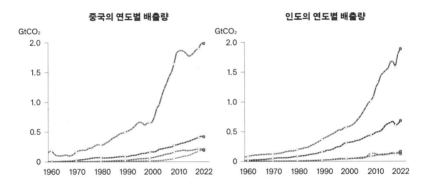

━ 석유 ━ 천연가스 ━ 석탄 ━ 시멘트

Part 3
국제 탄소시장

1장
탄소시장의 이해

1. 일반시장과 탄소시장

시장의 기능과 목적

시장market을 모르는 사람은 없다. 집 주변에 있는 전통시장에서부터 주식, 채권시장에 이르기까지 다양한 종류의 시장이 있다. 그런데 모든 시장에 한 가지 공통점이 있다. 무언가를 거래去來한다는 것이다. 거래하기 위해 시장이 생긴 것이다. 주식이 거래되면 주식시장이고, 농산물이 거래되면 농산물시장이다. 구직자를 대상으로 인력시장이 열리고, 요즘은 주택시장이 부진하다고 한다. 거래하는 것이 무엇인지에 따라 시장의 명칭이 결정된다. 첫째, 탄소시장 carbon market이 무엇인지 알려면 탄소시장에서 무엇을 거래하는지를 알아야 하겠다.

시장 안에서 이루어지는 거래는 자발적voluntary이다. 시장의 대부분이 각종 법령의 통제를 받는다. 상법과 민법은 기본이고, 개별법으로 시장이 통제되고 관리된다. 하지만 시장 안에서 이루어지는 판매자와 구매자 간의 거래 행위는 누가 강제하지 않는다. 판매자와 수요자가 원해서 자발적으로 거래한다는 말이다. 그래서 시장은 곧 자발적 거래가 이루어지는 장소, '시장=자발적 거래'라 정의할 수 있다. 그러면 누가 시키지 않아도 거래가 일어나는 이유(거래의 유인)는 무엇일까? 생각해 보면 금방 알 수 있다. 나는 내가 지불하는 가격보다 더 큰 가치가 있는 물건이나 서비스를 구매한다. 반대로 상대방은 내가 지불하는 가격이 자신이 투입한 노력(=가치)을 보상하고 남는다고 생각하기 때문에 물건이나 서비스를 판매한다. 그래서 거래는 양측 모두에게 도움이 된다. 여기서 두 번째 질문이 떠오른다. 탄소시장에서 거래가 이루어지는 유인은 무엇인가?

소비자나 공급자가 개별적으로 재화와 서비스에 부여하는 '주관적인' 가치의 크기가 얼마인지는 알 수 없다. 하지만 거래가 성사되는 가격은 외부에 명확히 드러난다. 시장이 특정 재화나 서비스의 '객관적인' 가치, 곧 가격을 찾아낸다고 볼 수 있다. 시장의 가격발견price discovery 기능이다. 이 가격을 보고 시장의 소비자와 공급자가 살지 말지, 팔지 말지를 결정한다. 시장이 가격으로 신호를 보내는 기능이다. 이를 '가격 시그널(신호)'이라고 한다. 시장이 가격을 통해서 신호를 보내는 유인 기능이다. 탄소시장 역시 거래를 통해 탄소 가격이 얼마인지 드러나고, 이 탄소 가격이 신호를 보내서 사람들이 탄소를 배출할지 말지 결정하게 만든다고 생각할 수 있다.

첫번째 질문: 탄소시장에서 무엇을 거래하나?

탄소시장에서는 탄소를 거래한다. 지탄의 대상이자 기후변화의 원인물질인 온실가스(이산화탄소)를 거래하는 것이다. 탄소는 이산화탄소를 구성하는 물질이다. 사실 이산화탄소는 특별한 가치가 없다. 인간을 포함한 생명체가 숨 쉬면서 내뿜는 기체가 이산화탄소이니 말이다. 언뜻 생각해도 시장에서 거래하는 재화나 서비스의 범주에 들어가지 못한다. 공기를 거래한다는 느낌이 들 정도이다.

사실 탄소시장에서 이산화탄소(온실가스)를 거래한다는 말역시 정확하지 않다. 정확히는 '온실가스 배출권'을 거래한다. 배출권은 온실가스를 발생시키는 연소 행위를 할 수 있는 자격이다. 석탄화력발전소는 석탄을 태워서 물을 데우고, 증기의 힘으로 터빈을 돌려서 전기를 생산한다. 이 과정에서 당연히 이산화탄소가 배출된다. 결국 온실가스 배출권은 석탄을 연소시켜서 전기를 만드는 행위를 할 수 있는 자격이 된다.

두 번째 질문: 왜 온실가스 배출권을 거래하나?

누가 시키지도 않는데 배출권을 거래할 것 같지는 않다. 탄소시장은 인위적으로 만들어야 한다는 말이다. 그러면 어떠한 필요 때문에 탄소시장을 만드는가? 답을 하면 시장의 가격 발견과 가격 신호 제공 기능 때문이다. 탄소시장을 만들면 탄소 가격이 발견되고, 탄소 가격이 경제 주체에게 신호를 보낼 것이다. 경제 주체는 탄소 가격을 보고 탄소배출 행위의 수준을 조절할 것이다. 보다 더 근본적인 이유는 탄소배출을 줄이기 위해서이다. 인류는 에너지를 얻기 위해 탄소를 배출한다. 당장 전기가 대개 화석연료(석탄과 LNG)를 태워서 만들어진다. 자가용을 포함해서 버스 등 대중교통 수단이 휘발유와 경유를 연소해서 움직인다. 우리가 일상생활 가운데 사용하는 모든 공산품이 예외 없이 화석연료를 에너지원으로 해서 생산된다. 현대 사회에서 탄소 배출(연소) 행위는 곧 경제 활동이다. 온실가스를 배출을 줄이기 위해서는 연소 행위를 줄여야 한다.

정리하면, 배출권을 거래하는 이유는 배출권이 있어야 연소 행위, 나아가 경제 활동을 할 수 있도록 만드는 '규제'가 있기 때문이다. 이제까지 아무런 제한 없이 하던 연소 행위를 배출권이 있어야 가능하도록 한다면 모든 연소 행위에 배출권의 가격, 다른 말로 탄소 가격이 붙을 것이다. 연소 행위의 가격이 오르면 연소 행위가 줄기 마련이다. 이제 탄소시장에서 탄소 가격이 제대로 매겨지는지가 관건이다.

2. 탄소시장의 수요와 공급

배출권 수요

시장이 만들어지려면 수요와 공급이 있어야 한다. 적정한 수준의 수요와 공급이 있다면 누가 시키지 않아도 자발적인 거래가 일어날 것이다. 배출권의 수요는 곧 배출권을 사고 싶어 하는 사람을 만들어야 한다는 의미이다. 누가 배출권을 사고 싶어할 지 어렴풋이 짐작은 간다. 예컨대 석탄화력발전소의 주인이다. 그렇지만 발전소는 돈을 내고 석탄을 사서 쓰므로 따로 배출권을 사야 할 이유가 없다. 화석연료를 사용하지 않는 사람이 없다. 집집마다 자동차 한 대 정도는 가지고 있다. 냉·난방을 위해 건물마다 설치된 보일러도 화석연료가 있어야 작동한다. 모두 정당한 비용을 지불하고 연료를 구입해서 사용한다. 이들에게 어떻게 하면 배출권을 사라고 할 수 있을까?

배출권의 수요는 규제에서 나온다. 온실가스를 배출하는 사람들 가운데 대상을 정해서 배출권이 없으면 연소 행위를 할 수 없도록 강제하는 것이다. 그런데 온실가스를 배출하는 모든 사람을 대상으로 강제한다면 전 국민을 대상으로 해야 한다. 이는 현실적이지 않다. 그래서 보통 탄소시장을 활용하는 규제는 온실가스 '다량 배출자'를 대상으로 한다. 보일러, 발전기를 돌리는 공장이나 대규모 사무실을 가진 회사가 떠오른다. 두 가지 규제 방식이 가능하다.

① 배출할 수 있는 온실가스의 총량을 정하고, 총량 이상은 배출 못 하도록 한다.
② 일정한 온실가스 감축 목표를 정하고 이를 지키도록 한다.

규제를 당하는 입장에서는 이 두 가지 방식에 별 차이를 못 느낄 수 있다. 100톤을 배출하던 공장에 90톤을 배출 총량으로 정하나, 10%(감축 목표)를 줄여서 90톤만 배출하라고 하나, 다를 게 없을 것이다. 하지만 규제를 설계하는 입장에서는 다른 접근법이다.

첫 번째(①)가 총량을 규제하는 배출권거래제ETS: emission trading scheme이다. 일정한 시장 참여자에게 총량을 정해주고, 대신 배출권 거래를 허용한다. 대개 두 번째 규제 방식(②)을 많이 사용한다. 대표적으로 파리협정에서는 국가가 자발적으로 일정한 감축 목표를 지키겠다고 약속해야 한다. 이 목표를 지키기 위해 국가가 스스로 배출권을 구매하거나 민간 기업이 배출권을 국제적으로 거래할 수 있도록 허용한다. 기억하자. 탄소시장은 규제에서 파생되는 시장이다. 온실가스 규제가 없으면 탄소시장은 존재할 수 없다.

배출권의 수요량은 규제 강도에 따라 결정될 것이다. 감축률을 10%에서 20%로 높이면 줄여야 할 온실가스의 양이 두 배 증가한다. 총량을 추가로 10% 더 줄여도 효과는 다르지 않다. 배출권의 수요가 두 배 늘어나는 것이다. 배출권의 수요자는 온실가스 배출 행위에 대해 규제를 받는 자(피규제자)이다. 시장에서 수요자는 시장 가격을 보고 판단한다.

배출권 공급

배출권의 공급량은 기본적으로 감축 비용에 의존한다. 탄소시장에 공급되는 배출권은 누군가 온실가스를 감축한 실적(결과물)이기 때문이다. 일반적인 시장에서 공급 가격이 생산 비용에 따라 결정되는 것과 다르지 않다. 감축 비용이 곧 배출권의 생산 비용이다.

감축량(공급량)의 증가와 감축 비용이 어떤 관계인지 생각해

그림 3-1. 공급 수량과 공급 비용의 관계

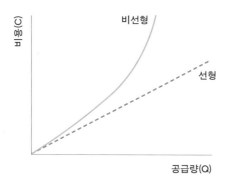

보자(그림 3-1). 수요량에 맞춰 공급량이 늘면 감축 비용 역시 증가할 것이다. 이때 공급량과 감축 비용 간의 관계가 일정하게 유지될 경우 이를 선형관계라고 한다. 하지만 공급량이 증가함에 따라 공급 비용은 비선형적으로 증가할 수 있다. 수량이 100만 톤일 때, 1톤당 공급 가격이 1만 원이었는데 수량이 150만 톤으로 늘어나면 1톤당 공급 가격이 2만 원, 200만 톤이 되면 5만 원으로 급격히 증가한다는 말이다. 이 사례에서 공급량이 50% 증가할 때 감축 비용이 100%, 공급량이 100% 증가할 때 감축 비용은 500% 증가했다.

공급량이 늘어나면 공급 가격 또한 오르는 것은 상식적으로 이해할 수 있다. 증가하는 수요에 맞춰 공급량을 늘리려면 직원을 더 뽑아야 하고, 생산 시설을 추가로 설치해야 하고, 새로운 원료 공급원을 찾아야 한다. 그런데 새로운 직원은 대개 기존의 직원보다 더 많은 임금을 주어야 한다. 새로운 공급처는 기존의 공급처보다 더 높은 단가를 제시한다. 이 모두가 단위 당 생산 비용을 종전보다 높게 만든다. 여기서 더 나아가 비선형적으로 비용이 증가하는 현상이 환경 분야에서 종종 발생한다. 오염물질의 배출을 줄이는 경

그림 3-2. 수요와 공급의 균형

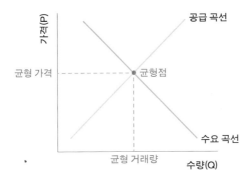

우가 대표적이다. 공장 폐수의 배출 기준을 어느 수준 이상으로 강화하면 최고 수준의 비싼 기술을 써야 하므로 정화 비용이 급격히 증가할 수 있다. 온실가스 감축도 다르지 않을 것이다. 줄여야 할 온실가스의 양이 어느 수준을 넘으면 감축에 드는 비용이 비선형적으로 늘어날 수 있다. 이는 국제 탄소시장을 통해 상대적으로 저렴한 가격의 상쇄배출권을 사용하자고 주장하는 강력한 근거가 된다.

균형: 탄소 가격의 발견

탄소시장에서 가격은 수요와 공급이 균형점을 찾아가면서 결정된다(그림 3-2). 이 과정에서 사회에서 부담해야 할 온실가스 배출권의 가격, 즉 탄소 가격이 발견된다. 배출권의 거래 과정을 통해 결정되는 가격은 탄소 배출에 따른 사회적 비용이다. 온실가스 배출에 따르는 비용은 이전에도 있었다. 기후변화에 따른 각종 재해 말이다. 하지만 정작 배출자는 재해를 유발하고도 비용을 지불하지 않았다. 이제 탄소시장에서 배출자가 배출권 가격이라는 형태로 비용을 지불하게 된다.

탄소 가격은 경제 전반에 영향을 미칠 것이다. 탄소 가격이 오르면 온실가스를 많이 배출하면서 생산한 제품(탄소집약적 제품)과 서비스의 가격이 올라가고, 온실가스를 많이 배출하는 시설(기계, 장비)의 자산 가치는 떨어질 것이다. 심지어 시설과 장비가 쓸모 없어질 수도 있다. 석유의 쓰임이 없어지면 석유 채굴 시설은 좌초자산stranded assets이다.

기업의 선택지

탄소시장에서 기업은 세 가지 방법으로 온실가스를 줄일 수 있다.

① 자체 감축: 온실가스가 적게 배출되는 연료(예: 석탄 → 천연가스)로 교체하거나, 에너지 효율이 높은 기기(예: 고효율 전동기, LED)를 설치한다. 사무실의 냉난방 온도를 조절할 수도 있다.

② 할당배출권 구매: 총량규제를 받는 기업 간에 할당배출권을 사고 팔 수 있다.

③ 상쇄배출권 구매: 총량규제시장 밖에서 상쇄배출권을 구매하는 방법이 있다.

②와 ③은 탄소시장에서 배출권의 거래를 허용함에 따른 추가 옵션이다. 스스로 줄이는 것보다 시장 가격이 낮으면 구매할 것이고, 그 반대라면 자체적으로 줄일 것이다. 누가 강제하지 않으니 기업은 자신에게 유리한 경우에만 시장에서 배출권을 구매한다. 기업의 온실가스 감축 규제 대응에 탄소시장이 신축성(유연성)을 제공한다. 탄소 가격을 신호로 기업의 의사결정이 이루어진다.

3. 탄소시장의 종류

총량규제시장과 상쇄시장

탄소시장의 배출권은 크게 두 가지 형태로 만들어진다. 하나는 배출량을 총량으로 규제하고, 총량의 범위 안에서 온실가스를 배출할 수 있도록 규제할 때이다. 배출이 허용된 총량을 '할당배출권allowances'이라 부른다. 할당배출권이 거래되는 시장이 총량규제시장이다. 다른 하나는 남이 과거에 만들어낸 온실가스 감축 실적을 지금 내가 배출하는 온실가스를 상쇄할 목적으로 사용할 때이다. 이때의 배출권을 '상쇄배출권credits'이라 부른다. 상쇄는 상계相計와 같다. 내가 아닌 다른 사람이 과거에 이루어 낸 감축 실적을 이유로 지금 나의 배출을 허용한다. 상쇄배출권을 거래하는 시장이 상쇄시장이다.

이제 이 두 가지 형태의 배출권이 어떻게 만들어지는지 알아야 한다. 할당배출권이 어떻게 만들어지고 거래되는지 보려면 배출권거래제ETS에 대해 공부해야 한다. 배출권거래제는 국내의 일정한 다량 배출자(할당 대상업체)를 대상으로 한다. 규제를 받는 업체끼리 할당배출권을 거래하는 것이 원칙이다. 하지만 필요에 따라 정부(행정관청)가 외부의 상쇄배출권을 사용하도록 허용할 수 있다. 국가끼리 합의하거나 국제사회가 인정하면 상쇄배출권의 국가 간 거래(이전)도 가능하다. 다른 나라에서 생산된 상쇄배출권을 사용해서 국가의 감축 약속pledge을 지킬 수 있도록 기후변화협약에서 허용한다. 국가 간에 상쇄배출권을 거래하는 국제 탄소시장이 탄생하는 것이다.

규제준수시장과 자발적 시장

다른 기준으로 두 가지 유형의 시장을 구분할 수 있다. 말 그대로 규제를 준수하기 위한 목적으로 배출권을 거래하는 시장을 규제준수시장compliance market이라고 한다. 총량규제시장과 상쇄시장(메커니즘)은 정부가 온실가스 배출량을 줄이기 위해서 만든다. 온실가스 배출 규제를 이행하는 수단으로 시장을 활용하는 것이다. 그래서 규제준수시장이다. 2023년 현재 배출권거래제는 전 세계적으로 28개가 운영 중이다(국제 탄소행동 파트너십, 2023). 2022년에 3개가 추가되면서 계속 늘어나고 있다. 배출권거래제의 규모는 배출량 기준으로 전 세계 배출량의 17%를 차지한다. 세계 GDP의 55%, 세계 인구의 1/3을 포함한다. 도시(베이징, 도쿄 등 6개), 주정부(캘리포니아, 후베이, 퀘벡 등 20개), 국가(한국, 멕시코, 뉴질랜드 등 10개), 국가연합(EU+아이슬란드, 리히텐슈타인, 노르웨이) 등 다양한 지역 단위에서 시행 중이다. 많은 경우 배출권거래제는 상쇄시장과 연계해서 운영된다. 외부의 감축 실적을 사용할 수 있도록 허용하는 한국의 배출권거래제를 생각하면 된다. 상쇄시장은 탄소세와 연계할 수도 있다. 칠레처럼 탄소세의 납부 의무를 상쇄배출권의 제출로 갈음하는 것이다.

꼭 규제를 이행하기 위해서만 탄소시장이 존재해야 하는 건 아니다. 자발적 탄소시장VCM: voluntary carbon market이 있다. 명칭에서 알 수 있듯이 이곳에서는 배출권의 거래가 규제의 이행(준수)과 무관하게 이루어진다. 예를 들어 보자. 우연한 기회에 지구의 허파인 아마존의 원시림이 현지의 개발 요구에 의해 무자비하게 훼손되고 있다는 사실을 알게 되었다. 소를 키우는 목장을 만들기 위해 원시림을 베어내고 있다는 것이다. 어떻게 하면 아마존 원시림을 지키는 일에 도움이 될 수 있을까 고민하고 있었는데 유럽의 어떤 NGO가 아마존의 원시림을 지키고 배출권을 발행한다는 사실을 알게 되었다. 아마존을 지키는 마음으로 배출권을 구매하기로 했다.

여기서 자발적 탄소시장이 존재하는 이유로 당장 두 가지가 떠오른다(Gillenwater, 2012). 하나는 심리적 만족이다. 아마존 원시림을 지킨다는 뿌듯함이다. 또 하나는 기업이 홍보용PR으로 구매한다. 소비자에게 좋은 기업 이미지를 심어 주기 위해 자발적으로 배출권을 구매한다. 자발적 탄소시장에서 거래되는 배출권이 상쇄배출권이라는 사실을 알아야 한다. 개인이 구매하든 기업이 구매하든 자신이 온실가스를 줄인 것이 아니라 남이 대신 줄인 것이다. 과거의 감축 실적이 상쇄배출권이다. 다만 상쇄배출권을 구매하는 이유가 규제 때문이 아니라 산림보호를 위한 자발적 구매이다. 거래의 대상은 상쇄배출권으로 동일하지만 구매의 목적이 다르다 하겠다. 가상의 상황이 아니다. 실제로 상쇄배출권을 거래하는 자발적 탄소시장이 여러 개 있다. 민간에서 자체적으로 생산한 배출권을 거래하는 플랫폼이다.

규제준수시장과 자발적 탄소시장의 차이가 단순히 규제의 유무에 그칠까? 그렇지 않다. 규제준수시장은 규제 이행의 수단일 뿐이니 당연히 목적한 바 규제 이행을 위해 엄격하고 정형화된 지침과 절차를 적용한다. 이에 비해 자발적 탄소시장은 지침과 절차를 스스로 정하고, 이를 적용하는 데도 유연한 시장이다. 자발적으로 탄소시장을 만들고 배출권을 거래하니 그렇다. 이 때문에 구매자 입장에서 보면 상당한 주의가 필요하다. '그린워싱' 가능성이 있다는 말이다. 상쇄배출권을 거래하는 자발적 탄소시장이 믿음직한지 보아야 할 것이다.

2장
총량규제시장

1. 개요

작동 원리

할당배출권은 배출권거래제 하에서 만들어지고 거래된다. 정부가 온실가스 배출자에게 할당배출권을 부여하고, 배출자 간에 거래를 허용한다. 할당배출권의 수량을 정부가 원하는 수준으로 제한하면 할당배출권의 수량이 부족해지고, 부족한 할당배출권은 경제적 가치를 가지게 된다. 이 경제적 가치가 시장에서 거래를 통해 가격으로 표시된다(탄소 가격). 총량만큼 배출할 수 있으니 총량이 곧 배출권이 된다(총량=할당배출권). 공장은 자신에게 주어진 할당배출권의 수량에 해당하는 온실가스를 자유롭게 배출할 수 있다. 그런데 할당 총량에 추가로 1톤의 이산화탄소를 배출하려면 1톤의 배출권이 있어야 한다. A업체와 B업체가 각각 10만 톤의 배출권(전체 총량 20만 톤)을 할당받았다면 각각 10만 톤만 배출해야 한다. 그런데 신제품 출시로 매출이 증가한 B업체가 1만 톤을 추가로 배출해야 할 사정이 생겼다. 다시 말해 B업체가 1만 톤의 배출권을 추가로 획득해야 한다. 어떻게 할 것인가?

첫째, 자체 해결한다. 예컨대 자기 시설의 에너지 효율을 개선해 온실가스 배출량을 줄이는 것이다. 참고로 배출권거래제는 추가적 방법으로서 '차입'을 허용한다. 자신이 보유한 2025년 배출권을 2024년에 빌려 쓰는 것이다. 배출권거래제의 유연성(신축성) 수단으로서 자기차입이다(151쪽). 둘째, 총량 규제를 받는 다른 할당 업체(A업체)에서 할당배출권을 구매한다.

그림 3-3은 두 번째 선택지에 해당하는 할당배출권의 거래를 보여준다. B업체는 최종적으로 자신의 할당배출권 10만 톤에 더

해서 구매한 1만 톤의 할당배출권, 총 11만 톤의 배출권을 행정관청에 제출한다. 가격은 B업체의 자체 감축 비용보다 낮은 수준에서 정해질 것이다. 그래야 시장에서 구매할 테니 그렇다. 결과적으로 A업체는 9만 톤, B업체는 11만 톤을 배출한 셈이지만 전체 총량 20만 톤은 유지되었다. 배출 총량을 20만 톤으로 제한하려는 정부의 목적이 달성된 것이다. 여기서 배출권거래제는 규제cap, 총량 할당와 시장trade, 거래이 함께 작동하는 방식이라는 사실을 알 수 있다. 그래서 '캡 앤 트레이드Cap and Trade'라고 부른다. 참고로 할당배출권은 오염물질(온실가스)을 배출할 수 있도록 행정관청에서 허용(pollution permits)하는 것으로 이해할 수 있다. 이는 정부(행정관청)가 필요한 경우 금전적 보상 없이 할당배출권을 취소할 수 있는 근거가 된다.

세 번째 선택지로 상쇄배출권을 구매(거래)하는 방법이 있다. 상쇄배출권은 총량규제시장 밖에서 생산된다. 정해진 절차와 방법(상쇄 메커니즘)에 따라 상쇄배출권이 생산되고, 누군가 이를 구매한다면 상쇄시장이 만들어지는 것이다. 상쇄배출권의 중요한 수요처가 총량규제시장이다. 할당 대상업체가 상쇄배출권을 구매해서 할당배출권으로 쓰고 싶어 할 것이다. 상쇄배출권이 총량규제시장에서 거래되는 할당배출권보다 가격이 싸다면 말이다. 행정관청(정부)의 입장에서 어떤 상쇄배출권을 얼마나 사용하도록 허용할지 결정하는 일은 매우 중요하다. 당장 당초에 정한 배출 총량보다 실제 배출되는 온실가스의 수량(할당배출권+상쇄배출권)이 늘어나기 때문이다.

한국은 배출권거래제K-ETS를 운영하는 대표적인 국가이다. K-ETS에서 규제를 받는 기업이 외국에서 발행된 값싼 상쇄배출권

그림 3 3. 총량규제시장의 배출권 거래

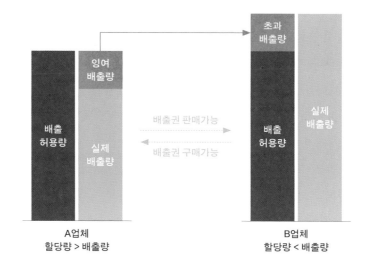

A업체
할당량 > 배출량

B업체
할당량 < 배출량

의 사용을 주장한다. 이해할 수 있다. 하지만 상쇄배출권을 인정할 경우 국가가 정한 감축 목표를 지킬 수 없다는 문제가 생긴다. 유입되는 상쇄배출권만큼 배출 총량(감축 목표)을 초과하기 때문이다. 따라서 어떠한 상쇄배출권을 얼마나, 또 어떤 절차를 거쳐 인정할지에 관한 총량규제시장의 규정이 필요하다. 이는 배출권거래제의 주요한 설계 요소이다. 정리하면, 총량규제시장과 상쇄시장은 연계될 가능성이 매우 높다. 총량규제시장에서 상쇄배출권 수요가 나오고, 상쇄시장에서 정해진 방식에 따라 상쇄배출권이 생산된다. 다양한 형태의 연계가 가능할 것이다.

제도의 목적

배출권거래제는 복잡하다. 총량 규제 대상 및 총량 설정, 배출권의 할당, 유연성(신축성) 부여 등 설계자가 판단하고 결정해야 할 사항이 많다. 정산, 가격 변동 등 운영 과정 역시 이래저래 성가시다. 무엇보다 규제를 좋아하는 기업은 없다. 총량 규제를 받아야 하는 기업을 설득하기도 쉽지 않다. 이러한 어려움에도 불구하고 왜 배출권거래제를 운영하려고 할까? 가장 먼저 떠오르는 이유는 온실가스 감축이다. 국가는 기후변화협약에 의해 온실가스 배출량을 계속 줄여 나가야 한다. 온실가스를 감축하기 위해 정부가 활용할 수 있는 수단은 여러 가지이다. 다른 정책 수단에 비해 총량규제시장이 가지는 장단점이 있을 것이다(154쪽). 다만, 총량규제시장이 좋은 대안이라고 해도 이를 운영할 처지가 되지 못할 수 있다. 제도가 시행될 국가나 지역의 역량과 여건도 보아야 한다는 말이다.

배출권거래제는 '장기적인' 국가 온실가스 배출 경로에 근거해서 안정적인 가격 시그널을 제공한다. 정책 당국의 입장에서 보면, 장기적인 계획을 가지고 확실하게 국가의 온실가스 배출 총량을 관리해 나갈 수 있다. 다른 정책 수단과 차별화되는 배출권 거래제의 두드러지는 특징이다. 전 세계에서 가장 규모가 큰 배출권거래제를 운영하는 유럽연합은 일정한 감축률에 따라 매년 지속적으로 총량을 줄여가는 감축 경로를 공개함으로써 경제 주체들이 장기적인 계획하에 온실가스 감축 투자를 진행할 수 있도록 유도한다. 그림 3-4를 보면, 유럽연합 전체의 배출량 중 배출권거래제의 할당 대상업체에서 배출하는 온실가스의 비중이 나타난다. 유럽연합은 여기에 2030년까지 매년 2.2%의 감축률을 적용하고 있다.[1]

그림 3-4. 유럽연합의 감축 경로와 배출권거래제(Eden, A., et al., 2018)

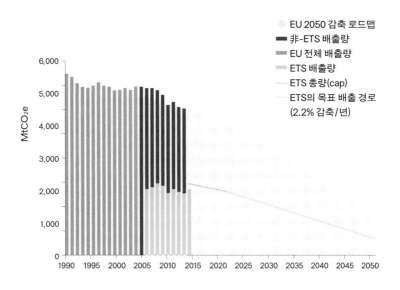

1   최근 유럽연합은 탄소중립을 선언하면서 배출권거래제의 연간 감축률을
     4.3%(2024~2027년), 4.4%(2028~2030년)로 상향했다(Fit for 55).

2. 배출권거래제의 설계

경계 정하기

배출권거래제의 설계는 시장의 경계scope를 설정하는 데서 시작한다. 경계는 여러 가지이다. 우선 누구를 총량 규제 대상에 포함시킬지 정해야 한다. 모든 사람이 예외 없이 온실가스를 배출한다. 그렇다고 온실가스를 배출하는 모두에 대해 총량 규제를 실시할 수는 없다. 대상자의 숫자가 늘어날수록 배출권의 할당과 검증 등 제도를 운영하는데 드는 행정 비용이 감당할 수 없을 정도로 증가하기 때문이다. 대상자의 반발은 말할 것도 없다. 대개는 온실가스를 다량으로 배출하는 기업(공장)을 대상으로 한정한다. 이렇게 총량 규제의 대상, 즉 할당 대상업체를 결정하면 배출권 시장의 가장 중요한 경계가 확정된다.

특정 지역으로 경계를 한정하는 방법도 있다. 미국은 주state 단위로 배출권거래제가 시행되고 있다. 미국 전체(연방)의 배출권거래제 시행은 요원하다. 캘리포니아와 같이 기후변화 대응에 적극적인 진보 성향의 주에서 활발히 도입하고 있다. 이에 비해 유럽연합의 배출권거래제는 회원국이 모여 만들었다. 그래서 여러 나라가 함께 제도를 운영한다.

온실가스가 배출되는 부문sector을 기준으로 경계를 한정 지을 수 있다. 총량 규제 대상을 정할 때 검토 대상 부문의 배출 특성을 감안할 수 있다. 배출 부문에 따라 관리의 난이도에 차이가 크게 나기 때문이다. 폐기물 부문에는 작은 업체가 많고, 배출 형태도 다양하다. 관리의 어려움 때문에 배출권거래제의 경계에서 폐기물 부문을 제외하기로 결정할 수 있다. 초기에는 발전 부문만을 대상으로 총량을 정하고 거래를 허용할 수 있다. 발전사의 수가 많지 않고, 발전 방식(예: 화력발전, 가스발전)이 한정적이니 관리가 용이하다. 대상이 되는 온실가스 또한 경계가 된다. 7대 온실가스 전체를 대상으로 할 수도 있고, 그중 이산화탄소 하나만 가지고 할 수도 있다. 이름마저 생소한 온실가스까지 관리하려면 기술적으로 신경 쓸 일이 많아진다.

이렇게 경계를 정하기에 따라서 할당 대상업체의 숫자가 달라지고, 총량으로 관리되는 온실가스의 비율이 달라진다. 국가 전체 배출량 중 총량으로 관리되는 온실가스의 비율이 높을수록, 정부가 주도적으로 기후변화 문제에 대응하기에 용이하다. 하지만 할당 대상업체가 많아질수록 제도의 관리 비용 역시 빠르게 증가한다. 총량 규제의 대상이 되고 싶어 하지 않는 기업의 반대도 거셀 것이다.

일반적으로 총량규제시장의 경계가 넓어질수록 장점이 많다. 할당 대상업체의 숫자가 많아지고 다양해지면 그만큼 업체 간에 존재하는 감축 비용의 편차가 커진다. 비슷한 업종, 유사한 생산 시설을 가진 업체만 있으면 온실가스 감축의 한계 비용 역시 별 차이 없을 것이다. 감축 비용이 달라야 거래가 활발해지고, 참여업체 모두에게 도움이 된다. 경쟁력에 미치는 차별적 영향에도 주목해야 한다. 할당 대상업체는 온실가스 감축 비용을 추가로 부담해야 한다. 당연히 생산 비용이 올라갈 것이다. 배출권거래제에 포함되지 않은 업체와 생산 비용에 차이가 생긴다. 경계가 넓어질수록 왜곡의 정도는 오히려 감소할 수 있다. 동일한 규제를 받는 기업 간에는 규제의 차별적 영향이 발생하지 않기 때문이다. 만일 전 세계가 기후위기 대응을 위해 동일한 강도의 규제를 시행한다면 나라 간의 차별적 영향은 사라질 것이다. 탄소 누출 문제가 발생하지 않는다.

총량(cap) 설정

배출권거래제를 관할하는 행정관청은 전체 총량을 정하고, 각 업체에게 배출 허용 총량을 정해준다. 이렇게 보면 총량이 중요하다. 업체가 나누어 가지는 파이의 크기이니 말이다. 총량의 크기에 따라 배출권 가격의 전반적인 수준이 결정될 것이다. 총량을 줄이면 줄일수록 배출권의 시장 가격은 올라가고, 기업이 온실가스 감축에 나서도록 하는 유인은 더욱 커진다.

행정관청은 어떤 기준으로 배출 총량을 정할까? 주된 결정 요소는 국가의 온실가스 감축 목표일 것이다. 파리협정의 당사국이라면 국가결정기여NDC라는 이름으로 5년 단위의 감축 목표를 제시하고 이를 이행해야 한다. 국제적인 약속이니 정부(행정관청)는 이를 지키기 위해서 배출권의 총량 수준을 정할 것이다.

앞에서 설명했지만, 국가가 온실가스를 줄이는 데 사용할 수 있는 정책 수단은 배출권거래제만 있는 게 아니다. 국가가 이행해야 할 온실가스 감축 부담 전체를 할당 대상업체가 떠맡아야 하는 것도 아니다. 다시 말해 총량을 정할 때 감축 목표 이외에 고려해야 할 다른 요소가 분명 있다. 무엇보다 할당 대상업체가 감당해야 하는 감축 비용이 중요하다. 특정 지점을 지나면서 감축 비용이 비선형적으로 증가할 수 있다. 이런 상황이 되면 특별히 기업의 국제 경쟁력이 문제가 된다. 총량 규제를 받는 기업과 그렇지 않은 기업 간의 형평성 문제, 그리고 이로 인한 시장 왜곡의 문제는 말할 것도 없다. 미시적으로는 개별 기업, 거시적으로는 국가의 경제·산업 구조에 이르기까지 배출권거래제의 부정적 영향력이 미칠 수 있다. 총량은 여러 사정을 감안해서 결정해야 한다.

할당배출권 할당(배분)

전체 총량도 중요하지만, 실질적으로 업체에 영향을 미치는 건 개별 업체에 할당되는 할당배출권의 수량이다. 설령 실제 배출량보다 할당을 많이 받아도 남는 수량은 시장에서 팔 수 있으니 업체 입장에서는 많이 받을수록 좋다. 하지만 전체 총량이 정해져 있기 때문에 할당은 업체 간에 벌어지는 일종의 제로섬 게임이다. 한 업체가 많이 받으면 다른 업체의 할당량이 준다. 또 정상적인 배출권거래제라면 일정 비율의 감축을 실현하고자 할 테니 할당배출권의 수량은 기본적으로 부족하기 마련이다. 부족할수록 더욱더 가치가 있다. 이래저래 업체 간에 이해가 첨예하게 부딪치게 마련이다.

그래서 어떻게 할당할 지가 중요하다. 할당 방식에 따라 개별 할당 대상업체에 미치는 영향이 다르게 나타날 수 있다. 제품을 얼마나 생산할지, 새로운 생산 시설의 위치를 어디로 정할지, 탄소 가격을 얼마나 소비자에게 전가할지 등이 영향을 받는다. 배출권을 크게 두 가지 방식, 즉 무상 또는 유상으로 할당할 수 있다.

유상 할당

경매auction를 이용하는 방법이다. 가장 높은 가격을 제시한 업체에 정부가 배출권을 판다. 단순하고 명료하다. 배출권을 가장 필요로 하는 업체가 가장 높은 가격으로, 꼭 필요한 만큼만 구매할 것이다. 업체들은 자체 감축할 때 드는 비용 이하로 응찰bidding하려 할 것이다. 예컨대 자체 감축 비용이 톤당 10만 원인 A업체는 10만 원 이하로 낙찰받으면 이득이다. 정부는 공정하게 경매를 진행하면 된다. 나머지는 업체의 몫이다. 업체가 응찰 수량과 가격을 정하고 책임진다.

이어 설명하는 무상 할당의 경우 갑자기 업계의 상황이 안 좋아져서 생산량이 급감할 경우 배출권이 남아돌 수 있다. 행정관청은 전지전능하지 않다. 기업의 상황이 어찌 될지 미래를 정확히 예측할 수 없다. 미흡한 배출 정보로 '과다 할당overallocation'하는 경우도 발생한다. 전혀 노력하지 않고 배출권이 남아돌아서 생기는 '횡재 이윤windfall profit'이 이 때문에 생긴다. 경매에서는 이런 일이 발생할 염려가 없다.

더구나 경매 방식은 정부에 상당한 수입revenue을 가져온다. 대한민국의 발전회사가 배출하는 온실가스는 대충 2억5천만 톤(tCO_2eq)이다. 톤당 2만 원으로 계산하면 5조 원이 유상 할당에 따라 발전회사가 부담해야 할 비용이다. 바꿔 말하면, 배출권의 판매 수입이다. 이 수입을 온실가스를 감축하기 위해 기업이 기울이는 여러 가지 노력에 지원할 수 있다. 감축 기술 개발을 지원하거나 감축 시설 투자에 보조 또는 융자할 수 있다.

유상 할당 방식을 선택하는데 결정적인 장애는 할당 대상업체이다. 업체 입장에서는 자신이 배출하는 온실가스를 경매에서 사야하는 것이다. 배출량 전체에 대해 비용을 부담해야 하니 생산비가 오른다. 탄소규제를 받지 않는 외국 업체과 치열하게 경쟁해야 하는 국내 업체에게 유상 할당 비용은 감당하기 어려운 부담이 될 수 있다. 그래서 배출권의 구매 부담이 없는 나라로 생산 시설을 옮기는 '탄소 누출carbon leakage'이 일어난다. 결과적으로 일자리가 줄어들고, 물가가 오른다. 이렇게 되면 유상 할당은 정치적으로 받아들이기 불가능한 옵션이 되어 버린다.

무상 할당

유가증권이라고 할 수 있는 할당배출권을 무상으로 할당하려니 난감하다. 어떻게 배출권을 공짜로 나누어 줄 수 있냐고 생각할 수도 있다. 하지만 업체 입장에서 아무 비용 부담 없이 배출하던 온실가스이다. 또 정부가 지금까지 배출하던 수량만큼 할당배출권을 주는 것도 아니다. 일정한 감축률을 적용해서 할당배출권을 배분한다. 기존 배출량과 할당량의 차이, 즉 줄어든 배출량만큼 기업이 감축해야 하고, 그만큼 비용이 든다. 무상으로 배출권을 할당하면 기업에 전혀 부담이 없다고 생각해서는 안 된다.

무상으로 할당하는 방법으로 크게 두 가지가 있다. 첫째가 그랜드파더링GF: grandfathering이다. 말 그대로 과거 배출량을 기준으로 배출권을 분배하는 방식이다. 업체의 온실가스 배출량은 연도에 따라 편차가 있기 마련이다. 그래서 과거 일정 기간(예: 3년) 동안 배출량의 평균값을 구해 사용한다. 과거 배출량 자료만 확보하면 실행할 수 있다. 더구나 과거 배출량이라고 하는 기득권을 인정하니 반발이 적다. 제도의 시행 초기에는 자료가 부족하다. 다른 할당 방식을 적용하기가 사실상 불가능할 수 있다. 그랜드파더링 방식은 규제 당국이 초기에 사용할 수 있는 유일한 무상 할당 방식이라고 할 수 있다.

그럼에도 그랜드파더링 방식이 가진 많은 단점이 드러난다. 무엇보다 최신 시설(예: 가스 보일러)을 갖추고 운영이 효율적이어서 배출량이 상대적으로 적은 업체가 비효율적이고 오래된 시설(예: 석탄 보일러)을 가진 업체, 그래서 온실가스 배출량이 많은 업체에 비해 손해를 본다. 온실가스를 많이 배출하는 업체가 과거 배출량을 기준으로 배출권을 더 많이 할당 받기 때문이다. 선제적으로 투자해서 배출량을 줄인 업체가 손해를 보는 상황이다. 감축에 드는 비용 역시 마찬가지이다. 온실가스를 더 많이 배출하는 업체일수록 감축이 수월하다. 이미 효율적으로 운영되는 업체는 그만큼 온실가스를 줄이기가 더 힘들다. 낮게 달린 열매low-hanging fruits을 모두 따먹은 상황이다. 오래된 시설을 유지한 채 생산량을 줄여서 남는 할당배출권을 판매함으로써 수익을 올리는 경우도 생긴다. 심지어 아예 시설을 운영하지 않고, 할당받은 배출권을 판매해서 연명할 수 있다. 횡재 이익이다. 이 모두가 과거 배출량에 따라 배출권을 할당받을 수 있어서 가능한 일이다. 불공정하다.

배출권거래제가 진입 장벽이 되기도 한다. 신규 업체에 할당할 배출권이 없을 수 있다. 기존의 업체가 총량을 이미 나누어 가져서 그렇다. 시설 효율이 좋은 신규 업체는 과거 배출량이 없어서 불이익을 받는다. 현재의 배출량을 기준으로 할당을 받는다 해도 불리하다. 시설의 효율이 높아서 배출량 자체가 상대적으로 기존 업체에 비해 적을 테니 말이다.

이러한 문제점을 해결하기 위해 벤치마크(기준) 방식을 사용할 수 있다. 방법은 여러 가지이지만 모두 배출 효율을 기준으로 한다. 벤치마크 방식을 '배출 효율 기준 할당 방식'이라고 부르는 이유이다. 배출 효율은 배출 집약도emission intensity이다. 동일한 제품을 생산하는 업체가 100개가 있다. 각각 온실가스를 배출하는 양이 다르다. 온실가스 배출량을 제품 생산량으로 나누면 제품 한 개를 생산하는데 배출되는 온실가스의 양이 나온다. 온실가스 배출량을 표준화한 셈이다. 이를 기준으로 1등에서 100등까지 순위를 매기고, 이 중 열 번째 업체를 기준(상위 10%)으로 해서 배출권을 할당한다. 10위 아래 등수의 업체는 덜 받고, 상위의 등수 업체는 더 받는다. 온실가스 측면에서 업체의 성과를 평가해서 잘하는 업체에 인센티브를 주는 방식이다.

벤치마크 방식이 좋아 보이지만 실행하는데 적잖은 어려움이 존재한다. 당장 벤치마크를 만들려면 상당한 자료가 축적되어야 한다. 그런데 배출 시설별로 제품의 생산 비용을 파악하는 일이 적잖이 민감하다. 업체는 영업 비밀이라는 이유로 자료 제공을 꺼린다. 불리한 자료라면 더욱 제출하지 않을 것이다. 또 객관적인 벤치마크를 만들려면 유사한 공정 또는 동일한 제품을 생산하는 업체의 숫자가 충분해야 하는데 그렇지 못한 경우가 많다. 제품을 기준으로 하면 의외로 과점 시장이 많은 것이다. 동일한 제품이라는 기준도 모호하다. 유제품으로서 요구르트와 아이스크림이 동일 제품인가? 라면과 냉면이 같은 제품인가? 라면 중에 컵라면과 봉지 라면은 같은가? 대다수 업체가 자사의 제품은 타사의 제품과 다르다고 할 것이다. 이런 이유로 대부분의 배출권거래제가 그랜드파더링 방식과 벤치마크 방식을 섞어서 쓴다. 배출권거래제 시행 후 시간이 지나면서 배출 자료가 축적됨에 따라 벤치마크 방식 할당을 늘려나가는 것이다. 그동안은 앞에서 설명한 그랜드파더링 방식의 문제점을 해결하기 위한 보완책을 만들어서 시행해야 한다.

과다 할당

과다 할당은 곤혹스러운 문제이다. 아무런 감축 노력 없이, 사용하고 남는 할당배출권을 팔아서 경제적 이득을 얻을 수 있다. 어떤 할당 대상업체가 배출권 1만 톤을 할당받았는데 업황이 나빠서 실제 배출은 5천 톤 밖에 하지 않았다. 5천 톤에 해당하는 배출권을 탄소시장에서 판다. 반대로 영업을 잘 해서 판매량을 늘린 업체는 할당

배출권이 부족하다. 부조리해 보이는 이런 상황을 어찌 할 것인가?

과다 할당은 근본적으로 미래에 대한 예측 불가능성 때문에 생긴다. 미래를 우리가 완벽하게 예측할 수 없기 때문에 과다 할당은 피할 수 없다. 개별 기업의 활황과 불황을 예측할 수 없고, 국가 경제의 부침을 예측할 수 없다. 온갖 자료를 근거로 정확하게 할당했다 해도 2008년의 세계 경제 불황이나 2020년의 팬데믹이 닥치면 어쩔 것인가? 별 도리 없이 사후적 과다 할당이 된다. 그렇다고 외적 요인으로 과다 할당이 되었음을 이유로 배출권을 회수할 것인가? 그러면 반대로 기업 통제 밖의 요인으로 배출권이 모자라면 배출권을 추가로 할당할 것인가? 결론적으로 과다 할당의 문제에도 불구하고, 장기적인 배출 경로에 따른 할당이 불가피하다. 불황이 있으면, 호황도 있을 것이다. 단기적인 부침은 있지만, 장기적인 감축이 이루어진다.

과다 할당이 되면 핫에어Hot air가 발생한다. 핫에어는 허풍이고 가짜이다. 실제 감축이 이루어지지 않았는데도 불구하고 탄소시장에서 배출권이 발행되었을 때 핫에어가 생긴다. 그래서 탄소시장에서 핫에어의 반대말은 "감축이 실제로 발생했다" 또 "진정한 감축이다"라는 의미에서 '리얼real'이다. 실례가 있다. 교토의정서의 탄소시장에서 11기가이산화탄소톤의 엄청난 핫에어가 발생했다고 한다. 냉전 후 동유럽국가(체제 전환국)에 할당한 감축 목표, 뒤집어 말하면 할당배출권AAU이 냉전시대의 방만한 배출량을 반영했기 때문이다. 구체적으로 교토의정서가 설정한 러시아와 우크라이나의 감축 목표는 0%인데, 2000년대의 실제 배출량이 각각 40%와 60% 감소하는 수준이었다. 목표(0%)보다 실제 배출량이 40%와 60% 더 작았다는 말이다.

핫에어가 발생하는 유형은 크게 네 가지이다. ① 배출권거래제ETS에서 할당배출권의 과다 할당이 이루어졌을 때이다. ② 감축 실적이 이중 계산된 경우이다. 1톤의 감축 실적을 가지고 2톤의 상쇄배출권을 발행해서 사용하는 것이다. ③ 상쇄배출권이 추가성을 확보하지 못한 경우이다. 2013~2020년에 발행된 청정개발체제CDM 사업의 상쇄배출권인 CER의 70%가 추가성을 확보하지 못한 것이라는 연구가 있다. ④ 상쇄배출권이 영속성을 확보하지 못한 경우이다. 농업이나 산림 부문의 사업은 임시로 온실가스를 제거·흡수하기 때문에 자칫 영속성을 확보하지 못할 수 있다. 탄소 제거를 위해 심어 놓은 나무가 불타버리는 경우이다. 이렇게 보면, 핫에어는 실제로 존재하지 않는 감축실적을 가지고 발행한 상쇄배출권이라고 말할 수 있다.

3. 총량규제시장의 운영

배출권 가격의 변동 요인

총량규제시장이 스스로 알아서 돌아가지는 않는다. 배출권거래제에서 무엇보다 곤혹스러운 건 배출권 가격이 요동치는 문제이다. 전체 총량은 정해져 있는 상태에서 거시적으로는 세계 경제 상황과 미시적으로는 개별 기업의 영업 상황이 가격 형성에 상당한 영향을 미치기 때문이다. 팬데믹 이후 세계 경제가 과열이 우려될 정도의 활황 단계로 진입하기도 하고, 미국의 금융위기로 세계 경제가 급속히 얼어붙기도 한다(거시경제 요인). 조선 시장과 반도체 시장이 일정한 패턴을 그리면서 제품 수요의 팽창과 수축을 반복한다. 미국의 중국산 철강제품에 대한 수입 규제로 한국 철강사에 주문이 폭주한다(미시적 업종 요인). 이렇게 배출권 시장 밖의 요인으로 배출권의 수요가 급증하거나 급감하면 배출권의 가격 역시 같이 등락하기 마련이다.

　　시장에서 수요와 공급의 변화에 따라 일어나는 가격의 변동을 잘못이라고 할 수는 없다. 시장의 가격 발견 기능과 가격 시그널 제공 기능이 작동하고 있다는 의미이기도 하기 때문이다. 문제는 가격 변동의 상하 진폭이다. 배출권거래제는 장기적으로 가장 효율적인 국가 감축 경로를 실현하는데 기여한다. 정부는 국가의 장기 감축 경로에 맞춰 매년 일정한 감축률을 배출권 시장에 적용한다. 배출권거래제에 속한 기업은 이러한 국가의 정책 방향에 따라 장기 계획을 세우고 온실가스 감축을 위한 투자를 진행한다. 그런데 급격한 가격 변동이 발생하면 기업은 곤란한 상황에 처하고, 정부를 불신하게 된다. 예컨대 배출권 가격의 추이를 보고 대규모 감축 투자를 1년 정도 미루고 당분간 배출권을 구매해서 할당량을 맞추기로 계획을 세웠는데 갑자기 배출권 가격이 급등하면 어떻게 하나? 기업에 배출권 시장의 변동에 대응할 수 있는 수단을 제공하고 정부가 시장 개입 수단을 보유하는 이유이다.

신축성 수단의 종류

할당 대상업체에 제공하는 신축성(유연성) 수단으로 세 가지를 꼽을 수 있다. 첫째, 이월은 잉여 배출권을 다음 연도 또는 다음 계획 기간에 사용할 수 있도록 허용하는 것이다. 할당배출권은 1년 단위로 제출한다. 이월이 가능하니 적당한 기회가 생기면 지금 미리 온실가스 감축 활동에 투자한다. 감축 투자로 남게 되는 배출권은 내년에 쓰면 된다.

두 번째는 차입borrowing이다. 올해의 할당배출권이 부족한 경우 다음 연도 또는 다음 계획 기간에 할당되는 배출권을 당겨서 사용할 수 있도록 허용한다. 이월과 반대이다. 하지만 효과는 이월과 동일하다. 문제는 이렇게 할 경우 감축을 계속 미룰 우려가 있다. 기업 성과에 긍정적인 매출은 늘리면서 추가로 필요한 배출권은 미래의 것을 가져다 쓰고 싶은 것이다. 단기 경영 성과에 치중하는 기업의 특성 때문이다. 할당배출권을 모두 끌어 쓰고 도산하는 경우는 어찌할 것인가? 이런 이유로 차입에 일정한 제한이 가해진다.

세 번째는 계획 기간 동안에만 이월과 차입을 허용한다면 계획 기간을 얼마나 길게 하는지에 따라 신축성의 크기가 결정될 것이다. 보통 계획 기간을 뛰어넘는 이월이나 차입은 허용하지 않는다. 계획 기간을 넘나드는 이월과 차입을 허용하면 계획 기간을 정하는 이유가 없어지기 때문이다. 따라서 계획 기간을 길게 할수록 더욱 유연하게 감축 의무를 이행할 수 있다. 계획 기간을 3년으로 할 때와 10년으로 할 때 이월 및 차입 가능 연도 수가 다르다.

마지막으로 총량규제시장 밖에서 상쇄배출권을 구매할 수 있도록 허용하는 것도 신축성 수단이 될 수 있다. 상쇄배출권은 크게 보면 국내에서 생산될 수도 있고, 국제 탄소시장에서 구매할 수도 있다. 총량규제시장과 상쇄시장의 연계이다.

시장 참여자를 정하는 방법으로도 가격 변동성을 줄일 수 있다. 할당 대상업체는 당연히 시장 참여자이다. 여기에 금융기관을 추가할 수 있다. 금융기관이 배출권 거래 시장에 가격 급등락의 위험을 회피하는 금융상품을 만들고, 다양한 금융기법으로 시장에 유동성을 높이는 것이다. 또 행정관청이 시장에 유동성을 공급하는 역할을 담당할 수 있다. 행정관청은 가격의 상한과 하한을 정하고, 이를 넘어서는 경우 배출권을 시장에 추가로 공급하거나 회수한다. 다만, 금융기관과 행정관청의 시장 참여와 간섭이 반드시 좋은 결과를 가져오는 것은 아니다. 금융상품이 오히려 위험을 증폭시킬 수도 있고, 행정관청의 잦은 간섭은 배출권 거래 시장의 자율성을 훼손한다. 시장 설계 자체에 문제가 있어서 정부가 자꾸 나서서 간섭해야 하는 것일 수도 있다. 필요한 건 행정관청의 간섭이 아니라 제도의 과감한 변경일지도 모른다.

배출권 시장의 제도 개선

온갖 요인에 의해 배출권 거래시장에 비정상적인 가격 변동이 발생한다. 다시 말하지만 시장 설계는 결코 한 번으로 끝나는 절차가 아니다. 배출권거래제의 운용 상황을 지속적으로 모니터링하면서 상황에 맞게 시장 운영 규정을 수정하고 보완하는 노력이 필요하다.

다른 국가의 배출권거래제 제도 변경에 대응할 필요가 생기기도 한다. 경쟁국에서 자국의 수출 기업에 대해 무상 할당 비율을 늘리기로 결정했다면, 국내 기업은 이들 기업과 경쟁하는데 불리한 상황에 처하게 된다. 배출권거래제의 국제 기준에 맞출 필요가 있다. 여기에는 현실적인 이유도 있다. 유럽연합이 자체 시행하는 배출권거래제의 규제 수준에 맞추어 수입물품에 대해 세금을 물린다고 하기 때문이다(탄소 국경 조정 제도). 더 중요한 건 배출권거래제의 시행 기간이 길어지면서 기업의 생산 및 배출 정보가 축적된다는 점이다. 이로 인해 자료의 부족으로 제도 시행 초기에 도입이 불가능했던 수단과 방법을 시행할 수 있게 된다. 보다 정교한 벤치마킹 할당이 하나의 예가 될 수 있다. 배출권거래제가 진화하는 것이다.

4. 배출권거래제의 평가

편익(International Carbon Action Partnership, 2021)

배출권거래제는 온실가스가 사회와 생태계에 미치는 부정적 영향이 반영된 탄소 가격을 분명하게 제시한다. 이는 시민이 제품과 서비스의 혜택을 향유하고자 할 때 지불해야 할 가격이다. 기후위기의 시대에 어떻게 하면 모든 시민에게 합당한 탄소 가격을 지불하도록 할 지가 핵심 과제가 되고 있다. 배출권거래제는 온실가스 배출자에게 탄소 가격을 부과하는 대표적 제도이다.

배출권거래제는 온실가스 배출 총량을 확실하게 제한한다. 정부가 총량을 정하고 그 이상으로 배출하지 못하도록 규제하기 때문이다. 장기간에 걸친 총량 감축의 청사진은 업체에게 감축 투자 시그널을 제공한다. 배출권거래제가 제공하는 탄소 가격에 따라 경제 주체는 자신에게 적합한 감축의 방법과 시기를 정할 수 있다. 당분간 자체 감축 투자 보다는 배출권의 구매를 통해 총량을 준수하고, 또 배출권거래제의 신축성 수단을 활용할 수 있다. 배출권 가격의 동향과 전망에 근거한 판단이다.

경제 여건이나 정치적 사정에 맞게 배출권거래제를 설계할 수 있다. 개별 도시나 지역, 국가, 여러 국가 단위로 다양한 형태의 배출권거래제가 존재한다. 정부는 배출권거래제를 통해 추가 수입 revenue을 확보할 수 있다. 유상 할당 방법을 도입하는 상황이다.

배출권거래제를 통해 온실가스 감축뿐 아니라 대기 질 개선, 경제 효율 향상, 에너지 독립, 기술 혁신, 일자리 창출과 같은 추가적 편익co-benefit, 공편익을 얻을 수 있다. 온실가스를 줄이기 위해 실행하는 상쇄사업이 사회적, 경제적, 환경적으로 도움이 되는 경우가 적지 않다. 훼손된 산림을 복원하는 프로젝트를 예로 들어보자. 나무를 심는 과정에서 지역 주민의 일자리가 생긴다. 지역사회가 살아나면서 주민의 보건 상태가 좋아진다. 공기가 맑아지고 하천의 수질이 개선된다. 복원된 산림에 사라졌던 여러 생물이 돌아와서 생물다양성이 향상된다. 따라서 프로젝트 추진을 결정할 때 온실가스 감축량뿐 아니라 공편익도 함께 평가할 필요가 있다.

배출권거래제를 통해서 탄소시장의 연계가 이루어질 수 있다. 배출권거래제끼리 연계가 가능하고, 배출권거래제와 상쇄시장이 연계될 수 있다. 국가가 자체적인 탄소시장(배출권거래제)을 가지고 있어야 다른 나라의 탄소시장이나 국제 탄소시장을 활용하는데 유리하다.

탄소 누출

온실가스를 규제하다 보니 생산 비용이 올라가고 기업이 이 문제를 타계하기 위해 다른 나라로 생산 시설을 이전하는 현상, 즉 탄소 누출이 발생한다. 탄소 누출이 일어나면 일자리가 없어지고 경제가 어려워진다. 기업은 탄소 누출을 이유로 규제에 반대한다. 생산 시설을 국외로 옮기겠다며 노골적으로 위협하기도 한다.

정부 입장에서는 효과성이 높으면서도 탄소 누출을 발생시키지 않는 정책 수단이 필요하다. 일자리가 차고 넘치는 나라는 없다. 국제 경쟁이 격화되면서 좋은 일자리를 지키는 일이 정부의 중요 과제가 되었다. 온실가스 감축을 어찌 할지 진지하게 고민하는 나라라면 반드시 탄소 누출 가능성에 대해 걱정한다. 어떻게 하면 두 마리 토끼(탄소 감축과 탄소 누출 방지)를 함께 잡을 수 있을지 제도를 설계하는 과정에서 고민해야 한다. 배출권거래제를 설계하고 운영할 때도 탄소 누출을 방지하거나, 이게 어렵다면 어떻게 최소화할지 끊임없이 노력해야 한다. 당장 유상 할당이라는 정당한 필요 앞에서 국제 경쟁력을 이유로 예외 규정을 둔다. 국제 경쟁력에 노출되어 있는 산업 부문은 유상 할당에서 제외하는 것이다.

배출권거래제는 만능인가?

배출권거래제의 편익이 실제 현장에서 구현될지는 불확실하다. 배출권거래제의 편익은 복잡한 설계 과정과 어려운 운영 과정을 거쳐야 누릴 수 있다. 배출권거래제의 설계와 운영이 배출권거래제가 실행되는 국가나 지역의 여건에 따라 달라야 하므로 이는 결코 쉽지 않다. 설계와 운영이 잘못될 경우, 자칫 할당 대상업체에 치명적인 타격을 미칠 수도 있으니 주의해야 한다. 다시 강조하지만 배출권거래제의 제도 설계는 결코 한 번으로 끝나지 않는다. 여건의 변화에 따라 계속 수정해야 할 사항이 적지 않다. 제도 수정 때마다 정부와 기업 간에 협상 과정이 있고, 정치적 타협으로 제도의 근간이 훼손될 가능성이 상존한다. 장기적인 국가 감축 경로에 따라 안정적인 감축 시그널을 제공한다는 배출권거래제만의 특징이자 장점이 무너질 수 있다.

배출권거래제의 장점을 극대화하기 위해 정부와 기업이 함께 지속적으로 노력해야 한다. 마지막으로 실제 제도를 실행하는 것은 설명한 것보다 몇 배는 더 복잡하다는 사실도 기억해야 한다. 한국의 배출권거래제에 관한 설명(179쪽)을 참고하기 바란다.

온실가스 감축을 위한 대표적인 정책 수단으로 총량 규제와 탄소세를 거론한다. 둘 다 탄소 배출 행위에 가격을 부과해서 감축을 유도하는 경제적 유인 수단이다. 탄소 가격을 활용해서 사회와 지구에 피해를 유발하는 오염 행위에 대해 합당한 비용을 부과함으로써 오염 비용을 내부화하고, 오염자 부담 원칙을 실현하는 셈이다. 배출 행위에 탄소 가격이 부과되면 이제 경제 주체가 탄소 가격을 보고 알아서 행동하면 된다. 대다수 경제학자들이 경제적 유인 수단은 경직된 정부 규제에 비해 적은 비용으로 온실가스를 줄일 수 있다고 말한다.

배출권거래제가 좋은지, 탄소세가 좋은지에 대해 학자들 간에 논쟁이 있다. 배출권거래제는 총량을 관리하는 반면, 탄소세는 가격을 정한다. 배출권거래제는 최종적으로 배출되는 온실가스의 총량을 확실히 정할 수 있지만, 가격을 예상할 수 없다. 경제가 호황이어서 배출권의 수요가 늘어나면 배출권의 가격이 급등한다. 코로나19나 금융위기 같은 불황이 찾아오면 배출권 가격이 폭락하기도 한다. 반면 탄소세는 가격, 즉 부과 금액이 정해져 있다. 화석연료에 포함된 탄소 1톤당 25달러, 이런 식이다. 문제는 탄소세를 부과했을 때 감축 효과가 얼마나 될지, 바꾸어 말하면 감축 후 배출 총량이 얼마나 될지 예상하기가 어렵다는 점이다. 탄소세의 감축 효과가 불확실하다는 말이다. 시간이 흐름에 따라 여러 가지 경제 지표, 예컨대 물가가 오르거나 내리면 탄소 감축 효과가 변동할 것이다.

대체로 경제학자들은 탄소세를 선호하는 듯하다. 경제학자들은 기본적으로 정부의 간섭을 싫어한다. 정부가 간섭하는 제도는 복잡하기 마련이다. 이에 비해 탄소세는 단순하다. 화석연료의 탄소 함량에 따라 일정한 금액을 정하면 된다. 하지만 배출권거래제는 감축률에서 시작해 배출량 할당 기준, 유연성 허용 여부 등 정부가 간여할 사항이 많다. 단순명료한 제도를 좋아하는 경제학자들의 탄소세 선호가 이해된다.

3장
상쇄시장

1. 상쇄시장의 이해

국제 탄소시장은 상쇄 메커니즘을 근간으로 운영된다. 나라 간에 거래되는 배출권이 대개 상쇄배출권이기 때문이다. 배출권거래제는 아직 국내의 온실가스 감축을 위한 탄소시장으로 존재한다. 국가 간에 배출권거래제를 연계하는 것이 가능하지만, 나라마다 감축 여건이 다르기 때문에 실제 연계가 이루어지는 사례는 거의 없다. 2020년 현재, 유럽연합EU+(노르웨이, 리히텐슈타인, 아이슬란드)과 스위스가 배출권거래제를 연계하고 있는 정도이다. 유럽연합의 회원국과 스위스가 얼마나 다를까 싶다. 온실가스 배출부터 감축 여건에 이르기까지 사실상 차이가 없어 보인다. 언어와 문화적 배경까지 유사하다. 이런 경우가 아니면 서로 다른 두 나라가 배출권거래제를 연계하는 일이 쉽지 않다는 말이다.

반대로 상쇄배출권의 거래는 감축 여건이 달라야 가능하다. 감축 여건이 다르면 다를수록 감축 비용(상쇄배출권 공급 가격)이 다르고, 거래하려는 유인도 비례해서 커질 것이다. 국제 탄소시장이 상쇄배출권 거래 시장으로 운영되는 이유이다. 국제 탄소시장을 이해하기 위해서는 상쇄 메커니즘에 대해 확실히 알아야 한다.

탄소 상쇄의 개념

상쇄의 사전적 의미는 서로 동등한 가치를 주고받아서 아무 일도 없는 것으로 만드는 것이다. 대차대조표에서 같은 금액의 채무와 채권을 상계相計해서 소멸시키는 행위이다. 내가 저지른 온실가스 배출(채무)을 외부의 온실가스 감축(채권)으로 없앤다. 국가도 활용할 수 있다. 대한민국이 파리협정에 의한 온실가스 감축 목표를 달성하기 위해 다른 나라의 감축 실적을 활용할 수 있는 것이다. 한 나라 안에서도 상쇄가 가능하다. 배출권거래제 안에 들어와서 총량 규제를 받는 대형 배출 업체가 배출권 시장에 포함되지 않는 중소기업의 감축 실적을 사용할 수 있다.

이렇게 온실가스 감축 실적이 거래되려면 이를 확인하는 과정과 절차가 필요하다. 감축 실적이 온전한 감축 실적으로 확인되는 경우에 한해서 시장에서 거래할 수 있는 상쇄배출권carbon offset credit이 된다. 이때 상쇄배출권offset credits 또는 carbon credits은 일정한 단위(tCO_2eq)로 표시되어야 한다.

세 가지 감축 방법
(Jeudy-Hugo et al., 2021; Fattouh and Maino, 2022)

상쇄배출권을 생산하려면 온실가스를 줄여야 한다. 온실가스를 줄이는 방법에는 어떤 것이 있을까? 보통 세 가지 범주를 말한다. 배출 감축, 배출 회피, 제거 활동이다. 그리고 이 세 가지 활동의 결과물이 모두 감축결과물MO: mitigation outcomes이 된다.

첫째, 배출 감축emission reductions은 대기 중으로 배출되는 온실가스를 줄이는 활동이다. 배출하는 온실가스의 절대량을 줄이는 활동, 탄소 집약도를 낮추는 활동, 가상의 베이스라인과 비교해서 배출을 줄이는 활동을 말한다. 에너지 효율 개선, 재생에너지 시설 설치, 메탄 또는 아산화질소 배출 저감 등이다. 여기에 추가로 탄소 저장시설을 포함하는지 여부에 따라 '배출 감축'과 '배출 감축+저장시설 설치'로 구분할 수 있다. 예컨대 후자는 화력발전소의 배출 감축(예, 석탄 → LNG)과 함께 탄소포집·저장CCS: Carbon Capture and Storage 설비를 설치하는 사업이다. 저장시설을 설치함으로써 배출

감축의 효과가 반영구적이 될 수 있다.

둘째, 배출 회피emission avoidance는 온실가스 저장고에서 온실가스가 배출되는 잠재적 가능성을 회피하는 활동이다. 예를 들면 어렵지 않게 이해할 수 있다. 석탄 광산을 폐쇄해서 석탄을 채굴하지 않는다. 탄소가 저장된 농지와 산림을 보전한다. 하지만 이 방법은 영속성을 확보하지 못할 수 있다. 언제든 다시 석탄을 캐낼 수 있다. 외국의 재정 지원을 받아서 개발을 중지하고 산림을 보전했는데 재정 지원이 끊기자 산림을 벌채한다. 교토의정서나 파리협정에 근거를 두는 정부 간 국제 탄소시장이 배출 회피를 상쇄배출권으로 인정하기를 꺼리는 이유이다. 그래서 산림보전을 이유로 하는 배출 회피 방법은 자발적 탄소시장에서 많이 활용된다. 자발적 탄소시장에서 거래되는 상쇄배출권의 80%가 배출 회피를 이유로 발행된 것이다.

셋째, 제거 활동removal activities은 대기 중의 이산화탄소를 격리, 흡수, 제거해서 저장하는 활동이다. 두 가지로 구분할 수 있다. ① 인위적 배출 제거 기술CDR이다. 대기 중 이산화탄소를 직접 포집해서 저장하는 기술DACCS, 탄소를 흡수한 바이오매스를 소각하고 이 과정에서 나오는 이산화탄소를 포집해서 저장하는 기술BECCS, 강화된 풍화작용 등이 있다. 이러한 기술들은 영속성이 훼손될 가능성 매우 낮다. ② 자연적 배출 제거 기술, 즉 자연기반해법은 자연의 힘을 이용해서 이산화탄소를 흡수하고 저장한다. 신규조림과 재조림이 대표적이다. 인위적 이산화탄소 제거 기술에 비해 영속성을 확보하지 못할 위험이 크다. 산불을 생각해 보라.

감축과 제거 활동은 대기 중에 축적된 온실가스의 양에 다른 영향을 미친다. 예를 들어, 화력발전소를 재생에너지 시설로 대체하면 배출량은 줄지만 이미 배출되어 대기 중에 축적된 온실가스의 양이 주는 것은 아니다. 추가 배출이 없을 뿐이다. 이에 비해 제거 활동은 대기 중에 이미 배출된 온실가스의 절대량을 줄인다. 과거에 일어난 배출을 제거해서 저장하기 때문이다.

상쇄배출권을 생산하기 위한 일련의 감축 및 제거 활동을 프로젝트project라 부른다. 온실가스 감축을 위해 태양광 같은 재생에너지 시설을 설치하려면 토지 확보, 인허가를 거쳐 시설을 설치하고, 감축 효과 확인을 위한 모니터링 등 여러 단계로 진행되는 활동이 필요하다. 이를 묶어서 프로젝트(감축 사업)라고 한다.

메커니즘: 방법과 절차

감축 사업(프로젝트)을 통해 상쇄배출권이 만들어지는 방법과 절차를 상쇄 메커니즘offsetting mechanism이라 한다.[2] 다른 말로 '베이스라인 앤 크레딧Baseline and Credit'이라 부른다. 그림 3-5를 보면, 현재 주황색 실선의 경로로 온실가스를 배출하는 상황에서 특정 시점(녹색 점)에 녹색 실선의 경로로 온실가스가 배출되었다. 녹색 점으로 표시된 감축 사업이 실행됨에 따라 녹색 실선으로 배출 경로가 변경된 것이다. 여기서 주황색 점선의 배출 경로는 실제로는 발생하지 않은 가상의 상황이다. 다시 말해, 감축 사업이 실행되지 않았더라면 주황색 점선의 배출 경로를 따라 온실가스가 배출되었을 것이다. 이 가상의 상황을 베이스라인baseline, 즉 기준선으로 해

---

2   또는 '상쇄배출권 생산 메커니즘(Crediting mechanism)'이라 부른다. 뒤에 나오는 교토의정서의 청정개발체제(CDM)와 파리협정의 6.4조 시장(A6.4M)이 모두 '메커니즘'이다. 국제 탄소시장이 상쇄시장임을 알 수 있다.

그림 3-5. 상쇄배출권의 발생 메커니즘

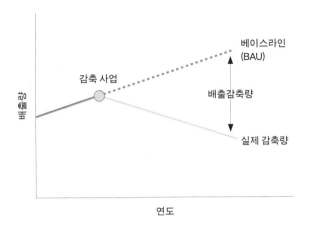

서 실제 배출량과 차이에 해당하는 삼각형의 크기를 배출감축량ER: Emission Reduction units이라 정의하고, 이를 상쇄배출권으로 인정한다. 감축 사업이 없었더라면 삼각형의 크기만큼 온실가스가 배출되었을 터인데, 감축 사업으로 그만큼 온실가스 배출이 줄었으니, 이를 배출감축량으로 간주해도 되는 것이다.

당장 상쇄배출권이 만들어지는 과정과 절차를 제대로 정할 필요가 있다는 생각이 들 것이다. 그림에서 보면 알겠지만, 주황색 점선과 녹색 실선의 기울기에 따라 삼각형의 면적, 즉 배출감축량의 크기가 크게 변한다. 그나마 녹색 실선은 실제이니 사후에 모니터링을 잘하면 그래도 정확히 알 수 있다. 하지만 주황색 점선은 가상의 상황이다. 여러 가지의 가정을 근거로 예측해야 한다. 근본적으로 불확실하다. 자칫 잘못하면 정하기 나름일 수 있다. 그래서 베이스라인의 자의적인 결정에 대한 정당한 우려가 존재한다.

온실가스 배출량은 활동 수량과 배출 계수를 곱해서 계산한다. 보일러의 배출량은 석탄의 사용량(활동량)과 석탄 1톤이 배출하는 온실가스의 수량(배출 계수)이 결정한다. 그림 3-5에서 감축 사업이 없었을 경우 계속 증가하는 배출량(주황색 점선)은, 배출 계수가 일정하다면, 활동량이 과거처럼 계속 증가하기 때문이다. 이 경우 활동량의 예측이 베이스라인을 결정한다. 그런데 만일 일정한 시점에 상용 감축 기술의 수준이 바뀌면 배출 계수의 값을 바꾸어야 한다. 시간이 흘러 LED가 사회 전체에 보급되면 LED의 배출 계수를 감축 사업의 배출 계수로 사용할 수 없다는 말이다. 꼭 기억하자. 주황색 점선이 중요하다. 이를 베이스라인 또는 배출량 산정의 기준선이 된다고 해서 '기준 배출량'이라고 부른다.

상쇄배출권은 감축 사업을 실행해서 배출감축량이 발생했다는 증명이다. 여기서 배출감축량은 온실가스 제거 활동의 결과물을 포함한다. 구매하는 이유는 내가 지금 배출하는 온실가스를 대체하기 위해서이다. 여기서 아주 중요한 질문이 제기된다. 현재의 온실가스 1톤($1tCO_2eq$) 배출을 대체하는 과거의 1톤 상쇄배출권(1 credit)이 동일한 1톤인가? 상쇄배출권이 '진정한' 배출감축량인지 묻는 것이다. 이것이 상쇄배출권의 품질 문제이다.

참고로 배출감축량, 감축결과물, 감축 실적이라는 용어는 모두 감축 사업으로 줄어든 온실가스의 수량을 의미한다. 다만 제도에 따라 용어를 선택해서 쓰기도 한다(참고 5-1). 예컨대 파리협정 제6조 2항은 감축결과물, 제6조 4항과 교토의정서는 배출감축량이라는 용어를 쓴다.

2. 상쇄배출권의 생애주기

발생

상쇄배출권은 탄생(발행)에서 소멸(사용)에 이르기까지 '발생 generation → 이전transfer → 사용use'이라는 생애주기lifecycle를 갖는다. 생애주기라는 관점에서 상쇄배출권에 대해 설명한다.

상쇄배출권을 만드는 과정은 과학적인 '방법론'을 개발하는 데서 시작한다. 온실가스를 감축할 수 있는 다양한 방법과 기술이 이미 많이 개발되었고, 새로 개발할 수도 있다. 개발된 방법론은 등록되어 공개되고 이에 따라 프로젝트가 실행될 것이다. 예컨대, 나무를 심어 온실가스를 제거하는 방법론이 있으면 실제로 나무를 심는 프로젝트를 실행해야 감축이 일어난다.

프로젝트(감축 사업)는 실행하기 전에 방법론과 실행 계획에 대해 '타당성 평가'를 받고 탄소 상쇄 프로젝트로 등록해야 한다. 이후 감축 사업을 추진하면서 그 과정을 모니터링하고, 실현되는 감축결과물에 대해서는 주기적으로 검증을 받아야 한다. 검증을 통과한 감축결과물이 인증을 통해 수량으로 확정되면 상쇄배출권으로 레지스트리(등록부)의 계정에 예치된다. 상쇄배출권이 발행된 것이다.

이 과정은 여러 주체에 의해 진행된다. 방법론을 개발하는 사람과 감축 사업을 실행하는 사람이 다를 수 있고, 필요한 자금을 투자하는 사람은 또 다를 수 있다. 최종적으로 배출권을 취득하는 사람은 이들과 무관한 경우가 많을 것이다. 배출권의 구매자는 방법론 개발부터 상쇄배출권 발행에 이르는 과정 중에 언제 관여할지를 결정할 수 있다. 초기에 관여할수록 불확실성은 커지는 반면, 물량

확보나 가격 면에서 더 유리할 것이다.

상쇄배출권이 발행되는 전체 과정은 개별 상쇄 프로그램에서 정하는 절차, 방식, 기준에 따라 진행된다. 현재 여러 가지 종류의 상쇄 프로그램이 존재한다. 국제기구UNFCCC, 지방정부, 민간기구(예: GS, Verra)[3] 등 프로그램의 운영 주체 역시 다양하다. 이들 상쇄 프로그램에서 방법론을 승인, 등록, 공개하고, 프로젝트의 타당성 평가와 등록을 담당한다. 또 사업자가 제시하는 모니터링 보고서를 승인하고 검증하고 인증한다. 이때 외부 기관의 도움을 받는다. 객관성을 확보하기 위해서 타당성 평가와 검인증은 독립적인 별도의 기관에 맡기는 경우가 많다.

이전과 사용

실제 상쇄배출권의 이전은 상쇄 프로그램의 등록부에서 계정(계좌)을 바꾸는 행위이다. 누군가 배출권을 구매하면 사업자의 계정에서 구매자의 계정으로 배출권이 이전한다. 구매자는 상쇄배출권을 사용 또는 보유하거나, 다시 다른 사람에게 판매할 수 있다. 이렇게 다른 구매자로 배출권이 이전하면 종전 보유자의 취소 계정에 이전(판매)된 배출권을 표시한다. 종전 보유자의 이중사용을 방지하기 위해서다. 구매자가 취득한 상쇄배출권을 사용해서 자신의 온실가스 배출을 상쇄하면 역시 취소 계정으로 이전하는 형식으로 동 상쇄배출권은 계정에서 지워진다. 이를 폐지retire라 한다. 거래소에서 퇴장한다는 의미겠다. 상쇄배출권은 계정에서 폐지됨으로써 소멸된다. 이는 배출권이 구매자의 구매 목적에 맞게 사용되었음을

---

3   골드 스탠더드(GS), 베라(Verra)는 자발적 배출권 거래 플랫폼, 즉 자발적 탄소시장의 운영기구이다.

의미한다. 당연한 말이지만 한 번 폐지되어 소멸된 배출권은 다시 거래하거나 사용해서는 안 된다.

상쇄배출권의 거래에 중개인brokers이 참여할 수 있다. 중개인이 단순히 거래의 중개에 그치지 않고 감축 사업 투자자의 역할을 할 수도 있다. 배출권을 구매해 보유하고 있다가 가격이 높아지면 판매할 수 있다. 거래가 원활하게 이루어질 수 있도록 필요한 정보를 제공하고, 서로 다른 유형의 감축 사업에서 생산된 배출권으로 패키지를 만들어 판매를 촉진하기도 한다. 당연히 이익이 많이 남는 배출권을 판매하는 데 주력할 것이다. 예컨대 중개인 자신이 투자해서 생산한 배출권을 거래하면 이윤이 더 많이 날 것이다. 세계 여러 곳의 거래소에서 이러한 구매와 판매 행위가 일어난다.

3. 상쇄배출권의 품질

탄소시장에 대한 설득력 있는 비판 중 하나는 대규모 배출자가 스스로 온실가스를 줄이려 하지 않고 탄소시장에서 값싼 상쇄배출권을 구매하려 한다는 것이다. 탄소시장이 온실가스 감축 규제를 회피하는 수단의 역할을 하게 되는 셈이다. 더욱이 상쇄배출권이 진짜real 감축 실적이 아니라면 이 비판은 심각한 결과를 초래한다. 가짜 감축 실적(핫에어)을 핑계로 진짜 배출이 일어나니 말이다. 간단히 말해 지구 차원에서 온실가스 배출이 오히려 증가할 수 있다.

결국 탄소시장의 성패를 가늠하는 가장 중요한 요소는 상쇄배출권의 품질unit quality이다. 상쇄배출권이 적정한 품질 기준을 충족시켰을 때 환경건전성을 확보했다고 말한다. 품질을 좌우하는 요소는 여러 가지이지만, 핵심 기준은 다음 세 가지이다.

추가성(additionality)

상쇄배출권이 거래되는 탄소시장 때문에 새롭게, 추가로 감축이 일어난 것이어야 한다. 뒤집어 말하면, "상쇄배출권의 판매 수익이 인센티브로 작용하지 않았다면 추진되지 않았을 사업"에서 상쇄배출권이 생산되어야 한다.

수자원이 풍부한 강에 수력발전소를 건설하기로 했다. 투자액 대비 전력 생산, 즉 경제성이 충분하다. 그런데 수력발전소를 건설하는 과정에서 상쇄 프로그램이 있고 여기에서 상쇄배출권을 발행해 판매할 수 있다는 사실을 알게 되었다. 이에 추가 수익을 얻기 위해 상쇄 프로그램에 참여해서 배출권을 발행한다. 이 사례에 대해 과연 새롭고 추가적인 감축이 발생했다고 말할 수 있을까? 수력발전소가 다른 화석연료 발전소를 대체해서 온실가스 배출량이 줄었다는 이유로 상쇄배출권을 발행하고, 이를 이유로 다른 나라에 있는 철강회사가 그만큼 온실가스를 더 배출하는 상황이 과연 적절한가 하는 당연한 의문이 생긴다. 유치국의 입장에서 질문해보자. 상쇄배출권 발행을 중지하면 감축 사업(수력발전소)이 중단될까? 대답이 부정적이라면 상쇄배출권 발행을 중지시켜도 된다.

감축 실적의 과다 산정(overestimation)

실제로는 감축결과물이 1천 톤 발생했는데 이를 2천 톤이라고 산정하는 경우이다. 다른 누군가 2천 톤을 배출할 수 있게 되므로, 과다 산정한 1천 톤만큼 추가로 온실가스가 배출된다. 감축결과물을 산정하는데 실제 상황을 정확히 반영해야 함을 알 수 있다.

실적이 과다 산정되는 이유는 여러 가지이다. 대표적인 사례가 베이스라인(기준 배출량)이 잘못된 경우이다. 비교 대상을 무엇으로 삼을지의 문제라고 이해하자. 수력발전소의 사례에서 수력발전의 감축 실적을 산정하기 위해서는 비교 대상이 필요하다. 수력발전소는 온실가스를 배출하지 않으니 비교 대상을 화력발전소로 하면 화력발전소에서 배출하는 온실가스의 양이 감축결과물(상쇄배출권)의 수량이 된다. 하지만 비교 대상을 LNG발전소로 하면 감축결과물은 반으로 줄 것이다. 화력발전소에 비해 LNG발전소의 배출량이 절반 정도이기 때문이다. 비교 대상을 태양광이나 풍력으로 하면 어떨까? 감축결과물은 하나도 나오지 않는다. 태양광과 풍력도 수력발전소처럼 온실가스를 전혀 배출하지 않기 때문이다.

감축의 영속성(permanence)

온실가스는 일단 배출되면 오랜 기간 잔존하면서 지구상에서 순환한다. 잔존기간이 수백, 수천, 심지어 수백만 년이라고 한다. 따라서 이미 배출된 온실가스를 감축한 뒤 십여 년이 지난 후에 다시 온실가스를 배출한다면 이를 감축이라고 부르기는 곤란하다. 예컨대 온실가스를 제거하기 위해 대규모 조림사업을 시행하고 그만큼 상쇄배출권을 발행했다. 그런데 30년 후에 개발사업이 확정되면서 심었던 나무를 베어냈다고 하자. 본래 상태로 돌아간 것이다. 그러면 얼마나 지속되어야 영속성 기준을 통과할까? 원칙대로 하면, 이산화탄소 1톤 감축은 이산화탄소 1톤의 잔존기간만큼 유지되어야 한다. 하지만 보통 100년은 감축이 유지되어야 한다고 본다(Broekoff et al., 2019). 파리협정의 국제 탄소시장에서는 수 차례의 국가결정기여 이행기간이라고 정한다(395쪽). 보통 국가결정기여 이행기간이 10년이니까 수 십년이라고 이해하면 되겠다.

한 가지 지적하고 넘어갈 사항이 있다. 상쇄배출권의 품질은 합격과 불합격으로 분명하게 나눠지지 않는다. 오히려 100점 만점 기준으로 0점에서 100점까지 골고루 분포하고 있을 것이다. 그중 60점 이상을 합격이라 하고 그 이하를 불합격이라고 정하는 것이다. 합격과 불합격의 기준은 상쇄 프로그램에 따라 다를 것이다. 또 같은 프로그램에서도 여건이 변함에 따라 품질 기준이 바뀔 수 있다. 예컨대 구매자의 요구 수준을 반영해서 60점에서 80점으로 올리는 것이다. 가능하면 구매할 때 높은 점수를 받았을 것으로 판단되는 상쇄배출권을 선택하는 것이 바람직하다.

감축 사업이 추가성을 확보하고 있는지 파악하는 일은 결코 쉽지 않은 과제이다. 두 가지 접근 방식이 있다. 개별 감축 사업의 추가성을 검토한다project-specific approach. 특정한 감축 사업을 대상으로 "법적 규제 때문에 시행하는 사업이 아니다", "경제성이 없는 사업이다", "사회적, 제도적, 기술적 장애 때문에 시행이 안 되는 사업이다", "일상적으로 추진되는 사업이 아니다"라는 사실을 증명한다. 그런데 이 방법은 시간과 비용이 많이 들고, 미래 상황을 예측해야 하므로 불확실성도 크고, 여러 가지 가정과 전제가 필요해서 주관적 판단 여지가 많다. 대안으로 표준화된 추가성 검토를 시행한다standardized approach. 미리 분석 작업을 거쳐 일정한 적격성 기준eligibility criteria을 만들고, 개별 사업에 적용해서 추가성 확보 여부를 판단한다.

기준 배출량(베이스라인)을 과대하게 잡아서, 과다 산정된 감축 실적은 추가성 조건을 충족시키지 못할 것이다. 실제 감축이 일어나지 않았으니 추가적인 감축이라고 말할 수 없다. 과다 산정이 생기는 두 가지 상황이 더 있다. 감축 사업에 따라 줄어서 배출되는 감축 후 배출량을 실제보다 적게 산정해도 과다 산정이 생긴다(그림 3-5). 또 누출leakage이 발생해도 마찬가지이다. 감축 사업이 시행되는 경계 밖에서 감축 사업의 효과를 대체하는 추가 배출이 일어나는 상황을 말한다. A 지역의 벌채를 막았는데, B 지역에서 종전보다 벌채 수량이 늘어나는 사례가 대표적이다.

4장
두 시장의
비교와 연계

1. 두 시장의 차이점

먼저 두 시장의 공통점을 보자. 총량규제시장과 상쇄시장 모두 이산화탄소로 표시된 온실가스를 거래한다. 또 두 시장 모두에서 핫에어가 발생할 수 있다. 총량규제시장에서 실제 배출량을 초과하는 할당이 이루어지면 핫에어가 생긴다. 감축 노력이 없어도 10만 톤을 배출하는 기업에 11만 톤을 할당하는 경우이다. 배출권거래제의 전체 총량이 할당 대상업체 전체의 실제 배출량을 상회해도 이럴 수 있다. 상쇄 메커니즘에서는 베이스라인에 문제가 있으면 핫에어가 발생한다. 평상시 배출량(10만 톤)과 감축 사업 후 배출량(5만 톤)의 차이(5만 톤)를 감축 실적으로 간주해서 상쇄배출권을 발행했는데, 알고 보니 정확한 베이스라인(평상 시 배출량)이 7만 톤이었다고 하면 어떻게 되나? 3만 톤의 감축 실적은 실재real하지 않는 것이다. 과도하게 설정된 배출 총량과 잘못된 베이스라인이 핫에어를 발생시킨 것이다.

두 시장은 거래 방식과 목적에 차이가 있다. 총량규제시장에서 기업은 예상 배출 수량만큼 할당배출권을 확보해야 한다. 미래를 위한 배출권이다. 반면 상쇄배출권은 다른 장소에서 과거에 일어난 감축 사업을 통해 실현된 것이다. 그래서 상쇄배출권을 활용할 경우 지금은 감축이 일어나지 않는다. 과거의 감축을 이유로 배출이 지속된다. 세계는 탄소중립을 목표로 움직이고 있다. 상쇄배출권을 인정한다면 온실가스 배출 제로는 불가능하다. 상쇄배출권 구매 조건으로 배출을 유지할 수 있기 때문이다. 이런 맥락에서 보면, 상쇄시장은 제로섬 게임이다. 어디선가 줄인 온실가스 1톤을 근거로 다른 누군가가 1톤의 온실가스를 배출하기 때문이다. 총량규제시장은 배출 총량을 규제하므로 배출권거래제를 만들 경우 국내에서 배출되는 온실가스의 총량을 관리할 수 있다. 하지만 상쇄시장이 열리면 외부에서 감축 실적이 얼마나 들어오는지에 따라 국가의 배출량이 결정된다. 국내에서 배출되는 온실가스의 총량을 규제할 수 없게 되는 것이다.

배출권 가격이 정해지는 모습에도 두 시장 간에 차이가 생긴다. 배출권거래제는 행정관청에서 정하는 총량의 크기에 따라 감축 수량이 변한다. 총량을 줄이면 할당 대상업체는 배출량을 더 줄여야 한다. 감축 수요량이 늘어나는 것이다. 이렇게 발생한 감축 수요량을 할당 대상업체가 얼마만큼의 비용으로 달성할 수 있는지에 따라 가격이 결정된다. 행정관청이 배출 총량을 활용해서 가격 시그널을 보낼 수 있다. 이에 비해 상쇄 메커니즘에 의해 생산되는 상쇄배출권 수량은 베이스라인을 정하기에 따라 달라진다. 또 상쇄배출권의 수요가 외부에서 발생하기 때문에 상쇄시장에서 자체적인 가격 시그널을 만들어 내지 못한다. 외부에서 수요가 생기지 않으면 상쇄배출권은 생산(사용)되지 않는다. 상쇄시장은 외부의 수요 없이는 작동할 수 없는 시장이다.

총량규제시장에는 강제로 참여한다. 정부가 할당 대상업체를 지정한다. 상쇄시장에 참여할지는 자율적으로 정한다. 또 배출권거래제에서 할당 대상업체가 주어진 할당 총량을 초과하면 처벌을 받지만, 상쇄 메커니즘에서 베이스라인을 초과해서 배출해도 처벌 대상이 되지는 않는다.

2. 두 시장의 연계

연계 방법

조금 복잡해 보일 수도 있지만, 여기서는 두 유형의 시장이 다양한 수준에서 연계link될 수 있고, 연계될 수밖에 없다는 점을 이해하도록 하자. 배출권거래제를 운용하는 국가라면 세 단계로 온실가스를 나누어 관리한다고 볼 수 있다. 단계에 따라 온실가스를 관리하는 강도가 다르다는 사실에 착안해서 배출권의 이동에 대해 설명한다.

첫째, 배출권거래제를 운영함에 따라 총량으로 관리되는 배출 영역이 있다. 국가가 배출 총량을 정하고 대상업체에게 배출량을 할당한다. 둘째, 배출 총량 할당이라는 강력한 통제 수단은 아니지만, 수송(예: 연비 기준)이나 건물(예: 녹색 건물 등급)과 같이 일정한 감축 목표를 가지고 관리하는 배출 영역이다. 마지막으로 감축 수단이 적용되지 않는 배출 영역이다. 국가가 배출 전 부문에 대해 배출을 관리할 수는 없다. 그럼에도 이 영역까지 국가 배출량에 포함된다.

그림 3-6은 정부의 통제 정도에 따라 세 부분으로 나누어진 배출 영역 간의 배출권 이동을 표시한다. 각 화살표는 할당배출권(검은색)과 상쇄배출권(주황색)으로 표시되어 있다. 우선 제일 위의 두 개 화살표는 정부와 민간 모두가 할당배출권을 거래할 수 있음을 보여준다.

① 배출권거래제를 활용해서 배출 총량을 관리하는 정부끼리 할당배출권을 거래할 수 있다(할당배출권의 국가 간 거래). 다만 이때 거래하는 할당배출권은 자국의 할당 대상업체에게

그림 3-6. 탄소시장의 연계와 배출권의 이동(Prag, A., G. Briner, and C. Hood, 2012)

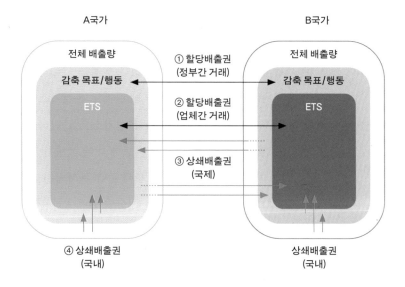

할당한 할당배출량 이외의 할당배출권이어야 한다.

② 국가 간에 협정을 맺고 양국의 할당 대상업체 간에 할당배출
권을 거래할 수 있다(할당배출권의 업체간 거래). 양국의 배
출권거래제가 연계된 것이다.

③ 보다 일반적인 국가간 탄소시장의 연계는 '상쇄배출권의 국가
간 거래'이다. 상쇄배출권은 배출권거래제 할당 대상업체가
직접 구매할 수도 있고, 아닐 수도 있다. '화살촉' 부분이 구매
자를 표시한다. 세 번째 화살은 A국의 할당 대상업체가 B국에
서 생산된 상쇄배출권을 구매하는 모습이다. 네 번째 화살은
예컨대 할당 대상업체가 아닌 A국 기업이 B국으로부터 상쇄

배출권을 구매할 때이다. 기업 뿐 아니라 개인이나 단체도 이렇게 상쇄배출권을 구매할 수 있을 것이다. 할당 대상업체나 정부에 판매하기 위해, 또는 순수하게 온실가스 감축에 기여하기 위해서다. 어디에서 상쇄배출권을 생산되는지도 중요하다. 화살표의 아래 부분을 눈 여겨 보아야 한다. 상쇄배출권은 국가가 관리하는 영역(점선)과 그렇지 않은 영역(실선) 모두에서 생산될 수 있다. 이렇게 국가 간에 상쇄배출권을 거래하는 시장을 국제 탄소시장이라고 부른다.

④ 마지막으로 수직으로 표시된 화살표는 '국내 상쇄시장에서 일어나는 거래'를 표시한다. 국내에 한정된 상쇄시장이 가능하다. 상쇄배출권은 주로 배출권거래제의 할당 대상업체로 향할 것이다. 물론 정부, 개인, 비非할당 대상업체가 구매할 수 있다. 개인이나 비非할당 대상업체가 구매했다면, 할당 대상업체에 대한 판매가 목적일 가능성이 크겠다.

회계 처리와 경로 추적

국가 간에 탄소시장을 연계할 때는 국가의 배출량 관리, 다시 말해 온실가스 감축 목표 달성에 미치는 영향을 고려해야 한다. 총량 규제를 받는 할당 대상업체가 국외에서 상쇄배출권을 구입한 만큼 자신의 배출량을 늘릴 경우 국가 전체의 배출 총량이 늘어나게 된다. 국가 온실가스 감축 목표 달성에 빨간불이 들어오는 것이다. 다만, 파리협정의 국제 탄소시장에서 이루어지는 상쇄배출권 구매의 경우에는 이러한 문제가 발생하지 않는다. 상쇄배출권 판매국(사업 유치국)에게 상응조정을 요구하기 때문이다(296쪽). 판매국에서 상응조정을 하기 때문에 이중계산의 문제가 발생하지 않는다. 구매국의 국가 배출량을 줄일 수 있는 것이다(상계).

이렇게 시장 간, 여러 주체 간에 할당배출권이나 상쇄배출권 이전(거래)이 일어날 경우 명확한 경로 추적tracking과 함께 계정상에 합당한 회계 처리accounting가 필수다. 대차대조표를 생각하면 된다. 차변과 대변에 더하기와 빼기를 잘해야 한다는 말이다. 국제 거래에도 예외가 없다. 이 주제가 파리협정의 국제 탄소시장에서 중요하게 논의된다.

3. 연계 사례: K-ETS

대한민국 배출권거래제 현황

경과와 개요

한국은 꽤 이른 시기에 배출권거래제K-ETS를 시작한 국가이다. 2010년에 〈저탄소 녹색성장 기본법〉을 제정하고 '온실가스 목표관리제'를 실시한 이후, 2012년에 K-ETS의 근거법인 〈온실가스 배출권 할당 및 거래에 관한 법〉을 제정한다. 목표관리제는 K-ETS를 준비하는 성격의 제도로서 기업에 온실가스 감축 목표를 부여하고, 배출량을 보고하게 한다. 3년 간의 준비기간을 거쳐서 2015년에 K-ETS를 시행했다. 현재 제3차 이행기간(2021~2025년)이 진행 중이다.

K-ETS에서 할당 대상업체는 최근 3년 동안 온실가스 연평균 배출량이 12만5천 톤 이상인 업체 또는 2만5천 톤 이상인 사업장을 보유한 업체이다. 이들을 대상으로 교토의정서의 6대 온실가스를 관리한다. 대상 배출 부문은 전환(발전), 산업, 폐기물, 건물, 공공, 기타 등 6개이다. 환경부 자료에 의하면, 3차 계획기간 중에 69개 업종 685개 업체(2020년 기준)가 참여한다.

시행 절차는 기본계획(10년 단위, 5년 마다) 수립 → 할당 계획(계획기간 단위) 수립 → 배출권 할당(이상 정부) → 배출 활동(업체) → 배출량 명세서 보고(업체, 이행연도 종료 후 3개월 내) → 적합성 평가 및 배출량 인증 → 배출권 제출(업체, 이행연도 종료 후 6개월 내)이다. 적합성의 판단 기준은 적절성, 투명성, 완전성, 일관성, 정확성이다. 배출량 산정 기준(TACCC)과 동일하다. 업체가 제출한 명세서와 검증 보고서(외부기관 수행) 자료를 가지고 배출량을 제대로 산정했는지 한국환경공단에서 재검증한다고 이해하면 된다.

할당 방식

국가경쟁력과 탄소 누출 가능성을 감안해 무상 할당을 허용한다. 100% 무상 할당하는 업종은 수식에 따라 정해진다. 비용 발생도와 무역집약도를 곱한 값이 일정 기준(0.2%) 이상인 업종에 속하는 업체에 대해 배출권 전체를 무상으로 할당한다.[4] 제품 생산에 드는 전체 비용 중에 온실가스 배출권의 구매 비용이 크거나, 매출액 중 수출액의 비중이 큰 업종에 대해 배출권 전부를 무상으로 할당하는 것이다. 여기에 해당하지 않는 업종은 90% 이내에서 무상 할당한다. 다시 말해 최대 10%까지 유상 할당할 수 있다.

K-ETS는 그랜드파더링GF과 배출 효율 기준BM 할당 방식을 병행한다. BM 할당은 업체 별로 제품 생산량 등 과거 활동 자료를 근거로 업체가 보유한 설비의 효율성을 고려해서 할당한다. '할당=BM계수×활동량'이다. 가상의 사례로 설명해 보자. A와 B, 두 업체가 있다. 두 업체 모두 100개의 제품을 생산한다. 그런데 A업체의 온실가스 배출량은 100톤, B업체는 200톤이다. 편의상 두 업체 모두에 감축이 없다고 가정하면, GF 방식으로 할당할 경우 A업체에 100톤, B업체에 200톤을 할당한다. 이와 달리 BM 방식을 적용하면, BM 계수를 1.5로 정할 수 있다(1.5=배출량 300/제품 생산량 200). 이제 A업체와 B업체에 150톤씩 할당한다(150=1.5×100).

---

4   비용발생도 = (업종 온실가스 배출량×배출권 가격)/업종 부가가치 생산액)
무역집약도 = (업종 수출액+수입액)/(업종 매출액+수입액)

할당 방식을 바꾸니 효율적인 A업체가 50톤을 더 할당 받고, B업체는 50톤 덜 할당 받는다.

신축성 수단

K-ETS는 이월, 차입, 상쇄 등 신축성 수단을 도입하고 있다. 할당 대상업체는 배출권을 다음 이행 연도 또는 다음 계획 기간의 최초 이행 연도로 이월할 수 있다. 전자는 계획기간 '내' 이월이고, 후자가 계획기간'간' 이월이다. 각각 일정한 조건을 충족해야 가능하다. 다만 계획기간을 넘어가는 이월은 예외적으로 인정한다.

K-ETS는 순 매도량(매도량-매수량)을 근거로 이월을 허용한다. 계획기간 안에 5개의 이행 연도가 있으므로 이월은 4번 할 수 있다. 첫 번째(2021 → 2022년)와 두 번째(2022 → 2023년)는 순 매도량의 두 배이다. 예컨대 2만 톤을 매도하고 1만 톤을 매수한 업체라면 2만 톤(1만 톤×2)을 이월할 수 있다. 이후 세 번째와 네 번째는 줄어서 순 매도량만큼(1만 톤)만 이월할 수 있다.

앞서 차입을 무제한적으로 허용할 경우 문제가 생길 수 있다고 설명했다. 때문에 K-ETS는 일정한 기준에 따라 차입을 제한한다. 1차 이행 연도의 경우 15% 이내에서 차입하도록 하고, 이행 연도가 지날수록 차입량이 줄도록 설계하고 있다. 즉, 전년도 차입 비율의 절반만 차입이 가능하다. 예컨대 1차 이행 연도에 배출권 수량의 14%를 차입해서 썼다면 2차 이행 연도에는 7%만 가능하다. 또 계획 기간 간 차입은 허용하지 않는다. 여기에 추가로 외부 감축 실적 인정 제도가 신축성 수단이 될 수 있다.

탄소시장의 연계: 외부 감축 실적 인정 제도

국제 탄소시장에서 상쇄배출권을 사용하는 문제와 관련해서 K-ETS의 외부 감축 실적 인정 절차에 대해 이해하면 도움이 될 듯하다. 외부 감축 실적 인정 제도는 할당 대상업체가 외부의 상쇄시장에서 상쇄배출권을 구매해서 할당배출권으로 사용하는 실제 사례이다.

한국 정부는 할당 대상업체가 조직 경계 밖에서 일어난 감축 사업의 결과물(감축 실적)을 자신의 감축 의무 이행을 위해 사용할 수 있도록 허용한다. 다시 말해서 외부 사업의 인증 실적을 상쇄배출권으로 전환해서 상쇄 용도로 사용하거나 거래할 수 있다. 이를 'K-ETS 상쇄 제도KOP: Korea Offset Program'라 부른다. 여기서 외부 사업은 국제 기준에 부합하는 방식으로 온실가스를 감축하고 흡수(제거)하는 사업이다. 편하게 청정개발체제의 방법론과 절차에 따른다고 이해하면 된다. 인증 실적KOC: Korea Offset Credit은 인증심의위원회 심의를 거쳐 환경부장관이 확정한다. 1 KOC = 1 tCO₂eq이다. 확정된 인증 실적은 발행 계정issuance account에서 외부 사업 사업자의 보유 계정holding account으로 이전된다. 인증 실적은 다른 외부 사업자에게 양도(판매)할 수 있다. 할당 대상업체는 언제든 자신이 보유한 인증 실적을 상쇄배출권KCU: Korea Credit Unit으로 전환해 달라고 환경부장관에게 요청할 수 있다.

KCU는 K-ETS의 할당배출권KAU: Korea Allowance Unit과 동일한 가치를 지닌다. KOC를 KCU로 전환한 연도가 발행 연도가 된다. 발행 연도가 동일한 연도의 배출권 제출 의무를 달성하기 위해 사용할 수 있다. 다만, 할당 대상업체가 KCU를 사용할 수 있는 한도가 정해져 있다. 할당배출권의 5% 이내이다. 시행령은 10% 이내에서 할당 계획으로 정할 수 있도록 한다. 그런데 제3차 할당계획에서 5%로 정했다. 자체 감축을 소홀히 할 우려가 있고, 또 KCU 사용 수량만큼 국가 배출 총량을 초과하므로 이런 한도를 정하고 있다고 보아야 한다. 현행 K-ETS의 상쇄제도는 상응조정이 이루어지지 않은 외부 감축 실적을 거래하는 것이다. 한국의 배출량 통계(인벤토리)에서 배출량을 줄일 수 없다. 하지만 파리협정의 탄소시장에서는 유치국이 상응조정한 배출권ITMO에 대해서 취득국이 자국의 국가 배출량 통계에서 감축량으로 계산할 수 있다. 뒤에 설명한다.

5장
자발적 탄소시장

1. 자발적 탄소시장의 이해

시장의 탄생

고향에 황폐한 산지가 있는데 이 곳에 나무를 심고 싶다. 나무가 자라면서 온실가스인 이산화탄소를 흡수(격리)하니 상쇄배출권을 발행할 수 있지 않을까 생각한다. 상쇄배출권을 팔아서 나무 심는 비용의 일부를 충당할 수 있을 것이다. 무엇이 필요한가? 우선 상쇄배출권을 구매할 사람이 있어야 한다. 나무를 심어 온실가스를 줄이는 건 좋은 일이니까 투자할 기업이 있을 수 있다. 이런 기업과 직접 계약하고 비용을 지원받을 수 있다. 하지만 어떻게 해야 할지 막막하다. 공신력 있는 기구(조직)에서 온실가스 감축량을 계산하고, 증서를 발행해 주면 좋겠다는 생각이 든다. 증서를 가지고 있으면 수요자를 찾기도 훨씬 쉬울 것이다. 실제 나무를 심었을 때 온실가스를 얼마나 격리(제거)하는지 계산하는 방법론을 제시하고, 방법론을 적용해서 실제로 온실가스 제거량을 계산하는 절차를 정하며, 최종적으로 이를 확인해서 증서를 발행하는 기구가 있다. '자발적 탄소시장 운영기구'다. 상쇄배출권을 등록하는 온라인 계정(등록부)과 거래 플랫폼도 이들이 제공한다.

상쇄배출권의 수요자 입장에서 이야기해 보자. 제품을 생산하면서 온실가스를 배출하는 기업이 있다. 기후위기가 심화되면서 온실가스 배출에 대한 소비자의 우려가 커지고 있다. 물건을 납품받는 외국기업도 온실가스를 줄이라고 압박한다. 고객의 요청에 부응해서 탄소중립 계획을 세우고 온실가스 배출을 줄여 나가기로 결정한다. 하지만 당장 탄소중립을 달성하는 건 불가능하다. 탄소중립 달성 시점까지 불가피하게 배출하는 온실가스는 어떻게 해야 할지 고민이다. 자체 조림사업을 시행해서 상쇄하는 방법이 있겠지만, 엄두가 나지 않는다. 컨설팅회사에서 상쇄배출권을 구매하는 방법이 있다는 조언을 받았다. 여러 곳에서 자발적 탄소시장VCM을 운영하고 있고, 또 가격의 폭도 상당하다는 사실을 알게 된다.

이렇게 상쇄배출권의 수요자와 공급자가 있고 이 둘을 연결해주는 시장이 있다면 자발적인 거래가 일어난다. 민간이 운영하는 자발적 탄소시장이 탄생하는 것이다. 당장 자발적 탄소시장 운영기구가 정하는 각종 기준이 중요함을 알 수 있겠다. 나무가 흡수하는 온실가스의 양을 계산하는 방법론이 과학적으로 타당해야 하고, 실제 흡수량(제거량)을 제대로 계산했는지 객관적으로 판정하는 절차가 중요하다. 방법론과 절차가 엄격하면 그 만큼 비용이 커질 것이고, 이를 느슨하게 하면 발행된 상쇄배출권에 대한 의구심이 커진다. 자발적 탄소시장의 신뢰성이 어떠한지 잘 살펴보아야 한다.

자발적 탄소시장에서 판매하는 상쇄배출권을 활용해서 자신이 배출하는 온실가스를 상쇄하고 싶어 하는 기업, 개인, 단체 등이 있다. 스스로 최대한 줄이되 더 이상 줄일 수 없는, 또 감축에 드는 비용이 매우 비싸거나 기술적으로 감축이 어려운 기업의 배출 행위를 상쇄하는 것이다. 다른 분야의 감축을 지원함으로써 자신의 불가피한 배출을 보상하는 행위라고 볼 수 있다. 의도는 훌륭하고, 분명 맞는 방향이지만, 상쇄배출권의 품질이 환경건전성 기준을 충족하는지에 대한 의구심이 있다. 자발적 탄소시장이 당면한 근본적인 도전이 아닐 수 없다. 카본 다이렉트Carbon Direct에 따르면, 최고 수준의 품질 기준을 충족하는 배출권은 10%에 미치지 못한다. 비판의 대상인 REDD+와 재생에너지 배출권이 2021년 72%에서 2023년 53%로 감소한다. REDD+와 재생 에너지 감축 실적이 자발적 탄소시장 전체의 90%를 차지한다. 감축과 제거가 혼합된 배출권이 7%, 순수하게 제거 사업에서 생산되는 배출권은 3%에 그친다. 이에 상쇄배출권의 품질 기준을 높이려는 노력이 다양하게 지속되고 있다.[5]

2022년에 기업이 사용한 자발적 탄소시장의 배출권은 1억 5,500만 톤(2021년 1억6,100만 톤)이다. 자발적 탄소시장에 대한 부정적 인식 때문에 수요가 감소하고 있다. 자발적 탄소시장의 공급은 77개국이 담당하고, 수량은 2억5,500만 톤이다. 전년도 2억 5,100만 톤에 비해 2% 증가했다. 블룸버그(2023)에 따르면, 페루, 인도네시아, 케냐에서 이루어진 REDD+ 사업의 경우, 품질에 대한 비판 때문에 평판 훼손을 우려한 기업이 구매를 꺼리면서 배출권의 생산이 무산되기도 한다.

현황과 미래

이미 여러 곳에서 자발적 탄소시장이 운영되고 있다. 민간이 운영하는 상쇄배출권 발행 메커니즘이고 거래 플랫폼이다. 상쇄배출권을 발행할 때 적용하는 방법론과 절차가 운영기구마다 다른 게 정상이다. 자발적 시장이니 운영기구가 알아서 정하면 되기 때문이다. 방법론과 절차, 즉 상쇄배출권 '발행 기준standards'이 제일 중요하고, 여러 자발적 탄소시장 운영기구를 구분하는 기준이 된다. 자발적 탄소시장의 운영기구를 '발행 기준'이라 부르는 이유이다.[6]

---

5   Integrity Council for the Voluntary Carbon Market의 Claims Code of Practice, Science Based Targets Initiative의 각종 guidance가 있다.

6   여러 곳에서 운영 중인 자발적 탄소시장을 영어로 'crediting mechanism standards'라고 한다. 그런데 이를 '상쇄배출권 발행 기준'이라고 번역해서 부르면 이해하기 어렵다. 편의상 자발적 탄소시장 운영기구, 줄여서 '운영기구'로 쓴다. 운영 회사라고 불러도 되지만 주요 운영기구를 비영리기구(NPO)가 운영하기 때문에 회사라고 하면 오해의 소지가 생긴다.

운영기구는 산림 분야(REDD) 감축 실적을 거래하는 데서 시작하는데, 4개가 대표적이다.

① 1996년에 최초로 설립된 American Carbon Registry (ACR)가 있다. Verified emissions reductions(VER)이라 부르는 배출권의 발행 수량이 5천만 톤으로 가장 규모가 작다.

② 2001년에 캘리포니아 주정부가 창설한 Climate Action Reserve(CAR)는 Climate Reserve Tonnes(CRT)라 부르는 배출권을 6천9백만 톤 발행하는데 캘리포니아 지역 소재 기업의 상쇄 프로그램을 지원한다.

③ Gold Standard는 2003년에 세계자연기금World Wildlife Fund 등 여러 환경 NGO가 설립했다. VER 발행 수량이 9천7백만 톤으로 두 번째로 규모가 크다. 특별히 상쇄사업에 따른 부수적 편익(공편익)을 발행 기준에 중요하게 반영하고 있다. 다른 3개 운영기구(미국)와 달리 스위스에 본부가 있다.

④ 최대 민간 상쇄프로그램은 2005년에 설립된 Verified Carbon Standard(VCS)이다. Verified Carbon Units(VCU)라 불리는 배출권의 발행 수량이 4억1천만 톤이다. 이중 산림 분야가 42%, 재생에너지 사업이 45%를 차지한다. VCS의 관리 주체nonprofit corporation가 베라(Verra)이다.

2022년 기준으로 자발적 탄소시장의 거래 금액은 18억 달러이다. 2020년에는 20억 달러를 기록해서 전년도에 비해 4배나 성장한 바 있고, 2030년이 되면 100억~400억 달러에 달할 것이라고 한다. 300억~500억 달러로 예측하기도 한다. 파리협정의 1.5℃ 목표를 달성하기 위해서는 자발적 탄소시장의 규모가 2030년에 현재보다 15배 이상 커져야 한다. 다만 자발적 탄소시장 관련 기관에서 수행하는 추산이므로 과장될 여지가 있다.[7]

자발적 탄소시장은 결국 온실가스 감축 사업에 필요한 재원을 확보하기 위해서 존재한다. 국가의 감축 노력이 기대에 못 미치는 상황에서 기업 등 민간의 자본을 감축 사업에 투입함으로써 파리협정의 목표 달성에 기여하고자 한다. 자발적 탄소시장이 성공하려면 기업에 대해서는 온실가스 배출을 배출권 구매로 상쇄하라고 강한 압력을 가해야 하고, 동시에 배출권의 품질을 높이는 노력을 힘껏 기울여야 한다. 이런 상황에서 파리협정에서 새롭게 국제 탄소시장(제6조)이 출범한다. 이제 파리협정의 변화된 맥락이 자발적 탄소시장에 일으키는 변화가 무엇인지 이해해야 한다.

---

7   자발적 탄소시장의 현황과 전망은 Taskforce on Scaling Voluntary Carbon Markets(TSVCM)의 자료를 활용했다.

2. 자발적 탄소시장의 운영

행위자(Fearnehough et al., 2020)

사업자(project owners or developers)

감축 사업을 찾아서 실행하는 주체이다. 수력 발전, 태양광 및 풍력 등 재생에너지, 쿡 스토브, REDD+ 등 일상화된 감축 사업부터 대기 중 이산화탄소 직접 포집DAC과 같은 미래 신기술에 이르기까지 다양한 사업을 추진할 수 있다. 이 과정에서 필요한 경우 컨설팅 업체의 조언을 받는다. 운영기구가 정하는 기준을 확인하고 사업성을 따져 본 후 사업을 추진할지 말지 결정할 것이다.

자발적 탄소시장 운영기구(carbon crediting standards)

거래 플랫폼의 운영자로서, 배출권이 생산되는 규정과 절차를 정하고, 스스로 설정한 기준standards을 충족하는 경우에 배출권을 발행한다. 운영기구는 감축 사업의 종류별로 방법론과 제반 요건을 정하는데, 사업자가 생산한 배출권이 이를 충족하였다는 사실을 최종적으로 인증하고 보증한다. 또 배출권이 발행되고 거래되는 과정은 운영기구가 관리하는 등록부에 정확히 표기된다.

독립적 감사기구(third party auditor or verifiers)

청정개발체제의 지정운영기구DOE와 같이 감축 사업이 자발적 탄소시장 운영기구가 정한 기준에 합당한지 독립적인 위치에서 객관적으로 확인하는 역할을 담당한다. 배출권이 액면의 가치를 실제 가지고 있는지 검증한다. 당연히 상당한 비용이 든다. 비용을 최소화하면서 신뢰성 높은 검증을 수행하는 운영기구의 경쟁력이 높아지기 마련이다. 예컨대 최대 플랫폼인 베라Verra는 광범위한 감사 전문가 네트워크를 유지하면서 효과적인 자체in-house 감사(검증)를 수행한다.

소매상과 중개인(retail providers and brokers)

사업자에게 배출권을 구매해서 최종 수요자에게 판매하는 이들이다. 다량의 배출권을 소량으로 나누어서 판매하게 된다. 여러 곳의 자발적 탄소시장과 배출권에 대한 정보를 만들어서 제공하면서 수요자와 자발적 탄소시장을 연결하는 역할을 한다. 특히 배출권 가격에 대한 정보가 중요하다. 이 과정에서 일정한 수수료를 부과해서 이익을 취한다.

최종 수요자(carbon credit buyers)

최종적으로 돈을 내고 배출권을 사는 주체이다. 사업자로부터 직접 구매할 수도 있고, 중개인으로부터 배출권을 살 수도 있다.

수요자는 크게 기관 수요자와 개인 수요자가 있다. 전자에는 기업, 정부, 공공기관, 민간단체NGO 등이 포함된다. 이 밖에 일반 개인이 자발적 탄소시장에서 배출권을 구매할 수 있다. 이중 가장 큰 수요자는 기업이다. 마이크로소프트, 구글, 애플, 스타벅스 등 굴지의 다국적 기업이 자체적으로 탄소중립을 추진하면서 동시에 자사의 국제 공급망에 포함된 다른 기업에 대해서도 비슷한 수준의 감축과 상쇄를 요구하고 있다.

평가

자발적 탄소시장의 운영기구는 민간이다. 비영리조직NPO: Non-Profit Organization이나 사기업이 담당한다. 민간이 정부나 국제사회(국제기구)가 운영하는 탄소시장과 별도로 만들어서 운영하기 때문에 정부(국제기구)가 간여해서도 안 되고, 간여할 이유도 없다. 결과적으로 개별 자발적 탄소시장이 나름의 상쇄배출권 발행 기준을 가지고 경쟁하는 모양새이다. 이렇게 운영기구가 여럿이다 보니 규제준수시장과 비교해서 감축 사업의 종류, 감축 실적의 생산 지역, 배출권의 생산 연도vintage, 지속가능한 발전의 실현 정도 등에서 훨씬 다양하다. 배출권의 가격 역시 천차만별이다. 산림이나 재생에너지 사업의 배출권이 낮은 가격으로 거래되는 반면, 인위적 포집과 저장 기술을 사용한 배출권의 가격이 높다. 최저 가격이 1달러에도 못 미치는 배출권이 있는가 하면, 100달러 이상 300달러에 달하기도 한다. 대규모 감축 사업의 배출권 가격이 당연히 낮을 터이지만, 최빈개도국LDC: least developed states에서 지역 공동체의 발전에 기여하는 소규모 감축 사업에 대해서는 오히려 프리미엄이 붙기도 한다. 구매 목적이 무엇인지 정하고 이에 합당한지 살핀 뒤 주의해서 배출권을 구매할 필요가 있다.

마지막으로 자발적 탄소시장이 엄연히 '사업'으로 운영되고 있다는 사실을 기억했으면 한다. 적잖은 돈이 거래되고, 여기서 일하는 사람이 있다. 자발적 탄소시장이 이해관계자로서 자신의 이익을 지키기 위해 국제사회에서 목소리를 내는 것이 전혀 이상하지 않다. 일부 운영기구가 건전한 국제 탄소시장을 만드는데 잡음noise을 낼 수도 있다.

구매 동기

첫째, 아무 조건 없는 자발적 구매이다. 환경보전, 기후위기 대응과 같은 대의와 공익을 배출권을 구매한다. 기업의 경우 사회적 책임을 강조하는 CSRCorporate Social Responsibility이나 ESGEnvironmental, Social, Governance 차원에서 구매한다. 또 이를 주주나 소비자에게 지속가능보고서와 같은 다양한 형태로 알림으로써 기업의 평판과 브랜드 가치를 높이려 한다.

둘째, 규제 준수를 목적으로 자발적 탄소시장의 배출권을 구매할 수 있다. 이 경우 반드시 규제준수시장이 연계를 허용해야 한다. 규제준수시장은 감축 의무의 강제적인 이행을 위해서 정부와 국제기구가 운용한다. 한국과 유럽연합의 배출권거래제를 떠올리면 된다. 파리협정 제6조에 의한 탄소시장 역시 규제준수시장이다.

두 가지 구매 동기가 묘하게 혼재될 가능성이 있다. 배출권거래제하에서 총량규제를 받는 기업이 자발적 탄소시장의 배출권을 할당배출권으로 사용하고 싶어 하는 경우이다. 또 구매한 자발적 탄소시장의 배출권이 마치 자사의 온실가스 배출을 정당화하는 것처럼 홍보한다. 100톤의 온실가스를 배출하는 기업이 100톤의 배출권을 자발적 탄소시장에서 구입한다고 해서 이미 배출한 100톤의 온실가스가 상쇄되는지는 따져보아야 할 문제인 데도 말이다. 이 상쇄 여부가 파리협정의 맥락에서 중요하다.

규제준수 시장과의 연계

연계 조건

자발적 시장과 규제준수시장이 연계되려면 무엇보다 자발적 탄소시장에서 생산한 배출권의 품질이 중요하다. 추가성, 영속성, 누출 등의 기준을 충족해야 한다. 또 측정, 보고, 검증MRV이 제대로 이루어져서 감축 실적의 산정이 정확해야 한다. 여기에 유치국의 지속가능한 발전, 보다 구체적으로 배출권의 생산 과정에서 생기는 부수적 혜택(공편익)을 감안할 수 있다.

자발적 탄소시장의 운영기구마다 서로 다른 발행 기준을 가지고 있어서 거래되는 배출권의 품질이 다양하다는 사실은 이미 지적했다. 품질이 천양지차인 배출권을 서로 거래할 수 있도록 하는 일은 상식적으로 납득이 안된다. 상대적으로 강한 기준을 적용하는 규제준수 시장이 자발적 탄소시장과 연계를 꺼리는 주된 이유이다.

특별히 주의 깊게 살펴야 할 주제가 이중계산 방지이다(298쪽). 이중계산은 파리협정에서 문제가 된다. 파리협정의 맥락이 이전과 다르기 때문이다. 감축 목표를 달성하고 남은 수량을 해외로 이전할 수 있고, 이전국이 배출권을 해외로 이전할 때 반드시 상응조정을 해야 한다는 것이다. 해외의 자발적 탄소시장에서 배출권을 구매해서 이를 국가결정기여 달성 용도로 사용하려면 판매국에서 상응조정을 실행해야 한다. 그렇지 않으면 구매국과 판매국이 동일한 감축 실적을 두 번 사용하는 이중계산의 문제가 발생하기 때문이다. 이 점을 간과해서는 절대 안 된다.

연계 결과

시장의 연계, 다른 말로 하면 배출권의 이동은 두 가지 모습을 보일 것이다. 규제준수시장의 배출권이 자발적 탄소시장으로 이동하는 것이 하나이다(compliance → voluntary). 2012년 이후 청정개발체제CDM의 상쇄배출권, 곧 CER의 가격이 급락한 바 있다.

수요의 급감에 따른 과다한 공급이 원인이다. 어떡하든 새로운 수요처를 찾아야 했다. 이에 청정개발체제의 집행위원회EB: Executive Board가 2015년에 자발적 탄소시장에서 CER을 판매하도록 독려한 적이 있다. 개인이 자발적 탄소시장에서 CER을 구매해서 자발적으로 취소하도록 한 것이다. 참고로 구매(판매) 수량은 약 180만 톤 정도로 미미했다.

반대로 자발적 탄소시장의 배출권이 규제준수 목적으로 사용될 수 있다(voluntary → compliance). 미국 캘리포니아 주정부가 운영하는 배출권거래제ETS에서 Climate Action Reserve(CAR)와 American Carbon Registry(ACR)에서 발행한 배출권의 사용을 인정한 사례가 있다. 캘리포니아에서 총량규제를 받는 기업은 두 곳의 자발적 탄소시장에서 배출권을 구매함으로써 자신의 배출량을 늘릴 수 있게 되었다. 이 밖에도 정부가 인정한다면 탄소세의 부담 의무를 자발적 탄소시장에서 발행한 배출권의 구매로 갈음하는 것도 가능할 것이다. 핵심은 어떤 식이든 정부가 자발적 탄소시장 배출권의 구매와 사용(취소)을 감축 규제 달성으로 인정해야 한다는 것이다.

Part 4

국제 탄소시장의 근거

1장
기후변화기본협약

1. 목표와 원칙

기후변화협약체제는 기후변화기본협약(이하 기본협약), 이를 근거로 체결된 교토의정서와 파리협정으로 구성된다. 이 국제법 체제를 중심으로 기후변화에 대응하기 위한 국제협력이 진행되고 있다. 기본협약은 기후변화협약체제의 기반이자 우산umbrella 역할을 한다. 기후변화 대응 수단으로서 국제 탄소시장 역시 기후변화협약체제 아래에서 운영되어야 하고, 개별 협정에 근거가 있어야 한다.

목표(목적)

기본협약 제2조에 따르면, 협약의 궁극적 목적objective은 인간 활동으로 인해 배출되는 온실가스의 대기 중 농도를 기후시스템을 방해하는 위험한 수준에 이르지 않도록 안정시키는 데 있다.[1] 그렇다면 위험하지 않은 수준은 어떤 수준인가? 생태계가 자연적으로 적응하고, 식량 생산이 위협받지 않고, 지속가능한 개발이 가능한 시점이다. 바꾸어 말하면 생태계의 적응, 식량 생산, 지속가능한 발전이 불가능해지기 전까지 온실가스 배출을 충분히 줄여야 한다는 뜻이다.

---

1   제2조 (목적) 이 협약과 당사국총회가 채택하는 모든 관련
     법적 문서의 궁극적 목적은, 협약의 관련 규정에 따라,
     기후체계가 위험한 인위적 간섭을 받지 않는 수준으로 대기
     중 온실가스 농도의 안정화를 달성하는 것이다. 그러한
     수준은 생태계가 자연적으로 기후변화에 적응하고 식량
     생산이 위협받지 않으며 경제개발이 지속가능한 방식으로
     진행되도록 할 수 있기에 충분한 기간내에 달성되어야 한다.

기후변화에
관한 국제연합
기본협약

협약의 목표에 대해 여러 가지를 말할 수 있겠지만, 무엇보다 시점과 수준을 특정하기가 사실상 불가능하다는 점을 지적하고 싶다. 지구시스템 방해, 위험한 수준, 대기 중 농도의 안정화 등 과학의 판단과 지도가 필요한 개념을 사용한다. 목표가 불분명하다고 폄하하지는 않더라도 모호하다고 말할 수는 있겠다. 스스로 '궁극적ultimate' 목적(목표)라고 하는 이유를 알 것 같다. 결국 목표를 구체화시키는 일은 후속의 협상 과제가 되었다.

원칙

제3조에 국제사회가 기후변화에 대응함에 있어 견지해야 할 핵심 원칙이 제시된다. 당사국은 형평 원칙을 토대로, 공동의 그러나 정도에 차이가 나는 책임CBRD[2]과 개별 국가의 역량에 따라(in accordance with CBDR and respective capabilities) 기후시스템 보호의 의무를 분담한다(제3조 1항).[3] 핵심 단어는 '형평성'이다. 세대 간, 곧 현 세대와 미래 세대 간의 형평성이기도 하고, 한 세대 안에서 보면 선진국과 개발도상국이 기후변화에 기여한 역사적·누적적 책임이 다르기 때문에 차등적으로 부담해야 하는 책임이다. 또 책임을 요구할 때는 감축 능력의 차이가 엄연하다는 사실이 반영되어야 한다. 개발도상국에 선진국과 동일한 수준의 책임과 의무를 부과해서는 안 된다는 말이다. 두 번째는 개발도상국의 특

---

2   CBDR(Common But Differentiated Responsibility)은 개발도상국 협상그룹인 G77을 하나로 묶어주는 원칙이다.

3   제3조 1항. 당사국은 형평에 입각하고, 공통적이면서도 그 정도에 차이가 나는 책임과 각각의 능력에 따라 인류의 현재 및 미래 세대의 이익을 위하여 기후 체계를 보호해야 한다. 따라서, 선진국인 당사국은 기후변화 및 그 부정적 효과에 대처하는데 있어 선도적 역할을 해야 한다.

수한(구체적인) 필요와 당면한 특별한 상황에 대해 온전하고 충분하게 배려하라고 한다(제3조 2항).[4] 개발도상국은 기후변화의 피해를 가장 많이 보면서, 능력 부족 때문에 협약의 이행 부담을 더 크게 질 수 있다. 반드시 개발도상국의 이러한 사정을 감안해야 한다.

세 번째는 예방의 원칙precautionary principle이다. 심각한 환경 위해가 우려됨에도 과학적 불확실성을 이유로 환경 위해를 예방하기 위한 조치를 미루어서는 안 된다(제3조 3항).[5] 전향적이고 진보적인 원칙이 아닐 수 없다. 그래서 그런지 여러 가지 제한이 달려있다. 기후변화 대응을 위한 정책과 조치는 비용 효과성을 감안해야 하고 각국의 사회경제적 맥락을 반영해야 하며 종합적인 검토를 거쳐야 한다. 기후변화 대응에 소극적인 국가들이 예방의 원칙이 남용될 소지를 우려해서 이런 제한을 붙인다. 네번째는 지속가능개발SD 원칙이다. 지속가능개발과 관련해서 개발도상국은 개발을 마치 천부인권처럼 권리로 명시하기를 원하고, 선진국은 지속가능한 개발이 의무가 되어야 한다는 입장이다. 그래서 선진국과 개발도

---

4   제3조 2항. 기후변화의 부정적 효과에 특별히 취약한 국가 등 개발도상국인
     당사국과, 개발도상국인 당사국을 포함하여 이 협약에 따라 불균형적이며
     지나친 부담을 지게 되는 당사국의 특수한 필요와 특별한 상황은 충분히
     고려되어야 한다.

5   제3조 3항. 당사국은 기후변화의 원인을 예견·방지 및 최소화하고 그 부정적
     효과를 완화하기 위한 예방 조치를 취하여야 한다. 심각하거나 회복할 수
     없는 손상의 위협이 있는 경우, 충분한 과학적 확실성이 없다는 이유로
     이러한 조치를 연기하여서는 아니 되며, 기후변화를 다루는 정책과 조치는
     최저 비용으로 세계적 이익을 보장할 수 있도록 비용효과적이어야 한다. 이
     목적을 달성하기 위하여, 이러한 정책과 조치는 서로 다른 사회경제적 상황을
     고려하여야 하고, 종합적이어야 하며, 온실가스의 모든 관련 배출원·흡수원
     및 저장소 그리고 적응 조치를 포함하여야 하며, 모든 경제 분야를 포괄하여야
     한다. 기후변화에 대한 대응 노력은 이해 당사국이 협동하여 수행할 수 있다.

상국이 타협한 문장은 "the Parties have a right to, and should, promote sustainable development"이다(제3조 4항).[6] 무슨 뜻인지 정확지는 않지만 두 입장을 모두 담았다. 마지막 원칙은 환경보호를 위한 각종 조치가 국제 무역을 자의적으로 부당하게 제한해서는 안 된다는 내용이다(제3조 5항). 환경(기후변화)을 이유로 한 무역 제재와 국제 규제를 우려하는 개발도상국의 입장이 반영되었다고 이해할 수 있다.

협약의 원칙은 기후변화를 바라보는 국제사회의 시각과 입장을 그대로 반영한다. 무엇보다 책임과 대응에서 선진국과 개발도상국의 비중과 역할이 분명히 다르다고 이해한다. 실제로 이 원칙에 따라 교토의정서에서 '선진국'만을 대상으로 감축 목표와 감축 일정을 정한다. 선진국과 개발도상국의 구별되는 책임과 역량의 차이를 반영하라는 부분은 개발도상국이 기회가 될 때마다 주장하고, 기후변화협약 관련 문서 곳곳에서 반복된다. 또 특수한 필요와 특별한 상황은 최빈개도국과 군소도서국에 대해 적용되어야 하는 것으로 파리협정에 나온다.

그렇다고 원칙 그 자체에서 구체적이고 직접적인 기준과 지침이 나오기를 기대하지는 말자. 기후변화의 책임이 정량적으로 얼마나 차등적인지, 예방의 원칙을 적용하는 위험과 불확실성의 정도가 얼마나 되어야 하는지를 협약의 원칙이 가르쳐 주고 있지 않기 때문이다. 그 정도와 수준 역시 결국 향후 협상에서 구체적으로 정해

---

6   제3조 4항. 당사국은 지속가능한 발전을 증진할 권리를 보유하며 또한 증진하여야 한다. 경제 발전이 기후변화에 대응하는 조치를 취하는데 필수적임을 고려하여, 인간 활동으로 야기된 기후변화로부터 기후 체계를 보호하기 위한 정책과 조치는 각 당사국의 특수한 상황에 적절하여야 하며 국가개발계획과 통합되어야 한다.

질 일이다.

눈여겨봐야 할 점은 파리협정으로 오면서 선진국과 개발도상국을 구분하는 기본협약 채택 당시(1992년)의 원칙과 입장이 실제 적용 측면에서 변한다는 사실이다. 선진국과 개발도상국 간에 차이가 나는 책임CBDR, 역량의 차이RC, 국내 여건NC을 반영하라는 원칙은 문서상에 그대로 유지는 되지만, 실제의 효력(실효성)은 약화된다. 이러한 변화의 중심에 중국과 인도와 같은 개발도상국의 온실가스 배출량이 급격히 증가했다는 현실이 있다. 이제 개발도상국의 참여 없이 지구적 온실가스 감축은 불가능하다.

2. 책무

당사국 구분

기본협약은 명단을 사용해 당사국을 구분한다. 부속서에 해당 국가의 이름을 적는 방식이다. 이 방법은 애매한 정의에 뒤따르기 마련인 혼란과 논쟁을 방지하는 효과가 있다. 파리협정 이전에 국가 구분은 매우 중요했다. 선진국에 대해서만 감축 부담을 부과하였기 때문이다. 선진국 명단은 부속서 1Annex I에 나오는데 OECD 회원국과 체제전환국economies in transition이 포함된 41개국이다.[7] 이 중에 OECD회원국은 부속서 2Annex II 국가로 다시 분류된다. 이제 따로 정하지 않아도 부속서 1국가에 속하지 않는 국가의 범주가 생긴다. 비非 부속서 1국가non-Annex I로서 개발도상국이다. 이 밖에 협약 가운데 최빈개도국이 따로 지칭되는데 협약이 해당 국가를 정하지는 않고 유엔총회에서 정하는 명단에 따른다.

당사국의 책무(공약)

기본협약에서 당사국이 해야 할 일은 당사국이 공적으로 약속한 바이다. 그래서 정부의 공식 번역에서는 '공약commitment'이라고 한다. 하지만 달리 보면, 당사국이 협약의 회원국으로서 이행해야 할 책무이다. 국내 법령에서는 국가의 책무, 기업의 책무를 나열한다.

---

7   그리스, 네덜란드, 노르웨이, 뉴질랜드, 덴마크, 독일, 라트비아, 러시아,
     루마니아, 룩셈부르크, 리투아니아, 리히텐슈타인, 모나코, 미국, 벨기에,
     벨라루스, 불가리아, 스웨덴, 스위스, 스페인, 슬로바키아, 슬로베니아,
     아이슬란드, 아일랜드, 에스토니아, 영국, 오스트레일리아, 오스트리아,
     우크라이나, 유럽경제공동체, 이탈리아, 일본, 체코, 캐나다, 크로아티아, 터키,
     포르투갈, 폴란드, 프랑스, 핀란드, 헝가리(이상 가나다순).

책무에는 모든 당사국에 적용되는 일반(공통) 책무와 부속서 1 국가와 부속서 2 국가에 각각 적용되는 특정 책무가 있다. 나라(당사국)의 범주에 따라 세 종류의 책무가 있는 셈이다.

일반(공통) 책무

여건이나 상황이 전혀 다른 모든 당사국을 대상으로 하는 만큼 구체성이 떨어진다. 국가 온실가스 배출량[8]을 주기적으로 산정하고, 감축 및 적응 계획을 수립하여 시행한다는 내용이다. 국가간 협력 분야로 감축 기술의 개발·적용·확산, 흡수원의 지속가능한 관리를 위한 협력, 적응 계획 수립 등 적응 분야의 협력, 기후변화 관련 과학·기술·관측 등의 협력과 정보 교류, 교육·훈련·인식 제고를 위한 협력 등을 나열한다. 이 모든 일의 실행에 관한 정보는 당사국총회에 통보한다. 일반 책무는 격차가 상당한 모든 당사국에 공통으로 적용되기 때문에 별수 없이 내용이 포괄적이고 일반적일 수밖에 없다. 당사국에 특정한 조치나 행동을 요구하지 않는다. 장려하는 정도로 이해하면 된다.

특정 책무

부속서 1 국가(선진국 당사국)[9]에 부과되는 특정 책무(제4조 2항)는 크게 세 가지이다(박덕영, 2020). 첫째, 온실가스 감축과 흡

8 　인위적인 배출량과 흡수제거량에 관한 국가 통계
　(national inventories of anthropogenic emissions by sources and removals by sinks) 이다(제4조 1항 가목).

9 　협약에서는 "The developed country Parties and other Parties included in Annex 1"이라 칭한다.

수원 보호를 위한 국내 정책을 채택하고, 이에 상응하는 조치를 취해야 한다. 둘째, 이러한 조치의 결과를 협약 발효 후 6개월 내 또 그 이후는 정기적으로 사무국에 통보해야 한다. 선진국이 당사국총회와 사무국에 통보해야 할 내용은 구체적이고 정량화된 정보이다. 당사국총회는 온실가스 계산에 사용되는 방법론을 주기적으로 검토한다. 당사국총회는 가용한 최상의 과학 지식과 적합한 기술·사회·경제 정보를 반영해서 선진국의 보고사항을 검토한다. 마지막으로 온실가스 감축을 위한 국내 정책 및 조치와 관련되는 경제·행정 수단을 조정하고, 온실가스 증가와 관련되는 정책과 관행을 주기적으로 검토해야 한다. 여기에 부속서 2국가(OECD 회원국)가 지는 대표적 의무가 재정 지원의 의무이다 (제4조 3항).

협약이 지향하는 바는 각국이 배출량을 정확히 산정해서 배출을 줄이기 위한 국내 조치를 취하고 그 결과에 대한 정보를 투명하게 제출하도록 한 후 이를 당사국총회에서 검토하는 것이다. 이렇게 동료 평가로 이루어지는 검토 과정을 통해 당사국 간에 보다 강한 감축을 추진하도록 하는 압력이 작용한다. 국제협약에서 당사국 간에 상하관계는 없다. 동료 평가가 동료간 압력으로 작용한다. 이와 같은 협약의 핵심 이행구조가 선진국에 대해서 분명하게 제시되고 있다. 뒤에 보겠지만 이 방식이 파리협정에서 개발도상국까지 확대된다.

3. 협약 기구

기본협약은 이행을 위해 다섯 개의 기구institutions를 두고 있다. 당사국총회COP: Conference of the Parties, 사무국Secretariat, 과학기술자문부속기구SBSTA: Subsidiary Body of Scientific and Technological Advice, 이행부속기구SBI: Subsidiary Body for Implementation, 재정지원체제이다. 참고로 협약은 당사국총회에게 추가적인 부속 기구subsidiary bodies를 설치할 수 있는 권한을 부여하고 있다.

이상론자의 바람은 온실가스 배출량의 통제 권한을 갖는 초超국가기구일 것이다. 하지만 국제협약의 기구에 대해서는 대다수 국가가 의구심을 갖는다. 개발도상국은 선진국이 협약의 기구를 장악하고 이를 활용해서 협약의 이행을 요구(강제)함으로써 개발도상국의 주권을 침해할 가능성에 대해 우려한다. 선진국 역시 새로운 국제기구의 설치를 싫어한다. 기구의 설치·운영에 드는 비용은 선진국의 부담이 될 것이기 때문이다. 이러한 배경 하에서 새롭고 혁신적인 기구의 설치는 현실적으로 불가능했다.

당사국총회

기본협약 제7조에 의한 당사국총회는 협약의 최고 의사결정기구이다.[10] 당사국총회의 가장 주요한 기능은 협약의 이행을 위해 필요한 제반사항을 결정하고, 당사국들이 협약을 제대로 이행하는지 주기적으로 검토하고 점검하는 일이다. 여기에는 협약의 개정과 의

10　기본협약의 당사국총회(COP)는 교토의정서의 당사국총회(CMP)와 파리협정의 당사국총회(CMA) 역할을 동시에 수행한다. 그래서 'COP/CMP/CMA'로 표시한다.

정서의 제정에 관한 사항이 포함된다. 국가배출량을 산정하기 위한 방법론의 개발, 각종 보고나 협약의 실행에 필요한 지침의 승인, 사무국 직원의 지명 등이 당사국총회의 역할이다. 협약의 운영과 관련한 모든 결정권은 당사국총회에 있다고 보면 된다. 당사국총회는 비非국가 참석자가 총회에 참석할지 말지를 결정하는 권한도 갖는다. 당사국의 1/3이 반대하지 않은 한, 자격을 갖춘 비정부기구NGO는 총회에 참관인observers 자격으로 참석할 수 있다(제7조 6항). 당사국총회가 기후변화에 관한 폭 넓은 토의와 협상의 장이 될 수 있게 된 것이다.

여기서 생각해 보아야 할 이슈가 당사국총회의 의사진행 규칙이다. 당사국총회의 권한이 막강한 만큼 특히 의결 기준을 어떻게 정할지가 결정적으로 중요하다. 몇몇 국가의 반대만으로 결정이 무산되는 문제를 지적하면서 당사국 2/3나 3/4의 찬성이 있으면 의결이 가능하게 하자고 주장하는 국가들이 있다. 결론부터 말하면 의결 기준 역시 당사국총회에서 정하면 된다(제7조 2항 카목). 문제는 이 결정이 전원합의로 이루어져야 한다는데 있다. 전원합의 기준을 바꾸고 싶어 하지 않는 국가가 하나라도 있으면 전원합의 기준이 바뀌지 않을 것이다.

사무국

사무국Secretariat의 역할은 제8조에 규정되어 있다. 사무국은 당사국총회를 준비하고 당사국의 보고서 작성을 돕는다. 이때 사무국의 역할은 보조적이다. 당사국이 작성한 보고서를 편집하거나 전달하는 수준이다. 다른 국제협약 사무국과 업무 조율에 관한 사항도 담당한다. 언뜻 보기에 단순히 심부름하는 기관 같지만, 실제로는 당사국총회의 결정에 실질적인 영향을 미친다. 협약의 이행에 대한 검토 과정을 조직하고 각종 정보를 제공(clearing house)하는 역할의 중요성이 갈수록 커지고 있기 때문이다.

파리협정 제6조 탄소시장과 관련해서 당사국이 제출하는 배출량 및 배출권 정보의 일관성 점검과 기본 인프라(국제 등록부, 데이터베이스)의 유지·관리 업무를 사무국이 담당한다.

부속기구

제9조에 의한 과학기술자문부속기구SBSTA는 기후변화와 관련한 과학 지식과 협약의 이행을 위해 취해진 여러 조치의 효과를 평가하는 임무를 가진다. 국가보고서의 과학적·기술적 측면을 검토한다. 기후변화의 영향, 취약성, 적응, 온실가스 인벤토리 가이드라인, 온실가스 환산, 기후시스템에 관한 연구 및 분석 등과 관련한 지침의 개발과 당사국의 의견 수렴이 주요 업무이다. 또한, 혁신적이고 효과적인 최신의 기술에 관한 정보를 당사국총회와 관련되는 보조기구에 제공한다. 뒤에 나오는 파리협정 제6조의 세부이행규칙(안)을 마련한 것도 과학기술자문부속기구이다.

제10조에 의한 이행부속기구SBI는 당사국이 협약의 이행을 위해 실행한 제반조치의 총체적 효과를 최신 과학의 관점에서 평가하고, 선진국이 협약의 이행과 관련해서 통보한 정보를 당사국총회에서 검토하는데 필요한 지원을 담당한다. 협약, 의정서, 협정을 이행하는 과정에서 파생되어 나타나는 여러 가지 이슈가 이행 부속기구의 업무 영역이다. 예컨대 투명성, 최빈개도국의 이행상황 모니터링, 역량 배양 체제의 이행 등 국가의 합의 하에 추진되는 각종 프로그램의 진행 상황을 조사하고 검토한다. 국가보고서의 정책적 측

면을 검토한다고 이해하면 된다.

두 부속기구 모두 정부 대표가 참석하기 때문에 실제 업무 진행은 협상의 성격을 갖는다. 다만 비정부기구 등 정부 이외 주체의 참석을 제한하지는 않는다.

재정지원체계

기본협약의 재정지원체계는 제11조와 제21조 3항에 나온다. 개발도상국은 당사국총회의 감독을 받는 새로운 재정기구, 이른바 기후기금, 녹색기금의 신설을 줄기차게 요구해왔다.[11] 이에 반해 선진국은 기존의 지구환경금융GEF을 활용하자고 주장한다. 지구환경금융은 1991년에 설치되어 4개 분야(지구온난화, 국제 수질오염, 생물다양성 파괴, 성층권 오존층 고갈)의 사업을 지원한다. 유엔개발계획이 기술 지원 및 사업 발굴을 담당하고, 유엔환경계획이 과학기술 자문 패널의 사무국 역할을 하면서 제안된 사업의 내용을 검토한다. 그리고 세계은행의 몫은 의장 및 자금 관리이다. 개발도상국은 지구환경금융이 민주적이지도 않고 투명하지도 않다는 인식을 가지고 있다. 세계은행이 출자금에 비례하는 가중 투표권 하에서 운영되는 데다, 지구환경금융에 대한 정보청구권과 회의 참석권이 없기 때문이다.

개발도상국은 기후변화의 책임이 선진국에 있으므로, 선진국이 개발도상국에 요구하는 온실가스 감축 노력에는 당연히 선진국

---

11   2010년 칸쿤 합의(Cancun Agreements)에 따라 녹색기후기금(GCF:
     Green Climate Fund)이 설치되면서 개발도상국의 요구가 관철되었다.
     이후 녹색기후기금이 기본협약과 파리협정의 재정체계로서 기능하고 있다.
     1차 보충기금(first replenishment) 공여액은 98억 달러 이상이다(GCF
     홈페이지 참조).

의 재정 및 기술 지원이 수반되어야 한다고 생각한다. 선진국의 지원은 자선이나 기부가 아니라 의무라는 것이다. 그러나 선진국의 생각은 다르다. 일단 비효율적으로 운영되는 국제기구에 대해 강한 불만을 가지고 있다. 기존 국제기구의 축소와 효율화를 요구하는 마당에 새로운 국제기구를 만드는데 쉽게 동의할 까닭이 없다. 기구가 신설되면 개발도상국이 감축·적응 사업에 지원하라고 요구하는 자금의 규모도 더 커질 것이 분명하다.

협약의 문안은 이러한 남북 대립의 산물이다. 간단히 말해, 개별 프로젝트의 결정권은 지구환경금융이 갖고 재정지원체계 정책, 프로그램 우선순위, 적합성 기준은 당사국총회의 권한이다. 중요한 건 개별 프로젝트의 결정 권한이다. 이렇게 실질적인 권한은 지구환경금융이 계속 가진다. 당사국은 재정지원체계에 공평하고 균형 있는 대표성을 갖는다(제11조 2항). 그러면서 어떤 대표 방식이 공평하면서 균형이 잡힌 것인지 정하지 않는다. 협약의 규정이 담고 있는 모호함은 이런 사정을 반영한다.

4. 이행 메커니즘과 기타 사항

이행 메커니즘

각국의 배출량 정보 제출과 이에 대한 국제사회의 검토는 가장 핵심적인 협약 이행 절차이다(제12조). 이때 당사국이 당사국총회에 보고하는 정보가 갖추어야 할 요건은 무엇인지, 다시 말해 구체적으로 어떤 내용의 정보를 담아야 하는지 정하는 게 중요하다. 선진국은 최대한 자세한 정보를 제출하자고 하고, 개발도상국은 보고 의무가 부담될 뿐만 아니라 주권 침해 요소가 있다고 생각하기 때문에 보고는 의무가 아니라 자발적이어야 한다는 원칙을 견지한다. 결과적으로 협약의 〈국가보고서NC: national communication〉는 선진국과 개발도상국을 분명하게 구분한다.

당사국 모두가 자국의 온실가스 배출 및 제거에 관한 정보와 협약 이행에 관한 일반 정보를 통보해야(shall) 한다(제12조 1항).[12] 여기서 조동사 shall은 법적 의무를 뜻한다. 선진국의 보고는 국내 정책과 그 효과에 관해 자세한 내용을 담아야 한다(제12조 2항). 부속서 2 국가(OECD 회원국)는 여기에 더하여 재정 및 기술 지원에 관한 정보를 보고해야 한다(제12조 3항). 개발도상국이 보고하는데 드는 비용은 선진국이 지원하며, 요구할 경우 기술 지원도 받을 수 있다(제12조 4항). 〈국가보고서〉의 검토 주체는 당사국총회이다(제7조 2항). 당사국이 협약 규정에 따라 제출한 모든 정보를 토대로 협약의 이행상황을 평가한다. 여기서 검토 과정은 우

---

12   주권국가는 국제기구에 보고하지 않는다. 정보의 통보(communication of information)라는 중립적 성격의 표현이 사용된 이유이다. 다만 문맥상 '보고 또는 제출'이라고 번역하는 것이 자연스러운 경우가 있다.

호적이고 촉진적인 방식으로 진행하는 외부 심층 검토이다. 〈국가보고서〉에 담긴 데이터의 신뢰성reliability, 일관성consistency, 정확성accuracy, 적합성relevancy을 살핀다.

제13조는 협약 이행에 관한 의문을 해결하기 위해 제1차 당사국총회에서 다자多者 자문 절차를 만들 수 있도록 허용한다. 다수 국가가 참여하는 우호적 이견 해소 절차이다. 이 절차로 해결 안 되는 분쟁은 어떻게 할까? 제14조에 따르면, 분쟁 당사국이 우선 협상이나 다른 평화적 수단으로 해결하도록 하되 조정위원회conciliation commission를 구성할 수 있다. 이와 별도로 강제적인 방법을 사용할 수 있다. 국제사법재판소International Court of Justice의 판결이나 강제 중재compulsory arbitration 요청이다. 한데 이러한 분쟁 조절 절차는 거의 모든 국제협약에 존재하지만 실제 사용되는 경우는 거의 없다. 생각해 보면, 지구환경문제의 특성상 두 개의 국가 간에 심각한 수준의 분쟁이 일어날 일이 없다.

선진국에 한정되기는 하지만, 강력한 보고·검토 절차는 협약의 중요한 성과 중 하나로 평가된다. 보고·검토 절차의 기능은 네 가지로 꼽을 수 있다(Bodansky, 2005). 첫째, 당사국은 국가보고서가 국내적·국제적으로 철저한 검토의 대상이 되는 것 자체만으로 압력을 느낀다. 둘째, 검토 과정에서 투명성이 강화되고 정확한 정보가 공개되면서 무임승차 가능성이 없어진다는 확신을 갖게 된다. 셋째, 보고·검토 과정은 교육 기능을 갖는다. 다른 나라의 경험에서 서로 배운다. 넷째, 보고·검토 과정에서 협약의 효과성에 대한 정보가 나온다. 이를 토대로 당사국의 책무를 강화해야 한다는 여론이 형성된다. 실제로 선진국을 대상으로 하던 보고·검토 절차를 파리협정에서 모든 당사국을 대상으로 확대한다.

기타 조항

개정

누구나 기본협약의 개정안을 제출할 수 있으며(제15조 1항), 기본협약 본문의 경우 3/4이 찬성 투표하고 인준할 경우 개정된다. 이는 당사국 모두가 합의하기 위한 노력이 실패한 경우 최후의 수단으로 적용된다(제15조 3항). 다만, 개정 사항은 개정에 찬성한 당사국에만 적용된다(제15조 4항). 부속서의 개정과 신설은 협약 본문과 같은 절차로 이루어진다(제16조 2항). 당사국이 서면으로 불수용 입장을 통지하지 않으면 자동으로 유효하다(제16조 3항). 바꾸어 말하면, 반대하면 불수용 입장을 통보하면 된다.

의정서protocol 채택과 관련해서 협약에 의정서의 채택 시한이나 내용, 절차에 관한 구체적 규정이 없다. 기본협약 조문(제17조 1항~5항)의 내용 가운데 구체적인 사항이 하나도 없다는 말이다. 기후변화협약은 기본framework 협약이다. 당연히 의정서의 채택을 상정하고 있다. 그럼에도 기본협약이 의정서에 관한 구체적 내용을 담고 있지 않다는 건 납득하기 어렵다. 결국 의정서의 채택 절차를 포함한 모든 사항은 또다시 후속 협상에 맡겨진다.

투표권, 승인, 인준

당사국은 모두 한 표의 투표권을 행사한다. 주권국가로서 가지는 동등한 투표권이다. 기본협약은 유엔과 유엔 전문기구의 회원국이 가입할 수 있다(제20조). 유럽연합은 지역경제통합기구REIOs: Regional Economic Integration Organizations로 회원국과 함께 협약 당사국이 될 수 있다. 유럽경제공동체EEC가 이에 해당한다. 다만 회원국이 개별적으로 투표권을 행사할 경우 지역통합기구에는 투표권이 주어지지 않는다(제18조 2항).

발효

기본협약은 50개국에서 승인(비준)하면 발효된다. 발효 시점 결정은 제1차 당사국총회COP1에 참석하는 국가의 범위와 밀접히 관련된다. COP1에서 여러 가지 중요한 결정을 내리도록 했기 때문에 기본협약에 가입하려는 국가는 꼭 COP1에 참석하고자 한다. 그런데 발효 기준(비준 국가)이 너무 낮으면 너무 일찍 협약이 발효되어서 국내 비준 절차가 까다로운 국가는 COP1 개최 시점에 국내의 비준을 마치지 못하는 상황이 올 수도 있다. 그렇다고 발효 조건을 까다롭게 하면 불필요하게 협약 발효가 늦어지는 문제가 생긴다.

보류와 탈퇴

기본협약은 일부 조항의 준수를 보류하는 조항을 두지 않는다. 협약에 가입은 하되 이런저런 조항은 따르지 않겠다는 식으로 가입할 수 없다는 말이다. 이는 무임승차를 최소화하고 당사국의 동일성을 확보하기 위해서이다. 당사국은 원할 경우 협약에서 탈퇴할 수 있다. 탈퇴는 문서로 한다. 협약 발효 후 3년이 경과한 시점부터 언제든 탈퇴할 수 있다(제25조 1항). 문서가 도착한 날로부터 1년 후에 탈퇴가 발효된다(제25조 2항).

G77/중국(G77/China)

주요 협상그룹 중 가장 큰 그룹이다. 선진국에 대응하는 개발도상국 그룹으로, 1964년에 열린 유엔무역개발회의UNCTAD를 계기로 결성되었다. 대한민국도 당초 G77 그룹이었지만 1996년 경제협력개발기구 OECD에 가입하면서 탈퇴하였다. 참여국이 134개국이다 보니 하나의 입장을 유지하기는 불가능하다. 입장 차이에 따른 분화가 불가피하다.

① 아프리카 그룹: 적응의 필요성을 강조하면서 선진국의 지원과 기존 적응기금Adaptation Fund 확충과 새로운 기금 창설을 주장한다.
② 군소도서국가 연합AOSIS: Alliance of Small Island States: 기후변화 대응을 가장 강력하게 옹호하는 그룹이다. 자국의 국토가 기후변화로 바다에 잠길 위험에 처해 있으니 당연하다. 제15차 당사국총회 (2009, 코펜하겐) 지구 기온 목표 1.5℃를 강력히 요구한 바 있다.
③ 아랍 그룹: 산유국으로 이루어져 기후변화 대응에 소극적이다. 강력한 감축에 따른 산유국의 피해에 주목해야 한다고 주장한다.
④ 유사입장개도국 그룹LMDC: Like Minded Developing Countries: 중국, 인도, 말레이시아 등이 참여한다. 개발도상국의 입장에서 경제 개발의 중요성을 강조한다.
⑤ 최빈最貧개도국 그룹LDC: 경제사회지표 상 가장 취약한 국가들로 1971년 유엔이 처음 이들 국가의 목록을 발표했다. 2020년 12월 현재 46개국이 해당한다.
⑥ 베이식 그룹BASIC Group: 온실가스 다량 배출국으로 브라질, 남아프리카공화국, 인도, 중국으로 구성된다. 국제 금융과 기술 지원을 강조한다. 최빈개도국이나 아프리카 그룹이 선진국의 공적 재정 지원 요구에 적극적인 것과 구별된다. 경제 발전을 추구할 주권국가의 자유를 강조하면서 법적 규제를 담는 국제협약 체결에 반대한다.

선진국 그룹

⑦ 유럽연합: 가장 대표적인 기후변화 대응 선도 그룹이다. 법석
구속력이 있는 국제기후협약을 지지하고, 경제 전반에 걸친 강
력한 감축이 필요하다고 주장한다. 개발도상국에 대한 재정 지
원에 있어서도 가장 분명하고 적극적인 입장을 견지한다.

⑧ 엄브렐라 그룹Umbrella Group: 유럽연합에 비해 개발도상국의 적
극적인 기후변화 대응을 강조한다. 호주, 캐나다, 아이슬란드,
일본, 카자흐스탄, 뉴질랜드, 노르웨이, 러시아, 우크라이나, 미
국이 참여하고 있다. 교토의정서체계가 아니라 모든 당사국이 감
축 의무를 분담하는 단일의 국제 조약을 지지한다.

⑨ 환경건전성 그룹EIG: Environmental Integrity Group: 유럽연합 아닌 유
럽 국가(스위스, 모나코, 리히텐슈타인)와 부속서 1국가(선진국)가
아닌 한국, 멕시코, 조지아 등이 참여한다. 중립성을 강조하는 스
위스는 유럽연합과 차별되는 협상 입장을 가지고 있다. 한국과 멕
시코는 1998년과 1994년 OECD에 가입했는데 부속서 1국가로
배정되지 않았다. 선진국에 해당하지도 않고, G77/중국 그룹에서
탈퇴한 만큼 개발도상국 협상 그룹에 참여할 수도 없는 상황이다.
언뜻 보기에도 환경건전성 그룹의 세 주축 국가인 한국, 멕시코,
스위스가 기후변화에 대해 갖는 입장 차이는 상당하다.

협상 그룹은 아니지만, 이해와 이념을 공유하는 국가군群이 있다. 인
도네시아, 콩고, 브라질 등 거대 산림 보유 국가는 산림보전(산림전용
방지)에 대한 국제적 지원과 대가rewards 지불이 이루어지면 커다란 혜
택을 받는다. 자국이 보전하는 산림에 대해 상쇄배출권이 발행되어
야 한다고 주장한다. 볼리비아연합ALBA: Bolivian Alliance for the Peoples of
Our America은 시장과 자본주의를 반대한다. 볼리비아, 앤티가 바부다,
쿠바, 도미니카, 에콰도르, 니카라과, 세인트빈센트, 그레나다, 베네수
엘라가 참여한다. 국제 온실가스 감축에 시장 메커니즘을 활용하는데
반대한다. 전체적으로 반反선진국 입장을 견지하는데, 그룹의 대표 국
가인 볼리비아는 코펜하겐 합의의 당사국총회 승인을 무산시킨 바 있
다. 선진국 주도의 국제협상과 의사결정에 강하게 반대한다.

2장
교토의정서

1. 체결 경과와 의의

기본협약이 체결되었으니 이제 구체적 실행을 위한 의정서가 필요하다. 기본협약은 1992년 체결된 후 1994년 3월 21일에 발효되었다. 1995년 제1차 당사국총회COP1에서 결정한 베를린 위임사항Berlin Mandate을 근거로 의정서의 협상위원회로서 '베를린 위임사항 협상 그룹Ad Hoc Group on the Berlin Mandate'이 출범했다. 2년의 협상 결과, 1997년 12월 교토의정서가 채택되었다.

막판까지 쟁점이 된 사항은 크게 세 가지였다(Bodanky, 2005). 선진국의 감축 의무를 얼마로 할지, 신축성 메커니즘 도입, 개발도상국에게 감축 의무를 부여할지 여부였다. 선진국의 감축 의무를 최대한 낮추려는 게 미국과 호주의 입장이었고, 신축성 메커니즘(유연성 체제)은 미국이 강하게 지지하였으며, 온실가스 감축 의무는 배출 책임이 있는 선진국의 몫이라고 개발도상국이 끝까지 강하게 주장했다. 미국이 2002년 2월 교토의정서를 탈퇴하는 우여곡절 끝에 결국 2005년 2월 러시아의 비준으로 발효될 수 있었다.

교토의정서의 핵심은 세 가지로 꼽을 수 있다. 첫째, 기후변화를 일으키는 온실가스 7가지를 규정한다. 둘째, 부속서 1에 나열한 선진국에 대해

교토의정서

2008~2012년(제1차 공약기간[13]) 동안 1990년 대비 평균 5.2%에 해당하는 온실가스를 줄이도록 의무를 부과한다. 예컨대 유럽연합 국가 8%, 미국 7%, 일본 6% 감축, 동유럽 국가 8%, 러시아 0% 감축, 호주와 아이슬란드는 각각 8%, 10% 증가 등이다. 셋째, 탄소시

---

13 Commitment period라고 쓴다.
    의무(책무)이행기간'이라고 적는 게 이해하기는 쉽다.

장을 만들어서 비용 효과적인 온실가스 감축을 도모한다. 이를 신축성 메커니즘이라 부른다. 정량적 감축 의무를 부담하게 된 선진국이 감축 비용을 낮추기 위해서 도입한 것이다. 그렇다고 전적으로 선진국의 필요 때문이라고 하면 정확하지 않다. 국제협상에서 제도는 선진국과 개발도상국의 합의 없이는 생길 수 없다. 실제 청정개발체제는 개발도상국에도 도움이 된다. 개발도상국의 지속가능한 발전을 지원한다는 목적이 그것이다.

기본협약에서 탄소시장에 관한 명시적 조항을 찾을 수는 없다. 군이 찾자면 협약 제4조 2항의 특정 책무 조항에 공동이행에 관한 내용이 포함되어 있다. 가목에 "선진국인 당사국은 그 밖의 당사국과 이러한 정책과 조치를 '공동으로' 이행할 수 있으며(These Parties may implement such policies and measures jointly with other Parties)", 나목에 "개별적으로 또는 '공동으로' 1990년 수준으로 회복시키기 위한 목적으로(with the aim of returning individually or jointly to their 1990 levels)"라고 되어 있다. 제3조 3항에서는 "기후변화에 대한 대응 노력은 이해당사자가 '협동하여' 수행할 수 있다(Efforts to address climate change may be carried out cooperatively by interested Parties)"고 되어 있다. 당사국끼리 공동으로 또는 협력해서 온실가스 감축 정책이나 조치를 취할 수 있다고 규정한 것이다. 이를 근거로 교토의정서는 세 가지 유형의 신축성 메커니즘을 도입했다.

2. 신축성 메커니즘

공동이행(JI)

공동이행은 부속서 1(선진국) 국가 간의 배출권 거래이다. 이는 부속서 1 국가에 미국, 일본, 서부 유럽국가와 같이 우리가 익히 알고 있는 선진국뿐 아니라, 러시아와 동부 유럽국가(체제전환국)가 포함되었기 때문에 가능하다. 예컨대 독일이 이웃 폴란드의 감축 사업에 투자하고 그 결과 발생한 감축분credits을 자국의 감축량으로 인정받을 수 있다. 이 과정은 국가의 승인이라는 공식적인 절차를 통해 이루어진다. 교토의정서 제6조에서 정하는 바이다. 공동이행은 두 가지 유형으로 나누어진다. 감축 사업의 등록과 ERUEmission Reduction Units라 불리는 상쇄배출권의 발행을 사업유치국이 직접 담당할 수도 있고(Track 1), 감독위원회Joint Implementation Supervisory Committee의 감독 하에 진행할 수도 있다(Track 2). 상향식(Tack 1)과 하향식(Track 2)이 모두 가능한 셈이다.

청정개발체제(CDM)

부속서 1국가가 부속서 1 국가 이외의 국가non-Annex1, 곧 개발도상국에서 실현된 배출감축량을 자국의 감축 달성에 사용할 수 있도록 하는 제도이다. 외부의 감축 실적을 상쇄 목적으로 사용하는 일종의 상쇄 메커니즘이다. '인증된' 배출감축량이라고 번역할 수 있는 CERCertified Emission Reduction이 거래된다. 교토의정서 제12조에서 정하는 바이다. 공동이행이 선진국 간의 거래인 반면, 청정개발체제는 개발도상국과 선진국 간의 거래이다. 선진국 입장에서는 낮은 비용의 CER을 자국의 감축 목표를 달성하는데 사용할 수 있으

니 좋고, 개발도상국은 선진국의 자금과 기술 지원으로 지속가능한
발전에 도움이 될 수 있어서 좋다.

파리협정의 탄소시장 역시 교토의정서의 신축성 메커니즘에
서 비롯된 아이디어와 경험을 계승하고 발전시킨 것이다. 국가 간
에 협력해서 감축 사업의 결과물(배출감축량)을 이전·취득할 수
있도록 허용하는 제6조 2항의 탄소시장(협력적 접근법)은 선진국
간의 협력 방식인 공동이행의 확장이고, 유엔UNFCCC의 관리하에
운영되는 제6조 4항의 탄소시장(6.4조 메커니즘)은 청정개발체제
의 연장이다. 특히 청정개발체제는 집행위원회EB라 불리는 유엔의
감독기구가 통제하고 관리하는 시장으로서 오랜 기간 정형화된 조
직, 절차, 방법론에 의해 운영되어 왔기 때문에 파리협정의 국제 탄
소시장에서 상당 부분 활용된다.

배출권 거래(ET)

부속서 1 국가들이 자신의 감축 목표를 달성하기 위해서 남거나 부
족한 배출권을 서로 거래할 수 있도록 한 제도이다. 감축 목표 이행
을 위해 다른 국내 감축 활동에 보충해서 활용한다. 공동이행이나
청정개발체제와 달리 동일 시장 안의 참여자끼리 할당받은 배출권
(할당배출권)을 거래하는 배출권 거래 시장trading mechanism이다.
교토의정서 제17조에서 정하는 바이다. 이 조항을 근거로 유럽연합
회원국을 중심으로 해서 배출권거래제EU-ETS가 만들어진다. 여기
서 세계 최초로 AAUAssigned Allowance Units라 불리는 할당배출권을
할당하고 거래한다. 온실가스 제거 실적도 거래할 수 있는데 이를
RMURemoval Units라 한다.

3장
청정개발체제

1. 거버넌스

청정개발체제는 교토의정서의 대표적인 국제 탄소시장이다. 국제 탄소시장이라고 하면 곧 청정개발체제를 떠올릴 정도로 운영체계, 절차, 규정, 방법론에서 전문인력까지 청정개발체제 인프라가 상당하다. 당연히 파리협정의 탄소시장이 이를 계승한다.

교토의정서 당사국총회

당사국총회는 기본협약을 포함한 모든 국제협약의 최고 의사결정기구이다. 교토의정서의 당사국은 1년에 한 번 함께 모여 주요한 정치적 결정을 내린다. 청정개발체제의 감축 사업이 교토의정서에 기반해서 행해지므로 당연히 모든 주요 결정은 교토의정서 당사국총회CMP: Conference of Parties serving as the meeting of the Parties to the Kyoto Protocol의 몫이다. 마찬가지로 파리협정(제6조)의 탄소시장역시 결정의 주체는 파리협정 당사국총회CMA: Conference of Parties serving as the meeting of the Parties to the Paris Agreement이다.

집행위원회(EB)

청정개발체제 사업을 운영·관리하는 집행기구이다. 당사국총회에서 내린 결정을 준수하면서 청정개발체제를 실제 집행하는 기구라고 이해하면 된다. 현장 운영 과정에서 맞닥뜨리는 모든 기술적 결정을 담당한다고 보면 된다. 베이스라인, 모니터링 계획, 사업 경계 등에 관한 청정개발체제 방법론의 승인과 지정운영기구DOE의 자격인정, 청정개발체제 사업의 등록, 상쇄배출권(이하 CER)의 발행, 청정개발체제 등록부의 개발과 유지 등이 집행위원회의 주요 업무이다. 집행위원회의 업무를 지원하기 위해 5개 패널과 워킹 그룹을 둔다(그림 4-1). 파리협정 탄소시장에서는 감독기구SB로 불린다.

지정운영기구(DOE)

독립적인 감사independent auditor 기능을 담당한다. 임무는 크게 두 가지인데 사업이 청정개발체제의 요구조건을 충족시키고 있는지 판단하는 타당성 평가validation와 이후 실제 계획대로 사업이 이행되었는지 확인하는 검증verification과 인증certification이 그것이다. 청정개발체제 사업으로 등록할 만한지, 온실가스 감축이 실제 얼마나 이루어졌는지를 지정운영기구가 객관적으로 확인하는 것이다. 지정운영기구는 최종적으로는 당사국총회에서 지명한다. 파리협정에서 동일한 이름DOE으로 동일한 기능을 수행한다.

국가승인기구(DNA)

공식적인 문서 발급기관으로서 국가(정부)를 대표하는 기관이다. 한국은 국무조정실이 그 역할을 맡고 있다. 사업유치국의 경우 국가승인기구는 청정개발체제 사업의 등록에 필요한 승인서Letter of Approval를 발급하고, 청정개발체제 사업이 자국의 지속가능한 발전에 기여하는지 여부를 판단한다. 국내 법규를 준수하였는지, 국내 정책과 부합하는지도 국가승인기구가 확인해야 하는 사항이다. 추가로 개발도상국에서 발행된 CER을 선진국으로 이전할 때 해당 선진국 국가승인기구의 승인서가 필요하다. 파리협정 탄소시장에서 승인관청NA: National Authority으로 불린다.

그림 4-1. 청정개발체제 거버넌스(한국에너지공단, 2018)

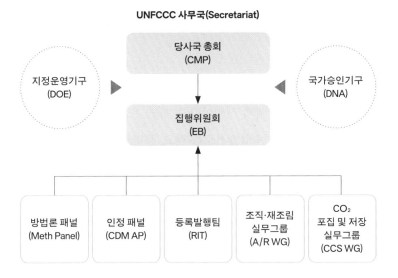

2. 사업 유형과 운영 결과

사업 유형

프로젝트 사업(PA: Project Activities)

보통 청정개발체제 사업이라고 하면 프로젝트 단위로 추진되는 사업을 말한다. 수력발전소를 짓고, 풍력·태양광 단지를 만들고, 매립지 메탄가스 처리시설을 건설하는 사업이다. 프로젝트 형식의 청정개발체제 사업은 크게 조림 유무에 따라 달라진다. 나무를 심어서 이산화탄소 제거(흡수)량을 늘리는 A/R 사업과 그 밖의 Non A/R 사업으로 나눌 수 있다. A/R은 신규조림Afforestation과 재조림Reforestation의 머리글자이다. 여기에 추가로 CCS라고 부르는 탄소 포집 및 저장 사업이 있지만, 청정개발체제 사업으로 등록이 된 사례가 없다. A/R 사업은 일반 사업(Non A/R) 사업과 성격에 차이가 있기 때문에 구별되는 규정을 적용한다. 대표적으로 영속성permanence을 어떻게 확보할지에 대한 사항이다. 참고로 두 유형의 사업은 유효기간이 다르다. A/R(조림/재조림) 갱신형은 최대 60년(20년 단위로 최대 2회 갱신 가능)이고 고정형은 최대 30년이다. 이에 비해 Non A/R(일반사업)은 각각 10년(고정형)과 21년(갱신형)이다.

프로그램 사업(PoA: Programme of Activities)

프로그램 사업 방식은 국가의 감축 정책 또는 제도 하에서 추진되는 다수의 유사한 개별사업, 즉 CPAcomponent project activities가 있을 때 활용한다. 복잡한 등록 과정을 반복하지 않고 사업을 추가할 수 있다. 프로젝트 사업으로 추진하기 어려운 소규모의 다양한 사업을 프로그램 사업으로 추진할 수 있다. 고효율 조명기구 교체 사업이 대표적이다. 프로그램 사업은 프로젝트 사업의 지역간 편중 문제를 해결하려는 목적에서 시작한다. 프로젝트 사업을 특히 아시아 태평양지역이 독식하는데 대한 불만이 있다. 동 지역의 프로젝트 사업 비중은 82.2%이지만, 프로그램 사업 비중은 47.8%로 줄었다. 아프리카 지역 비율을 보면 프로젝트 사업은 2.8%에 불과한 반면, 프로그램 사업은 35.4%로 증가한다(한국에너지공단, 2018). 간소한 절차를 통해 소규모의 다양한 사업을 추진할 수 있도록 함으로써 프로젝트 사업에서 소외되었던 지역이 혜택을 본다.

운영 결과(한국에너지공단, 2018; ADB, 2021; Brescia et al., 2019)

청정개발체제 사업으로 등록된 사업의 종류를 보면, 풍력발전이 31.7%, 수력발전이 26.9%로 1위와 2위를 차지하고, 태양광(5.1%), 지열을 포함한 다른 재생에너지 사업이 6.5% 정도를 차지한다. 바이오매스와 메탄 발생 회피 사업이 각각 8.3%이다. 국가 별로는 중국(56%)과 인도(12%)가 거의 70%를 차지하고 한국(9%)과 브라질(7%)이 그 뒤를 잇는다. 2021년까지 7,848개 사업이 프로젝트 청정개발체제 사업으로, 355개 사업이 프로그램 청정개발체제 사업으로 등록되었다. 발행된 청정개발체제 상쇄배출권은 약 20억 CER이다. 또 이들 감축 사업에 투입된 자금이 4,200억 달러에 달한다. 한 단위의 CER이 1톤의 감축을 의미하니, 약 20억 톤의 온실가스 감축이 이루어졌다고 보면 된다. CER의 실제 품질은 논외로 하면 그렇다.

3. 상쇄배출권 발행 절차

개관: 생애주기

청정개발체제 사업은 일정한 생애주기를 갖는데, 단계마다 다른 주체들이 참여한다. 크게 보면, 세 개의 과정으로 나누어 볼 수 있다. 첫째, 청정개발체제 사업으로 등록하는 과정이다. 사업자PP: project participants는 청정개발체제 사업을 계획하고 사업의 세부 내용을 설계한다. 유치국의 국가승인기구DNA가 사업 계획을 검토하고 청정개발체제 사업으로 승인하면, 지정운영기구DOE에서 타당성 평가 과정을 통해 청정개발체제 사업의 요구조건을 충족하고 있는지 검토한다. 지정운영기구의 검토 결과를 토대로 등록요건을 모두 충족한 것으로 판단하면 집행위원회에서 동 사업을 청정개발체제 사업으로 정식 등록하게 된다. 둘째, 이후 등록된 청정개발체제 사업을 실행하는 과정이 뒤따른다. 당초 계획된 방법에 따라 모니터링이 진행되고, 다시 지정운영기구에 의한 검인증이 이루어진다. 셋째, 청정개발체제 사업의 결과로 온실가스가 감축되었다고 판단되면 집행위원회에서 감축된 분량만큼 CER을 발행한다. 사업자가 요청서를 집행위원회에 제출하면 발행되는 CER의 98%를 사업자에게 발급한다. 최종적으로 부속서 1 국가 국가승인기구의 승인 하에 사업자의 CER이 해당 선진국으로 이전되어 사용된다. 그림 4-2는 이 세 가지 과정을 세분화해서 표시한다.

그림 4-2. 청정개발체제 사업의 주기(한국에너지공단, 2018)

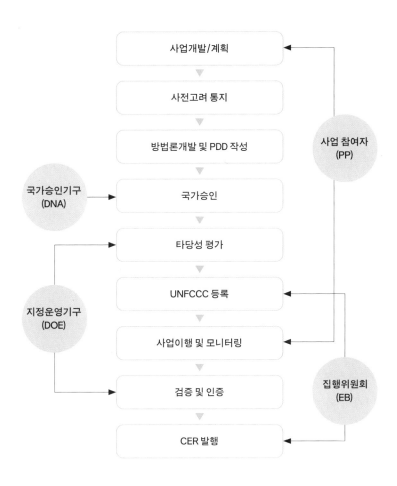

사업계획에서 등록까지

사업 검토

　사업자는 우선 청정개발체제의 사업 요건을 충족하고 있는지 따져봐야 할 것이다. 교토의정서에 따르면, 실제real로 감축이 발생하고 감축량을 측정measurable할 수 있으며 장기적long-term으로 감축 효과가 지속되어야 한다(제12조 5항 나목). 또 사업이 없었을 때와 비교해서 추가additional로 발생하는 감축량이어야 한다(제12조 5항 다목).[14] 'Real, measurable, long-term, and additional', 이 네 가지 요건을 기억하자.

　특별히 '추가성additionality' 평가가 간단치 않다. 추가성이란 "온실가스를 저감하기 위하여 일반적인 경영 여건에서 실시할 수 있는 활동 이상의 추가적인 노력"을 말한다.[15] 쉽게 말해 사업자는 CER이라는 인센티브가 있어서 사업이 추진되었다는 증명을 해야 한다. 4가지 평가 기준(환경적, 재정적, 기술적, 경제적)이 있다. 첫째, 환경적 추가성은 해당 사업의 온실가스 배출량이 감축량 산정의 기준이 되는 베이스라인 배출량보다 적은 경우에 확보된다. 감축 사업의 결과 일반 사업과 동일하게 온실가스가 배출되었다면 감축 효과는 없는 것이다. 실제 감축이 일어났는지 여부는 배출감축량을

14　제12조 5항 나목. 기후변화의 완화와 관련된 실질적, 측정가능한, 장기적 이득(Real, measurable, and long-term benefits related to the mitigation of climate change).
　　다목. 인증 프로젝트 활동이 없더라도 발생하는 배출량의 감축에 추가되는 감축(Reductions in emissions that are additional to any that would occur in the absence of the certified project activity).
15　〈외부 사업 타당성 평가 및 감축량 인증에 관한 지침(2023)〉의 정의이다(제2조 9호).

검·인증하는 과정에서 드러날 것이다. 둘째, 재정적 추가성은 투자국이 유치국에 투입하는 자금이 무상원조ODA 자금이 아님을 증명하는 것이다. 무상원조로 지원하는 자금을 가지고 감축 사업을 해서 CER을 판매하면 안 된다. CER이라는 대가를 바란다면 그것은 무상원조가 아니다. 셋째, 경제적 추가성은 청정개발체제 사업으로 등록을 신청하는 사업이 경제성이 낮은 사업이라는 사실을 밝히는 것이다. 사업의 경제성이 떨어져서 본래 민간 투자가 진행되지 않는 사업이라는 의미이다. 경제성이 있다면 그냥 일반 시장에 맡기면 된다. 내부수익률IRR이나 순현재가치법NPV 등 경제성 분석 지표를 활용할 수 있겠다. 마지막으로 기술적 추가성은 사업에서 사용되는 기술이 유치국에 아예 존재하지 않거나, 여러 가지 장애 요인으로 인해 보급에 어려움을 겪고 있는 기술이라는 점을 밝힌다. 청정개발체제 사업에 고가의 신기술을 사용해야 한다는 조건이라고 볼 수 있다.

참고 4-2. 추가성과 베이스라인(기준 배출량)

추가성 판단에 있어서 베이스라인이 중요하다. 감축 사업을 시행했을 때 베이스라인 배출량과 비교해서 얼마나 더 감축이 이루어지는지 보고 배출감축량을 산정한다(환경적 추가성). 베이스라인은 시나리오이다. 실제 일어나지 않는 가상의 상황이기 때문이다. 사업을 배제했을 때 어떤 상황이 될지, 여러 가지의 가정과 변수를 대입해서 예측·전망해야 한다. 특히 두 가지 요소를 원칙으로 견지해야 한다.

첫째, 보수성이 중요하다. 미래를 예측하는 일은 불가피하게 불확실성을 수반한다. 가정과 변수를 선택할 때 보수적으로 판단할 필요가 있다. 사업 효과를 과대 산정하지 않기 위한 노력이다. 둘째 투명성이다. 베이스라인 설정을 위한 절차와 과정, 사용된 데이터와 자료의 출처,

의사결정 시 참고한 사례 등에 대해 적정한 방식으로 기록해서 제시해야 한다. 예컨대 베이스라인 시나리오에서 사용한 가정과 변수를 선택한 이유와 과정을 분명히 밝혀야 한다.

현장에서 청정개발체제 사업을 준비하면서 베이스라인을 잡는 세 가지 방법이 있다(마라케시 합의문). 첫째, 과거 배출량을 연장하는 방법이다. 과거에서 현재까지의 추세가 미래에도 계속될 것이라는 가정 하에 선택 가능한 시나리오이다. 하지만 경제가 발전하고 사회가 변화하는데 과거의 추세를 그대로 연장하는 게 적절한가? 온실가스 감축의 필요성 때문에 새로운 감축 기술과 시설이 계속 도입되지 않을까? 그렇다면 둘째, 경제적으로 유리한 감축 기술을 적용한 경우와 비교하는 방법을 사용할 수 있다. 경제성이 높은 감축 기술이 도입될 때의 온실가스 배출 상황을 경제성이 떨어지는 감축 기술을 적용하는 청정개발체제 사업과 비교할 수 있다. 투자 장벽을 고려하는 접근이다. 마지막으로 유사한 사업과 비교하는 방법이 있다. 사회적, 경제적, 기술적, 환경적 상황이 비슷한 유형의 사업을 하나로 묶고 그 가운데에서 상위 10%, 20% 하는 식으로 수준을 정한다. 배출권거래제에서 설명한 벤치마크 방식을 떠올리면 된다. 다만 이 방법은 유사한 사업의 범주를 정하기가 쉽지 않다.

사전 고려의 통지

청정개발체제 사업은 초기 단계부터 청정개발체제 사업으로서 구상된 것이어야 한다. 이는 추가성의 원칙과 밀접히 관련된다. 사업을 실행하기로 한 이후 나중에 청정개발체제 사업으로 추진하기로 했다면, 이는 굳이 청정개발체제 사업이 아니더라도 이미 사업성을 확보하고 있었다는 의미이기 때문이다. 사업의 수익률 등 경제성을 이미 확보한 사업임에도 별도로 청정개발체제 사업의 수익CER을 확보하고자 청정개발체제 사업으로 추진하는 것이라면 추가성 원칙을 위반하는 셈이다. 이런 이유로 사업자는 사업 시작일로부터 180일 이내에 국가승인기구DNA와 사무국에 서면으로 사업의 시작과 청정개발체제 사업 추진 의사를 통보해야 한다. 청정개발체제 사업으로 사전에 고려하고 있었음을 알리는 것이다. 사업 시작일은 장비의 구매 등 실제 행위 또는 계약 등 지출원인행위가 일어난 날 중에 더 빠른 날을 기준으로 한다.

방법론 개발 및 사업계획서 작성

사업자가 작성하는 사업계획서를 PDDproject design document라 부른다. 사업계획서에서 가장 중요한 부분은 방법론일 것이다. 어떤 방법론을 사용할지가 중요하다. 일차적으로 기존의 방법론을 사용할 수 있다. 이미 승인이 난 방법론은 기본협약 청정개발체제 홈페이지에 공개되어 있다. 만일 승인된 방법론을 사용하기에 적절하지 않다면, 신규 방법론을 개발하거나 기존 방법론을 수정해서 집행위원회의 승인을 받아야 한다. 방법론에는 배출감축량 계산에 사용되는 ① 베이스라인 방법론과 감축 활동을 모니터링하는데 사용하는 ② 모니터링 방법론이 있다. 전자는 앞에서 설명한 베이스라인 시나리오를 만드는 부분이 핵심이다. 후자는 실제 배출량을 어떻게 확인할 수 있는지 구체적인 방법을 제시한다고 보면 된다. 모니터링 방법론에 따라 모니터링한 결과로 배출감축량이 계산되고 이를 CER로 발행하게 된다.

참고로 모든 방법론이 평등하지는 않다. 방법론 간에 활용 빈도에 큰 차이가 존재한다는 말이다(Lo Re et al., 2019). 250여 개의 청정개발체제 방법론 중에 2개가 감축 사업의 개수를 기준으로 하면 각각 42%, 28%, 상쇄배출권 발행 수량을 기준으로 각각

표 4-1. 사업계획서(PDD)의 목차(한국에너지공단, 2018)

구분	작성 항목
A	사업 개요
B	선택한 방법론 및 표준 베이스라인 적용
C	사업 시작일, 유효기간, 유형, 활동기간
D	환경 영향
E	지역 이해관계자 의견수렴
F	승인 및 허가

29%, 27%를 차지한다. 이 두 개의 방법론은 대규모 재생에너지 공급(ACM0002)과 소규모 재생에너지 공급(AMS-I.D.) 방법론이다. 그 다음 6개의 방법론이 각각 1% 남짓의 감축 사업에서 활용된다. 다른 말로 하면 실제 채택 실적이 미미한 방법론이 대부분이라는 것이다. 절대 다수, 정확히 241개의 방법론이 감축 사업 개수에서 13%, CER 발행 수량에서 25%를 차지한다.

사업계획서의 목차는 청정개발체제 홈페이지에서 제공하는 양식(CDM-PDD-FORM)이다(표 4-1). 섹션 C에 유효기간을 적도록 하고 있다. 청정개발체제 사업의 유효기간은 고정형과 갱신형 두 가지이다. 고정형은 10년이고, 갱신형은 1회 7년에 2번, 최대 21년까지 갱신이 가능하다. 갱신할 때마다 베이스라인과 감축량 추정 부분 등을 업데이트해서 지정운영기구DOE의 타당성 평가를 받아야 한다.

국가 승인

국가의 승인은 사업의 추진에 행정적으로 동의하는 인가의 성격을 갖는다(참고 5-1). 승인의 주체는 사업유치 당사국이 지정한 국가승인기구이다. 승인 절차, 기준, 제출 서류 등이 나라마다 조금씩 다르다. 한국의 국가승인기구는 국무조정실이다. 한국은 〈청정 개발체제 심의 지침〉에서 승인 절차와 기준을 정하고 있다. 심의 기준은 법령 준수 여부, 국내 정책 방향과 부합 여부, 그리고 국가의 지속가능한 발전에 기여하는지 여부이다. 지속가능한 발전 기여는 환경적 영향, 사회적 영향, 기술이전 및 경제적 영향을 평가한다. 국무조정실이 승인 대상 사업의 배출 부문에 따라 주관 부처를 지정하면 주관 부처의 장이 사업에 대한 적합성 검토보고서를 국무조정실에 제출한다. 최종 결정은 심의위원회에서 내리고, 주관 부처가 사업자에게 승인서를 발부한다.

타당성 평가

사업자PP가 작성한 사업계획서PDD에 대해 지정운영기구에서 독립적으로 평가하는 단계이다. 청정개발체제 사업이 각종 기준과 요구사항을 준수했는지 평가한다. 구체적으로 사업계획서의 정보가 완전하고 정확한지, 사업계획서에서 사용한 방법론이 기준(요건)을 만족하는지, 유치국의 지속가능한 개발에 기여하는지, 이해관계자 의견에 대한 조치가 적절한지 등을 평가한다. 지정운영기구

그림 4-3. 타당성 평가 절차(한국에너지공단, 2018에서 재구성)

의 평가는 문서 검토와 현장 심사를 통해 진행된다. 심사 기준에 어긋나는 사항을 발견한 경우 시정 조치를 요구한다. 심사 기준에 부합하는지를 결정하는데 필요한 정보가 부족하면 추가 해석이나 자료를 요청한다. 향후 조치가 필요한 사항을 제시할 수도 있다. 타당성 평가 보고서에는 긍정 또는 부정 의견 중 하나가 적힌다.

사무국 등록

타당성 평가를 성공적으로 완료한 사업은 사무국에 등록을 요청할 수 있다. 사업계획서, 타당성 평가 보고서, 유치국의 승인서 등이 주요 제출 서류이다. 등록비를 납부하면, 사무국의 완전성 체크(점검)와 정보 및 보고 내용 체크, 그리고 집행위원회의 검토 순으로 진행된다. 완전성 체크는 필요한 서류가 모두 제출되었는지, 방법론이나 서식이 최신의 것인지 등을 평가한다. 정보 및 보고 내용 체크는 제출된 정보 및 보고서가 청정개발체제에서 정하는 규칙과 요건을 충족했는지 확인하는 절차이다. 제출 서류의 실질적인 내용은 집행위원회의 검토 과정에서 평가받는다. 집행위원회의 검토 의견에 대해 소명 절차를 밟을 수 있다.

그림 4-4. 청정개발체제 사업 등록 절차(한국에너지공단, 2018에서 재구성)

사업 실행

사업 이행과 모니터링

사업 등록이 완료되면 비로소 계획서상에 제시한 대로 사업을 실행한다. 또 모니터링 계획에 따라 모니터링도 해야 한다. 계획한 대로 모니터링까지 한 치의 오차 없이 실행된다면 아무 문제가 없을 것이다. 하지만 실제 사업을 실행하다 보면 계획 대로 되지 않는 경우가 생기기 마련이다. 모니터링도 마찬가지이다. 나중에 CER을 발행할 때 가장 지적을 많이 받는 항목이 모니터링 계획의 미준수라고 한다. 모니터링 결과는 최종 모니터링 보고서에 기술한다. 사업 이행 과정에서 중요한 변경이 발생한 경우 집행위원회의 승인을 받아야 한다. 예컨대 모니터링 계획, 방법론, 베이스라인의 일시적 또는 영구적 변경이다. 유효기간의 시작일 변경이나 사업 설계의 변경도 마찬가지이다.

검증 및 인증

검증은 등록된 사업이 이행되고 그 결과 발생한 온실가스 배출감축량에 대해 지정운영기구DOE에서 독립적으로 평가하는 절차이다. 검증 절차는 타당성 평가 절차와 동일하다. 지정운영기구의 독립성이 중요하다. 그래서 사업 등록 때 타당성 평가를 수행한 지정운영기구는 검증을 수행할 수 없도록 한다. 다만 소규모 사업의 경우는 예외이다. 등록된 사업계획서 대로 사업이 이행되었는지, 모니터링 계획 대로 모니터링이 이루어졌는지, 배출감축량의 산정이 타당하고 정확한지 등에 대해 검토한다. 이를 위해 문서 검토, 현장 심사, 담당자 인터뷰를 실시한다. 문제를 발견한 경우 사업자에게 시정 조치를 요구하고, 사업자가 시정 조치를 완료하면 검증 보고서를 작성한다. 검증은 사업자가 제출한 모니터링 보고서를 기반으로 주기적으로 이루어진다.

인증은 사업 등록 후 첫 번째 검증인 최초 검증과 이후의 주기적 검증을 모두 마친 배출감축량에 대해 지정운영기구가 서면으로 보증하는 절차이다. 참고로 지정운영기구별로 타당성 평가와 검증 및 인증 가능 분야가 정해져 있다.

상쇄배출권 발행

청정개발체제 사업에서 발생한 감축 실적은 CER의 형태로 사업자 PP에게 발행되며, 이것으로 사업 절차가 종료된다. CER 발행 절차는 지정운영기구가 모니터링 보고서와 검증보고서 등을 청정개발체제 홈페이지에 제출함으로써 시작된다. 사업자는 먼저 수수료라고 볼 수 있는 행정 비용(SOP-Admin)을 납부해야 한다. 납부를 확인한 사무국은 완전성 체크와 정보 및 보고 내용을 확인한다. 그 결과 문제가 없다면 당사국과 집행위원회에게 심사를 요청하고, 별다른 의견이 없으면 CER이 발행된다. 절차는 사업 등록 때와 동일하다. 평가보고서에 CER 발행 여부에 대한 의견이 담긴다.

CER 발행이 결정되면 청정개발체제 등록부 관리자(UNFCCC 사무국)는 요청서 상의 CER 수량을 먼저 집행위원회의 잠정 계정pending account으로 발행한다. 이후 사무국이 적응 기금AF: Adaptation Fund 지원용으로 발행 수량의 2%(SOP-Adaptation)를 공제하고, 나머지를 사업자와 유치국의 요청에 따라 각각의 보유 계정으로 이전한다. 추가로 취소 계정cancellation account이 있다. 취소에는 오류 발급 등에 따른 행정적 취소와 자발적 취소가 있다. 자발적 취소는 사업자가 스스로 CER을 취소 계정으로 옮기는 행위를 말한다. 이렇게 하는 이유는 크게 두 가지이다. 국내의 감축 의무 준수를 위해서, 또는 자발적 탄소시장에서 배출권(re-issuance of units)으로 사용하기 위해서이다. 예컨대 대한민국의 배출권거래제K-ETS에서 외부 사업의 감축 실적으로 사용하기 위해 자발적 취소 절차를 밟는다. 자발적 취소를 거침으로써 반복 사용 가능성이 제거된다.

CER은 1톤 단위로 고유 식별번호가 부여된다. 여기에는 고유 번호 이외에도 국가, 감축 단위 유형, 의무이행기간, LULUCF 활동 유형, 프로젝트 식별 인자, 만료일 등의 정보가 담긴다.

그림 4-5. 상쇄배출권 발행 절차(한국에너지공단, 2018에서 재구성)

4. 평가와 교훈

낮은 가격과 감축 유인 실패
(Michaelowa, Shishliv, and Brescia, 2019; Michaelowa et al., 2022)

CER은 수요와 공급 간에 발생한 심각한 불균형, 다시 말해 공급이 수요를 초과함에 따라 가격이 급락한 바 있다(그림 4-6). 이후 계속 낮은 가격을 유지하였고, 이로 인해 새로운 감축 사업을 유인하는 효과를 만들어 내지 못했다. 심하게 말하면, 탄소시장 본연의 기능을 사실상 상실했다. 초기의 급격한 가격 상승은 유럽연합 국가가 새로 만든 배출권거래제EU-ETS와 청정개발체제를 연계하기로 결정(2003년, Linking Directive)하면서 CER 수요가 증가한데 힘입는다. 거대한 수요처가 탄생했다고 보고, 중국, 인도, 브라질, 멕시코, 한국 같은 다배출국이 대규모 공급처로 나섰다. 하지만 이후 CER의 추가성 등에 문제 있다는 인식이 확산되면서 종전의 연계가 끊어지고, 수요처를 잃은 CER 가격이 바닥을 모르고 떨어졌다. 여기에는 또 교토의정서 제2차 공약기간CP2 설정 여부에 대한 국제정치적 불확실성이 결정적으로 작용했다. 결국 2011~2013년 CER 가격은 95% 급락한다.

추가성 미확보
(Cames et al., 2016; Shishlov and Bellassen, 2021)

무엇보다 청정개발체제 사업의 추가성에 대한 의구심이 상존한다. 간단히 말해서 굳이 CER 수입이 없더라도 추진될 사업에 CER이 발행되었다는 것이다. 사업 유형으로 보면 85%의 사업, 2013~2020년에 생산된 CER 수량을 기준으로 73%가 추가성을 결여하고 있다

그림 4-6. 상쇄배출권(CER) 가격의 변동(Brescia et al., 2019)

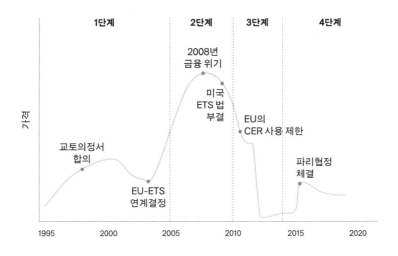

는 연구 결과가 있다. 추가성을 확실히 확보했다고 평가되는 사업의 비중은 겨우 2%, CER 수량 기준으로 7%에 불과하다. 대부분의 에너지 관련 사업, 풍력발전, 수력발전, 폐기물 열회수(소각), 연료 전환, 전등(조명기구) 교체 등이 추가성을 확보하지 못했다는 평가를 받는다. 예컨대 대규모 발전사업(풍력 및 수력)은 사업 규모에 비해 CER 수입이 미미하고, 전등 교체는 경제성이 있기 때문에 굳이 청정개발체제 사업으로 수행하지 않아도 된다. 참고로 풍력과 수력 발전사업에서 발행한 CER의 비중이 전체의 60%에 육박한다. 바이오매스 사업(8.4%)의 추가성은 중간 수준이고, 쿡 스토브 사업은 과다 산정의 가능성이 높다.

추가성에 관한 교훈

추가성을 어떻게 확보할지가 가장 중요한 과제이다. 문제는 추가성에 대해 100% 확신을 갖기가 사실상 불가능하다는데 있다. 추가성을 엄격하게 요구하면 새로운 감축 사업을 시행하기 어려워진다. 사업 하나하나에 대해 강하게 추가성을 따지면 비용이 급증한다. 이 모두 감축 사업에 대한 투자 유인을 저해하기 마련이다. 대안으로 추가성의 증명과 베이스라인의 설정을 표준화하고, 불필요한 절차를 없애는 등 과정을 간소화하는 작업이 필요하다. 핵심 교훈은 베이스라인과 벤치마크를 전반적으로 좀 더 엄격하게 적용해야 한다는 점이다. 일반적인 수준을 높이면 일부 개별 사업에서 추가성이 미흡해도 전체적으로 보완이 된다. 지역 편중을 해소하고 사업 기회를 늘리기 위해 프로그램 청정개발체제 사업PoA을 만들어 시행한 바 있다. 이 사업 방식을 활용하면 프로그램에 포함되는 개별 사업자가 추가성을 증명할 필요가 없다. 마찬가지로 사업 목록positive list이나 표준화된 베이스라인을 활용할 경우 감축 사업의 기반을 넓히고 새로운 사업 기회를 찾는데 도움이 될 것이다.

전략적인 행동이나 지대 추구 활동에 주의해야 한다. 온실가스 감축이 아니라 배출권 확보를 목적으로 하는 행동이 나타나기 때문에 조심해야 한다. HFChydrofluorocarbon-23사업이 대표적이다. 지구온난화지수가 높은 HFC-23을 생산하고, 이를 파괴하는 사업으로 상쇄배출권을 획득한다. HFC-23이 필요해서가 아니라 파괴하기 위해 생산한다. 배출권 생산 기술의 내용을 면밀히 조사하고, 엄격한 벤치마크의 적용과 발행 수량의 제한을 실시함으로써 이를 통제해야 한다. 시장의 활성화를 위해서는 배출권의 안정적인 수요를 확보할 필요가 있다. 배출권거래제와 같은 민간기업 대상 규제와 국가결정기여의 이행이 수요처의 역할을 할 것이다. 이러한 규제가 강할수록 상쇄배출권에 대한 수요는 증가한다.

청정개발체제와 상쇄배출권의 품질

선진국이 개발도상국에 투자해서 감축 사업을 벌이고, 여기서 상쇄배출권을 획득하면 그 수량만큼 추가로 온실가스를 배출할 수 있게 된다. 상쇄배출권의 수량만큼 할당배출권이 늘어나는 효과가 발생한다(그림 4-7). 1차 공약기간CP1의 감축 목표는 1990년 배출량에 일정한 감축률을 적용한 배출량이다. 이 정량적 감축 목표를 QELERO quantified emission limitation or reduction objectives라 부른다. 선진국에 배출량 쿼터, 다른 말로 배출 총량이 씌워졌다고 생각하면 되겠다. 이렇게 정해지는 배출 총량이 할당배출권AAU이다. 배출권거래제에서 할당 대상업체에 적용되는 배출 총량과 같다.

그림 4-7에서 선진국에서 증가한 할당배출권의 수량만큼 실제 감축이 이루어지지 않으면 지구 전체의 순 배출량이 증가함을 알 수 있다. 상쇄배출권의 가치(1CER=1tCO$_2$eq)가 보장되어야 하는 이유이다. 상쇄 메커니즘의 핵심과제는 상쇄배출권의 가치, 즉 품질을 확보하는데 있다. 품질 기준은 베이스라인 설정, 추가성, 모니터링, 검증, 투명성, 유효기간, 영속성 등이 있다.

그림 4-7. 상쇄배출권(CER)과 할당배출권(AAU)의 관계(Shishlov and Bellassen, 2012)

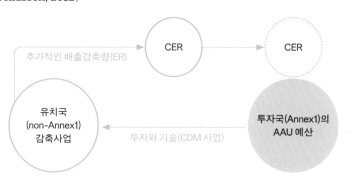

접근방식에 관한 시사점(Victor, 1999)

많은 사람이 교토의정서는 실패했다고 한다. 무엇보다 온실가스 감축에 성과가 없기 때문이다. 실패의 원인은 여러 가지이겠지만, 애초에 접근이 잘못되었다는 주장이 있다. 교토의정서의 모델은 오존층의 고갈, 아황산가스의 국가 간 이동, 핵무기 억제에 활용된 국제협력의 방식을 따랐다. 핵무기처럼 온실가스도 감축 목표를 세우고 실제 줄이는지 검증하는 하향식 접근방식이다. 문제는 기후변화문제가 핵무기 감축과는 성격이 전혀 다르다는 데에 있다. 이런 하향식 방법을 전 세계 모든 국가가 참여해야 실효성이 있는 기후변화 대응에 적용할 수 있을지는 의문이다. 참여국의 숫자도 많고, 수준 차이도 크다. 감시도 검증도 어렵다. 위반에 대한 처벌은 말할 것도 없다.

이러한 맥락에서 국제 조약의 법적 구속력(강제성) 문제에 대해 생각해 보자. 상식적으로 판단하기에 국제 조약이 성공하기 위해서는 강제성을 가져야 할 것 같다. 법적 구속력이 없는 조약이라면 누가 지키려고 할 것인가? 하지만 이에 반하는 주장이 있다. 강제성이 오히려 경직성을 초래한다는 것이다. 문안을 만들고 감축 약속을 할 때마다 문구의 법적 효력을 따지고, 감축 약속을 지키지 못할 때 발생할 법적 책임 문제 때문에 최대한 소극적, 방어적으로 임하게 된다. 고위급의 정치적 참여와 조약 이행에 대한 전문기관의 평가 과정이 있다면 비구속적 협약에서 오히려 더 효과적이라고 한다. 강제성이 없기 때문에 정치적인 결단으로 과감하고 장기적인 감축 목표를 제시하고 이를 이행하기 위해 노력한다.

교토의정서는 선진국에게만 법적 구속력을 가진 감축 목표를 부여하였다. 개발도상국은 자발적인 감축 목표 설정마저 거부하였다. 여기서 교토의정서의 감축 목표를 법적 구속력 때문에 준수하느냐 하는 의문이 제기된다. 사실 목표를 준수하지 않아도 딱히 제재할 방법이 없다. 실제 캐나다는 감축 목표 달성에 실패하고 의정서에서 탈퇴하였다. 거대 신흥개도국(중국, 인도, 브라질, 인도네시아)은 곧 주요 배출국이 되었다. 온실가스를 배출하는 공장이 이들 나라로 이동하고, 의무 감축국의 산업이 국제 경쟁에서 불리해지는 탄소 누출이 발생하게 된다. 이는 공정성 문제를 제기한다. 결국 미국이 의정서의 비준을 거부(서명 철회)하는 빌미가 됐다.

참고 4-3. 노드하우스의 기후 클럽(Nordhaus, 2015; 2020)

미국의 경제학자 윌리엄 노드하우스는 국제협약이 기후변화 문제를 해결할 수 있다고 생각하지 않는다. 당사국이 자발적으로 온실가스를 줄이도록 하는 국제협약은 무임승차자가 되려는 강한 유인을 극복할 수 없기 때문이다. 대신 일정한 탄소 가격을 부과하는 국가끼리 기후 클럽을 만들고, 비가입 국가에 대해 관세를 부과하자고 제안한다. 톤당 25달러에 기후 클럽 회원 자격을 주고, 3% 정도의 관세로 비가입 국가에 페널티를 부과하는 것이다. 탄소 가격을 부과하는 방법은 탄소세, 배출권거래제, 또는 두 가지 방법을 혼합해도 무관하다. 이렇게 하면 모든 국가가 참여하면서도 어떤 지역도 무임승차자가 되지 않을 것이며, 이 상태가 안정적일 것이라고 예상한다. 탄소 가격(톤당 25달러)에 따른 비용이 관세(3%)와 비교해서 크지 않기 때문이다.

유명무실한 국제환경협약, 말만 많고 되는 건 없는 기후협약에 대해 적잖은 사람들이 불만을 가지고 있다. 기후 클럽은 실효성이 떨어지는 기후협약에 대한 해법이다. 국제무역 의존도가 높은 한국은 기후클럽 미가입에 따른 페널티를 감당하기 어려울 것이다. 당장 현실화되기 어렵다고 하겠지만, 선진국을 중심으로 언제든 활용할 수 있는 옵션임을 기억할 필요가 있다.

Part 5

파리협정의
국제 탄소시장

1장
파리협정의 주요 내용

1. 목표

협정문의 내용

파리협정[1]은 지구 평균 기온을 목표로 제시한다. 산업화 이전과 대비해서 "2℃ 훨씬 아래 수준으로 억제하되, 1.5℃ 이내로 제한하기 위해 노력한다"는 내용이다(제2조 1항 가목).[2] 더불어 제4조 1항은 "가능한 조속히 전지구적 배출 정점에 도달하는 것을 목표로 하고, 금세기 후반에 배출과 흡수가 균형을 이루기 위해서, 배출 정점에 도달한 이후 과감하게 온실가스 배출을 줄여야 한다"고 규정한다.[3] 기온 목표를 달성하기 위한 온실가스 배출 경로를 제시하는 것이다.

---

1   파리협정은 크게 목적(제2조), 국가결정기여(제3조), 온실가스 감축(제4~6조), 적응(제7~8조), 재원(제9조), 기술(제10조), 역량 배양(제11~12조), 투명성(제13조), 전 지구적 이행 점검(제14조), 의무 이행 및 준수(제15조), 총회, 사무국, 산하기구(제16~19조), 서명 및 발효(제20~21조), 의사결정(제22~25조), 유보, 탈퇴 등(제26~29조)으로 구성된다.

파리협정

2   Article 2 (a) Holding the increase in the global average temperature to well below 2℃ above pre-industrial levels and pursuing efforts to limit the temperature increase to 1.5℃ above pre-industrial levels, recognizing that this would significantly reduce the risks and impacts of climate change;

3   Article 4 (1) In order to achieve the long-term temperature goal set out in Article 2, Parties aim to reach global peaking of greenhouse gas emissions as soon as possible, recognizing that peaking will take longer for developing country Parties, and to undertake rapid reductions thereafter in accordance with best available science, so as to achieve a balance between anthropogenic emissions by sources and removals by sinks of greenhouse gases in the second half of this century, on the basis of equity, and in the context of sustainable development and efforts to eradicate poverty"

파리협정의 근거인 기본협약UNFCCC은 인간이 기후시스템에 위험한 영향을 미치지 않는 수준에서 대기 중의 온실가스를 안정화시킨다는 장기(궁극적) 목표(목적)를 제시한 바 있다. 기온 목표는 제15차 당사국총회(2009, 코펜하겐)에서 처음 등장한 후, 이듬해 제16차 당사국총회(2010, 칸쿤)에서 2℃ 이하라는 목표가 채택되었다. 파리협정의 문구는 보다 진전된 목표로서 IPCC 보고서 등 과학적 연구가 뒷받침한 결과이다(김찬우, 2020). 그런데 제2조의 목표에는 감축만 있는 게 아니다. 기후변화의 악영향에 적응하고, 기후회복력climate-resilience과 온실가스 저배출 발전을 증진하는 능력의 증대, 그리고 이에 부합하는 재정의 흐름을 조성하는 일도 포함되어 있다(제2조 1항 나목, 다목). 적응과 재정 지원 역시 파리협정의 목표라는 말이다. 따라서 당사국은 적응과 재정지원 등에 대해서도 국가결정기여를 작성해서 제출해야 한다.

기후 행동의 기준

파리협정의 목표는 정치적 투쟁과 타협의 산물이다. 온실가스 감축에 적극적인 국가일수록 당연히 강한 목표를 선호한다. 기후변화는 군소 도서 국가의 생존을 위협하는 실존적 문제이다. 이들은 줄기차게 1.5℃ 목표를 주장한다. 반대로 강력한 온실가스 감축이 국가 경제에 직접적인 타격이 되는 국가가 있다. 석유, 석탄을 수출하는 나라들이다. 이들은 모호한 목표를 선호하고 특히 시한을 정하는 데는 강력히 반대하며, 배출만이 아니라 흡수를 말하고, 연소 중에 나오는 이산화탄소가 아니라 보다 포괄적인 온실가스라는 용어를 쓰자고 한다. 결과적으로 파리협정에는 강력한 감축을 요구하는 그룹의 주장이 상당 부분 반영되었다. 2℃보다 훨씬 낮은 수준과

1.5℃ 목표 달성을 위한 노력이 협정의 목표로 설정되었고, 21세기 후반에 탄소중립을 달성해야 한다고 규정한 것이다. 탄소중립 목표는 달성 시한이 21세기 후반으로 모호하긴 하지만 그래도 산업계에 강력한 시그널을 전달하는 효과가 있다(Bodansky, 2016).

파리협정의 목표는 당사국들에게 행동의 기준점이 된다. 당사국이 자국의 감축 목표를 설정하고, 국제사회가 당사국의 감축 목표를 비교·평가할 때 무엇을 기준으로 할 것인가? 다름 아닌 파리협정의 목표이다. 실현 가능성은 별개의 문제이다. 생각해 보면, 국가의 기후 행동은 정치적 결정이다. 기온(1.5℃ 또는 2℃)으로 표현되는 파리협정의 목표는 당사국에게 과감한 기후 행동을 촉구한다.

2. 감축

협정문의 내용

　파리협정 제3조는 당사국의 감축[4] 의무, 즉 국가결정기여에 대해 규정한다. 국가결정기여는 제2조에 나온 파리협정의 목표(감축, 적응, 재정 지원)를 달성하기 위한 것이다. 세부적으로 6가지의 기여인데 파리협정의 핵심 요소로서 파리협정을 떠받치는 6개의 기둥이다. 열거하면 감축(제4조), 적응(제7조), 재정 지원(제9조), 기술 이전(제10조), 역량 배양(제11조), 투명성(제13조)이다. 협상 과정에서 선진국은 감축과 투명성을 강조한 반면, 개발도상국은 감축 못지않게 적응이 중요하고, 재정 지원, 기술 이전, 역량 배양이 필요하다고 주장했다. 그 결과 6가지 요소가 모두 제3조에 명시되었다. 국가결정기여는 계속 진전해야 한다. 감축, 적응, 재정 지원, 기술 이전, 역량 배양, 투명성 모두가 시간이 갈수록 강화된다. 5년 단위의 행동주기가 진행될수록 이들 부문의 성과가 향상되도록 설계된 것이다.[5] 당사국은 이상 6개 분야에 대해 국가결정기여를 작성해서 제출해야 한다. 그런데 이 책에서 국가결정기여라고 하면 바로 감축에 관한 것으로 이해하면 된다. 국가 감축 목표와 같은 의미로 쓴다는 말이다.

　감축과 관련한 국가결정기여의 자세한 내용은 제4조에서 규

4　Mitigation이라는 단어는 꽤 많은 경우 감축으로 번역해야 이해하기 쉽다. 기후변화를 완화(mitigate)한다고 표현해야 할 때도 있지만, 배출과 관련되는 문맥에서는 감축이라고 번역하는 게 적절하다. Mitigation projects는 감축 프로젝트, mitigation target은 감축 목표가 자연스럽다.

5　다만 적응, 기술 이전, 역량 배양, 투명성 의무에서 진전이 구체적으로 무엇을 의미하는지는 명확하지 않다(오진규, 2020).

정하고 있다. 제4조 2항에 따른 국가결정기여의 준비, 통보, 유지는 법적 의무이다(shall).[6] 자연히 당사국이 국가결정기여를 이행하기 위해 국내에서 취하는 각종 조치도 법적 의무사항이다. 국가결정기여는 5년마다 수립하여 제출하며(9항), 이는 사무국이 운영하는 공공등록부에 기탁한다.

이 밖에도 1.5℃ 목표가 기후변화의 영향을 크게 줄일 것이라는 문구가 협정에 포함되었고, 당사국총회 결정으로 IPCC에 1.5℃ 경로를 평가하는 보고서 작성을 요청하였다. 또 명확성, 투명성과 이해를 위해 필요한 정보를 국가결정기여와 함께 제출해야 한다(8항). 국가결정기여는 환경건전성, 투명성, 정확성, 완전성, 비교가능성, 일관성을 촉진하고 이중계산이 없어야 한다(13항). 이 모두 법적 의무 조항이다.

제4조 3항에 따라 당사국이 제출하는 국가결정기여가 법적 구속력을 가지지는 못한다. 공동의 그러나 정도에 차이가 나는 책임, 각자의 능력, 국내의 여건CBDR-RC/NC을 반영해서, 각국이 가능한 최고의 감축 목표를 제출하면 된다(will).[7] 이때 사용된 조동사 will은 강한 기대를 나타낸다(Rajamani, 2016). 비록 법적 의무까

---

6   Article 4 (2) Each Party shall prepare, communicate and maintain successive nationally determined contributions that it intends to achieve. Parties shall pursue domestic mitigation measures, with the aim of achieving the objectives of such contributions.

7   Article 4(3) Each Party's successive nationally determined contributions will represent a progression beyond the Party's then current nationally determined contribution and reflect its highest possible ambition, reflecting its common but differentiated responsibilities and respective capabilities, in the light of different national circumstances.

지는 아니지만 각 당사국은 국가결정기여를 지속적으로 상향해서 제출해야 한다는 의미이다.

마지막으로 제4조 19항은 〈장기 저탄소 발전전략〉을 제출하도록 권고(should)하고 있다. 그런데 2019년 9월 유엔기후행동정상회의를 거치면서 〈장기 저탄소 발전전략〉이 저탄소가 아니라 탄소중립 목표를 담는 방향으로 급격히 바뀌었다. 국가결정기여는 물론이고 〈장기 저탄소 발전전략〉 역시 당사국이 장기 감축 목표를 세우고, 구체적인 감축 활동을 실행하는데 기준 지침이 된다. 유치국이 해외 감축 사업을 인가할지 말지를 결정할 때도 마찬가지이다.

국가결정기여의 경과와 의미

국가결정기여라는 용어가 처음 나온 것은 제19차 당사국총회(2013, 바르샤바)였다. 여기서 잠정적인Intended 국가결정기여 INDC를 2015년 파리 당사국총회 전까지 제출하도록 결정하였다(결정문 1/CP.19). 기여contribution라는 용어는 협상 과정에서 나왔다. 선진국은 선진국과 개발도상국을 불문하고 책무commitment라는 용어를 사용하자고 요구한 반면, 개발도상국은 선진국에 대해서는 책무(공약), 자신들은 행동action이라는 법적 강제력이 전혀 없는 용어를 사용하자고 했다. 결국 타협의 산물로 기여라는 용어가 확정된 것이다. 기여의 내용과 수준은 국가가 자율적으로 결정한다. 이는 교토의정서에서 부속서 1 국가의 감축률이 국가간 협상을 통해 확정된 것과는 다른 방식이다. 이로 인해 당사국은 강제적인 하향식 감축 의무 부과를 걱정하지 않고 파리협정에 참여하게 된다. 그런데 생각해 보면, 상향식bottom-up으로 목표를 설정해서 목표 달성에 필요한 지구적 감축량이 확보된다는 보장이 없다. 격차가 발생하는 것이다(113쪽). 파리협정의 불확실성이라 하겠다.

그러면 당사국이 국가결정기여를 위반하는 때는 언제인가? 더 구체적으로 말하면, 감축 약속의 충족 여부를 결과로 판단하나? 아니면 행위의 의무로 이해해야 하나? 전자일 경우 설령 감축을 위해 열심히 노력했어도 목표(배출 수준)를 달성하지 못하면 위반이 된다. 전문가들은 뒤에 나오는 "달성하고자it intends to achieve"라는 문장 때문에 달성을 선의로 기대a good faith expectation하는 정도에 그친다고 본다(제4조 2항). 객관적으로 최선을 다해 노력했다면 목표를 달성하지 못한 사실이 곧 의무 위반으로 간주되지 않는다는 말이다. 같은 항의 국내 조치 역시 "달성하기 위하여with the aim of achieving"라고 표현되어 비슷한 역할을 한다. 'aim to'라는 표현에는 목표로 해서 열심히 하라는 요구의 의미가 담긴다. 강제할 수 없을 뿐 아니라, 하지 못했을 때 처벌하는 일은 생각할 수 없다. 파리협정의 문구는 협상 과정에서 하나하나 주의 깊게 만들어졌다. 조심스럽게 읽어야 한다.

3. 적응

협정문의 내용

분명히 적응은 감축과 함께 기후변화에 대응하는 행동의 두 축이다. 인류는 이미 엄청난 양의 온실가스를 배출했고, 한 번 배출된 온실가스는 길게는 수백, 수천, 수백만 년까지 영향을 미친다고 하니 적응은 선택이 아니라 필수이다. 그럼에도 기후변화 대응을 위한 국제협력은 온실가스 감축에 초점을 맞추고 있었다. 파리협정의 가장 큰 특징 중 하나가 감축과 더불어 적응이 협정의 주요 항목으로 자리매김한 것이다. 당장 적응은 감축, 재정지원과 함께 파리협정의 목표로 명시되어 있다(제2조 1항 나목).

　개발도상국은 파리협정에서 온실가스 감축에 참여하는 대가로 자국의 부족한 적응 능력을 보완하는데 선진국이 지원해 줄 것을 요구했다. 따라서 적응 분야로 오면 선진국과 개발도상국의 공수攻守가 바뀐다. 예를 들어, 개발도상국은 적응 목표를 계량화하고 지원에 관한 사항을 법적 의무로 하자고 주장한다. 반대로 선진국은 적응에 대해서는 중요성의 인정, '정성적' 목표와 보고, 권고사항 정도로 하자고 한다.

　적응에 관한 사항은 제7조에 나온다. 14개 항으로 구성되는데 크게 세 부분으로 나눌 수 있다. 1항~6항은 적응의 목표, 방향, 원칙에 관해 정한다. 7항부터 적응을 위해 해야 할 일이 무엇인지 정한다. 정보, 모범 사례, 경험, 교훈 공유, 기술 지원과 함께 적응 지침을 제공하는데 필요한 제도적 장치의 강화, 연구, 관측, 사전 경보 등 기후과학 지식의 강화, 개발도상국에 대한 지원, 적응 행동의 효과성과 지속성 향상이다. 제8항에서 국제협력을 위한 개발도상국 지원에 국제연합의 전문기구가 참여하도록 촉구한다. 제9항은 당사국에 대해 적응 계획과 정책의 수립과 이행을 권고한다. 당사국이 해야 할 일은 적응 행동·조치·노력의 이행, 국가 적응 계획의 수립과 집행, 기후변화 영향 및 취약성 평가, 모니터링과 평가·학습, 사회경제적·생태계 회복력의 구축이다. 당사국은 적응 보고서를 정기적으로 제출하고 갱신해야 한다(10항, 11항). 이 보고서는 사무국이 관리하는 공공등록부에 기탁한다(12항). 제13항에 따르면 7항, 9항, 10항, 11항을 이행하기 위해 개발도상국을 대상으로 계속 증가하는 국제적 지원이 제공되어야 한다. 마지막으로 14항은 적응 분야의 지구적 이행점검에서 해야 할 사항이 무엇인지 정한다. 개발도상국의 적응 노력 인정, 적응 행동의 이행 강화, 적응 지원의 적절성과 효과성 검토, 적응 목표의 진전 여부에 대한 검토이다.

선진국과 개발도상국의 동상이몽

적응을 위해 국제협력을 해야 하는 이유는 딱히 떠오르지 않는다. 적응은 분명 지방local의 문제이다. 폭우, 폭염, 가뭄, 한파 같은 이상 기후는 일정한 지역에서 일어나기 때문에 해결도 지방자치단체나 국가에서 담당해야 한다. 적응의 혜택 역시 해당 국가가 누린다. 이유를 굳이 찾자면 월경 효과spillover effects가 있을 것이다. 어떤 나라가 적응에 실패해서 대규모 난민이 발생하는 상황을 생각하면 된다. 어쨌든 감축에 비해 국제협력을 해야 하는 이유가 박약해 보인다. 그런데 개발도상국은 억울하다. 온실가스를 많이 배출해서 기후변화를 일으킨 건 선진국인데 피해는 자신들이 고스란히 입기 때문이다. 적응을 강조하는 개발도상국의 속내는 선진국의 책임 추궁과 재정 지원 확대에 있다. 그래서 선진국은 책임론으로 번질 가능성이 있는 적응 문제를 국제협약의 틀 안으로 가져오기가 더욱 싫은 것이다.

그래도 파리협정은 기본협약이나 교토의정서와 비교해서 적응을 훨씬 중요하게 취급한다. 개발도상국의 주장이 반영되었기 때문이다. 파리협정 협상 과정에서 아프리카 국가들은 기후변화의 영향 정도와 적응 비용을 토대로 숫자로 표시되는 재정 지원 목표를 정하도록 요구했으나 선진국이 받아들이지 않았다(Bodansky, 2016). 그래서 제7조(적응)의 내용을 보면 구체적으로 강제하는 내용이 사실상 없다. 적응이 지구적 도전임을 인정하고, 개발도상국의 필요를 감안한 지원의 중요성을 확인하며, 적응 분야의 국제 협력을 권고하는 수준이다. 적응 분야에서 유일한 책무는 당사국이 적응 계획 수립 절차와 이행을 위한 행동에 참여한다는 것이다. 그것도 '적절하다면as appropriate'이라는 단서가 달려있다(제7조 9항).[8] 오히려 적응을 5년 단위의 전지구적 이행점검의 대상으로 정한 제14조와 재정 지원을 할 때 감축과 적응의 균형을 달성하도록 권고하는 제9조 4항의 내용이 실질적으로 의미 있어 보인다.

---

8   Article 7 (9) Each Party shall, as appropriate, engage in adaptation planning processes and the implementation of actions, including the development or enhancement of relevant plans, policies and/or contributions, which may include;

4. 재정 지원과 기술 개발 및 이전

협정문의 내용

선진국은 기본협약(제4조 3항)상 기존 재정 의무의 연속선상에서 개도국을 재정 지원해야 한다(제9조 1항). 이 말은 선진국이 기후변화 대응에 따른 개발도상국의 재정 부담 증가에 대해 지속적으로 지원해야 한다는 의미로 해석할 수 있다. 파리협정에 와서 특별히 '그 밖의 당사국Other Parties'이라는 범주를 만들고, 이들 국가에 대해서는 재정 지원에 참여하도록 장려한다(2항). 기후 재원 조성에도 진전의 원칙이 적용된다. 선진국은 다양한 재원, 수단, 경로를 활용해서 기후 재원을 확보하는데 주도적 역할을 해야 한다 (3항). 다만, 이는 권고사항이다.

4항은 개발도상국에서 실시되는 적응 사업의 지원에 공적, 증여기반 재원을 투입하는 것이 중요하다고 강조한다. 감축과 적응 간에 균형을 달성하는 것을 목표로 하라고 권고한다. '적용 가능하다면as applicable'이라는 단서가 붙었지만, 선진국에게는 2년마다 공적 지원 재원의 예상 수준을 사전 통보할 의무(shall)가 부과되었다(5항).[9] 그 밖의 당사국은 원하면 정보를 제공할 수 있다. 기후 재원은 전지구적 이행점검의 대상(6항)이고, 제13조 13항에 의거해서 제정하는 〈방식, 절차 및 지침MPG: Modalities, Procedures,

---

9   Article 9 (5) Developed country Parties shall biennially communicate indicative quantitative and qualitative information related to paragraphs 1 and 3 of this Article, as applicable, including, as available, projected levels of public financial resources to be provided to developing country Parties. Other Parties providing resources are encouraged to communicate biennially such information on a voluntary basis.

Guidelines〉에 따라 투명하고 일관되게 관리된다(7항). 기본협약의 재정지원체제(GCF, GEF)가 파리협정에서도 재정지원 체제의 역할을 담당한다(8항). 세계은행과 같은 국제지원기관의 자료 요구와 더딘 승인 절차 진행에 대한 개발도상국의 불만이 반영되어서 간소한 승인 절차와 향상된 준비수준의 지원enhanced readiness support 조항이 포함되었다(9항).

제10조는 1항에서 기술 이전의 장기 비전을 설정한다. 감축과 적응 목표를 달성하는 데 기술의 개발 및 이전이 필요하다는 원론적 내용이다. 기후 기술은 선진국과 개발도상국 모두가 간절히 원하는 바이다. 선진국은 혁신적인 기후 기술을 적용해서 감축 목표를 달성하고 싶어 한다. 개발도상국 역시 확장적 경제 발전이 온실가스 감축 의무로 인해 위협받는 상황을 원하지 않는다. 마찬가지로 해답은 기술이다.

기술 개발과 이행의 주체로서 당사국은 협력 행동을 강화해야 한다(2항). 파리협정의 기술 개발 및 이전은 제16차 당사국총회(2010년, 칸쿤)에서 설립한 기존의 기술 메커니즘이 담당한다(3항). 기술 협력 정책을 담당하는 기술집행위원회TEC: Technology Executive Committee와 이행기구인 기후기술센터·네트워크CTCN: Climate Technology Center and Network를 말한다. 여기에 기술 메커니즘의 활동에 방향성과 지침을 제공하도록 기술 프레임워크가 새로 만들어진다(4항). 5항은 혁신의 중요성을 강조한다. 기술 메커니즘과 재정 메커니즘이 공히 개발도상국의 기술혁신 노력을 지원해야 한다. 기술 개발의 초기 단계(R&D)에 개발도상국이 쉽게 접근하는데 초점을 맞추어야 한다. 기술 개발 및 지원의 수혜자는 개발도상국이다. 감축과 적응에 균형 잡힌 지원이 있어야 하며, 연구, 개발, 실증, 활용, 확산, 이전 또는 상업화 단계로 이루어진 기술주기 단계별로 지원이 이루어져야 한다. 전지구적 이행점검에서 개발도상국을 위한 기술개발 및 기술 이전 지원 노력을 고려한다(6항).

재정 지원 의무의 확장

재정 지원과 관련해서는 크게 두 가지 이슈가 있다. 첫째, 지원 금액의 규모이다. 기후변화에 대응하는 데는 엄청난 재원이 소요된다. 당연히 여력이 없는 개발도상국은 원인자인 선진국에 대해 재정 지원을 강력히 요구한다. 유럽연합을 중심으로 선진국은 2020년부터 매년 1천억 달러 규모를 개발도상국에 재정 지원하기로 이미 약속한 바 있다. 둘째, 자금원에 관한 것이다. 선진국은 시장과 민간 투자로 상당 부분의 재원이 조달되기를 바란다. 예컨대 파리협정 제6조의 탄소시장과 연계해서 개발도상국에 재원이 투입되기를 기대할 것이다. 반면 개발도상국은 선진국 정부의 공적 재원 확충을 선호할 것이다. 제6조 8항의 비시장 접근법NMA이 새로운 공적 재원의 투입 채널이 되기를 바란다.

파리협정에서 '그 밖의 당사국Other Parties'이라 불리는 당사국이 재정을 지원하는 주체의 범위에 들어가게 되었다. 그 밖의 당사국은 분명 기존 개발도상국의 일부이다. 선진국은 이미 재정 지원 의무가 있으니 말이다. 따라서 재정 지원에 있어서는 개발도상국이 재정 지원을 받는 개발도상국과 재원 지원을 하는 개발도상국(그 밖의 당사국)으로 나뉘게 되었다. 개발도상국에 대한 재정 지원 규모의 증대는 개발도상국의 단골 요구사항이다. 개발도상국 역시 국가결정기여를 제출하기로 양보했으니 반대급부로 재정 지원을 확대하라는 요구가 당연히 거세어진다. 그 방법으로 재정 지원을 담당하는 국가의 범위를 확대한 것이다. 다만 그 밖의 당사국이라는 애매한 범주로서, 특정되지 않는 당사국이다.

실체적 진전없는 기술 이전

청정기술clean technology의 개발과 확산은 기후변화의 근본적인 해결책이지만 장기적인 과제이기도 하다. 여기서 기후변화 연구 및 개발R&D의 결과물로 탄생하는 기후 기술의 지적재산권IPR: Intellectual Property Right 문제는 딱히 결론도 없이 끊임없이 계속되는 토론의 주제이다. 개발도상국이 요구하는 대안은 다자기술기금 multilateral technology fund의 창설, 강제 면허compulsory licensing, 특허 풀patent pooling, 선진국 정부의 기술 이전에 대한 인센티브 제공 등이다. 선진국은 민간에서 개발하는 기후기술의 지적재산권은 정부가 어찌 할 수 없는 영역이라는 입장이 확고하다. 파리협정에 지적재산권을 명시하거나 지적재산권 비용을 선진국에 부담시키는 규정이 담기는데 강력하게 반대한다. 별도의 기술 기금을 만드는데도 반대한다(최재철·박꽃님, 2016). 결국, 기후기술을 보유한 선진국의 주장대로, 국제 또는 지역 단위의 기술센터를 지정해서 기술 정보를 제공하는 정도에 그친다.

제6조의 국제 탄소시장이 선진 기후기술을 개발도상국에 뿌리내리게 하는 기회가 될 수 있다. 감축 사업의 유치국으로서 개발도상국은 현재 자신들의 능력으로는 꿈꾸기 어려운 선진 기술을 적용하는 감축 사업을 선호할 것이다. 선진국 역시 민간의 감축 기술이 제6조의 탄소시장을 통해 개발도상국에 진입하는 것이 현실적이라고 본다. 민간사업자가 자기 결정으로 투자하는 사업이니 지적재산권 문제 등이 생길 이유가 없다.

5. 투명성체계

협정문의 내용

투명성체계는 넓게 보면 전지구적 이행점검과 이행준수 메커니즘을 포괄한다. 다 함께 당사국의 의욕 상향과 책임성을 확보하는데 목적을 두고 있기 때문이다. 투명성체계는 제13조에 나오는데 15개 항으로 구성되어 있다. 이 중 1항~4항은 기본 원칙이다. 키워드를 보면 강화된 체계이고, 개발도상국에 신축성을 제공한다. 국가의 주권을 존중하며, 촉진적facilitative, 비침해적non-intrusive, 비징벌적non-punitive 방식으로 운영된다. 향후 〈방식, 절차 및 지침MPG〉이라 불리는 세부이행규칙을 정할 때는 기존의 보고·검토 경험을 활용한다.

파리협정 이전의 기본협약과 교토의정서에서는 보고·검토 체계가 이원화되어 있었다. 보고의 경우 선진국만 의무적으로 4~5년 주기의 보고서를 통보하고 있었다. 그러다가 제16차 당사국총회(2010, 칸쿤)에서 당사국 전체를 대상으로 하는 보고·검토체계가 마련되었다. 이에 따라 선진국은 2014년부터 〈격년보고서BR: Biennial Report〉를 제출하고, '국제 평가 및 검토IAR: International Assessment and Review'를 받는다. 개발도상국은 2014년 이후 자발적으로 정한 시점에 〈격년갱신보고서BUR: Biennial Update Report〉를 제출하되 첫 보고서 제출 이후는 2년 주기에 맞추어 〈격년갱신보고서〉를 제출하고 '국제 협의 및 분석ICA: International Consultation and Analysis'을 받기로 하였다. 여기에 다시 파리협정에서 공통의, 강화된 그렇지만 개발도상국에는 유연성이 부여되는 보고 및 검토 체계에 합의한 것이다.

여기서 '공통common의'라는 표현에 주의해야 한다. 파리협정의 투명성체계는 이전보다 '강화된' 체계이다. 하지만 개발도상국은 파리협정의 협상 과정에서 '공통의' 투명성체계라 정의하기를 거부한다. 선진국과 동등한 정보의 제공 및 검토라는 부담을 지는 데 대해 반대한 것이다. 다만 강화된 투명성체제의 세부이행규칙인 MPG에 대해서는 공통의 MPG라고 명시한다(제13조 13항). 강화된 투명성체제가 실제 얼마나 공통의 단일한 보고 및 검토체제로 운영될지는 두고 봐야겠다.

투명성체계의 목적(5항, 6항)은 제14조에 따라 수행되는 전 지구적 이행점검에 투입되는 정보의 제공에 있다. 협약의 목표(제2조)에 비추어 당사국의 기후변화 행동을 명확히 이해하는데 필요한 정보, 특히 감축(제4조)과 적응(제7조) 분야에서 진전이 이루어졌는지를 추적하기 위한 정보이다. 또한 감축, 적응, 재원(제9조), 기술 이전(제10조), 역량 배양(제11조)에 따라 제공된 재정 지원의 총계를 개관full overview하는데 필요한 정보이다. 7항부터 10항까지는 보고사항에 관한 것이다. 당사국은 IPCC가 정한 방법론에 따라 작성한 〈국가 인벤토리 보고서NIR〉와 국가결정기여의 이행과 달성의 진전progress을 추적할 수 있는 정보를 정기적으로 제공해야 한다(shall, 7항). 파리협정 당사국총회의 결정으로 선진국은 매년 인벤토리를 제출해야 한다. 제7조의 기후변화 영향과 적응에 관한 정보는 자발적으로 제공하면 된다(should, 8항). 선진국이 개발도상국에 제공하는 재원, 기술, 역량 배양 관련 정보 역시 자발적 보고사항이다(should, 9항). 선진국이 제공했으면 개발도상국은 지원받은 사항에 관한 정보가 있을 것이다. 이 정보를 자발적으로 보고하면 된다(should, 10항). 사용된 조동사(shall, should)를 보면, 국가의 배출량 인벤토리와 국가결정기여 이행 여부에 대한 정보가 다른 정보에 비해 더욱 중요하게 취급되고 있디는 사실을 확인할 수 있다.

당사국이 7항과 9항에 따라 제공한 정보는 '기술 전문가의 검토TER: Technical Expert Review' 대상이다. TER은 법적 의무(shall)이다. 또 당사국은 재정 지원(제9조), 국가결정기여의 이행과 달성의 진전에 관한 '촉진적·다자적 고려[10]FMCP: Facilitative, Multilateral Consideration of Progress'에 참여해야 한다(shall, 11항). 이 과정에서 개발도상국에 부여된 신축성(2항)과 함께 개발도상국의 역량과 사정에 대해 특별히 고려해야 하며, 보고된 정보가 MPG에 따라 일관성을 유지하고 있는지 검토해야 한다(shall, 12항). 13항은 MPG 개발의 근거 조항이고, 14항과 15항은 개발도상국에 대한 지원이 필요하다고 말하는 조항이다.

이상의 투명성체계는 제14조에서 규정하는 전지구적 이행점검GST의 실질적이고 효과적인 이행을 위한 것이다. 전지구적 이행점검에서 파리협정의 장기적 목표 달성을 위한 공동의 진전을 정기적으로 점검한다. 점검의 성격은 종합적이고 촉진적이다. 형평성과 최선의 과학 지식을 두 개의 원칙으로 제시한다(1항).[11] 2023년

---

10 '검토'라 번역하는 게 보다 와 닿는다. 개발도상국이 검토(review)라 쓰기를 꺼렸을 것이다.

11 Article 14 (1) The Conference of the Parties serving as the meeting of the Parties to this Agreement shall periodically take stock of the implementation of this Agreement to assess the collective progress towards achieving the purpose of this Agreement and its long-term goals (referred to as the "global stocktake"). It shall do so in a comprehensive and facilitative manner, considering mitigation, adaptation and the means of implementation and support, and in the light of equity and the best available science.

에 첫 전지구적 이행점검이 실시되고, 이후 5년 주기로 시행한다(2항). 또 당사국이 감축, 적응 행동과 재정 및 기술 지원을 강화해 나가도록 점검 결과를 알려준다(3항).

제15조 1항에 따라 설치되는 이행준수 메커니즘은 전문성에 기초한 촉진적 성격의 위원회이며 당사국의 능력과 사정을 고려해서 투명하고, 비대립적이며, 비징벌적 방식으로 운영된다(2항). 감축 목표를 이행하지 못할 경우 강제 집행과 처벌이 가능했던 교토의정서의 준수위원회와 분명히 구별된다.

파리협정과 투명성체계

국가결정기여가 법적 의무가 아닌 상황에서 당사국의 책임을 어떻게 확보할 것인가? 답은 '강화된 투명성체계ETF: enhanced transparency framework'를 활용해서이다. 반복하지만, 여기서 '강화'는 기존의 칸쿤 투명성체제를 강화한다는 의미이다. 이원화된 칸쿤 보고체계가 파리협정에서 단일체계로 변경되었다. 선진국과 개발도상국의 구분이 없어졌다는 말이다. 다만 강화된 투명성체제에서도 신축성과 당사국의 능력 차이를 반영하기로 하였다. 공통의 단일한 체계인지, 아니면 사실상 개발도상국과 선진국으로 이원화되는 체계인지는 세부이행규칙MPG을 실행하는 과정에서 계속 논란이 될 것이다.

선진국은 2003년부터 온실가스 배출 정보를 작성하고 축적해 온 반면, 개발도상국은 파리협정 타결 전까지 온실가스 인벤토리 작성 의무 자체가 없었다. 더구나 오랫동안 개발도상국은 선진국의 역사적 책임을 질책하는데 주력할 뿐 기후변화 대응에 소극적, 수세적으로 임해 온 것이 사실이다. 온실가스 인벤토리 작성 등에서 드러나는 개발도상국의 능력 부족은 현실의 한계이고 장애이다.

개발도상국은 전지구적 이행점검이 당사국의 자율과 자기결정권을 훼손할 수 있다고 우려한다. 그래서 전지구적 이행점검의 성격을 종합적이고 촉진적이라고 규정하고, 파리협정의 목적(제2조)과 장기 목표의 달성을 위한 공동의 진전을 평가한다고 한다. 개별 당사국의 진전 상황을 비판하는 모양새가 되어서는 안 된다는 의미이다. 그런데 전지구적 이행점검 대상 중 재정 지원, 기술 이전, 역량 배양에 대해서는 장기 목표가 없다. 실제 감축에 대한 이행점검이 주를 이룰 것으로 예상할 수 있는 대목이다.

강화된 투명성체계는 당사국의 책임성을 확보하기 위한 핵심 수단이다. 파리협정 제6조의 국제 탄소시장에 참여하는 당사국 역시 예외가 아니다. 제6조 탄소시장이 강화된 투명성체계의 관리 범위 안에 들어간다는 의미이다. 실제 강화된 투명성체계의 세부이행규칙에 제6조 탄소시장에 관한 조문이 꽤 있다(48항, 75항 바목(f), 76항 라목(d), 77항 라목(d), 121항 파목(m(iii)). 특히 상쇄배출권의 발행, 거래, 사용에 대해서는 투명하게 정보를 공유해야 한다. 미심쩍은 부분이 있으면 사무국이나 전문가들의 질문이 있을 것이고, 미진하거나 우려할 만한 내용이 있다면 다른 당사국들의 개선 압력이 가해질 것이다. TER과 FMCP라 불리는 두 개의 과정에서 말이다.

6. 파리협정의 작동 원리
(Rajamani and Bodansky, 2019)

당사국은 5년 단위로 국가결정기여를 스스로 결정하고 관련된 정보를 제출하여야 한다. 국가결정기여의 수준은 알아서 결정하면 되지만, 국가결정기여와 관련한 정보를 제공하는 것은 당사국의 의무이다. 국가결정기여의 수준은 5년 단위로 강화되어야 한다(no backsliding). 한 방향으로 계속 돌아가는 톱니바퀴를 연상하면 된다(ratchet-up mechanism). 첫 번째 국가결정기여가 미흡하다 하더라도 이 톱니바퀴가 잘 돌아가면 시간이 지날수록 국가결정기여는 상향되어 결국 필요한 수준에 도달한다. 이 과정이 당사국으로 하여금 기후 행동을 상향하도록 만드는 촉매 역할을 한다. 일단 국제사회의 압력 행사를 매개로 해서 목표를 향해 지속적으로 전진하는 이행 메커니즘은 마련되었다.

각국은 법적 의무는 아니고 규범적으로 최대한 높은 수준의 국가결정기여를 제출해야 한다(상향식). 이러한 당사국의 국가결정기여가 지구적 장기 감축 목표와 비교해서 어떤 수준인지는 전지구적 이행점검 과정을 통해 집합적으로 평가될 것이다(하향식). 그리고 이 평가 결과는 각국이 차기 국가결정기여를 설정하는데 활용된다. 즉 '국가결정기여 제출 → 전지구적 이행점검 → 차기 국가결정기여 상향'이라는 의욕 상향 주기가 작동한다. 이 주기에서 중요한 건 당사국이 국가결정기여의 내역과 온실가스 감축 이행에 관한 정보를 투명하고 정확하게 밝히는 것이다. 이 정보를 분석하면 모든 당사국이 실제 제시하는 국가결정기여와 지구의 기후체계 안정에 필요한 목표 감축량 간에 상당한 격차가 발생할 터인데 이를 어떻게 줄일지가 관건이다. 판단컨대, 의욕 상향 주기의 성공을 가져오는 핵심 요소는 법적 강제력의 행사가 아니라 투명하고 정확한 정보를 토대로 하는 객관적인 동료평가이다. 그리고 이 과정에서 국가 간에 작용하는 감축 이행과 목표 상향의 압력이다.

그림 5-1. 의욕상향주기(ambitino cycle)

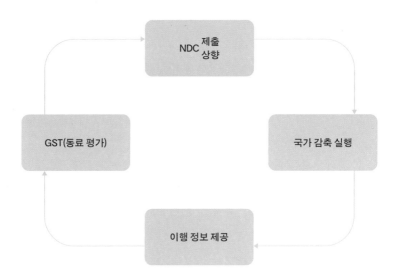

2장
제6조 탄소시장

1. 제6조 탄소시장의 종류

파리협정에서 국제 탄소시장에 관한 사항은 제6조(9개 항)에 담겨 있다. 고작 한 페이지를 조금 넘는 분량의 9개 항이 어떻길래 많은 논란을 야기하는지, 시장 조항 하나하나에 대해 용어, 개념, 기구 위주로 살펴보자. 제6조에 나오는 주요 개념에 대해 조문(국문과 영문) 우측 상단에 번호를 매기고 순서대로 설명한다. 다시 말해, 다음 제6조 본문 해설에 나오는 번호는 제6조 원문의 우측 상단에 붙은 번호와 같다.

제6조의 시장은 세 가지이다. 왜 굳이 하나가 아니라 세 개 유형의 시장이 가능하도록 했을까? 당사국에 선택권을 주었다고 보아야겠다.

첫째, 제6조 2항에서 정하는 시장의 이름은 협력적 접근법CA: Cooperative Approaches이다. A6.2 또는 6.2조 시장이라고 약칭한다.

둘째, 제6조 4항에서 정하는 시장의 이름은 메커니즘 Mechanism이다. 줄여서 A6.4M, 국문에서는 6.4조 메커니즘(6.4조 시장)이라 한다. A6.4 뒤에 원하는 용어를 붙여 쓸 수 있다. 예컨대 6.4조 메커니즘의 감독기구를 A6.4SB라고 줄여 부른다.

셋째, 제6조 8항은 비시장 접근법에 대해 정한다. NMAnon-maker approaches로 줄여 쓰기도 한다. 비시장 접근법이라는 용어를 쓴다는 말은 뒤집어 생각하면 앞의 두 가지(A6.2와 A6.4M)는 시장 접근법이라는 의미가 되겠다.

제6조

1. 당사자는 일부 당사자가 완화 및 적응 행동을 하는 데에 보다 높은 수준의 의욕[1]을 가능하게 하고 지속가능한 발전과 환경적 건전성[1]을 촉진하도록 하기 위하여, 국가결정기여 이행에서 자발적 협력[2] 추구를 선택하는 것을 인정한다.

2. 국가결정기여를 위하여 당사자가 국제적으로 이전된 완화 성과[3]의 사용을 수반하는 협력적 접근에 자발적으로 참여하는 경우, 당사자는 지속가능한 발전을 촉진하고 거버넌스 등에서 환경적 건전성과 투명성을 보장하며, 이 협정의 당사자회의 역할을 하는 당사자총회가 채택하는 지침에 따라, 특히 이중계산의 방지 등을 보장하기 위한 엄격한 계산[4]을 적용한다.

3. 이 협정에 따라 국가결정기여를 달성하기 위하여 국제적으로 이전된 완화 성과는 자발적으로 사용되며, 참여하는 당사자에 의하여 승인된다[5].

4. 당사자가 자발적으로 사용할 수 있도록 온실가스 배출 완화에 기여하고 지속가능한 발전을 지원하는 메커니즘을 이 협정의 당사자회의 역할을 하는 당사자총회의 권한과 지침에 따라 설립한다[6]. 이 메커니즘은 이 협정의 당사자회의 역할을 하는 당사자총회가 지정한 기구의 감독[7]을 받으며, 다음을 목표로 한다.

   가. 지속가능한 발전 증진 및 온실가스 배출의 완화 촉진

   나. 당사자가 허가한 공공 및 민간 실체[8]가 온실가스 배출 완화에 참여하도록 유인 제공 및 촉진

   다. 유치당사자 국내에서의 배출 수준 하락에 기여. 유치당사자는 배출 감축으로 이어질 완화 활동으로부터 이익을 얻을 것이며 그러한 배출 감축은 다른 당사자가 자신의 국가결정기여를 이행하는 데에도 사용될 수 있다. 그리고

   라. 전지구적 배출의 전반적 완화[9] 달성

5. 이 조 제4항에 언급된 메커니즘으로부터 발생하는 배출 감축을 다른 당사자가 자신의 국가결정기여 달성을 증명하는 데 사용하는

경우, 그러한 배출 감축은 유치당사자의 국가결정기여 달성을 증
명하는 데 사용되지 아니한다.

6. 이 협정의 당사자회의 역할을 하는 당사자총회는 이 조 제4항에
언급된 메커니즘 하에서의 <u>활동 수익 중 일부</u>⑰가 행정 경비로 지
불되고, 기후변화의 부정적 영향에 특별히 취약한 개발도상국 당
사자의 <u>적응 비용의 충당</u>⑱을 지원하는 데 사용되도록 보장한다.

7. 이 협정의 당사자회의 역할을 하는 당사자총회는 제1차 회기에서
이 조 제4항에 언급된 메커니즘을 위한 <u>규칙, 방식 및 절차</u>⑲를 채
택한다.

8. 당사자는 지속가능한 발전과 빈곤퇴치의 맥락에서, 특히 <u>완화, 적
응, 금융, 기술 이전 및 역량배양 등</u>⑳을 통하여 적절히 조율되고
효과적인 방식으로 <u>국가결정기여의 이행을 지원</u>㉑하기 위하여 당
사자가 이용 가능한 통합적이고, 전체적이며, 균형적인 비시장 접
근의 중요성을 인식한다. 이러한 접근은 다음을 목표로 한다.

　가. 완화 및 적응 의욕 촉진

　나. 국가결정기여 이행에 공공 및 민간 부문의 참여 강화, 그리고

　다. 여러 기제 및 관련 제도적 장치 전반에서 조정의 기회를 마련

9. 지속가능한 발전에 대한 <u>비시장 접근 프레임워크</u>㉒를 이 조 제8항
에 언급된 비시장 접근을 촉진하기 위하여 정의한다.

Article 6

1. Parties recognize that some Parties choose to pursue
<u>voluntary cooperationn</u>② in the implementation of their
nationally determined contributions to allow for <u>higher
ambition</u>① in their mitigation and adaptation actions and
to promote <u>sustainable development and environmental
integrity</u>①.

2. Parties shall, where engaging on a voluntary basis
in cooperative approaches that involve the use of
<u>internationally transferred mitigation outcomes</u>③ towards
nationally determined contributions, promote sustainable

development and ensure environmental integrity and transparency, including in governance, and shall apply robust accounting[④] to ensure, inter alia, the avoidance of double counting, consistent with guidance adopted by the Conference of the Parties serving as the meeting of the Parties to this Agreement.

3. The use of internationally transferred mitigation outcomes to achieve nationally determined contributions under this Agreement shall be voluntary and authorized by participating Parties[⑤].

4. A mechanism to contribute to the mitigation of greenhouse gas emissions and support sustainable development is hereby established[⑥] under the authority and guidance of the Conference of the Parties serving as the meeting of the Parties to this Agreement for use by Parties on a voluntary basis. It shall be supervised by a body[⑦] designated by the Conference of the Parties serving as the meeting of the Parties to this Agreement, and shall aim:

   (a) To promote the mitigation of greenhouse gas emissions while fostering sustainable development;

   (b) To incentivize and facilitate participation in the mitigation of greenhouse gas emissions by public and private entities[⑧] authorized by a Party;

   (c) To contribute to the reduction of emission levels in the host Party, which will benefit from mitigation activities resulting in emission reductions that can also be used by another Party to fulfill its nationally determined contribution; and

   (d) To deliver an overall mitigation in global emissions[⑨].

5. Emission reductions resulting from the mechanism referred to in paragraph 4 of this Article shall not be used to demonstrate achievement of the host Party's nationally determined contribution if used by another Party

to demonstrate achievement of its nationally determined contribution.

6. The Conference of the Parties serving as the meeting of the Parties to this Agreement shall ensure that a share of the proceeds[⑩] from activities under the mechanism referred to in paragraph 4 of this Article is used to cover administrative expenses as well as to assist developing country Parties that are particularly vulnerable to the adverse effects of climate change to meet the costs of adaptation[⑪].

7. The Conference of the Parties serving as the meeting of the Parties to this Agreement shall adopt rules, modalities and procedures[⑫] for the mechanism referred to in paragraph 4 of this Article at its first session.

8. Parties recognize the importance of integrated, holistic and balanced non-market approaches being available to Parties to assist in the implementation of their nationally determined contributions,[⑭] in the context of sustainable development and poverty eradication, in a coordinated and effective manner, including through, inter alia, mitigation, adaptation, finance, technology transfer and capacity building,[⑬] as appropriate. These approaches shall aim to:
   (a) Promote mitigation and adaptation ambition;
   (b) Enhance public and private sector participation in the implementation of nationally determined contributions; and
   (c) Enable opportunities for coordination across instruments and relevant institutional arrangements.

9. A framework for non-market approaches[⑯] to sustainable development is hereby defined to promote the non-market approaches referred to in paragraph 8 of this Article.

2. 제6조 본문 해설

원칙과 목적

제6조 1항은 서론 성격의 조항으로서 제6조 전체의 원칙과 목적을 규정한다.

① 제6조(탄소시장)의 목적은 크게 두 가지이다. 첫째, 국가 감축 목표의 상향이다. 시장의 거래는 감축 사업의 실행 비용을 줄이기 때문에 동일한 비용으로 더 많은 양의 온실가스를 줄일 수 있다. 감축 비용이 낮아진 만큼 보다 강화된 감축 목표를 제시하고 이를 달성하도록 노력해야 한다. 둘째로 지속가능한 발전과 환경적 건전성을 촉진한다. 해외 감축 사업은 사업을 유치한 국가의 지속 가능한 발전에 기여해야 한다. 유치국의 지속가능한 발전을 저해하는 방식으로 해외 감축 사업이 추진되어서는 안 된다는 의미로 이해할 수 있다. 지속가능한 발전에 비해 환경건전성이라는 단어는 낯설다. 하지만 탄소시장 조항에서 핵심적인 개념이다. 일단 여기서는 "탄소시장 때문에 지구 전체적으로 온실가스 배출의 실질적인 증가가 일어나서는 안 된다"는 의미라고 이해하고 넘어가자.

② 탄소시장은 강제성이 없는 자발적 협력이다. '시장'이라는 단어를 쓰지 않고, '자발적 협력'이라고 표현한다. 환경 분야 국제협약에서 시장이라는 단어는 금기어가 아닌가 싶다. 협약문에 탄소시장이라는 표현은 없다. 파리협정에 따르면 모든 나라(당사국)가 국가결정기여라 불리는 온실가스 감축 목표를 가지고 있다. 자국의 감축 목표를 이행하는데 탄소시장을 활용할 수 있다. 그런데 시장은 누구나 참여하고 싶으면 참여해서 활용할 수 있는 선택사항(옵션)이다(voluntary, 자발적). 강제(의무)가 아니라는 의미와 함께

시장이라는 수단의 활용이 모든 당사국에 열려 있다는 의미이다. 탄소시장의 성격을 규정했다고 이해하면 되겠다.

협력적 접근법(A6.2)

본격적으로 제6조는 세 가지 유형의 탄소시장에 관한 사항을 규정한다. 첫번째로 2항과 3항에서 규정하는 탄소시장이 있다. 제6조 2항에 의해 규정된 시장(A6.2, 6.2조 시장)을 조문에서는 협력적 접근법cooperative approaches이라고 명명한다.

2항에 ③ 국제적으로 이전된 완화 성과ITMO: Internationally Transferred Mitigation Outcomes라는 용어가 나온다. 완화 성과는 온실가스를 감축한 실적이자 결과물이다. 지금부터는 감축결과물MO: Mitigation Outcomes이라고 부른다. 감축결과물은 생산된 국가, 즉 감축 사업 유치 국가에서 다른 국가(취득 국가)로 국경을 넘어서 이전될 수 있다. 감축결과물의 나라 간 이전, 국제 거래이다. 이렇게 다른 나라로 이전되는 감축결과물을 영어 약자로 'ITMO'라 명한다. 너무 당연한 이야기지만, 국제 탄소시장이 존재하는 이유는 감축결과물을 국제적으로 거래하기 위해서이다. 파리협정 국제 탄소시장의 거래대상이 곧 ITMO이다.

④ 국제 거래에서 이중계산이 발생해서는 안 된다. 이를 위해 엄격한 회계 기준을 적용해야 한다. 이 문장의 조동사로 shall이 사용되었음을 눈여겨 보아야 한다. 다시 말하지만, shall이 쓰이면 법적 의무가 된다. 참고로 2항에서 환경건전성이 다시 나온다. 6.2조 시장이 환경건전성을 확보해야 한다는 분명한 요구이다.

⑤ 국제적으로 이전되는 감축결과물, ITMO의 거래를 위해서는 참여국의 허가를 받아야 한다. 공식 번역은 승인이지만, 이하에

서 허가로 명명한다. 왜 승인이 아니라 허가인지는 〈참고 5-1〉에서 설명하기로 하고, 여기서는 별도의 항(項)에 ITMO 거래의 필수요건으로서 허가가 필요하다고 밝힐 만큼 허가라는 행정 절차가 중요함을 기억하자.

사실 6조 2항의 협력적 접근법은 단 2개의 항으로 규정되고 있지만, 국제사회는 다양한 형태의 국가 간 협력이 추진될 수 있다고 보고 있다. 두 개의 국가 사이에 협력이 가능하고, 여러 나라가 함께 협력할 수도 있을 것이다. 배출권거래제ETS 간 연계도 가능하다. 예컨대 한국의 ETS와 유럽연합의 ETS가 연계되는 것이다. 또 국제기구, 예컨대 세계은행을 중심으로 협력체제가 만들어질 수도 있다. 형태가 어떤 것이든 중요한 것은 6.2조 시장이 참여 국가의 공식적인 행정 절차(허가)를 통해 작동한다는 사실이다.

6.4조 메커니즘(A6.4M)

제6조 4항~7항에 의해 새로운 탄소시장이 탄생한다. 이를 ⑥ 4항에서 '메커니즘'이라고 부른다. 이름과 함께 제도가 법적으로 탄생한다. 6.4조 메커니즘의 근거가 무엇이냐고 묻는다면 "파리협정 제6조 4항이요!"라 답하면 된다. 역시 시장이라는 용어는 나오지 않는다.

⑦ 6.4조 메커니즘은 유엔(당사국총회)의 지휘·통제를 받는 감독기구에 의해 운영·관리된다. 6.2조 시장(협력적 접근법)과 분명히 구별되는 대목이다. 6.4조 메커니즘을 하향식이라고 하는 이유이다. 감독기구에서 제도의 운용을 지도하고 감독하기 때문이다. 이에 비해 협력적 접근법은 국가 간의 자발적 협정에 의해 추진되는 상향식이다. 국가의 자율성이 더 많이 발휘될 수 있다.

⑧ 4항 나목에 따르면 6.4조 메커니즘은 공공기관만이 아니라 민간 주체(실체), 즉 민간 기업이 감축 사업에 참여하도록 유인을 제공하고 촉진한다. 이렇게 명시적(직접적)으로 민간 업체의 참여를 요청하는 경우는 파리협정의 다른 조항에 없다. 6.4조 메커니즘에서 민간의 역할이 중요할 것으로 예상할 수 있는 대목이다. 다만 6.4조에 의해 감축 사업에 참여하려는 민간 기업은 당사국의 허가를 받아야 한다. 절차적 요건으로서 유치국의 허가를 받아야 함을 분명히 한다.

⑨ 6.4조 시장은 전지구적 배출의 전반적 완화OMGE: Overall Mitigation in Global Emissions를 목적으로 한다. 여기서 완화는 감축으로 쓰는 게 이해하기 쉽다. 한 나라의 감축결과물이 다른 나라로 이전되면 감축결과물의 이전만 발생할 뿐이다. 일종의 제로섬 게임이다. 전반적인 감축(순배출량 감소)이 일어나려면 어떻게 해야 할지에 대해 이견이 존재한다. 최종적으로 감축 수량의 2%를 발행하지 않기로 했다. 100톤이 줄었는데 98톤만 상쇄배출권A6.4ER으로 발행하면 2톤은 줄어든 셈이 된다. 지구 순 배출량의 감소가 실현되는 것이다.

참고로 4항 다목에 이어서 5항에 배출 감축ER: emission reductions이라는 용어가 등장한다. 청정개발체제의 상쇄배출권 명칭이 CERcertified emission reductions, '인증 받은 배출 감축'이다. 동일한 맥락에서 6.4조 메커니즘의 상쇄배출권을 A6.4ER, 6.4조 메커니즘의 배출 감축이라 한다. 그런데 배출 감축은 수량으로 표시된다. 감축 사업을 하면 온실가스 배출 수량이 감소하기 때문이다. 배출 감축을 '배출감축량'이라 썼을 때 의미 전달이 보다 명확할 수 있다. 5항은 아주 중요한 의미를 담고 있다. A6.4ER을 특정 국가가 구매해서 이를 자국의 국가결정기여 달성에 사용한 경우, 다른 나라는 이를 자신의 국가결정기여 달성에 사용할 수 없다고 명시하고 있다. 의미를 따져 보면 앞에서 나온 이중계산의 금지를 반복하는 내용이다. 이중계산 문제에 대한 국제사회의 심각한 우려를 반영한다 하겠다.

⑩ 6.4조 시장의 운영 과정에서 나오는 수익금의 일부SOP: Share Of the Proceeds를 행정 비용뿐 아니라 ⑪ 개발도상국의 적응 비용을 지원하는데 사용하도록 한다. 최종적으로 발행되는 상쇄 배출권A6.4ER의 5%를 적응 기금에 지원한다. 청정개발체제(2%)와 동일한 내용이다. ⑫ 향후 당사국총회에서 6.4조 메커니즘의 세부이행규칙으로서 '규칙, 방식 및 절차RMP: Rules, Modalities, and Procedures'를 정한다. 세부이행규칙RMP을 마련하기 위한 후속 협상이 불가피하다. 6.2조 시장 역시 당사국총회의 규제를 받는다(제6조 2항). 하지만 규제하는 문서의 느낌이 다르다. 6.4조 시장이 규칙, 방식 및 절차라는 딱딱한 명칭인 반면, 6.2조 시장은 안내서 guidance[12] 이다(제6조 2항). 두 시장의 성격 차이를 엿볼 수 있는 대목이라 하겠다. 반복하면, 6.4조 메커니즘은 하향식 중앙통제 시장이고, 협력적 접근법(6.2조 시장)은 상향식 자율형 시장이다.

6.8조 프레임워크(비시장 접근법)

파리협정의 마지막은 비시장 접근법이다. 시장의 접근방식에 따르지 않는다는 의미가 되겠다. 8항~9항에서 이 색다른 협력 방식이

---

12 지침서라고 하면 '가이드라인(guideline)'이 떠오른다. 그런데 세부이행규칙의 정식 명칭은 'guidance'이다. 따라서 지침서라고 번역하기보다는 안내하고 지도한다는 의미를 담고 있는 것으로 보아, 이하 '안내서'로 지칭한다.

어떠한 것인지 규정한다. 비시장 접근법은 개발도상국의 다양한 활동, 즉 ⑬ 온실가스 감축만이 아니라, 적응, 재정 지원, 기술 이전, 역량 배양 등 폭넓은 분야에 대한 지원을 위해 시행된다. 이러한 활동을 통해 결과적으로 ⑭ 개발도상국의 국가결정기여의 달성을 지원하고자 함을 분명히 한다. 비시장 접근법의 지원분야와 지원 목적이 무엇인지 알 수 있겠다.

9항에 의해 ⑮ 비시장 접근법 프레임워크가 설립되었다. 6조 8항에 의한 개발도상국 지원 프레임워크의 명칭이다. 대체 비시장 접근법이 무엇인지에 대해 논란이 있다. 대부분 동의하는 바는 탄소시장이 감축결과물을 거래를 하는 것이라면, 비시장 접근법은 대가代價를 바라지 않는 일방적 지원이라는 것이다. 다시 말하면, 개발도상국에 자금을 투자해서 감축 사업을 추진하되, 거기서 발생한 감축결과물을 이전 받지 않는다. 간단히 6.8조 프레임워크에서는 국제적으로 이전된 감축결과물ITMO이 발생하지 않는다.

참고 5-1. 주요 용어의 비교

감축결과물과 배출감축량
제6조 2항에 감축결과물MO, 제6조 4항 다목과 5항에 배출감축량ER이 나온다. 의문이 떠오른다. 감축결과물과 배출감축량의 차이가 무엇일까? 차이가 있기는 한 건가? 감축결과물과 배출감축량이 모두 일정한 감축 사업을 통해 실현된 배출량의 감축을 말한다. 동일한 방법론을 사용했다면 품질에 차이도 없다고 보아야 한다. 그런데 왜 용어를 달리할까?

무엇보다 상쇄 메커니즘이 다르다는 사실을 분명히 하는 의미가 있다. 감축결과물은 협력적 접근법, 배출감축량은 A6.4M에 의해 발행된다. 쉽게 말해서 상쇄배출권의 발행처가 다른 것이다. 그런데 배출감

축량이라도 국제 거래에 사용되면, 감축결과물과 마찬가지로 ITMO가 된다. 감축결과물이건 배출감축량이건 ITMO로서 국가 간에 거래가 된다는 말이다.[13] 파리협정에서 국가 간에 거래되는 상쇄배출권을 ITMO라고 명하고 '이트모'라고 읽는다. ITMO의 거래에 대해서는 제6조 2항 협력적 접근법의 세부이행규칙인 안내서에서 구체적인 절차를 정하고 있다. 이렇게 6.2조 시장과 6.4조 시장이 하나로 연결된다. 어떤 때는 감축결과물과 배출감축량을 명확히 구분할 필요가 있을 것이다. 6.2조 시장(협력적 접근법)을 설명할 때는 감축결과물이라 해야 하고, 6.4조 시장(A6.4M)에 대해서는 배출 결과물이라 해야 한다. 그렇지 않은 경우는 그냥 감축 실적이라고 하는 게 어떨까 싶다.

허가, 인가, 그리고 승인

제6조의 영문본에 보면 authorize라는 단어가 두 번 나온다. 그런데 한글 번역본을 보면 한 번은 승인(제6조 3항), 다른 한 번은 허가(제6조 4항 나목)라고 한다. 이유를 모르겠다. 같은 의미이니 번역도 같아야 한다. 이 책에서는 authorization을 허가로 번역했다. 또 제6조 탄소시장의 세부이행규칙RMP에 보면 approval이라는 단어가 나온다. 이는 인가로 번역한다.

① 허가: 법령에 의해 금지된 행위를 적법하게 행할 수 있도록 하는 행정관청의 행위이다. 법령에서 정한 일정한 조건을 갖춘 경우에 한해서 허가한다. 하천에 오염물질을 배출하는 행위를 금지하되, 일정한 방지시설을 갖추고 정해진 배출 허용기준을 준수하는 경우 오염물질을 배출할 수 있다.
② 인가: 법률적 행위의 효력을 완성시키는 행정관청의 행위이다. 사인私人의 행위, 사인 간에 이루어지는 행위에 행정관청이 동의(찬성)하여 그 행위를 유효하게 만든다. 행정관청이 법인의 설립을 인

---

13   정확히 말하면 국가 이외의 주체 간에도 거래가 된다. 예컨대 ICAO의 CORSIA(42쪽)에서 국제 감축 목적으로 쓰일 경우 ITMO의 구매 주체는 민간 항공사가 된다.

가하고, 사인 간 사업체의 양도 행위를 인가한다.
③ 승인: 인가 또는 허가에 해당하는 행정행위 모두에 대해 쓰인다. 따라서 승인이라고 했을 때는 그 성격이 허가에 해당하는지 아니면 인가에 해당하는지 살펴야 한다.

파리협정 제6조와 관련해서 유치국과 감독기구A6.4SB의 행위로서 authorization과 approval이 나온다. 이 두 가지 행위를 허가, 인가, 승인 중 어떤 용어로 번역할지가 문제이다. 사실 허가와 인가를 그 의미에 맞게 정확히 구분해서 사용하지 않는 경우도 많다. 그럼에도 본래의 법적인 의미를 따져보고 그에 맞게 번역하려는 노력은 분명히 의미가 있다. 우선 인가나 허가 모두에 대해 승인이라고 쓰는 사례가 많으므로 혼동을 피하기 위해 일단 승인은 제외하자. 제6조 탄소시장에서 authorization은 감축 사업에서 생산된 감축 실적을 ITMO로 인정받아 해외로 이전할 수 있도록 허용하는 행정 절차이다. 따라서 허가로 번역하는 게 타당해 보인다. '금지'된 해외 이전을 사업유치국 정부가 판단해서 허용한다고 보아서 그렇다. 허가의 성격을 가지는 승인이라고 할 수도 있겠다. 많은 경우 approval은 승인으로 번역하는데 방금 말한 것처럼 혼동을 피하기 위해 '인가'로 번역한다. 행정관청에서 사업 등록의 전제조건으로서 사업계획서의 내용에 동의하고 인정한다는 의미로 인가한다고 이해하면 되겠다.

accounting의 의미

파리협정의 한글 번역은 Robust accounting을 엄격한 계산이라고 한다. Accounting을 계산이라고 볼 수도 있지만, 단순한 계산보다는 온실가스의 배출 및 제거의 현황과 변화(추이)를 정확하게 보여주는 방법을 뜻한다. 계산Counting과 구분해서 '산정'이라고 번역하기도 하지만 투명성과 비교가능성을 보장하는 회계 기준이라고 보는 게 합당하다. 문맥에 따라 회계 처리라고 번역한다. 참고로 공식 한글본에서 이중계산double counting의 counting과 엄격한 계산robust accounting의 accounting을 똑같이 계산이라고 번역한 것도 이상하다. Accounting은 단순한 계산counting 이상이라고 보아야 한다.

3장
운영 여건의 변화

1. 개요

파리협정의 요구사항

국제 탄소시장은 새로운 것이 아니다. 교토의정서 아래에서 다양한 형태의 탄소시장이 세계 곳곳에서 운영되면서 상당한 경험이 축적되었다. 그렇다고 파리협정의 국제 탄소시장이 교토의정서 때와 같을 수는 없다. 파리협정체제가 만들어내는 국제사회의 질서와 규범이 다르기 때문이다. 국제협력체제의 성격이 다르니 탄소시장 역시 다른 모습이어야 한다. 이 차이를 알기 위해서는 파리협정에서 당사국이 직면한 상황(운영 여건)의 변화를 분명히 이해해야 한다. 특별히 세 가지 요구사항이 반영되어야 한다.

첫째, 파리협정에서는 모든 당사국이 온실가스 감축에 동참한다. 당사국 모두가 각자의 감축 목표(국가결정기여)를 달성하기 위해 파리협정 제6조의 시장을 활용할 수 있다. 그래서 파리협정 제6조 1항의 주어가 당사국이다. 누구든, 어디서든 비용 효과적인 감축 대안이 있는 곳에서 우선 감축한다면 그만큼 목표를 상향할 수 있고, 지구 차원에서 최소 비용으로 감축 효과를 극대화할 수 있다. 청정개발체제가 선진국의 감축의무 달성을 지원하기 위해 운영되었던 것과 근본적으로 다른 점이다. 파리협정의 탄소시장은 모든 당사국에 제공되는 기회이다. 다른 나라의 감축 실적을 자국의 감축 실적으로 사용할 수 있으니 말이다. 하지만 세상의 일이 기회가 있으면 위험 요소도 있다. 이중계산과 같은 새로운 위험 요소를 방지하는 노력(예: 상응조정)이 필요함을 기억하자.

둘째, 국가결정기여가 5년마다 지속 상향되어야 한다. 상쇄배출권 판매국의 입장에서 5년, 10년 후에 강화되는 국가결정기여에 비추어 판매 여부를 결정할 필요가 있다. 감축 사업에서 상쇄배출권이 생산되기 시작하면 최대 15년(감축 사업) 또는 45년(제거 사업) 동안 지속되기 때문이다. ITMO 거래가 5년마다 계속 상향되어야 하는 국가결정기여 달성에 문제가 되어서는 안 된다.

셋째, 탄소시장의 거래는 감축결과물 수량 측면에서 보면 제로섬 게임이다. A국의 배출감축량으로 B국이 동일한 수량을 추가 배출할 수 있으니 그렇다. 지구 전체의 감축이라는 기준으로 보면 탄소시장이 추가 이익(감축)을 제공하지 못한다. 그래서 선진국이 개발도상국의 감축 사업에 편의적으로 의존한다는 비판이 나오고, 국제 탄소시장이 지구 차원에서 실효적인 감축에 기여해야 한다는 주장에 힘이 실린다. 전지구적 배출의 전반적 완화OMGE라는 문구가 파리협정의 시장 조항에 담긴 이유이자(제6조 4항 라목) 탄소시장의 거래가 제로섬 게임이 되지 않도록 하라는 요구이다.

국가결정기여와 탄소시장

국가결정기여 달성은 쉽지 않을 것이다. 쉽지 않아야 정상이다. 파리협정이 최대한 높은 수준의 목표를 제시하라고 요청하기 때문이다. 국가결정기여 달성을 위한 국제협력 방식 중 하나가 국제 탄소시장이다. 탄소시장 내에서 배출권의 거래가 이루어지는 이유는 나보다 더 낮은 비용으로 온실가스를 줄일 수 있는 누군가가 있기 때문이다.[14] 바꾸어 말하면, 국내 감축에 더하여 국제 탄소시장을 통해 국외의 감축 실적을 구매함으로써 국가결정기여를 상향할 수 있다.

그림 5-2와 같은 상황이다. 당사국이 기준 연도와 비교해서 목표 연도의 일정한 배출 목표를 국가결정기여로 제시한다. 예컨대 기준 연도 배출량(1억 톤) 대비 10% 감축해서 2030년에 9천만 톤

을 배출하겠다고 한다. 그런데 목표 연도의 실제 배출량(파란색 막대)이 목표(주황색 막대)를 초과하였다. 이에 당사국은 초과 배출량에 해당하는 수량의 국외 상쇄배출권, 즉 ITMO(초록색 막대)를 구매해서 목표를 달성할 수 있다.

　파리협정의 국제 탄소시장에서 중요하게 보는 것이 투명성이다. 당사국은 거래 과정의 정보를 투명하게 제공해야 한다. 특별히 배출량과 관련해서 세 가지 정보가 필요하다. 당사국의 배출량 인벤토리(회색 막대), 구매한 ITMO(초록색 막대)의 수량, 그리고 실제 배출량(파란색 막대)에서 ITMO를 뺀 '조정 후 배출량(주황색 막대)'이다. 세 가지 정보가 왜 중요한지 꼭 이해하고 있어야 한다.

그림 5-2. 국가결정기여 달성을 위한 ITMO의 사용(Levin, Kizzier and Rambharos, 2019)

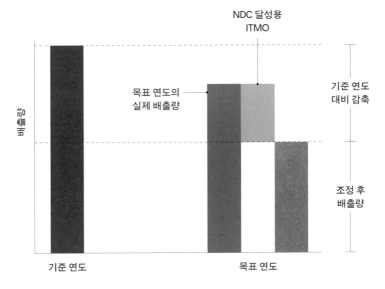

14　　감축 비용이 덜 드는 감축 사업 기회가 어디에 있는지는 민간 기업이 제일 잘 안다. 민간 기업의 참여를 요청하는 이유이다(파리협정 제6조 4항 나목).

2. 세 가지 핵심 개념

국가결정기여

파리협정은 모든 당사국에 국가결정기여라는 이름으로 감축 목표 (약속)를 제시하고, 이를 이행하라고 한다. 문제는 190개가 넘는 당사국의 여건과 역량의 차이가 너무 크다는 것이다. 이 사실은 각국이 제출한 국가결정기여의 다양한 모습에서 잘 드러난다. 표 5-1은 2016년 10월까지 163개 당사국이 기후변화협약 사무국에 제출한 '잠정적인' 국가결정기여INDC를 정리한 것이다. 제19차 당사국총회 (2013년, 바르샤바)에서 INDC를 제21차 당사국총회(2015년, 파리)까지 제출하기로 결정했다. 당사국의 감축 의지를 독려하기 위해서다. 한국을 포함해 대부분 나라가 나중에 이를 그대로 국가결정기여로 제출했다. 다시 말해 NDC와 INDC가 별로 다르지 않다. INDC를 정리한 자료를 통해 다양한 NDC 형태를 확인할 수 있다.

　　파리협정의 국가결정기여는 말 그대로 자기 결정의 산물이다. 감축 수준은 물론 형태(유형)도 제출국이 정하면 된다. 자국의 여건 NC을 반영해서 목표의 유형을 선택할 수 있다. 말썽은 여기서 생긴다. 국가결정기여에 통일성이 없는데 ITMO는 거래해야 한다. 다시 말해 ITMO를 거래하는 두 국가가 각기 서로 다른 국가결정기여에 통일된 방식으로 거래의 결과를 반영해야 한다. 무엇이 문제인지, 또 어떻게 해결할지는 다음 장에서 공부하기로 하고, 여기서는 다양한 국가결정기여에 대해 설명한다.

표 5-1. 당사국이 제출한 (I)NDC 현황(Graichen, Cames and L. Schneider, 2016)

구분	(I)NDC	나라 수	배출 비율
온실가스 목표	절대 기준 목표	43	41.4%
	BAU 대비 목표	74	15.6%
	집약도 목표	10	32.8%
	정점 배출량 목표	4	2.0%
	온실가스 목표 아님	32	4.3%
온실가스 이외 목표	온실가스 이외의 다른 목표(온실가스 목표 없음)	18	1.2%
	온실가스 목표 + 온실가스 이외의 목표	73	46.0%
	온실가스 이외의 목표 아님(온실가스 목표)	72	48.9%
Non-GHG 목표 유형	다수의 non-GHG 목표	17	31.9%
	재생에너지 목표	63	13.3%
	에너지효율 개선 목표	1	0.0%
	산림 면적 목표	10	2.0%
	온실가스 이외의 목표 아님	72	48.9%
행동	행동 목표	14	3.1%
	행동 + 다른 목표	19	1.4%
	행동 이외의 다른 목표	130	91.6%
조건의 유무	조건 없는 목표(무조건부 목표)	34	68.1%
	조건부 목표	49	12.4%
	조건부 및 무조건부 목표 동시 제시	80	15.6%
기준 연도 유형	과거 연도 or 고정 값	53	74.0%
	BAU	79	15.8%
	고정 베이스라인	3	0.0%
	변동 베이스라인	4	1.8%
	특정하지 않음	31	6.3%
목표 연도	2030년 단일 연도 목표	106	69.7%
	기타 단일 연도 목표	11	19.6%
	다년도 목표(2030년+최소 1개년)	11	0.5%
	연도 특정 없음	35	6.3%
목표에 포함되는 부문	전 부문(에너지, 산업, 농업, LULUCF, 폐기물)	71	86.0%
	에너지 + 3개 부문	27	4.8%
	에너지 + 2개 부문	22	1.7%
	에너지 + 1개 부문	17	0.6%
	에너지(에너지만)	20	1.4%
	에너지 하위 부문	6	1.6%

목표의 유형(GHG targets)

　기후변화협약체제에서 최초의 감축 목표는 교토의정서에서 나온다. 선진국[15]에 대해 숫자로 표시되는 감축량 목표를 부여한 것이다. 기준 연도 대비 백분율로 표시되는 형태이다(QELORO). 여기서 기준 연도는 과거의 특정 시점(1990년)이다. 이미 지난 시점의 배출량이라서 기준이 흔들리지 않는다(절대 기준). 감축 목표의 전범典範이라 하겠다. 표 5-1 첫 번째 줄에 나오는 '절대 기준 목표'가 이에 해당한다. 이에 비해 배출전망치BAU: Business As Usual를 기준으로 감축 목표를 설정한 국가가 꽤 많다(74개국). 배출전망치는 미래의 배출량에 대한 전망(예측) 값이다. 미래의 일이니 전망하기 나름이라는 말이 나올 수 있다. 또 다른 목표는 집약도intensity target이다. 단위로는 tCO_2/GDP나 $tCO_2/capita$(1인당 배출량)가 사용된다

　분명히 국제사회는 바람직한 국가결정기여의 유형(절대 기준 목표)이 무엇인지 알고 있다. 하지만 많은 나라가 배출전망치나 집약도 목표를 고집하는 이유는 경제 성장에 따라 증가하는 온실가스 배출량을 자신들의 감축 노력에 반영하기 위해서이다.[16] 예를 들어, 10년 후 30% 증가하는 배출량BAU을 "10% 줄이겠다"고 하는 것과 10년 후 온실가스 배출량을 "20%만 증가시키겠다"는 것 간의 차이

15　기후변화협약의 선진국(부속서 1국가)과 교토의정서의 선진국(부속서 B국가)은 벨라루스와 튀르키예(Turkey)만 다르고 나머지는 똑같다. 혼동을 피하기 위해 굳이 구분하지 않고, 선진국은 '부속서 1국가'로 지칭한다. 본래 총 39개국인데 미국이 교토의정서를 탈퇴함에 따라 38개국이 된다.

16　온실가스의 배출이 계속 증가해 온 한국의 경우 2020년 총 배출량(6억 5,620만 톤)은 1990년(2억 9,210만 톤) 대비 124.7% 증가했다(환경부 온실가스정보센터, 2022).

이다. '배출전망치 산정이 정확하다면' 둘은 똑같은 목표이다.

전망하는 시점이 다르면 배출전망치가 달라진다. 미래 전망의 가정과 매개변수가 달라져서 그렇다. 2019년에는 2030년의 유가油價를 배럴당 100달러로 예상했는데, 2020년에 보니 70달러에 그칠 것 같다. 유가가 낮아지면 유류 소비가 늘어나고, 온실가스 배출량 역시 증가할 것이다. 배출전망치 산정에서 계산 시점이 중요하다는 사실을 알 수 있다. 이렇게 감축 목표의 기준reference이 되는 배출전망치가 계속 바뀌면 감축 목표 자체가 불명확하게 된다. 똑같이 2030년 10% 감축이라 해도 2030년 배출전망치를 1천만 톤으로 할 때와 1,500만 톤으로 할 때가 다르다. 정확히 50만 톤의 차이가 난다. 비유하자면 축구 경기에서 골대(감축 목표)의 위치가 바뀌는 상황이다.

집약도가 향상되어도 온실가스 배출량은 늘어날 수 있다. 국민경제GDP의 규모 증가가 효율 향상의 성과를 삼킨다. 빠른 인구증가도 마찬가지이다. 그래서 배출전망치, 집약도 둘 다 중국, 인도 같이 급속한 양적 경제발전을 추구하는 개발도상국이 선호한다.[17]

목표 달성 지표

감축 목표로 사용하는 지표가 무엇인지도 보아야 한다. 파리협정이 온실가스 감축을 목표로 하므로 당연히 온실가스 배출량 GHG target을 지표로 할 것이라 생각하겠지만, 꼭 그렇지는 않다. 재생에너지 시설 설치, 에너지 효율 개선, 산림면적 등 온실가스 이외의 지표non-GHG targets를 사용할 수 있다. 온실가스와 이들 지표를

17   한국은 최근에 절대 기준 방식으로 전환했다. 2018년 배출량 대비 2030년 40% 감축이다.

같이 사용하기도 한다. 특이하게 행동action 목표가 있다. 이러저러한 행동을 하겠다는 거다. 그러한 행동을 통해서 무엇을 달성할 인지 말이 없다. 행동은 수단이고 온실가스 감축은 목표일 터인데, 전자만 있는 것이다.

시간 계획(time frame)

절대다수의 국가(106개국)가 2030년 단일 연도를 목표 연도로 하고 있다. 2030년에 자국의 배출량(감축 비율)을 얼마로 하겠다고 약속하는 방식이다. 2030년 이외의 단일 연도는 2020, 2025, 2035, 또는 2050년이다. 일부 국가(11개국)는 다수의 목표 연도를 제시한다. 목표 연도를 밝히지 않는 당사국도 31개나 된다. 2030년 등 단일 연도를 목표로 제시한 나라의 경우 목표 연도 이외의 기간(2021~2029년) 동안 온실가스 배출 관리를 어떻게 할지 의문이 생긴다. 이는 특히 ITMO 거래에서 골치 아픈 문제를 야기한다. 목표 달성의 진전을 파악하는데 비교가 어려워지는 문제도 생긴다. 어쨌든 시간과 관련한 목표 설정 방식에 대해 일정한 규칙을 정할 필요가 있어 보인다. 그래서 파리협정 제4조 10항에서 공통의 시간 계획(프레임)을 고려하라고 요구한다.[18]

조건 유무(conditionality)

국가결정기여에는 조건이 붙는다. 국가결정기여 수준을 선진국의 지원과 연계하기 때문이다. 선진국의 지원이 없으면 5% 감축, 지원이 있으면 15% 감축, 이런 식이다. 개발도상국은 자체 재원이

---

18   제4조 10항. 이 협정의 당사국회의 역할을 하는 당사국총회는 제1차 회기에서 국가결정기여를 위한 공통의 시간 계획에 대하여 고려한다.

나 기술이 크게 부족하다. 선진국의 도움이 있어야 감축을 더 하겠다는 명시적 의사 표명이라 하겠다. 조건부 국가결정기여만 제시한 국가도 49개국(배출량 기준 12%)이나 된다. 지원이 없으면 아예 감축할 수 없다고 주장하는 것이다. 그 배경에 배출 책임이 선진국에 있으므로 선진국의 지원 없이는 온실가스 감축을 해야 할 이유가 없다는 생각이 자리 잡고 있을 것이다.

무조건부 국가결정기여unconditional NDC에 더하여 조건부 국가결정기여conditional NDC를 제시하는 국가의 경우 무조건부 국가결정기여에 해당하는 감축분은 오롯이 국내 감축을 통해 달성하는 게 논리적으로 맞다. 국제 지원이 있으면 추가로 감축(조건부 감축)하겠다는 것이니, 다른 말로 하면 조건 없는 감축 약속은 자체의 노력과 자금으로 달성하겠다는 뜻이 된다. 이를 제6조 탄소시장과 관련해서 말하면 무조건부 국가결정기여를 달성하는데 사용해야 할 감축 실적을 해외로 이전해서는 안 된다. 유치국의 자체 감축 여력이 축소되면서 무조건부 국가결정기여 달성이 어려워지기 때문이다. 또 국제 탄소시장이 국가결정기여의 상향을 위한 것이라는 원칙에서 보아도 그렇다. 조건부 국가결정기여는 무조건부 국가결정기여의 추가분 또는 상향분이다. 다만, 이상의 내용은 규범적, 개념적으로 그렇다는 것이다. 실제 조건부 NDC를 제시한 국가가 모두 이렇게 이해하는 것은 아니다(Greiner et al., 2021).

관리 대상의 범위(sectoral coverage)

개발도상국은 '경제 전반에 걸친 배출 감축 또는 배출 제한 목표economy-wide emission reduction or limitation targets' 설정을 향해 나가야 한다(4조 4항). 모든 배출 부문에 대해 빠짐없이 온실가스 배출 통계를 잡고 감축 노력을 경주하라는 뜻이다. 온실가스는 경제 전반에서 배출된다. 따라서 온실가스 배출 관리 역시 경제의 전 영역에 대해 이루어져야 한다. 현실은 어떠한가? 통계를 보자. 에너지, 산업, 농업, 산림, 폐기물 등 모든 배출 부문을 관리하는 당사국은 71개국 정도이다. 나머지 국가는 에너지 부문 이외의 1~3개 부문, 에너지 부문, 또는 에너지 부문 중 일부만 관리한다. 가장 관리가 취약한 부문은 산업 공정과 LULUCF이다. 배출량 관리가 안 되는 이유는 관리의 어려움 때문일 것이다.

상응조정

이중계산의 유형

파리협정 국제 탄소시장의 가장 중요한 특징 중 하나가 상응조정이다. 모든 당사국이 국가결정기여라는 감축 목표를 가지면서 이중계산을 방지하기 위해 상응조정이 필요하게 된다. 교토의정서 청정개발체제에서 전혀 문제가 되지 않았던 사안이다. 특별히 국가결정기여의 다양한 유형 때문에 상응조정을 하기가 쉽지 않다. 이중계산 방지(상응조정)에 관한 조문은 파리협정 제4조 13항, 제6조 2항, 제6조 5항, 그리고 제21차 당사국총회 결정문(1/C.P.21) 36항, 92항 바목(f), 106항, 107항에 나온다. 이중계산 가능성에 대한 당사국의 심대한 우려를 반증한다 하겠다. 다행히 그간의 협상과 논쟁 과정을 거치면서 이제 이중계산을 방지하기 위해서는 상응조정이 필요하다는데 당사국 간에 이견은 없는 것으로 보인다.

보통 3가지 유형의 이중계산이 발생할 수 있다.

① 동일한 감축 실적[19]이 두 번 발행되는 경우이다(double issuance). 이미 배출권이 발행된 감축 활동에 반복해서 다시 배출권을 발행한다.

② 하나의 감축 실적이 두 번 사용될 수 있다(double use). 이미 판매되어 사용된 감축 실적이 장부상에 남아서 한 번 더 사용될 수 있다. 이전transfer이 투명하게 관리되지 않는 상태에서 ITMO가 여러 나라로 이전한다면, 두 개 이상의 나라가 동일한 ITMO를 사용할 가능성이 생긴다.

③ 동일한 감축 실적에 대해 두 나라가 동시에 소유권을 주장(double claiming)하는 경우가 있을 수 있다.

정리하면 ①은 생산(공급처), ②는 사용(수요처), ③은 생산과 사용, 두 군데에서 동시에 발생하는 문제이다. 그런데 ①과 ②는 사실상 회계장부를 제대로 기재하지 못해서 일어나는 잘못이다. 합당한 주의를 기울이면 해결할 수 있다. 실제 심각한 문제가 되는 이중계산은 ③번의 케이스이다. 동일한 배출감축량 또는 감축결과물을 두 개의 나라에서 각각 자국의 감축 실적으로 활용하는 것이다.

그림 5-3을 보자. A국은 2030년 온실가스 배출전망치가 100톤이고, 국가결정기여 상의 배출 목표는 80톤이다. 2030년에 50톤의 온실가스를 감축해서 실제 배출량이 50톤을 기록했다. 이에 초과 달성한 30톤을 B국에 판매한다. 한편, B국의 2030년 온실가스 배출전망치는 110톤이고, 국가결정기여는 70톤이다. 자체적으로 10톤을 줄이는데 그쳐서 실제 배출량은 100톤이다. 이에 국가결정

---

19 감축 실적은 6.2조 시장의 감축결과물MO일 수도 있고, 6.4조 시장의 배출감축량ER일 수도 있다(참고 5-1).

그림 5-3. ITMO의 이중계산(Levin, Kizzier and Rambharos, 2019)

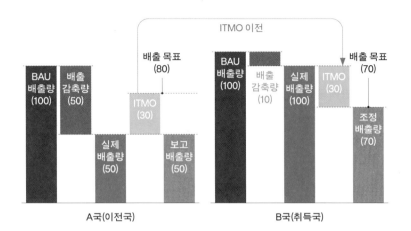

기여를 달성하기 위해 30톤을 A국으로부터 구매하였다. B국은 감축 목표량 40톤(자체 감축 10톤 + 해외 구매 30톤)을 달성해서 70톤을 배출했다고 국제사회에 보고한다. 문제는 30톤을 해외에 판매한 A국이 자신의 배출량이 50톤이라고 보고한 데 있다. A국과 B국이 보고한 배출량 120톤과 실제 양국이 배출한 온실가스 배출량 150톤 간에 30톤 차이가 난다. 양국이 거래한 30톤이 양국 모두의 감축 실적으로 잡혀서 결국 30톤이 이중으로 계산된다. 이렇게 동일한 ITMO에 대해 두 개 나라가 소유권을 주장(③번 유형)하는 문제를 해소하기 위해서는 이어 설명하는 상응조정이 이루어져야 한다.[20]

---

20   상응조정을 한다고 해서 동일한 감축결과물에 대해 두 번 이상 상쇄배출권이 발행(①번)되고, 이미 사용된 상쇄배출권이 다시 사용(②번)되는 문제가 방지되는 것은 아니다. 이러한 이중(二重) 발행, 이중 사용의 문제는 ITMO 하나하나에 특정한 표시(unique identifiers)을 붙임으로써 해결해야 한다.

개념 이해

구매국은 ITMO를 국가결정기여에 사용할 권리를 갖게 된다. 이에 대해 판매국은 ITMO를 자국의 배출량에서 조정해야 하는 의무를 지게 된다. 구매국의 사용에 '상응'하는 판매국의 조정이다. 그림 5-4는 그림 5-3과 한 군데만 다르다. 즉 A국이 판매한 30톤을 반영해서 80톤이라고 보고하는 부분이다. A국(유치국)에서 감축사업이 실행되어 일정한 수량의 감축이 이루어지면 그만큼 A국의 배출량이 줄고, 자동으로 A국의 인벤토리에 반영된다. 때문에 감축량이 두 번 사용되는 잘못을 피하기 위해서는 A국에서 해외로 이전한 수량만큼을 사후적으로 인벤토리에 더하여 주지 않으면 안 된다. 이렇게 상응조정을 반영해서 조정한 배출량adjusted emission이 바로 '배출 균형emission balance'이다. 그런데 의미에 부합하는 보다 정확한 번역은 '배출량 수지표'이다. 인벤토리 상의 최종 배출량은 국내의 배출량과 감축량뿐 아니라, 해외로 이전하거나 취득한 ITMO의 수량을 반영해야 한다 (최종 배출량 = 배출량 - 감축량 + (이전 수량 - 취득 수량)). 이렇게 이전과 취득의 수지balance를 반영해야 한 나라의 배출량이 정확히 계산된다.[21]

정리하면, ITMO를 이전한 국가는 이전한 수량만큼 배출량 인벤토리에 합산(+)하고, ITMO를 취득한 국가는 동일한 수량을 배출량 인벤토리에서 삭감(-)한다. 가감加減 = 상계相計이다. 이는 은행

---

21   참고로 emission balance라는 용어는 강화된 투명성체제(ETF)의 세부이행규칙인 MPG(결정문 18/CMA.1)에 처음 나온다. "Paragraph 77(d)(ⅱ) An emission balance reflecting the level of anthropogenic emissions by sources and removals by sinks covered by its NDC adjusted on the based on the corresponding adjustments ...."

그림 5-4. ITMO의 상응조정 (Levin, Kizzier and Rambharos, 2019)

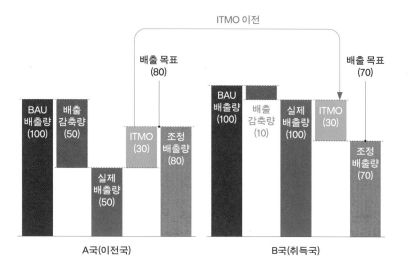

에서 대차대조표의 대변과 차변에 입금과 출금, 부채와 예금을 표
시하는 것과 전혀 다르지 않다. 복식 부기double booking 방식이다.

교토의정서체제에서 CER 판매국은 상응조정해야 할 감축 목
표가 아예 없었다. 감축 목표(80)가 없으니, 배출전망치와 실제 배
출량의 차이(50=100-50)만큼 상쇄배출권을 판매할 수 있었다. 이
렇게 교토의정서와 파리협정의 상황이 분명히 다르다.

보고 절차

ITMO를 거래하는 당사국이 이중계산을 방지하기 위한 상응
조정을 제대로 이행하고 있는지 어떻게 알 수 있나? 또 제대로 상응
조정을 하도록 어떻게 강제할 것인가? 이에 대한 답은 파리협정에
서 정하는 바 강화된 투명성체제ETF이다. 감축결과물을 국제적으
로 이전하는 과정과 결과(NDC 달성 여부)를 객관적인 정보를 가지

고 투명하게 밝혀야 한다. 이에 대해 기술전문가의 검토TER와 국제 사회의 동료 평가FMCP가 진행된다.

환경건전성

개념 이해

환경건전성이 파리협정에서 처음 나오는 개념은 아니다.[22] 그렇다고 환경건전성이 무엇을 의미하는지 분명한 정의가 있는 것도 아니다. 그럼에도 국제사회는 이 개념에 대해 대체적인 이해를 공유하고 있다. 국가 간에 ITMO를 거래함에 따라 지구 전체의 온실가스 배출량이 늘어나서는 안 되고, 파리협정의 목표를 달성하는데 긍정적인 영향을 미쳐야 한다는 것이다(ADB, 2018). 당연해 보이는 요구 조건이지만 실제로 환경건전성을 확보하기가 간단치 않다. 이중계산 방지에서부터 감축결과물의 품질에 이르기까지 다양한 요소의 영향을 받기 때문이다. 배출권 거래로 지구 전체의 배출 총량이 늘어난다면 큰일이 아닐 수 없다. 국제사회는 이런 악몽을 막기 위해 환경건전성이라는 개념을 내세우면서 탄소시장의 세부이행규칙을 만든다.

여기에서 건전성이라는 단어에 주목할 필요가 있다. 환경건전성에서 건전성은 integrity이다. 그런데 환경적으로 건전하다는 표현은 또 있다. Environmentally Sound Technology(EST)가 대표적이다. 환경적으로 건전한 기술, 오염물질이 적게 나오고 자

---

22   제6조에서만 나오는 것도 아니다. 파리협정 중 제4조 13항, 제6조 1항 및 2항, 파리협정을 채택한 제21차 당사국총회(2015, 프랑스 파리) 결정문(1/CP. 21) para. 92 및 107에 나온다.

원을 덜 쓰는 기술, 환경 성과performance가 좋은 기술을 말한다. 그렇다면 sound와 integrity는 어떻게 다를까? integrity는 합치고, 통합하고, 온전하게 만든다는 의미를 담는다. 생태주의 환경윤리를 주창한 미국인 알도 레오폴드(Aldo Leopold)의 판단기준은 다음과 같다. "어떤 것이 생명공동체의 온전함(integrity), 안정성, 아름다움을 보존하는 경향이 있다면 그것은 옳다. 그렇지 않다면 그것은 그르다." 온전함의 영문 표현이 integrity이다. 자연생태계의 온전함을 저해하면 그것은 옳지 못한 행동이라는 말이다. 자연생태계는 따로 떨어져 존재하지 않는다. 전체가 잘 통합되어야 온전한 상태를 이룰 수 있다. 자연만이 아니다. Integrity는 인격, 특히 사람의 윤리성을 표현하는데도 사용한다. 이때는 일관성이라는 의미를 담는다. 윤리 기준은 일관성이 있어야 한다. 남에게 들이대는 잣대와 나에게 적용하는 잣대가 똑같아야 한다. 이런 의미의 일관성이라면 통합성, 온전함과 무관하지 않다.

파리협정은 일관된 원칙에 따라 통합되고 온전한 탄소시장을 원한다. 우리 말 표현으로 '반듯한' 탄소시장이라고 하면 어떨까? 길지 않은 파리협정의 제6조에서 환경건전성이라는 단어는 제6조 1항과 2항에서 연거푸 나온다. 탄소시장이 비윤리적인 방식으로 활용될 가능성에 대한 국제사회의 우려가 반영되어 있다.

환경건전성에 영향을 미치는 4가지 요인

어떻게 하면 환경건전성을 확보할 수 있을까? 환경건전성을 훼손하는 요인이 무엇인지 파악해서 이를 방지하는 노력을 기울이면 되겠다. 4가지로 정리해서 설명한다(Schneider, Kollmuss and La Hoz Theuer, 2016).

① 엄격한 회계 처리이다. 회계 처리accounting는 배출권의 국가 간 거래에 따른 온실가스 배출량의 현황과 추이를 체계적으로 파악하는 방법이다. 단순한 계산counting의 문제가 아니다. 절차는 투명하고 결과는 비교가능해야 한다. 회계 처리는 궁극적으로는 국가결정기여와 파리협정의 목표를 향한 진전 tracking progress을 평가하는데 필요하다. '엄격한' 회계 처리는 이중계산의 회피(방지)와 거의 동의어로 쓰인다. 이중계산의 회피는 상응조정을 통해 이루어진다.

② 감축결과물의 품질이 중요하다. 추가성, 과다 산정 overestimation, 영속성 등 감축 실적의 품질을 결정하는 요소에 대해서는 이미 설명했다(168쪽). 품질이 떨어지는 상쇄배출권을 거래하면, 다시 말해 감축이 되지도 않았는데 이를 이유로 다른 주체가 배출을 늘리면, 지구의 순 배출량은 증가할 수 있다. 할당배출량을 실제 배출량 보다 더 많이 할당한 경우(과다 할당)와 마찬가지이다.

③ 국가결정기여의 강도와 경계(관리 범위)가 중요하다. 국가결정기여의 강도ambition와 관련해서 핫에어가 발생하는 상황을 생각해 보자. 그림 5-5와 같이 미래의 배출량BAU이 국가결정기여보다도 낮은 수준일 때 핫에어가 생긴다.[23] 국가결정기여는 미래 특정 연도(2030년)의 목표이다. 감축 목표를 세우려면 목표 연도에 배출량이 얼마나 될지 알아야 한다. 아직 일어나지 않은 일이니 불가피하게 예측해야 하는데, 이때 배출

---

23 이는 배출권거래제에서 과다 할당하는 상황과 다르지 않다. 다만 배출권거래제에서 총량의 엄격함(stringency)에 대한 판단은 분명 상쇄시장의 추가성(환경건전성) 판단보다는 단순하다.

전망을 높게 하려는 유인이 생긴다. 2030년에 1천만 톤이 배출될 터이니 20%를 감축해서 8백만 톤을 배출하도록 하겠다고 해야 정상인데 1,200만 톤이 배출될 것이라고 전망하고 여기에 20% 감축률을 적용해서 960만 톤을 배출하겠다고 한다. 국가결정기여에 포함되는 배출 부문의 경계(관리 범위)와 관련해서도 마찬가지 상황이 생길 수 있다. 발전 부문의 배출량만 관리하고 발전 부문의 감축량을 국가결정기여에 감축 목표로 제시하는 국가가 있다고 하자. 만일 이 나라에서 폐기물 부문이나 수송 부문에서 해외 감축사업을 실행하고 여기서 감축결과물을 생산한다고 하자. 상응조정을 어떻게 해야 할지 난감한 상황이다. 아예 관리 대상이 아니어서 그렇다.

그림 5-5. 국가결정기여와 핫에어의 발생(La Hoz Theuer et al., 2017)

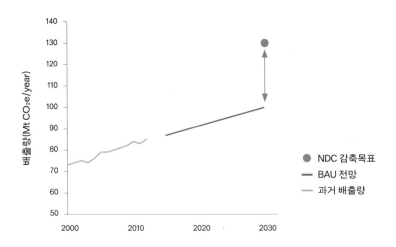

탄소시장

④ 의욕 상향에 미치는 영향을 살펴야 한다. ITMO를 해외에 판매하는 국가는 국가결정기여를 상향하지 않고 싶어 할 것이다. 감축 목표가 상향되면 상향될 수록 해외에 판매할 수 있는 감축량이 줄기 때문이다. 그래서 가능하면 목표를 낮춰서 잡는다. 1천만 톤 배출에서 800만 톤 배출로 20% 감축을 할 수 있는데 900만 톤 배출, 곧 10% 감축 목표를 제시한다. 그리고 100만 톤은 해외에 판매한다. 탄소시장의 유인이 파리협정 제6조 탄소시장의 가장 중요한 목표라 할 수 있는 의욕(감축 목표) 상향을 꺾는 방향으로 작동하는 것이다. 파리협정 제6조 1항 위반이다. 국제 탄소시장에서 더 많이 판매하고 싶은 유혹 때문에 국가결정기여를 상향하지 않는다면 간접적으로 환경 건전성을 훼손한다.

평가

①~④의 요건이 충족되어야 환경건전성이 확보된다.

① 엄격한 회계 기준은 감축결과물의 이전에 따른 회계 처리에 주의해야 한다는 조건이다. 쉽게 말해서 더하기, 빼기를 잘 해야 한다. 하지만 단순한 덧셈, 뺄셈이 아니다. 국가결정기여의 형태가 다양해서 가감(加減)을 제대로 하기가 쉽지 않기 때문이다.

② 감축 실적의 품질은 생산 과정에 대해 말한다. 품질 기준을 충족하는 감축결과물이 생산되어야 한다. Real, measurable, long-term, additional(CDM), real, verified, additional(6.2조 시장), additional, real, measurable, and long-term benefits, no reversal, no leakage(6.4조 시장) 등이 제시된다.

③과 ④는 국가결정기여에 관한 사항이다.

③ 국가결정기여의 강도와 경계(관리범위)는 현행 국가결정기여의 상태이다.
④ 의욕 상향에 미치는 영향은 국가결정기여의 동태적인 변화에 주목한다. 현재의 국가결정기여 모습과 미래의 진전 progression을 같이 보아야 한다는 의미이다.

이 4가지 요인은 별개로 존재하지 않는다. 무엇보다 중요성에 차이가 있다(Schneider et al., 2017). 100만 톤을 배출하는 국가에서 90만 톤 배출을 목표로 세웠다고 하자. 온실가스를 줄이기 위해 여러 가지 감축사업을 시행할 수 있다. 해외 감축 사업으로 5만 톤을 줄여서 판매하였다. ITMO 5만 톤에 대해 상응조정을 하면 이 나라가 감축해야 할 온실가스의 수량은 10만 톤에서 15만 톤으로 늘어난다(10+5). 감축 단가를 따져보니 5만 톤까지는 톤당 3만 원, 10만 톤까지는 5만 원, 15만 톤까지는 8만 원이다. 감축 수량이 늘어날수록 감축의 한계 비용은 늘어나기 마련이다. ITMO 판매 단가가 3만 원이었다면 이 나라는 5만 톤을 3만 원에 해외에 팔고, 감축 목표 달성을 위해 8만 원짜리 5만 톤을 추가로 감축해야 하는 상황에 처하게 된다.

정리하면, 싼 가격의 ITMO를 해외로 이전하는 경우 유치국은 국가결정기여의 달성을 위해 그만큼 추가로 비용을 부담해야 한다.

이유는 상응조정 때문이다. 상응조정한 수량만큼 비용이 드는 국내 감축 활동을 통해 국가결정기여를 달성해야 하니 그렇다.

낮은 가격의 감축결과물은 품질이 떨어질 가능성이 높다. 사업자가 1톤을 줄였다고 이를 해외에 판매했는데 알고 보니 온실가스가 줄지 않았다면 어떻게 하나? 상응조정으로 유치국의 배출량 통계(인벤토리)에서 배출량이 증가하고, 증가한 만큼 감축 부담이 늘어난다. 따라서 유치국은 이러한 상황이 발생하지 않도록 누가 시키지 않아도 철저하게 ITMO의 품질을 관리하려 할 것이다. 핵심은 국가결정기여이다. 국가결정기여의 수준이 충분히 의욕적이라면 유치국에게 상응조정은 추가 감축 '부담'이 된다. 뒤집어 생각하면, 유치국의 국가결정기여가 의욕적이지 않다면 국제사회가 나서서 거래되는 ITMO가 품질기준을 충족하는지 감시해야 한다. 위에서 설명한 바 ①번과 ③번 요건이 특별히 중요함을 알 수 있겠다.

이처럼 국가결정기여의 강도가 중요함에도 국제사회가 특정 국가의 국가결정기여에 대해 왈가왈부할 수 없다. 당사국의 전속적인 결정사항이기 때문이다. 어쩌면 더 문제는 특정 국가의 국가결정기여가 의욕적인지 판단할 수 있는 객관적인 지표가 없다는 현실일지도 모른다. 골치 아픈 주제가 아닐 수 없다.

국가 전체의 배출량 처리 방식

그림 5-6은 국가 전체의 배출량을 회계 처리하는 방식을 알려준다. B국의 할당업체가 A국으로부터 할당배출권 100톤을 구매했다고 하자. B국의 할당업체는 구매한 100톤만큼 자신에게 할당된 총량에 추가(+100)해서 배출할 수 있다(ETS 수준). 할당량(배출 허용 총량)이 100톤 증가한 것이다. 할당배출권 구매로 인해 B

국의 산업 부문 배출량(하위 수준 목표)과 국가 배출량은 100톤만
큼 준다. 반대로 A국의 상황을 보자. A국은 100톤을 B국에 팔았으
므로 자국의 산업 부문 배출량과 국가배출량은 그만큼 늘어난 것으
로 회계 처리해야 한다. 상응조정이다. 줄어든 곳(B국)이 있으면 늘
어난 곳(A국)이 있어야 한다. 100톤의 온실가스가 A국(+)과 B국
(-) 간에 상계되었다. A국의 할당업체(ETS 수준)는 100톤의 배출
권을 B국에 팔았으므로 100톤만큼 적게 배출해야 한다(-100). 이
렇게 배출량 통계를 관리 수준에 맞추어 상하로 일관되게 조정해야
한다. 세 단계 모두 양국의 회계장부를 비교하면 합해서 0(상계)이
된다는 사실을 알 수 있다.

그림 5-6. 국가의 관리 영역별 배출권의 이전에 따른 회계처리(Howard, 2018)

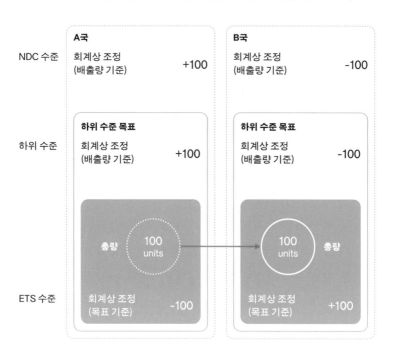

기회와 위험요소

기회

　찬반이 첨예하게 갈림에도 불구하고 탄소시장은 온실가스 감축을 실현하기 위한 국제협력의 기본 제도framework이다. 뿌리 깊은 이념적 반대에도 불구하고 과감한 온실가스 감축에 필요한 엄청난 재원을 마련하기 위해서는 국제 탄소시장을 활용하지 않을 수 없다. 탄소시장이 만들어지면 이를 고리로 개별 국가의 각종 탄소가격제도carbon pricing가 하나로 연결될 수 있다. 사실 국가가 상쇄배출권을 사용하기로 결정하는 순간 국제 탄소시장과의 연계는 시작된다. 탄소시장이 만들어지면 이 길channel을 따라 돈이 흐르고 기술이 움직인다. 선진국의 사업자(공공·민간)가 유치국에 돈과 기술을 투입한다. 이때 선진국의 기술은 개발도상국이 접근할 수 없었던 기술이다. 상대적으로 낮은 수준의 범용 감축 기술은 개발도상국이 자체 재원으로 추진하고, 비싸고 우수한 감축 기술은 국제 탄소시장의 도움을 받아 유치할 수 있다.[24]

　온실가스 감축 사업은 상쇄배출권의 생산 이외에도 유치국에 긍정적이든 부정적이든 여러 가지 부가적인 효과를 일으킨다. 교토의정서와 파리협정에서 감축 사업이 지속가능한 발전에 기여해야 한다고 명시한 의미가 여기에 있다. 환경에 부정적인 결과는 최소화하고, 긍정적인 효과는 극대화하라는 요구이다. 여기에 두 가지

24　낮게 달린 열매(low-hanging fruits)는 개발도상국이 따고, 높이 달린 열매(higher hanging fruits)는 국제 탄소시장, 즉 상쇄배출권 사업을 활용한다. 개발도상국 역시 국가결정기여를 이행해야 하기 때문에 감축 사업을 추진해야 한다.

추가 고려 사항이 있다. 공편익이다. 온실가스 감축 이외의 추가적 편익이 생긴다. 또 하나는 역량 배양이다. 선진국의 새로운 기술과 제도를 접함으로써 사업유치국 사람들의 능력이 커진다. ITMO 거래를 하려면 당장 배출량 인벤토리 산정 방식을 개선해야 한다.

위험

개발도상국에게 외국 자본으로 추진되는 감축 사업은 달콤한 유혹일 수 있다. 상쇄배출권이 정부의 수입원이 될 수 있기 때문이다. 상쇄배출권의 일부를 정부 몫으로 할 수도 있고, 상쇄배출권 거래에 따른 수익에 대해 수수료나 세금을 물릴 수 있다. 개발도상국은 항상 예산 부족에 시달린다. 좋은 수입원을 외면하기 힘들다. 하지만 ITMO 해외 이전에 수반되는 위험 요소가 존재한다는 사실도 잊어서는 안 된다. 앞에서 설명한 기회 요소가 뒤집으면 위험 요소

그림 5-7. 감축의 한계 비용과 NDC 달성(Spalding-Fetcher et al., 2021)

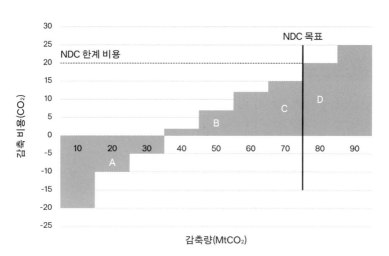

가 된다. 무엇보다 ITMO 해외 판매로 유치국의 국가결정기여 달성이 어려움에 처할 수 있다.[25] 적정 수준 이상으로 ITMO를 해외로 이전하는 경우이다. 자국의 국가결정기여 달성용으로 쓰여야 할 감축 실적을 해외에 판매한다고 생각해 보라. ITMO 거래에 반드시 수반되는 상응조정을 하고 나면 국가결정기여를 달성하지 못한다. 이러한 상황에 봉착하지 않으려면 국내의 자금, 규제 및 유인 정책으로 추진이 가능한 감축은 어디까지인지, 외국 자본의 도움을 받아야 할 감축 사업에는 어떤 것이 있는지 알아야 한다. 그림 5-7을 보면, 유치국이 자국의 국가결정기여 달성하려면 A, B, C라는 감축 사업 또는 감축 조치(NDC 패키지)를 실행하고, 해외 감축 사업으로 D에 해당하는 감축을 추진해야 한다. 당연히 ITMO의 단가도 감축 사업 D의 한계 감축 비용 이상이 되어야 한다.

국내의 감축 사업 잠재력을 일종의 자산(광물 자원)으로 이해할 수 있다. 감축 사업(광산)에서 상쇄배출권(광물)을 생산해서 외국에 팔지, 아니면 국내 감축(NDC)에 활용할지 결정하는 셈이다. 나아가 기회비용의 시각으로 따져 볼 필요가 있다. ITMO를 톤당 10 달러에 팔면서, 자체 감축 사업에 톤당 20달러를 투자하는 건 바보 짓이다. 해외 감축 사업의 기회비용은 상응조정 비용이다. 비용 이야기가 나왔으니, 유치국의 입장에서 거래에 필요한 인프라 구축에도 비용이 든다. 담당 기관을 정하고 인력을 배치해야 한다. 상쇄배출권의 생산과 거래를 뒷받침할 수 있는 국내 법령의 근거를 만들어야 한다. 또 제6조 탄소시장의 세부이행규칙이 요구하는 준비 사항arrangements이 있다. 제도, 기관, 인프라hardware 등 실행에 필요

---

25   국가결정기여 수준이 의욕적(ambitious)이라는 전제에서 그렇다. 의욕적인 국가결정기여의 중요함은 아무리 강조해도 지나치지 않다.

한 모든 것을 의미한다. ITMO의 등록 및 경로 추적에 필요한 인프라가 대표적이다. 이 모두가 유치국이 부담해야 할 비용이다.

해외 감축 사업 추진 시 유의사항

유치국의 입장에서 국제 탄소시장이 제공하는 기회를 극대화하기 위해 어떠한 감축 사업을 유치해야 할까? 뒤집어 보면, 투자국이 유치국을 대상으로 어떤 감축 사업을 추진해야 성공 가능성이 높은지 묻는 질문이다. 사업유형, 기술, 투자유형 측면에서 따져봐야 한다(World Bank, 2022). 다시 말하지만, 해외 감축 사업은 유치국이 자국의 국가결정기여 달성을 위해 자체 자금과 기술로 추진하는 사업에 비해 비용이 더 드는 사업이어야 한다. 그렇다고 국내 감축 사업과 해외 감축 사업으로 반드시 양분할 필요는 없다. 유치국과 투자국 간에 감축결과물의 배분, 즉 상응조정 비율 설정이 가능하니 그렇다. 예컨대 감축 실적의 50%에 대해서만 상응조정을 하면, 나머지 50%의 감축 실적은 유치국 내에 그대로 남는다.

유치국의 장기적인 온실가스 감축(LT-LEDS) 측면을 따질 필요가 있다. 미래 감축기술을 선제적으로 선택해서 적용할 필요가 있다. 장기적으로 중요한 사업 중에 지금은 비용이 많이 들어서, 자체 역량이 부족해서, 그 밖의 장애 요소가 있어서 실행할 수 없는 사업을 해외 감축 사업으로 추진해야 한다. 또 공편익을 감안해야 한다. 온실가스 감축 효과 이외에도 지속가능발전 목표, 환경 개선, 양성평등, 적응, 경제 다각화, 공정한 전환 등 다양한 부수적, 추가적 편익을 함께 검토하고 반영해서 사업의 우선순위를 정해야 한다. 마지막으로 사업의 평판branding을 고려해야 한다. 국제적으로 비판을 받는 유형의 감축 사업인지, 유치국의 지속가능한 개발에 기여하는지, 지역 공동체에 악영향을 미치는지 등등이 중요하다. 사업 추진 과정의 투명성, 유치국 국가결정기여의 강도, 감축량 산정의 적정성, 심지어 감축 사업의 수입을 적절히 사용하는지도 평판에 영향을 미친다.

국제 탄소시장은 투자국에도 이익이다. 국내 감축 비용보다 비용이 적게 드니 상쇄배출권을 구매하는 것이다. 하지만 대개 세상 일이 좋은 면만 있는 건 아니다. 무엇보다 값싼 해외 상쇄배출권에 의존하다 보면, 자칫 탄소집약적 기술 및 배출 경로에서 벗어나기 어렵다는 사실을 명심해야 한다.[26] 전 세계가 온실가스의 배출과 흡수가 균형을 이루는 탄소중립을 지향하지 않는가! 투자국의 입장에서 국제 탄소시장을 활용할 때 주의해야 할 사항이다. 탄소중립의 관점에서 국제 탄소시장은 결국 임시방편일 뿐이다.

26 온실가스 감축 사업이 가져오는 공편익은 투자국에서도 그대로 일어난다. 해외 감축 사업으로 인해 공편익이 해외로 유출된 것으로 간주할 수 있다.

4장
제6조 탄소시장의 주요 쟁점

1. 상응조정 적용

단일 연도 목표의 상응조정

잘못된 유인

단일 연도 목표 국가 간에 이루어지는 상응조정은 해결 방안을 찾기 어려운 난제에 해당한다. 왜 그럴까? 단일 연도 목표의 달성 여부는 목표 연도 한 해에 판가름이 난다. 목표 연도 이외의 기간(9년) 중에는 배출량을 늘렸다가 목표 연도(2030년)에 ITMO를 구매해서 목표를 달성하려는 유인이 작동한다. ITMO는 10년(예: 2021~2030)에 걸친 이행기간 중에 발생하는데 사용 연도는 목표 연도 한 해이다. ITMO가 발생하는 기간(10년)과 ITMO를 사용하는 시점(1년)이 불일치한다. 9년 동안 ITMO를 사서 모았다가 목표 연도에 사용하면 어떤가? 이른바 누적 활용 방식이다(그림 5-8). 70%에 육박하는 국가가 단일 연도 목표 방식을 채택하고 있지 않은가? 결정의 파급 효과가 크다. 파리협정 국제 탄소시장의 성패, 나아가 파리협정 실효적 이행 여부가 좌우된다고 해도 과언이 아니다. 뜨거운 논쟁의 주제가 된 이유이다.

누적 활용 방식은 무엇이 문제인가? 그림 5-8에서 보는 것처럼 2023년, 2025년, 2026년, 2029년, 2030년에 구매한 ITMO를 모아서 목표 연도(2030년)에 사용할 경우 목표 연도의 감축 실적이 '대표성'을 잃게 된다. 2023년, 2025년, 2026년, 2029년에 발생vintage한 ITMO는 2030년의 감축 실적이 아니지 않은가. 2030년에 모아서 사용한 ITMO가 이행기간 전체의 사용량을 대표한다고 말할 수 없다. 2021~2029년에는 ITMO의 사용이 전혀 없었다. '공

그림 5-8. ITMO의 누적 활용 방식(Levin, Kizzier and Rambharos, 2019)

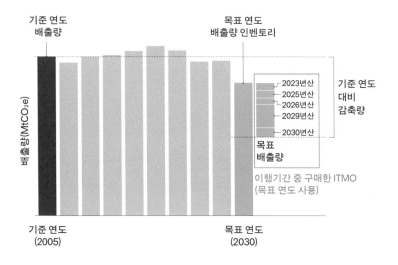

정성'에도 문제가 생긴다. 다년도 목표를 제시한 당사국(구매국)과 비교해 보면 안다. 이들 나라는 매년 부족한 감축량을 같은 해에 ITMO를 구매해서 보충한다. 당연히 단일 연도 목표 국가에 비해 ITMO 구매량이 많을 것이다. 국제 탄소시장의 위축도 피할 수 없다. 단일 연도 목표 국가가 많아질수록, 이행기간이 길어질수록, ITMO의 수요가 준다. 누적 활용을 인정할 경우 목표 연도 이전 이행기간에는 감축 노력을 외면할 것이 분명하다. 목표 연도의 배출량이든 다른 연도의 배출량이든 똑같은 온실효과를 유발한다는 사실을 기억할 필요가 있다.

상응조정에 문제가 생긴다. 단일 연도 목표 국가에 ITMO를 판매한 국가는 목표 연도에 판매한 ITMO에 대해서만 상응조정을 하면 된다. 구매국이 목표 연도 이외의 연도에는 ITMO를 사용하지 않기 때문이다. 이에 비해 다년도 목표 국가에 ITMO를 판매한 국가는 매년 상응조정을 해야 한다. 구매국이 매년 ITMO를 사용하니 그렇다. 만일 ITMO 판매국이 상응조정의 부담을 덜기 위해서 목표 연도 이외의 연도에만 ITMO를 판매하면 어떻게 하나? 상응조정(판매국)이 이루어지지 않은 ITMO가 국가결정기여(구매국)의 달성을 위해 목표 연도에 사용된다. 문제에 문제가 꼬리에 꼬리를 문다.

대안 검토

첫째, 단일 연도 목표를 가지고 있는 당사국에 대해서는 ITMO 거래를 제한하는 방법이 있을 수 있다. 다른 말로 하면 ITMO 거래를 하기 위해서는 다년도 목표를 제시하라는 거다. 하지만 이 방법은 국가의 자기결정성을 과도하게 제한한다는 비판을 받을 수 있다. 다년도 국가결정기여를 제출하라고 사실상 강요하니 그렇다.

둘째, 단일 연도 목표를 가진 국가는 목표 연도에 생산된 ITMO만 거래하고 사용한다(Vintage 방식). 2030년을 목표 연도로 가진 국가는 2030년산産 ITMO만 사용해야 하는 것이다. 그런데 이 방식에는 불가피하게 시장의 왜곡이 발생한다. 당장 감축 투자가 목표 연도에 집중될 것이다. 거래도 마찬가지이다. 잠시만 생각해도 정상적인 시장이 아니다. 목표 연도에 생산된 ITMO의 거래만 허용할 경우 당최 신축성(유연성)이 없다. 2030년에 세계 경제 공황이 와서 온실가스 배출량이 급감할 수도 있고, 반대로 더운 여름과 추운 겨울에 닥쳐서 배출량이 급증할 수도 있다. ITMO 가격은 크게 요동칠 것이다.

셋째, ITMO 사용 수량을 이행기간의 수로 평균해서 인정하는 방법이다(평균 방식). 목표 연도에 ITMO 1톤을 사용하려면 이행기간 10년동안 10톤을 구매해야 한다(1=10/10). 다만 이 방식은 목표 연도의 목표 배출량과 실제 배출량의 차이에 따라 구매 수량이 크게 요동치는 문제가 있다. 목표 미달량(1만 톤)이 이행기간(10년)의 배수(10배)로 구매 소요량(10만 톤)이 되기 때문이다.

마지막으로 단일 연도 목표 제출국이 잠정적indicative[27] 다년도 배출 경로를 제시하도록 한다(잠정 경로 방식). 당사국은 이행기간 중 배출 경로를 그려서 제시하고, 배출 경로를 초과하는 배출량이 있으면 그만큼 ITMO를 구매해야 한다. 다만 이 방식은 수많은 배출 경로 중에 어떤 것을 선택할지 기준이 분명치 않아서, 당사국이 구매나 판매에 유리한 경로를 자의적으로 제출할 가능성이 크다.

결론과 평가

단일 연도 목표를 가진 국가가 ITMO를 거래하려면 평균 방식이나 잠정 경로 방식을 활용해야 한다. 평균 방식은 ITMO 사용량의 평균 값이 이행기간 중의 ITMO 거래량을 대표한다는 사실을 이용한다. 학급의 수학 시험 점수 평균이 학생 전체의 수학 성적을 대표하는 것과 마찬가지이다. 잠정 경로 방식은 다년도 목표 국가의 ITMO 거래를 흉내(모방) 낸 것이라고 이해할 수 있다.

대한민국은 협상 과정에서 이행기간 동안 구매한 ITMO를 모아서 목표 연도(2030년)에 사용하자고 주장했다(Schneider et al., 2019). 국가결정기여 중에 국외 감축이 차지하는 비율이 높고 국가결정기여를 보다 손쉽게 달성할 수 있는 방법이므로, 이 방식을 지지하고 관철시키려 노력한 것을 이해 못할 바는 아니다. 하지

---

27 Indicative는 확정되지 않았다는 의미로 '잠정적'이라 번역한다.
풀어 보면, 엄격한 회계 처리에 부합하는 상응조정을 위해 잠정적으로 그린 배출 경로이다.

만 누적 활용 방식은 환경건전성을 보장하지 못한다. 제6조 시장의 제일 판단 기준을 위반하는 것이다. 그런데 왜 이 방식에 집착했을까? 배출권거래제에서는 남는 배출권을 이월할 수 있다. 남는 배출권을 모아서 마지막 해에 몰아서 쓸 수가 있다. 이런 식으로 ITMO를 모아서 2030년에 한꺼번에 사용할 수 있다고 생각했는지 모르겠다. 하지만 배출권거래제에서는 한 해 한 해가 이행기간이다. 같은 논리를 국가결정기여에 적용하려면 국가결정기여에 매년 감축 목표가 정해져 있어야 한다. 다년도 목표와 같아진다는 말이다.

국제협상의 판단 기준은 국익國益이어야 한다. 하지만 국제사회에서 국익을 주장하는 데는 일정한 기준과 방법이 있다. 무엇보다 협상의 맥락에 따라야 한다. 온실가스를 줄이자는 협상에서 우리는 국익을 위해서 온실가스를 늘려야 한다고 말할 수는 없지 않은가? 그러면 왜 파리협정의 당사국이 되었냐는 핀잔을 받을 것이다. 비슷하게 국제 탄소시장이 환경건전성을 유지해야 한다는 원칙을 거스를 수 없다. 단순히 국가결정기여가 손쉽게 달성할 수 있는 방법이라는 이유로 이를 관철시키려 해서는 안 된다. 결코 성공할 수 없을 뿐 아니라, 오히려 국가의 위신과 평판을 훼손한다.

그 밖의 상응조정 적용

국가결정기여 밖의 감축 활동

전체 배출 부문 중 일부에 대해서만 배출 통계를 작성하고 감축을 추진하는 국가가 있다고 할 때 국가결정기여 밖에서 생산되는 감축 실적은 어찌할 것인지에 관한 쟁점이다. 예컨대 에너지 부문만 관리하는 국가에서 폐기물 부문의 해외 감축 사업이 실행된 경우이다. 국가에서 관리하지 않는 온실가스(예: SF6)를 줄이기 위한 감축 사업을 유치한 경우도 마찬가지이다.

국외로 이전할 수 있고 상응조정도 필요 없다는 입장이 있다.[28] 어차피 국가결정기여 수립 당시에 예상치 못한 상황인데 ITMO의 국외 이전을 금지할 이유가 없다고 말한다. 위의 사례에서 폐기물 부문의 감축이 유치국의 국가결정기여 달성에 도움이 되지 않는다. 유치국의 국가결정기여의 달성에 쓰이지도 않는데 상응조정이 왜 필요하다는 말인가? 오히려 폐기물 부문의 감축 능력이 향상되는 긍정적 효과가 있다. 더구나 다음 국가결정기여 수립 때는 폐기물 부문도 감축 인벤토리의 일부로 포함될 것이니 긍정적이다(그림 5-9).

이에 반대하는 주장이 있다. 상응조정에 예외를 둘 경우 국가결정기여의 경계(관리 범위)를 늘리지 않으려는 유인이 작동한다.

그림 5-9. NDC 관리 범위 밖 감축결과물의 이전에 따른 관리 범위 확대 (Hood, 2019)

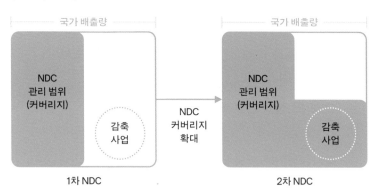

28 협상 당시 브라질, 인도, 중국의 입장이었다. 국가결정기여 밖의 감축을 상응조정 대상에서 제외하자는 브라질의 강력한 주장으로 제24차 당사국총회(2018, 폴란드 카토비체)에서 세부이행규칙의 합의에 실패했다. 브라질은 아마존을 가지고 있는 국가이다. 여기서 발행되는 상쇄배출권을 상응조정 대상에서 제외하고 싶었을 것이다.

국가결정기여의 관리 범위를 최소화할수록 ITMO 판매의 잠재력이 늘어나기 때문이다. 이는 배출 부문을 경제 전반으로 확대하고, 국가결정기여를 달성가능한 최대 수준으로 계속 상향해 간다는 파리협정의 목표에 어긋난다. 더구나 이렇게 국가결정기여 경계 밖에서 생산되는 감축결과물은 품질이 떨어지기 쉽다. 상응조정을 하지 않으니 유치국이 감축결과물의 품질 관리에 신경을 쓰지 않는다. 품질 기준을 충족시키지 못하는 ITMO가 발행·이전될 가능성이 높아지고 이는 곧 환경건전성의 훼손으로 이어진다(302쪽).

협상 과정에서 국가결정기여 경계 밖 ITMO의 발행 금지부터 이전 수량의 제한,[29] 일정 기한(예: 2030)까지 허용, 무조건 허용까지 다양한 대안이 제기되었다. 결국 제26차 당사국총회(2021, 글래스고)는 국가결정기여 경계 밖outside에서 발생한 감축결과물이라도 국제 거래가 이루어지는 순간 국외로 이전한 수량만큼 유치국이 국가결정기여의 '경계 안inside'에서 상응조정을 하도록 결정했다(guidance para. 14). 위의 사례에서 폐기물 부문에서 판매한 ITMO 수량만큼 에너지 부문의 배출량을 늘려야 한다(상응조정).

생각해 보면, 상응조정이 불필요하다는 주장에는 나름의 근거가 있다. 하지만 협상의 결과를 보면서 이들의 주장이 희망에 근거하고 있다는 생각을 하게 된다. 국가결정기여는 당사국의 전속 권한이다. 당장 폐기물 부문으로 경계를 늘리지 않으면 어쩔 것인가? 유치국은 다양한 이유와 방법으로 배출 부문의 경계를 늘리지 않으려 할 것이고, 실제 이를 막을 방법이 뚜렷하지도 않다. 아예 싹

---

29   국가 배출량이 감소(배출 경로 우하향右下向)하는 국가에 대해서만 ITMO
      발행을 허용한다. 브라질이 제안한 상대적 제한 방법이다. 또 사전에 ITMO
      발행 수량을 정하는 방법이 있다(절대적 제한). 모두 핫에어를 이전하는
      국가결정기여 때문에 나오는 제안이다(La Hoz Theuer et al., 2017).

을 잘라버린 느낌이다. 엄격한 회계 처리(상응조정)에 대해 선진국이 가지고 있는 강력한 의지가 엿보인다. 배출량 인벤토리의 경계(관리 범위)를 확대하려는 유치국의 의욕을 탄소시장이 약화시켜서는 안 된다. 환경건전성 기준이다.

온실가스 이외의 단위를 사용하는 경우

온실가스 배출량을 기준으로 국가결정기여를 제시하지 않는 국가가 있다. 재생에너지 발전량(MWh)을 두 배로 늘리고, 산림면적을 1천 헥타르 늘린다는 식이다. 이런 나라에서 감축 사업, 예컨대 태양광 사업을 실행해서 ITMO를 만들었을 때 어떻게 상응조정을 할지 궁금하다. 한편에서는 반드시 이산화탄소상당량톤(tCO_2eq)을 단위로 해야 한다고 주장한다. 다른 단위를 사용할 경우 비교가능성, 나아가 투명성이 훼손될 것으로 우려한다. 다른 편에서는 실제로 많은 나라의 국가결정기여가 이산화탄소상당량톤을 단위로 제시되지 않는 현실을 인정해야 한다고 말한다. 또 두 국가 간에 이산화탄소상당량톤 이외의 단위를 사용해서 상응조정을 하는 게 기술적으로 가능하다고 한다.

결론은 이산화탄소 이외의 단위로 거래를 허용하되, 거래하는 양 국가의 국가결정기여가 동일한 지표를 사용해야 하는 것으로 났다. 재생에너지 발전량을 단위로 거래하려면 양국이 국가결정기여에 재생에너지 발전량을 지표로 사용하고 있어야 한다는 말이다. 이 경우에도 재생에너지 발전량을 이산화탄소상당량톤으로 '환산'해서 보고하도록 한다. 또 환산의 근거와 방법론에 대해 분명히 설명해야 한다.[30] 그리고 이 모두를 당사국이 제출하는 보고서에 담아야 한다.

국가결정기여 이외의 용도로 사용하는 경우

파리협정의 국제 탄소시장에서 거래되는 ITMO의 용도는 세 가지(국가결정기여 달성, 국제 감축 목적, 기타 목적)이다. 이 중 국제 감축 목적과 기타 목적의 ITMO는 국가결정기여의 달성을 위해 사용하는 것과 다르게 관리하자는 주장이 있었다. 상응조정에서 제외하는 것이다. 결론은 역시 예 없는 상응조정이다. 유치국이 ITMO 용도를 정하면서 적절한 시기에 상응조정 해야 한다. 구체적인 방법은 세부이행규칙에 담긴다.

상응조정과 추가성

일부 국가는 6.4조 메커니즘의 상쇄배출권은 상응조정이 필요 없다는 주장을 막판까지 계속했다. 제25차 당사국총회(2019, 마드리드)에서 제6조 세부이행규칙의 합의에 실패한 가장 큰 이유 중 하나가 ITMO 판매국은 상응조정을 할 필요가 없다고 브라질이 끝까지 주장했기 때문이다. 6.4조 메커니즘 때문에 새롭게 추가된 감축 사업의 결과물이니 별도의 상응조정 없이 상쇄용도로 쓰일 수 있다는 것이다. 이는 추가성과 이중계산을 혼동한 잘못된 주장이다. 상응조정은 이중계산 문제를 해소하기 위한 것이다. 추가성과 상응조정을 혼동해서는 안 된다. 추가성이 있든 없든 ITMO의 거래가 있으면 이중계산을 방지하기 위해서 상응조정을 해야 한다.

---

30   환산에 주의해야 한다. 같은 재생에너지 발전량이라도 나라 사정에 따라 온실가스 감축 효과가 전혀 다를 수 있기 때문이다. 동일한 규모의 재생에너지 시설이 A국은 화력발전소, B국은 LNG발전, C국은 수력을 대체했다. 이산화탄소 감축 효과 면에서 보면 엄청난 차이가 난다.

2. 베이스라인 설정

배경

상쇄 메커니즘의 방법론에서 환경건전성을 확보하는데 핵심이 되는 요소가 베이스라인이다(Ahonen et al., 2021). 베이스라인은 상쇄배출권의 수량을 결정한다. 베이스라인을 과대하게 잡을 경우 실제 발생하지 않은 감축 실적에 대해 상쇄배출권이 발행되고, 결국 환경건전성이 훼손된다. '과대 베이스라인 → 과다 산정 → 추가성 → 상쇄배출권의 품질 → 환경건전성'으로 이어지는 고리이다. 특별히 파리협정에서 과다 산정한 감축 실적을 해외에 판매할 경우 이어서 설명하는 것처럼 유치국은 국가결정기여 달성에 어려움에 처할 수 있다. 과다 판매overselling 또는 과다 이전overtransferring이 발생한 것이다.

베이스라인 설정 방법에 대한 논란이 있다. 한 편에서는 기존에 일어나던 일이 미래에도 일어날 것으로 예측하자고 한다. 지금까지의 배출 추세(역사적 배출량)를 미래로 연장하는 것이다. 다른 편에서는 계속 상향하는 국가결정기여, 불확실성, 예측 못한 상황과 기술 변화 등을 감안해서 배출 전망을 해야 한다고 말한다. 여러 가지 그럴듯한 가정을 만들고, 획득할 수 있는 데이터와 기존의 예측 모델을 활용해서 배출 시나리오를 만드는 방법이다.

6.4조 메커니즘 베이스라인

배출전망치의 이해

감축량 산정에서 배출전망치Business As Usual가 베이스라인

그림 5-10. 여러 가지 타당한 배출전망치(PMR, 2012)

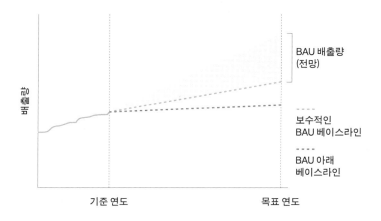

으로 자주 사용된다. 말 그대로 평소 '하던 대로as usual' 했을 때 예상되는 결과이다. 여러 개의 타당한 배출전망치가 있을 수 있다. 가상의 미래이므로, 근본적으로 불확실하기 때문이다. 따라서 배출전망치는 하나의 선이 아니라 일정한 범위로 표시할 수 있다(그림 5-10). 이 범위 가운데 아랫부분이 보수적인 배출전망치이다. 더 나아가 국가결정기여의 상향 등 추가적인 불확실성을 반영해서 지금 시점에서 전망한 배출전망치의 범위보다 아래의 부분에 베이스라인을 설정할 수 있다. 이른 바 'Below BAU'이다. 엄격한stringent, 의욕적인ambitious 배출전망치라고 부르기도 한다.

보수적 베이스라인의 필요성

미래를 전망하는 과정에서 여러 가지의 가정, 매개변수, 데이터를 사용한다. 이때 잘못된 가정과 정확치 않은 매개변수를 적용할 경우 미래 예측은 틀리게 된다. 과다 예측으로 실재하지도 추가적이지도 않은 배출권이 생산될 위험에 노출된다. 더구나 사업자와 감독자 간에 정보 비대칭이 존재한다. 정보를 많이 가지고 있는 사업자는 배출전망치를 높게 잡아서 배출권을 더 많이 생산하고 싶어 할 것이다. 그래서 배출 전망은 보수적으로 해야 한다고 말한다.[31]

유치국이 자국의 국가결정기여 달성을 위해 꼭 필요한 감축 실적을 해외로 이전해서는 안 된다고 누구이 말했다. 더구나 국가결정기여는 계속 상향되어야 하므로 지금 국가결정기여를 달성하는 데는 문제가 없더라도, 다음번 국가결정기여 달성에 문제가 생길 수 있다. 보수적 배출전망치, 나아가 Below BAU를 베이스라인으로 채택해야 한다는 주장이 나오는 이유이다.

보수적인 배출전망치를 베이스라인으로 설정할 경우, 혜택은 유치국에 돌아간다. 그림 5-10에서 최상단의 배출전망치가 정확하다면 음영으로 표시된 영역, 다시 말해 상쇄배출권으로 발행되지 않은 감축 실적은 유치국 내에 남는다. 감축 사업으로 줄어든 배출량이 유치국의 배출량 인벤토리에 잡히기 때문이다.

국내 감축 정책과 베이스라인

온실가스 감축을 위한 국내의 정책과 프로그램은 배출 전망을 낮추는 효과를 가진다. 다른 말로 하면 베이스라인을 설정할 때 기존의 감축 정책을 반영하지 않으면 베이스라인이 과대 설정된다. 유치국의 입장에서 국가결정기여의 달성을 위해 자국의 법령에 의해 강제한 사항은 자국의 감축 실적으로 남아야 한다. 다만 어떻게

---

31   보수적 베이스라인이 파리협정에 새롭게 나오는 것은 아니다. 청정개발체제 (CDM)에서도 불확실성을 감안해서 베이스라인을 보수적으로(in a conservative manner) 설정하라고 한다(Decision 17/CP. 7).

이를 배출전망치에 반영할지가 문제이다. 이론과 실제는 다르다. 정책의 도입과 실제 효과 발생 사이에 상당한 시차가 존재한다. 심지어 어느 정도의 시차가 발생하는지 알기도 쉽지 않다.

어렵지만 감축 사업이나 프로그램 하나하나에 대해 정부 정책에 의해 강제되는 부분은 없는지 따져 봐야 한다. 일정한 기준하에 모든 정책을 망라하는 정책의 목록이 필요하고, 여기에 정책 별로 재정 및 규제의 영향을 분명히 밝혀야 한다. 배출 부문별로 정책이 배출에 미치는 영향을 계산해서 반영한 배출량 시나리오가 있어야 한다. 정책과 규정은 계속 바뀐다. 이러한 변화를 반영해서 베이스라인을 지속적, 반복적으로 변경해야 한다.

추가성의 판단과 기준 배출량(베이스라인)

이제 추가성을 결정할 때 기준으로 삼을 수 있는 여러 가지 기준 배출량을 정리해 보자(그림 5-11). 배출 시나리오에 따라 미래의 배출량 추세가 전망(예측)된다. 여기서 '실제 BAU'는 실제 배출량과 같은 의미이다. 그림 5-11에 나오는 그래프가 모두 미래의 전망이므로 실제 BAU(③)는 미래의 배출량을 정확하게 예측한 것이라고 보면 된다.

미래의 실제 배출량(실제 BAU)보다 배출 전망을 과다하게 하면 핫에어가 발생한다. 과대한 배출전망치(①)를 베이스라인으로 설정하면 추가성 조건을 충족하지 못하는 ITMO가 생산되고 환경 건전성을 훼손한다. 국가결정기여는 실제 배출량보다 낮은 수준이어야 한다. 그렇지 않으면 역시 핫에어를 발생한다(②).

실제 BAU와 국가결정기여의 차이가 국가의 감축 노력을 보여준다. 조건부 국가결정기여(⑤)의 감축량이 무조건부 국가결정기

그림 5-11. 추가성의 결정에 사용할 수 있는 기준 배출량(Michaelowa et al., 2019)

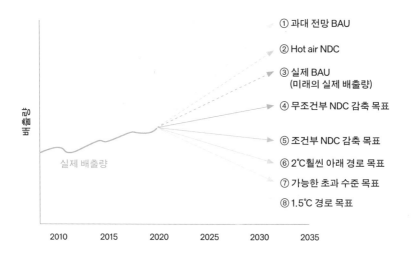

여(④)의 감축량보다 많으므로 조건부 국가결정기여의 배출 경로가 무조건부 결정기여의 배출 경로보다 아래에 위치한다.

마지막으로 맨 아래의 세 개의 화살표(⑥, ⑦, ⑧번)는 파리협정의 지구 평균 기온 목표(제2조 1항)를 달성하기 위한 배출 경로이다. 이를 국가결정기여로 설정할 수 있다. 파리협정에서 요구하는 이상적인 국가결정기여라 하겠다. 과감한 감축이 필요한 경로이다.

결론과 평가

베이스라인의 설정 기준은 추가성, 나아가 환경건전성의 확보 차원에서 당사국 간에 논란을 불러일으킨 바 있다. 실제 어떻게 실행할지는 차치하고, 세부이행규칙에 어떻게 규정할지에 대한 논란이다. 협상 결과 보수적으로 설정하고 국내 감축 정책을 감안하라고 한다. 나아가 유치국의 법과 규제가 요구하는 수준을 초과해야 한다고 정한다. 온실가스 감축을 위한 정부의 정책과 조치가 실행되었을 때 달성 가능하다고 정부가 판단하는 배출 경로가 국가결정기여이다. 따라서 국가의 감축 정책(조치)을 사실상 초과해서 반영하라 함은 국가결정기여 아래의 배출을 베이스라인으로 하라는 의미가 되겠다. 물론 이 때의 국가결정기여는 핫에어를 발생시키지 않는, 의욕적인 국가결정기여이다.

추가성과 베이스라인은 가장 이해하기 어려운 주제가 아닐까 싶다. 설명으로 이해하더라도 실제 감축 사업이 진행되는 현장에서 이를 어떻게 적용할지 선뜻 감이 오지 않는다. 특히 국가 수준의 국가결정기여와 개별 사업의 배출전망치를 어떻게 연계시킬지 난감하기도 하다. 이상적으로는 각국이 국가결정기여를 배출 부문, 그리고 하위 배출 부문의 배출량으로 최대한 쪼개서 제시해야 할 것이다(Spalding-Fetcher et al., 2017).

차라리 유치국에서 제6조 사업으로 실행할 수 있는 사업의 목록을 사전에 공표하면 어떨까? 유치국에서 국가결정기여를 달성하기 위해 자체적으로 추진할 수 없는 감축 사업의 유형이나 배출 부문의 목록이다. 이유는 대개 비용이나 기술 수준 때문일 것이다. 당연히 추가성의 문제가 해결된다. 또 목록에 국가결정기여의 달성이나 장기 감축 경로LT-LEDS 이행만이 아니라, 유치국의 정책적 판단이나 배려 사항을 담을 수 있다. 공편익과 지역 배려도 목록 작성 과정에서 반영할 수 있을 것이다. 즉 낙후된 지역의 균형 발전을 위해 설령 과다 판매의 우려가 있더라도 감축 사업을 인가할 수 있다. 어쨌든 이 문제는 시간이 흐르고 감축 사업의 경험이 쌓여야 해결될 것으로 기대해야 하겠다.

3. 청정개발체제와 6.4조 메커니즘의 연계

두 탄소시장 연계의 의미

연계 방법

누누이 설명한 바와 같이 파리협정의 6.4조 메커니즘이 완전히 새로운 시장은 아니다. 교토의정서의 신축성 메커니즘을 파리협정의 상황에 맞게 계승하여 적용하고 발전시킨다. 두 시장이 모두 '메커니즘'이다. 상쇄 메커니즘을 통해 상쇄배출권을 생산하고 이를 당사국 간에 거래한다는 점에서 다르지 않다. 사정이 이러하다면 두 메커니즘 간의 연계 또는 관련성이 궁금해진다. 달리 보면, 청정개발체제의 유산을 어떻게 정리하고, 또 유지할 지가 과제가 된다. 특히 후자(유지)는 사업자의 이익과 직접 관련된다. 세부이행규칙을 작성하기 위한 협상 과정에서 가장 첨예한 쟁점 중에 하나가 된 이유이다.

크게 네 가지 고리를 통해 두 시장이 연계될 수 있을 것이다 (Fuessler et al., 2019).

① 청정개발체제의 규칙
② 청정개발체제의 제도적 준비사항
③ 청정개발체제 사업의 전환
④ 2021년 이전에 발행된 청정개발체제 상쇄배출권CER의 사용

이 중 ① 규칙과 ② 제도의 전환은 기술적인 사안이니 심사숙고해서 결정하면 된다. 교토의정서의 청정개발체제, 공동이행, 배

출권거래제에서 사용된 규칙이나 운영 과정에서 습득한 경험 중에 활용하거나 포섭할 부분이 적지 않다. 상쇄배출권 발행을 위한 감축 사업의 활동 주기나 거버넌스 체제가 특히 그렇다. 청정개발체제의 방법론은 상당 부분 시행착오를 거쳐 개선된 내용이므로 업데이트해서 사용하는 것이 효율적이다. 당사국총회 결정문 역시 신축성 메커니즘의 규정과 방법론을 파리협정에서 활용하라고 한다(결정문 1/CP.21). 이에 비해 ③, ④는 정치적 결정사항으로 보인다. 둘다 금전적 이익에 관한 사항이다. 6.4조 메커니즘 사업으로 전환된 청정개발체제 사업에서 생산되는 상쇄배출권과 사용되지 않은 상태로 등록부 계정에 남아 있다가 새로운 국제 탄소시장으로 넘어오는 상쇄배출권의 판매 수익이 엄청날 수 있다.

규칙과 제도의 연계

청정개발체제의 방법론과 운영체계는 적절한 개정과 현행화 update를 거쳐 6.4조 메커니즘에서 사용할 수 있다. 온실가스 감축 실적을 모니터링하고 수량화해서 제시하는 접근은 여전히 유효하다. 청정개발체제 사업의 활동 주기, 특히 외부기관의 타당성 조사와 검증 및 인증, 지정운영자DOE의 인정 절차 등이다.

이중계산을 방지하기 위해 상응조정을 요구하는 6.4조 메커니즘의 특성상 허가 절차는 새롭게 도입해야 한다. 베이스라인 설정과 추가성의 판단 기준은 6.4조 메커니즘의 여건이 청정개발체제와 상당히 다르다는 점을 감안해서 개정해야 한다. 모든 국가가 감축 목표를 지속적으로 상향해야 하는 상황에서 추가성의 판단 기준은 선진국만 감축 의무를 지는 교토의정서 때와 달라야 한다. 상쇄배출권 생산의 전 과정에서 허가를 담당하는 유치국의 역할이 강화되어야 할 것이다. 책임이 커지니 그렇다.

양 체제의 거버넌스는 연계에 가장 문제가 없는 분야이다. 중앙통제형 관리기관인 집행위원회를 감독기구로 신속하게 전환할 수 있다. 다만 6.4조 메커니즘의 승인관청NA은 청정개발체제의 국가승인기구DNA에 비해 권한이 커진다.[32] 무엇보다 ITMO의 해외이전을 허가하는 기관이기 때문이다. 감독기구를 지원하는 여러 조직(예, 전문가 패널)이나 등록부 등은 역시 청정개발체제를 벤치마킹할 수 있다. 기구와 조직을 새로 만들지 기존의 것을 임시로 사용할지 당사국총회에서 고민해서 결정하면 된다.

청정개발체제 사업 전환과 CER 이전

청정개발체제 사업의 전환(③)은 기존의 청정개발체제 사업을 6.4조 메커니즘 사업으로 등록하는 문제이다. 사업자는 청정개발체제의 방법론을 그대로 유지하면서 파리협정 국제 탄소시장에서 상쇄배출권을 생산할 수 있게 된다. 청정개발체제 방법론[33]을 파리협정의 변화된 사업 여건에 맞게 개정하거나 업데이트하는 일(종전 CDM 방법론의 활용)하고는 구별이 된다. 청정개발체제 사업의 전환은 지금까지 사용해온 방법론이 비록 새로운 파리협정 탄소시장의 기준으로 볼 때 추가성 등에 문제가 있지만 이를 그대로 인정하는 것이다. 기존 상쇄배출권CER의 유효기간이 연장되고, 청정개발

---

32 청정개발체제에서도 국가별로 DNA(designated national authority)가 있고, 이를 국가승인기구라고 번역한다. 그런데 authority는 행정권한을 갖는 '관청'의 의미를 담고 있다. 따라서 여기서는 승인'관청'이라고 번역한다. 승인관청은 허가(authorization)와 인가(approval)를 모두 수행한다.

33 CDM 방법론은 총 250개 정도 되는데 이 중에 50개 정도가 자주 사용된다(Michaelowa, Espelage and Muller. 2020).

체제 사업의 시효가 파리협정 탄소시장에까지 유지된다. 그 결과 파리협정 탄소시장의 품질 기준에 미달하는 상쇄배출권이 생산·판매될 것이다. 문제가 아닐 수 없다. 이것을 인정하겠다는 것이니, 정치적 판단이라 하겠다.

청정개발체제에서 이미 발행된 상쇄배출권을 사용하는(④) 방안은 보다 노골적이다. 이미 생산되어서 사용되지 않고 남아 있는 CER을 계속 사용하게 해달라는 주장이니 말이다.

청정개발체제 사업의 전환과 기 발행된 상쇄배출권 사용 문제는 어찌 하면 전환에 따른 영향을 최소화할 것인지, 다시 말해 ③과 ④를 정치적으로 인정함에 따라 파리협정의 탄소시장으로 유입되는 상쇄배출권 수량을 어떻게 적정한 수준에서 통제할 지의 문제이다. 배출권거래제에 비유하면 과다 할당되어서 남아도는 할당배출권, 심하게 말하면 핫에어가 차기 계획기간으로 이월되어 오는 상황이다.

청정개발체제 사업의 전환

찬반 주장

세부이행규칙의 협상 과정에서 전환을 지지하는 측은 투자자의 신뢰와 확신 유지,[34] 상쇄배출권의 수량이 늘어남에 따른 국가결정기여 달성의 용이함, 6.4조 메커니즘의 조속한 안착 도모를 이유로 댄다. 일정한 수량의 배출권이 있어야 시장이 활성화될 게 아

---

34 기존의 청정개발체제 사업자 입장에서는 운영체제가 바뀌었다고 상당한 자금을 투자된 사업이 무효가 되는 셈이다. 이렇게 불확실성이 큰 감축 사업에 다시는 투자하지 않겠다고 다짐할지도 모를 일이다.

닌가? 또 조기 감축 행동에 불이익을 주어서는 안 된다고 주장한다. 반면 전환을 반대하는 입장에 따르면, 무작정 청정개발체제 사업의 전환을 허용할 경우 배출권의 공급 과잉으로 낮은 탄소 가격이 지속될 뿐아니라, 파리협정의 추가성 요건을 충족하는 새로운 감축 사업에 대한 투자가 오랫동안 지연된다. 이미 시장에 싼 가격의 상쇄배출권이 넘쳐나는데 누가 새로운 감축 사업에 투자하겠는가? 이들은 분명히 기존 청정개발체제 사업에 대한 불만 또는 불신을 가지고 있다.

결론과 평가

협상의 결론은 일정한 절차를 거쳐 전환을 허용하는 것이다 (RMP, 73~74항). 사업자는 2023년말까지 사무국과 유치국에 전환을 요청한다. 유치국의 인가를 받아서 2025년 말까지 전환할 수 있다. 이때 6.4조 메커니즘의 세부이행규칙RMP을 준수해야 한다. 상응조정이 대표적이다. 전환된 청정개발체제 사업의 유효기간은 최대 2025년말까지이다.

청정개발체제 사업의 전환을 허용했을 때 기존의 청정개발체제 사업에서 생산되는 상쇄배출권A6.4ER의 수량이 얼마나 될지 여러 가지 예측이 있지만 별 의미가 없어 보인다. 청정개발체제사업의 감축 효과는 이미 발생하고 있다. 유치국의 입장에서 상쇄배출권이라는 유인이 없어도 중단되지 않고 계속되는 감축 사업이라면 굳이 상쇄배출권을 발행하는 혜택을 주지 않을 것이다. 이미 가동 중인 풍력발전소를 사례로 들 수 있다. 청정개발체제 사업의 전환은 유치국에 부담이 된다. 동 사업에서 발행하는 상쇄배출권의 수량만큼 상응조정을 해야 하기 때문이다. 물론 이러한 예측은 앞에서 설명한 것처럼 유치국의 국가결정기여가 어느 정도 의욕적일 때에 적용된다. 만일 유치국의 국가결정기여가 핫에어를 안고 있다면 유치국은 부담 없이 청정개발체제 사업의 전환을 인가할 것이다.[35] 안타깝지만 이런 경우라면 지구 전체적으로 순 배출량이 증가하고, 환경건전성은 훼손된다.

유치국이 어떤 감축 사업에 대해 전환을 인가해 주는지 눈여겨 보자. 유치국이 상쇄배출권 발행의 혜택을 주면서 지속시키고 싶어 하는 온실가스 감축 사업이 무엇인지 알 수 있다. 해외 자본이 자국에서 추진하기를 희망하는 사업이므로 향후 6.4조 메커니즘 사업으로 추진했을 때 유치국의 인허가를 받을 가능성이 높은 사업이다.

여기서 유치국이 사업 전환의 인가는 하면서 허가(상응조정)는 하지 않는 시나리오를 생각해 볼 수 있다. 즉 사업의 전환은 허용해서 배출권을 생산하도록 해주지만 부담이 되는 상응조정은 하지 않는다. 이 경우 허가 받지 않은 상쇄배출권unauthorized A6.4ER이 시장에 유입하게 된다. 허가 받지 않은 배출권은 용도가 제한된다. 국가결정기여 달성이나 CORSIA와 같은 국제기구 상쇄 프로그램에서 사용할 수 없다. 자발적 탄소시장에서 상대적으로 낮은 가격에 거래될 가능성이 높아 보인다.

---

35   전환 조건으로 일정한 대가(代價)를 요구할 가능성을 배제할 수 없다.

교토의정서 상쇄배출권의 사용

찬반 주장

일정한 요건을 갖춘 CER을 파리협정의 탄소시장에서 사용하도록 허용하는 방안에 대한 찬반은 청정개발체제 사업의 전환에 대한 찬반과 다르지 않다.

이 사안과 관련해서 교토의정서의 상쇄배출권이 범람할 가능성에 대한 선진국의 우려가 크다. 더구나 많은 국가의 국가결정기여가 의욕적이라는 데도 동의할 수 없다. 헐값의 CER을 구매함으로써 별로 의욕적이지 않은 국가결정기여를 손쉽게 달성할 것이다. 다시 말하지만, CER 사용의 허용과 무관하게 이미 유치국에서 실행되고 있는 감축 사업이다. 또 청정개발체제 사업이 아시아 태평양 지역 몇 개 국가에 집중된 사실도 간과할 수 없다.

그럼에도 정치적 타협이 불가피하다. 위에서 설명한 것처럼, 이중계산에 대한 선진국의 우려는 엄격하고 종합적인 회계 기준을 마련함으로써 성공적으로 해소된 것으로 보인다. 산림보전 사업, 즉 온실가스 배출 회피 사업을 파리협정의 감축 사업으로 '자동적으로' 인정하도록 하자는 요구와 주장(파푸아 뉴기니 대표 발의)을 거부한 것 역시 바람직한 결정이다. REDD+ 상쇄배출권의 발행에 대해 신속처리fast-track 방식을 적용하자는 내용도 최종안에서 빠졌다.[36] 선진국이 이러한 성공의 대가로 상쇄배출권 이전에 합의해 준 것이 아닐까? 이제 과제는 파리협정의 탄소시장으로 넘어오는

---

36 열대우림(rainforest)을 가지고 있는 50여 개국이 자발적으로 참여하는 비영리단체인 Coalition for Rainforest Action의 주장이다(https://www.rainforestcoalition.org/).

CER의 수량을 적정한 수준에서 통제하는데 있다.

결론과 평가

세부이행규칙(75항)에 따르면, 2013년 1월 1일 이후 '등록된' 청정개발체제 사업에서 발생한 상쇄배출권이 대상이다. 2012년 12월 말에 교토의정서의 1차 공약기간이 끝나기 때문에 2013년은 유력한 기준 연도이다. 다만 2013년에 등록을 마친 청정개발체제 사업으로 할지, 아니면 2013년에 CER이 발행되기 시작한 청정개발체제 사업을 대상으로 할지가 검토된다.[37] 두 대안에 따라 CER 수량에 커다란 차이가 난다. 예상 수량 기준으로 후자가 전자보다 4배 이상 많다.[38] 넘어오는 CER의 양이 훨씬 적은 등록일 기준으로 결정된 것이다. 이전되는 CER은 '2021년 이전 CERpre-2021 CER'로 6.4조 메커니즘A6.4M의 등록부 계정에 예치된다. 다만 2021년 이전 CER은 1차 국가결정기여 이행기간 중에만 사용 가능하다. 상응조정이나 수수료 납부 및 적응기금 지원SOP은 없다.

2021년 이전 CER의 사용을 허용하는 사안의 심각함은 결국 넘어오는 수량에 달려 있다. 수량이 많지 않다면, 이미 발행된 CER을 1차 국가결정기여(2030년)에 사용한들 얼마나 문제가 되겠는가? 반대로 수량이 엄청나다면 심각한 재난이 될 수 있다. 여기에 넘어오는 CER의 수량을 정확히 예측하기가 어렵다는 문제가 있다 (참고 5-3). 그래서 안전판을 하나 만들었다. CER을 1차 국가결정

---

37 ① registration date와 ② start date of first crediting period를 검토하는 것이다. ②번이 ①번에 비해 대상이 되는 CDM사업의 개수가 더 많다.

38 Webinar 발표 자료(The potential impact of transitioning CDM units and activities to the Paris Agreement - Understanding implications of key policy choices on the table in Glasgow (oeko.de) 15, 18페이지) 참고.

기여 이행기간에 한해서 사용할 수 있도록 한 것이다. 2030년 이후는 부담을 털고 가겠다는 의지라 하겠다. 마지막으로 세부이행규칙 규정을 보면 아직도 치열한 대립의 여진이 남아있다. 요건을 충족시키지 못한 CER을 국가결정기여에 사용하는 문제를 추후 당사국 총회의 결정에 맡긴 것이다(75항 마목(e)). 대표적으로 산림보전과 같은 배출 회피 사업에 대해 어찌할지를 정해야 한다. 그나마 조림과 재조림 사업A/R project activities에서 발생한 단기 배출권tCER: temporary CER, 장기 배출권lCER: long-term CER은 국가결정기여 달성 용도로 사용할 수 없도록 규정하고 있어 다행이다(75항 바목(f)).

참고 5-3. 파리협정 탄소시장으로 넘어오는 청정개발체제의 상쇄배출권 수량

파리협정의 탄소시장으로 넘어오는 청정개발체제의 CER 수량을 제대로 가늠하기 어렵다는 현실이 협상을 지연시키고 합의를 방해한 주 원인 중 하나였다. 예측치가 없는 것은 아니다. 일본의 IGES/MURC와 독일의 New Climate institute/Oko-Institut e.V.의 연구가 대표적이다. 하지만 추정에 불과하다. 도대체 왜 정확한 수량을 파악할 수 없는 것일까?

청정개발체제 개별 사업에 대한 정보가 없는 것은 아니다. 유엔기후변화협약 사무국 데이터베이스에 등록된 사업의 목록과 사업계획서가 공개된다. 그리고 사업계획서에 감축 예상 수량이 나온다. 하지만 사업계획서의 예상 수량을 그대로 인정할 수는 없다. 경험으로 보면, 계획서상의 예상 수량과 실제 발행되는 CER 수량 간에 상당한 차이가 발생하기 때문이다. 더구나 분석 대상인 청정개발체제 사업의 상당수는 휴면 상태이다. 휴면에 들어간 가장 큰 이유는 낮은 CER 가격 때문

이다. 수수료 등 CER 발행에 드는 비용마저 보전되지 않는데 CER을 발행할 이유가 없다. CER이 한 번도 발행되지 않은 사업도 있다. 투자 자금을 구하지 못해서 중간에 포기한 사업일 수도 있다. 사업 내용이 크게 바뀌었을 수도 있다. 더욱 발행 수량을 예측하기 어렵다. 설령 사업이 실행되고 있더라도 모니터링 데이터가 없다면 CER 발행이 어렵다. 계획서 자료만 가지고 모니터링이 진행되고 있는지 판단할 수 없다. 이 모두가 불확실성이다.

이미 발행된 CER 중 유효기간이 연장되는 케이스가 있을 것이다. 여기서 다시 불확실성이 나타난다. 기존의 CER이 그대로 갱신되는 경우가 없기 때문이다. 갱신 인가 기준이 강화되는 경우가 많아서 그렇다. 시간이 흐르면서 베이스라인을 정하는 기준이 높아진다. 지금까지 5,489개 청정개발체제 사업이 유효기간 연장이 가능한 사업이었는데, 1차 연장된 사업이 974개, 3차 연장은 40개 불과했다(Marcu, Kanda and Agrotti, 2020).

이러한 불확실성에도 불구하고 2013년 1월 1일 이후 등록된 청정개발체제 사업에서 발행될 것으로 예상하는 CER의 수량은 3억2천~3억 4,100만 CER(톤)이다. 예측 기관에 따라 CER 발행 성공률을 조금씩 다르게 보기 때문에 단일 값이 아니다. 넘어오는 CER 수량이 중요하다. 국제 탄소시장의 배출권 가격에 영향을 미칠 것이기 때문이다.

4. 활동 수익의 일부 사용과 지구 순 배출량 감소 이행

활동 수익의 일부 사용: 적응 기금 납부

파리협정 제6조 6항은 수익금Proceeds의 일부a share를 행정비용(수수료)과 개발도상국의 적응 비용을 충당하는데 사용하도록 하고 있다.[39] 이를 활동 수익의 일부SOP: Share of th Proceeds라 하는데, 일종의 국제적인 세금인 셈이다. 청정개발체제에서 CER 발행 수익의 일부를 납부하도록 한 전례가 있다.

청정개발체제를 잇는 6.4조 메커니즘에 대해 일정 수익을 적응기금에 지원하는 데 이견은 없다. 6조 6항에 나와 있으니 그렇다. 새로운 방식인 6.2조 협력적 접근법도 마찬가지로 할 것인지 논란이 생긴다. 찬성론자는 6.4조 메커니즘에만 SOP를 부과하게 하면 6.4조 메커니즘이 협력적 접근법에 비해 상대적으로 불리하게 된다고 말한다. 또 적응기금이 절대적으로 부족한 상황이므로 적응기금의 안정적 자금원을 확대해야 한다고 주장한다. 반대론자(미국과 유럽연합)의 입장은 간명하다. 파리협정에 협력적 접근법의 SOP를 적응기금에 지원하라는 규정이 없다는 것이다. 규정에도 없는데 왜 지원해야 하느냐고 반박한다. 찬성론자는 지원하지 '말라는' 규정이 없다고 할 지 모르겠다. 반대의 이유로 기술적인 문제를 제기하기도 한다. 협력적 접근법은 다양한 형태로 진행되는데 실제

---

39   제6조 6항. 이 협정의 당사자회의 역할을 하는 당사자총회는 이 조 제4항에
      언급된 메커니즘 하에서의 활동 수익 중 일부가 행정 경비로 지불되고,
      기후변화의 부정적 영향에 특별히 취약한 개발도상국 당사자의 적응 비용의
      충당을 지원하는 데 사용되도록 보장한다.

SOP를 적응기금에 지원하기 어려운 협력 사업도 있다.[40] 크게 보면, 기회만 있으면 선진국의 재정 지원을 이끌어내고자 하는 개발도상국과 원칙 없이 제기되는 구속적 지원 요구에 반대하는 선진국의 대립 구조로 이해할 수 있겠다.

세부이행규칙(50~62항)에 따르면, 6.4조 메커니즘에서 행정 비용administration SOP은 정해진 기준에 따라 현금으로 납부하고 적응기금에는 배출권 발행 수량의 5%를 납부한다. 기존 교토의정서에서 사용된 방식이 유지된 셈이다. 가장 논쟁이 치열했던 협력적 접근법에 대해서는 적응기금 납부를 다만 강력히 장려하는 것으로 정했다.

지구 순 배출량 감소의 실현

정의에 대한 논쟁

6.4조 메커니즘의 근거가 되는 파리협정 제6조 4항은 6.4조 메커니즘의 목표 4가지[41] 중 하나로 지구 순 배출량 감소OMGE를 달성하라고 요구한다. 그런데 OMGE를 어떻게 이해 또는 정의할지에 대해 협상과정에서 당사국 간에 의견이 갈렸다. 일부 당사국은 감축 사업의 베이스라인을 규정에 따라 엄격하게 설정하면, 당연히 상쇄배출권이 적정한 베이스라인에 비해 적게 생산될 것이고, 이 잔여분은 결국 유치국의 국내 감축에 기여할 것이라고 본다. 엄격

40　예컨대 배출권거래제끼리 연계하는 경우이다. 이러한 기술적 문제는 충분히 해결이 가능하다는 주장도 있으니, 이에 대한 논란은 부차적인 것으로 보인다.

41　제6조 4항 가~라목이다. ① 지속가능한 발전의 증진과 온실가스 감축, ② 민간사업자의 참여 유인 제공, ③ 유치국의 국내 배출 수준 하락 기여 및 다른 당사국의 국가결정기여 이행에 사용, ④ 전지구적 순 배출량의 감소이다.

그림 5-12. 유치국의 NDC에 기여하는 Below BAU(Michaelowa, Espelage and Mueller, 2020)

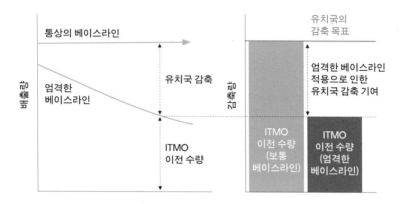

한 베이스라인Below BAU 그 자체로 지구적 감축에 기여한 셈이다(그림 5-12).

　다른 편 당사국에서는 OMGE는 말 그대로 감축 사업의 참여한 국가 '어디에도 속하지 않는' 감축 실적이라고 주장한다. 엄격한 베이스라인 설정으로 상쇄배출권 발행수량이 줄어든 것과 OMGE 달성은 별개의 문제이다. 앞에서 설명한 것처럼 OMGE는 국제 탄소시장을 설계하고 운영하고 평가하는 종합적인 기준이다. 파리협정의 국제 탄소시장에 대해 기대하는 세 가지 요구사항 중 하나인 것이다(287쪽). 이 점을 기억했으면 좋겠다.

의무적 취소와 자발적 취소
　상쇄배출권의 일부를 강제적(의무적)으로 취소하도록 하면 비용은 감축 사업을 수행한 사업자가 부담하게 된다. 발행되는 상쇄배출권 중 OMGE 감소 이행을 위해 사용하는 수량을 빼고 남는 수량이 사업자에게 주어지기 때문이다. 자발적 취소 방법도 있다. 이 경우 누가 부담하게 될까? 언뜻 생각하면, 구매국(선진국)이 비용을 부담하게 될 것 같다. 개발도상국인 유치국이 자발적인 부담을 선진국에게 떠맡으라고 요구할 가능성이 높으니 말이다. 학자들의 답은 다르다. 자발적 취소로 할 경우 비용 부담은 결국 시장의 수요 및 공급 상황에 따라 결정된다고 본다. 공급이 남아돌면 공급자, 수요가 초과하면 수요자가 지구 순 배출량 감소 비용을 부담한다는 것이다. 시장에서 불리한 지위에 있는 자가 비용을 부담한다고 보는 것이다.

협력적 접근법 대상 적용

SOP와 마찬가지로 OMGE를 6.4조 메커니즘 이외에 6.2조 협력적 접근법에도 적용할지에 대한 논란이다. 주장의 내용과 근거, 논쟁의 전개에는 차이가 없다. 찬성론자가 보기에 지구적으로 순 배출량을 줄이는 것이니 지구 OMGE는 모두에게 좋은 것이다. 제6조 시장 전체에 적용하는 게 바람직하다. 당연히 6.4조 메커니즘의 상대적 불리함도 해소된다. 반대론자는 OMGE를 간섭으로 보고, 시장의 왜곡을 말한다. 여기에 감축 비용이 상승하는 문제가 추가로 있다고 주장한다.

실행 방식과 지구 순 배출량 감소가 시장에 미치는 효과

OMGE 실행 방법에 대한 논의에서 할인, 취소, 엄격한 베이스라인 적용, 상쇄배출권의 유효기간을 줄이는 방법 등이 제안되었다. 언제 적용할지도 정해야 할 사항이다. 상쇄배출권을 발행하거나 이전할 때, 아니면 국가결정기여 달성에 사용할 때 적용할 수도 있다.

적용 비율도 정해야 한다. 지구 순 배출량 감소의 몫을 많이 떼어내면 배출권의 시장 가격을 올린다는 지적이 있는 반면, 높은 탄소 가격이 유치국의 수입을 증가시켜 감축 사업을 활성화시킬 것이라는 반론이 있다. 장기적으로 보면, 높은 탄소 시장가격이 고비용의 감축 사업에 대한 투자를 유발해서 감축 의욕을 상향하게 만드는 하는 효과가 있다고 한다(Schneider and Warnecke, 2019).

결론과 평가

상쇄배출권A6.4ER을 발행할 때 발행 수량의 2%를 강제로 취소한다(세부이행규칙 63~67항). 이행 주체는 사업자activity participants이다. 2%가 작다는 주장이 있을 수 있다. 그래서 사업자가 2% 이상 취소해 달라고 요청할 수 있도록 해 놓았다. 또 사업자나 구매자 등이 자발적으로 2% 이상의 수량을 취소할 수 있다. 이에 대한 구체적 절차는 추후 감독기구가 정할 것이다. 협력적 접근법(6.2조)에 대해서는 적응기금과 마찬가지로 강력히 장려하는 것으로 결론이 났다. 하지만 "제6조의 양대 탄소시장 간에 경쟁 조건을 동일하게 하자," 다른 말로 하면 "운동장이 기울지 않게 하라a level playing field"는 주장이 계속 제기될 것이 분명하다. 그런데 적응 기금과 OMGE 감소, 이 둘을 비교한다면, 그래도 OMGE 실현을 위한 추가적 기여가 보다 명분을 갖춘 요구라는 생각은 든다.

5. 자발적 탄소시장과 파리협정 탄소시장

제6조 시장과 자발적 탄소시장의 연계

파리협정의 제6조는 자발적 탄소시장VCM에 대해 구체적인 지침이나 안내를 제공하지 않는다. 자발적 탄소시장이 말 그대로 민간에서 자발적으로 만들어 운영하는 탄소시장인만큼 파리협정에서 왈가왈부할 일은 아닐 것이다. 그럼에도 자발적 탄소시장이 제6조 탄소시장과 전혀 무관하게 작동하리라 보는 전문가는 없다. 연계될 것인가의 문제가 아니라 어떻게 연계될지가 문제라 하겠다. 협력적 접근법의 세부시행규칙guidance, 곧 안내서에서는 ITMO의 용도 중 하나로 '기타 목적other purposes'을 지정하고 있다. 자발적 탄소시장에서 기타 목적의 ITMO를 거래할 수 있다. 자발적 탄소시장과 제6조 탄소시장의 연계 가능성이 열려 있는 것이다.

파리협정은 자발적 탄소시장에 실질적이고 강력한 영향력을 미친다. 무엇보다 자발적 탄소시장이 파리협정 제6조 탄소시장의 핵심 운영 원칙에 부합하려고 할 것이다. 당장 제6조 탄소시장이 요구하는 상쇄배출권의 품질 기준에 따르려 노력한다. 예컨대 보다 강화된 베이스라인 설정 기준을 자발적 탄소시장이 반영하고자 할 가능성이 높다. ITMO의 품질 수준이 자발적 탄소시장에서 거래되는 배출권의 '참고 기준reference' 역할을 하는 것이다. 높은 신뢰를 바탕으로 파리협정의 탄소시장이 활성화되면 자발적 탄소시장 운영기구가 자체 기준에 따라 발행하는 배출권의 인기가 떨어지고, 구매자로부터 외면받을 수 있다. 파리협정 탄소시장에서 발행하는 배출권에 뒤떨어지지 않는 품질을 확보하기 위해 노력해야 하는 이유이다. 자발적 탄소시장 운영기구가 부쩍 건전성, 투명성, 신뢰성을 강조하는 이유가 이와 무관하지 않다. 이미 골드 스탠더드GS는 상응조정이 완료된 상쇄배출권을 거래할 것이고, 이중계산 방지를 위한 규정을 업데이트하겠다고 한다.[42]

여기에 자발적 탄소시장이 파리협정 탄소시장에서 발행하는 배출권의 거래 플랫폼 역할을 할 수 있다. 기타 목적 용도 ITMO를 자발적 탄소시장에서 거래할 수 있고, 나아가 당사국과 협력해서 자발적 탄소시장이 ITMO 발행기구의 역할을 할 수도 있을 것이다.

기업의 선택: 상쇄와 기여

파리협정의 제6조 시장에서 이중계산을 방지하기 위해서 ITMO를 해외로 이전할 때 필히 상응조정을 하도록 규정함에 따라, 기업과 개인이 자발적 탄소시장에서 구매하는 배출권의 용도가 두 가지로 분명히 구분되는 상황이 되었다. 유치국에서 상응조정을 했는지에 따라 배출권의 용도(기능)가 상쇄와 기여로 나뉘는 것이다.

먼저 상쇄offset에 대해 설명한다. 100톤의 온실가스를 배출하는 기업이 있는데 탄소중립을 이루고 싶어 한다. 방법은 사실 두 가지밖에 없다. 100톤을 배출하지 않는 방법으로 기업 활동을 하든지, 아니면 100톤의 온실가스를 줄인 자에게 배출권을 구입하는 것이다. 예컨대 개발도상국에서 조림 사업을 시행하고, 그 결과로 100톤의 이산화탄소가 격리되었다는 증서(배출권)를 구매하는 것이다. 스스로 줄이는 방법이 자체 감축reduction이라면 배출권을 구매하는 것은 외부 상쇄이다.

이에 대해 기여contribution는 누군가를 도왔다는 의미를 담는

---

42 Is Gold Standard requiring all projects to have corresponding adjustments? : Gold Standard (freshdesk.com)

다. 앞의 예를 조금 달리 생각해 보자. 똑같이 기업이 조림 활동을 지원하고 여기서 발생한 배출권을 구매한다. 하지만 이를 이유로 탄소중립을 달성했다고 주장하지 않는다. 배출권 구매로 자신의 배출을 상쇄하지 않고 조림 활동(온실가스 격리활동)을 돕는 것이다. 이때 배출권은 배출권에 표시된 수량만큼 온실가스를 감축했다는 증서일 뿐이다.

파리협정 이전에는 자발적 탄소시장의 배출권이 당연히 상쇄 용도로 쓰였다. 하지만 이제는 상응조정을 마쳐야만 상쇄 용도로 사용할 수 있다. 유치국이 상응조정을 하지 않으면 감축 사업의 결과물(감축 실적)은 유치국에 남는다. 유치국의 온실가스 감축을 지원한 셈이 된다. 이 차이를 아는 것이 중요하다.

배출권의 상응조정 여부

이제 기업은 상응조정이 된 배출권adjusted credits과 상응조정이 되지 않은 배출권non-adjusted credits 중에 하나를 구매할 수 있다. 상응조정이 되지 않은 배출권을 편의상 '미조정 배출권'이라 부르자. 상응조정이 되었다면 조정 배출권이다. 조정 배출권은 상응조정 비용이 반영된 배출권이다. 상응조정 프리미엄으로 인해 미조정 배출권에 비해 더 비쌀 것이 분명하다. 베라Verra와 같은 자발적 탄소시장 운영기구는 기업이 국가결정기여 달성을 위해 배출권을 구매하는 것은 아니므로 굳이 조정 배출권을 구매하라고 할 필요가 없다고 말한다. 하지만 환경단체나 유럽연합은 국제 탄소시장에서 거래되는 배출권은 반드시 조정 배출권이어야 한다고 주장한다. 심지어 상응조정을 배출권 거래의 필수요건으로 정하자고 한다. 상응조정을 거치지 않은 배출권은 거래하지 말자는 거다. '산호세 원칙'에 참여하는 국가들San Jose Principles Coalition for High Ambition and Integrity in International Carbon Market의 주장이다. 코스타리카를 포함해서 2020년 1월 현재 32개국이다. 참고로 이들 국가는 청정개발체제로부터 이전된 CER 물량pre-2021 CER을 사용하지 않겠다고 한다.

선택은 기업의 몫이다. 하지만 기업은 두 종류의 배출권이 가지는 차이를 알아야 한다. 또 자발적 탄소시장 운영기구는 어떤 종류의 배출권을 거래하는지 분명히 밝혀야 한다. 조정 배출권은 '상쇄' 배출권이다. 이에 비해 미조정 배출권은 감축 실적을 유치국에서 이미 사용했기 때문에 기업의 자체 배출을 대체(상쇄)할 수 없다. 유치국의 감축 활동을 지원하는 것이다. 미조정 배출권을 구매해서 자사의 넷제로를 실현한다는 주장은 그린워싱으로 의심된다.

이제 기업은 표 5-2와 같이 다양한 종류의 배출권을 구매할

표 5-2. 배출권의 종류와 개요(Fattouh and Maino, 2022)

근거	유형	용도 및 발생원	거버넌스	절차	사례
6.2조	ITMO	국가결정기여 달성	양자 협약	상응조정: 최초 이전	일본, 스위스
	ITMO	국제 탄소 규제	양자 협약	상응조정(유치국 결정): 허가, 발행, 사용·취소	CORSIA
	ITMO	VCM	양자 협약		VCM
6.4조	ITMO (A6.4ER)	국가결정기여 달성	감독기구(SB) 중심 중앙 통제	상응조정: 최초 이전 5%, 적응 기금 2%, OMGE 행정비용 등	양국 거래
		국제 탄소 규제			CORSIA
		VCM			VCM
VCM	상응조정 불필요	기업의 자발적 구매	독립적인 기구 VCMI* 기준 등	VCM 별 내부 규정	Verra Registry
규제 시장	국가 총량의 일부	규제 준수 (피규제자)	국가, 국제기구	당해 규제의 절차 규정	EU-ETS K-ETS

* VCMI: Voluntary Carbon Market Intergrity Initiative

수 있게 되었다. 배출권에 따라서 품질이 다르고, 배출권의 생산 메 커니즘crediting mechanisms이 다르다. 표에서 보면, 6.2조 또는 6.4 조 탄소시장에서 발행된 ITMO를 자발적 탄소시장에서 거래할 수 있다. 또 이와 별도로 자발적 탄소시장의 운영기구가 자신이 정한 기준에 맞춰 자체 배출권을 발행하고 이를 거래할 수도 있다. 다만 후자의 경우는 상응조정을 하지 않을 것이기 때문에 국가결정기여 달성이나 국제 감축 목적(예: CORSIA)으로 사용할 수 없다.

자발적 탄소시장의 배출권 거래 전망(ICROA, 2021)

정리하면, 자발적 탄소시장에서 거래할 수 있는 배출권의 종류는 크게 세 가지이다.

① 상응조정이 이루어진 ITMO로서 용도는 국제 감축 목적과 기 타 목적이다.
② 기타 목적 용도의 미조정 배출권이다.
③ 자체 규정과 절차에 따라 자발적 탄소시장 운영기구가 발행한 배출권이다.

초기에는 국가결정기여 달성과 국제 감축 목적의 수요를 충당 하기에도 ITMO의 수량이 부족할 가능성이 높다. 상당한 기간이 지 나서 ITMO 발행 수량이 증가하면 자발적 탄소시장에 ITMO가 유 입될 것이다. 당분간 자발적 탄소시장은 ②와 ③의 배출권을 거래 하는 시장이 될 것으로 예상할 수 있겠다.

유치국이 상응조정을 꺼리면서 기타 목적의 미조정 배출권 (②) 발행을 늘리고, 기업 등에서 개발도상국의 감축 사업을 지원하기 위해 구매를 확대하는 상황이 벌어질 수 있다. 이 경우 자발적 탄소시장이 활성화될 것이다. 하지만 반대로 기업에 대해 상응조정이 된 조정 배출권을 구매하라는 요구가 커지면 자발적 탄소시장이 어려움을 겪을 수도 있다.

당연히 조정 배출권은 미조정 배출권보다 높은 가격에 거래될 것이다. 가격 차이는 시장에서 수요와 공급이 결정한다. 그렇다고 탄소시장의 수요자가 동질적이라고 생각할 필요는 없다. 오히려 최빈개도국에서 발행한 미조정 배출권의 가격이 가장 높을 수 있다. 상응조정과 무관하게 최빈개도국의 감축과 적응 사업을 지원(기여)하려는 하는 수요자가 적극적으로 매수에 나설 수 있다.

언젠가 ITMO(①)가 자발적 탄소시장에서 거래될 때는 상응조정이 제대로 이루어질 수 있도록 여러 자발적 탄소시장 플랫폼을 연계하는 등록부의 필요성이 제기된다. 국제 감축 목적과 기타 목적의 ITMO는 사용 시점에 상응조정이 이루어지는데, 이때는 ITMO 발행 시점으로부터 상당한 기간이 지났을 가능성이 높다. 배출권이 발행된 이후 여러 차례의 이전 과정을 거쳐서 몇 년이 경과한 후에 ITMO가 사용(또는 취소)될 수 있는 것이다. 경로 추적과 함께 상응조정의 확인이 필요하다.

결론적으로 제6조 탄소시장이 자발적 탄소시장에 어떤 영향을 미칠지 판단하기에는 아직 불확실성이 크다. 제6조 탄소시장의 향배에 대해 전망하기도 힘든데, 제6조 탄소시장의 영향을 받는 자발적 탄소시장을 전망하기는 더욱 어렵다. 확실한 건 파리협정의 영향을 자발적 탄소시장도 고스란히 받게 된다는 사실이다. 베이스라인 방법론에서 상응조정, 환경건전성, 심지어 배출권의 물량에 이르기까지 모두가 해당한다.

Part 6

파리협정 탄소시장의 세부이행규칙

1장
6.2조 협력적 접근법

파리협정 제6조는 세부이행규칙이 가장 늦게 만들어진 조항이다. 파리협정이 체결된 2015년, 과학기술자문부속기구SBSTA에 세부이행규칙[1]안을 작성하도록 요청하고(결정문 1/CP.21 36항, 38항), 3년 후 제24차 당사국총회(2018, 카토비체)에서 확정하기로 했지만 최종 합의에 실패했다. 파리협정 1차 당사국총회(COP24/CMA.1)에서 모든 세부이행규칙을 확정하는 일정이 제6조 시장 때문에 어그러진 것이다.[2] 이후 제25차 당사국총회(2019, 마드리드/CMA.2)를 거쳐, 코로나19 팬데믹으로 인한 1년의 연기 후에 2021년 말 제26차 당사국총회(2021, 글래스고/CMA.3)에서 드디어 제6조의 세부이행규칙에 국제사회가 합의했다. 당사국 간의 의견대립이 가장 첨예했다는 반증이 되겠다. 제6조(탄소시장 조항)가 왜 이렇게 논란이 되는 것일까?[3] 탄소시장을 실제 운영하는데 수반되는 기술적 난관이 있기도 하지만, 더 큰 이유는 합의 내용에 따라 정치적 셈법이 복잡하기 때문이다. 기술적 판단을 넘어서는 정치적 득실이 합의를 어렵게 한다. 또 섣불리 합의하면 탄소시장의 신뢰

---

1 본문에서는 '안내서(guidance)'와 'RMP'라는 용어를 사용했다.

2 합의된 세부이행규칙은 다음과 같다. 국가결정기여와 국가결정기여 회계 처리에 필요한 정보(4조), 산림의 역할(제5조), 적응(제7조), 국가결정기여 달성을 위한 당사국간 자발적 협력(제6조), 손실과 피해(제8조), 재정 지원(제9조), 기술 이전(제10조), 역량 배양(제11조), 강화된 투명성체제(ETF) 세부조항(제13조), 전지구적 이행점검(제14조), 그리고 다자적 촉진 과정(제15조)이다.

3 "Nothing is agreed until everything is agreed." 제21차 당사국총회(2021, 글래스고) 이전에 기술적인 내용에 대해서는 상당한 합의가 이루어지고 있었다. 그러나 모든 주제에 합의하기 전까지 이러한 중간 합의는 확정되지 않는다.

세부이행규칙

성뿐 아니라 당사국의 온실가스 감축NDC은 물론이고, 파리협정 자체의 이행력을 약화시킬 수 있다는 강한 우려가 있었다. 합의 내용의 파급 효과가 크다는 말이다. 주의 깊게 숙고하고 타협할 수밖에 없었던 이유이다.

표 6-1. 안내서(guidance)의 구성

Chapter	국문	영문
1장	**국제적으로 이전된 감축결과물**	**Internationally Transferred Mitigation Outcomes**
2장	**참여 조건**	**Participation**
3장	**상응조정** · ITMO 단위 · 상응조정의 적용 · 기타 국제 감축목적의 사용 · ITMO 이전과 사용의 안전장치(세이프가드)와 제한	**Corresponding Adjustments** · ITMO metrics · Application of corresponding adjustments · Other international mitigation purposes · Safeguards and limits to the transfer and use of ITMOs
4장	**보고** · 시작보고서 · 연례 정보 · 정기 정보	**Reporting** · Initial report · Annual information · Regular information
5장	**검토**	**Review**
6장	**보고 및 경로추적** · 경로추적 · 제6조 데이터베이스 · 중앙회계보고플랫폼	**Recording and Tracking** · Tracking · Article 6 database · Centralized accounting and reporting platform
7장	**감축 및 적응 행동의 의욕 상향**	**Ambition in mitigation and adaptation actions**

1. 협력적 접근법의 형태와 참여 조건

가능한 협력 유형

협력적 접근법CA: cooperative approaches이 무엇인지 구체적으로 정의된 바는 없다. 협력적 접근법의 취지가 다양한 형태의 자발적인 온실가스 감축 협력을 허용하는데 있다면 굳이 섣부르게 정의할 필요는 없어 보인다. 현재 국제사회는 '두 나라 이상이 모여서 ITMO를 거래하는 협력체' 정도로 이해하고 있다. 어떤 형태가 가능할까?

첫째, 두 나라가 감축결과물의 국제 거래를 위한 상호협정 bilateral agreements을 체결할 수 있다. 예를 들어 대한민국(투자국)과 베트남(유치국) 정부가 합의해서 감축결과물을 생산하고 이를 직접 거래할 수 있다(sovereign to sovereign transactions). 둘째, 정부 간에 협력의 근거가 되는 포괄적 협정framework agreements을 체결하고, 포괄(기본) 협정의 우산 아래서 일반적인 상거래 형식으로 민간 주체끼리 협력할 수 있다. 셋째, 동일한 기준에 따르는 클럽 형태의 협력이 가능하다. 세계은행이 몇 나라를 묶어서 협력체를 만들고, 이곳에서 감축 사업을 추진할 국가를 모을 수 있다. 넷째, 범위를 넓혀서 지역 단위의 협력체 구성을 생각해 볼 수 있다. 지역(예: 아세안 국가) 안에 판매국과 구매국이 공존한다. 등록부 등 거래 인프라와 기준을 공유하고, 함께 능력을 배양한다(World Bank, 2022). 마지막으로 베라와 같은 자발적 탄소시장 플랫폼(운영기구)이 국제 감축 사업을 지원할 수도 있다. 원하는 여러 국가와 합의각서를 체결하여 감축 사업을 실행하고, 여기서 생산되는 감축결과물(배출권)을 자신이 운영하는 자발적 탄소시장을 통해 거래하는 방식이다.

참여 조건

안내서 2장에서 협력적 접근법에 참여하는 당사국이 어떠한 요건을 갖추어야 하는지 밝힌다. 첫째, 파리협정을 비준한 당사국으로서 파리협정이 요구하는 사항을 준수해야 한다(4항). 구체적으로 5년 단위의 국가결정기여를 준비, 통보, 관리(4항 나목(b))해야 한다. 온실가스 배출량에 대한 최신의 〈국가인벤토리보고서〉를 제공해야 한다(4항 마목(e)). 이때, 보고서 제출에 필요한 2년의 시차는 인정한다. 2025년에 ITMO 최초 이전을 허가하는 국가라면 2023년의 〈국가인벤토리보고서〉를 제출해야 한다. 배출량 산정에 필요한 기초 데이터의 생산과 수집에 시간이 걸려서 그해의 배출량을 그해 말에 산정할 수 없다. 사정이 어려운 국가에 대해서는 한 해의 유연성을 인정한다. 3년의 시차를 인정해 주는 것이다. ITMO를 거래하는데 국가결정기여와 〈국가인벤토리보고서〉가 중요하다는 사실을 이해하기는 어렵지 않다. 취득국은 국가결정기여를 이행하기 위해 ITMO를 구매하고, 이전국은 국가결정기여를 이행하고 남는 수량을 ITMO로 판매할 수 있다. 최신의 〈국가인벤토리보고서〉를 기반으로 국가결정기여의 달성 여부를 판단하고, 상응조정과 거래를 표시(회계 처리)해야 한다.

두 번째로 ITMO 거래에 필요한 기반(인프라)을 갖추어야 한다. 안내서는 두 가지를 특정한다(6항 다목(c), 라목(d)). ITMO 사용에 수반되는 ① 허가와 ② 경로 추적에 필요한 준비arrangements이다. ITMO 거래와 관련해서 가장 중요한 행정 절차를 꼽으라면 당연히 유치국의 허가이다. 허가는 공식적인 결정이고 절차이어야 한다. 이 부분이 불분명하면 ITMO 거래의 신뢰성과 안정성을 확보할 수 없다. 경로 추적 역시 마찬가지이다. 국가 간의 거래인만큼 공통의 기준과 인프라가 필요하다.

　　마지막으로 협력적 접근법이 국가결정기여와 〈장기 저탄소 발전전략〉에 기여해야 한다(4항 바목(f)). 정확하게는 협력적 접근법의 목적과 취지가 참여 조건으로 제시되고 있다. 이 조건에 근거해서 유치국은 인가와 허가 과정에서 국가결정기여와 〈장기 저탄소 발전전략〉 달성을 이유로 각종 제한과 조건을 붙일 수 있겠다. 협력적 접근법은 참여 국가에게 지금의 감축과 장기적인 의욕 상향을 위해 활용되어야 함을 잊지 말자. 국가결정기여와 장기 감축 경로LT-LEDS가 당장 베이스라인 설정할 때부터 핵심적인 기준의 역할을 해야 하는 이유이다.

검토와 평가

ITMO 사용을 허가하는데 필요한 준비를 하라는 요구에 대해 생각해 보자. 안내서에서 구체적으로 어떠한 준비가 필요한지 밝히고 있지는 않다. 협력적 접근법에 참여하는 개별 국가가 자국의 실정에 맞게 준비하면 될 것이다. 그럼에도 재산권 성격을 가진 ITMO 거래의 특성을 감안할 때, 허가에는 국내법의 근거가 있어야 할 것이고, 또 정부가 인정하는 공식 기관이 담당해야 할 것이다. 특별한 이유가 있지 않다면 6.4조 메커니즘 사업의 승인관청NA이 맡을 것으로 예상할 수 있다. 허가는 중요한 행정 절차이다. 당장 유치국의 국가결정기여 달성에 바로 영향을 미친다. 어떤 식이든 국가결정기여의 이행을 책임지는 부처와 연계는 필수이다.

　　교토의정서는 의정서의 비준, 자발적인 참여, 국가승인기구DNA의 지정을 공통의 조건으로 하고, 선진국에 대해서는 정량적 감축 목표(QELORO) 확정, 인벤토리 산정 시스템 및 등록부 구축, 연간 인벤토리 제출 등을 추가로 요구한바 있다(결정문 3/CMP.1 F.). 이렇게 보면 교토의정서에서 선진국에 요구되던 조건과 사실상 다르지 않은 조건이 파리협정에서 협력적 접근법에 참여하려는 당사국에 요구되고 있음을 알 수 있다. 파리협정에 선진국과 개발도상국의 구분이 없다는 사실음을 생각하면 이는 당연하다.

다만 최빈개도국LDC과 군소도서국가SIDS에 대해서는 예외적으로 이들 국가의 특별한 사정을 배려할 수 있도록 규정하고 있다 (5항).[4] 참여 조건 측면에서 최빈개도국과 군소도서국은 다른 일반 당사국 그룹과 구별된다.

---

4   파리협정에서 최빈개도국과 군소도서국가는 별도의 국가 범주로서 참여 조건
     이외에도 여러 가지로 특별한 배려를 받는다. 근거는 파리협정 제4조 6항이다.
     "최빈개도국과 군소도서 개발도상국은 그들의 특별한 사정을 반영하여
     온실가스 저배출 발전을 위한 전략, 계획 및 행동을 준비하고 통보할 수 있다."
     제6조 탄소시장과 관련해서 어떻게, 또 무엇을 특별한 사정으로 배려할지는
     과학기술자문 보조기구(SBSTA)에서 향후 논의할 사항이다.

2. ITMO와 상응조정

ITMO의 정의

안내서는 첫 장에서 ITMO가 무엇인지 정의한다. 협력적 접근법이 ITMO 거래를 위한 것이므로 ITMO에 대한 정의를 1장에서 다루는 게 이상하지 않다. ITMO를 거래하는 당사국이 그래야 하는 것처럼 거래 대상인 ITMO 역시 일정한 요건을 충족해야 할 것이다.

ITMO는 2021년 1월 1일부터 발생한 감축결과물이다(1항 마목(e)). 바꾸어 말하면 교토의정서 제2차 공약 기간(2020년)까지 생산된 상쇄배출권CER은 ITMO로 사용할 수 없다. CER을 생산하고 거래하는 청정개발체제와 ITMO를 생산하고 거래하는 파리협정의 탄소시장이 구별됨을 밝히는 조문이다. 두 제도가 설령 절차, 기준, 방법 등에서는 유사할지라도, 제도로서는 분명히 분리된다는 사실을 알아야 한다.

ITMO가 되려면 해외 감축 사업을 유치한 국가의 허가를 받아야 한다. 협력적 접근법의 감축결과물MO과 6.4조 메커니즘의 배출감축량ER이 모두 허가를 받으면 ITMO가 된다(1항 라목(d), 바목(f), 사목(g)). 6.4조 메커니즘의 상쇄배출권A6.4ER이 ITMO가 되면 안내서의 규정에 따른다. 유치국이 최초 이전 때 용도를 지정해서 나라 간의 이전을 허가하면, 안내서에서 정하는 바 ITMO로서 거래가 가능해진다. 이때 ITMO의 용도와 상응조정의 시점은 밀접히 관련된다.

ITMO는 국제 거래에 합당한 품질을 충족해야 한다. 안내서는 실제 발생하고real, 검증되었으며verified, 추가적인additional, 이 세 가지 형용사로 규정한다(1항 가목(a)). ITMO가 반드시 갖추어야 할 품질 기준 또는 요건이다. 실제 발생하고 검증된 감축결과물이라 함은 문서상으로 존재하는 감축이 아니라 현장에서 발생해서 수량으로 표현되는 감축이라는 의미이다. 추가성에 대해서는 앞에서 설명한 바 있다(168쪽, 232쪽). 또 감축의 영속성을 확보해야 한다(22항 나목(b)(iii)).

ITMO는 감축reductions과 제거removals 실적이다(1항 나목(b)). 감축의 결과물과 제거의 결과물 모두를 ITMO로 거래할 수 있다. 익히 알고 있는 바이다. 그런데 여기에 선뜻 이해하기 어려운 구절이 따라붙는다. "적응 행동에 따라 발생하는 감축의 공편익을 포함한다"[5] 고 한다. 아랍 국가들이 넣은 조항이다. 이들 국가는 자국이 적응 행동으로 추진하는 해수담수화가 진행되면서 나타나는 에너지 효율 개선을 감축의 공편익으로 보고 이를 거래 가능한 감축결과물, 즉 ITMO가 될 수 있다고 주장한다. 그럴듯하면서도 분명히 이해되지는 않는다.

거래 단위

ITMO는 국제적으로 이전되기 때문에 일정한 단위로 표현할 필요가 있다. 기본 단위는 7가지 온실가스를 이산화탄소로 환산한 톤(tCO_2eq)이다(1항 다목(c)). 상응조정과 관련되는 제반 정보는 투명하게 공개해야 한다. 이산화탄소 1톤($1tCO_2eq$)은 정확하게 계산되어야 한다. IPCC의 방법론과 지구온난화지수(72쪽)를 사용해야 한다.

---

5 (Paragraph 1. (b)) Emission reductions and removals, including mitigation co-benefits resulting from adaptation actions and/or economic diversification plans or the means to achieve them, when internationally transferred;.

상응조정 방법

안내서는 상응조정을 할 때 투명성, 정확성, 완결성, 비교가능성, 그리고 일관성을 확보하도록 요구한다(7항). 배출량 산정의 기본 원칙인 TACCC이다(91쪽). 생각해 보면, 상응조정은 유치국의 온실가스 배출량을 조정하는 절차이다. 제대로 산정된 배출량을 전제로 한다. 자료에 빠진 부분이 있으면 완결성을 충족하지 못한다. 비교가능성을 확보하기 위해 공통의 방법과 양식, 예컨대 구조화된 요약 정보에 따라 정보를 제출해야 한다. 또 상응조정은 국가결정기여의 내용이나 형식에 맞추어 일관되게 적용해야 한다. 국가결정기여에 없는 온실가스 단위를 갑자기 상응조정 할 때 사용해서는 안되고, 국가결정기여 이행기간 중에 자의적으로 온실가스 단위를 바꾸어도 안 된다.

ITMO를 거래할 때는 상응조정이 수반된다. 안내서는 상응조정에 대해 온실가스GHG, 비온실가스non-GHG, 정책이나 조치로 나누어 규정한다.

① 온실가스(8항): 온실가스 단위인 이산화탄소상당량톤(tCO_2eq)을 사용하면 문제가 없다. 5부 3장 상응조정 부분에서 설명한대로 상응조정을 하면 된다.

② 비온실가스(9항): 파리협정 당사국총회 문서에 정성적 비온실가스 지표가 열거된다(결정문 18/CMA.1 66항). 특정한 정책이나 조치, 적응 사업에 따른 감축 공편익, 경제다변화 계획 등이 있고, 재조림 면적, 재생에너지 생산 또는 사용 비율, 탄소중립, 1차 에너지 중 비非화석연료 비율 등이 포함된다. 이는 국가결정기여의 다양한 형태를 감안할 때 불가피한 결정으

로 보인다. 국가결정기여의 수준만이 아니라 형태도 당사국의 자기 결정 범위에 속한다. 특정한 형태의 국가결정기여를 제출한 당사국은 ITMO 거래가 불가하다고 할 수는 없을 것이다. 다만 거래하는 양 당사국의 국가결정기여가 동일한 단위를 사용해야 한다는 조건이 바람직하지 못한 이 거래 방식에 제한 요소로 작용할 것이다(Marcu, 2021). 그래도, 비온실가스는 수량으로 표시된다. 재조림 면적을 생각해 보라. 비온실가스 단위로 상응조정을 하면 된다. 이때 거래하는 당사국의 국가결정기여가 동일한 목표 지표respective NDC target indicator를 사용하고 있어야 한다. 또 비온실가스 단위를 사용하려면 참여 국가가 합의(결정)해야 한다(9항). 제21차 당사국총회(2015, 파리) 결정문(32항, Decision 1/CP.21)에서 정한 사항이다.

그림 6-1은 메가와트MW로 표시되는 재생에너지 시설 단위로 상응조정이 이루어지는 사례를 보여준다. 유치국은 국가결정기여 상의 목표보다 더 많은 용량의 재생에너지 시설을 설치했기 때문에 이 중 일부를 다른 나라로 이전(판매)할 수 있다. 이전 후 유치국은 이전한 설치 용량만큼 자국의 설치 용량을 줄이고 배출량은 '더한다'. 사용국은 이전 받은 설치 용량만큼 자국의 설치 용량을 늘리고 배출량은 '뺀다'.[5] 이에 따라 사용국은 국가결정기여 상의 재생에너지시설 설치 용량 목표를 달성할 수 있다. 여기서 배출량은 재생에너지 시설 증감을 온실가스 배출량의 증감으로 '환산한 값'을 말한다.

---

5   온실가스 배출량(- +)과 재생에너지 시설 설치 용량의 부호는 반대(+ -)이다.

그림 6-1. 재생에너지 시설 거래와 상응조정 사례(Michaelowa et al., 2022)

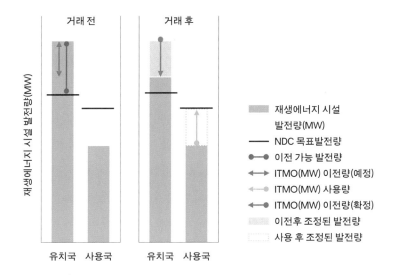

③ 정책 및 조치(10항): 각종 감축 정책이나 조치를 단위로 사용
하는 경우는 정책이나 조치로 인해 발생하는 감축 효과를 이
산화탄소상당량톤(tCO_2eq)으로 수량화해서 거래할 수 있다.
예컨대 탄소세로 에너지 소비가 줄고 이로 인해 이산화탄소
배출량이 준다면 탄소세의 효과를 이산화탄소 감축량으로 표
시해서 거래할 수 있다는 말이다. 저탄소 기술을 확산시켜서
온실가스 배출량이 줄어도 마찬가지이다. 탄소세나 저탄소
기술의 영향을 받는 배출 부문(예: 에너지 부문)의 배출량에
상응조정의 결과를 표시한다. 다만 정책과 조치를 단위로 하
는 ITMO 거래는 첫 번째로 제출하는 국가결정기여first or first
updated NDC에 한해서 인정한다. 환산이 쉽지 않고, 자의적일
수 있어서 그럴 것이다.

앞의 설명에서 비온실가스와 정책이나 조치를 사용한 국가 (②, ③)는 적절한 방법으로 이를 온실가스 단위인 tCO2eq로 전환해야 한다고 했다. 그리고 이 내용은 매년 정기 정보(연례 정보)에 담아 제출해야 한다(23항). 전환 방법은 ITMO가 발생한 지역과 시간 계획time frame을 대표하는 것이어야 한다(22항 라목(d)). 다시 말해 전환할 때 대표성을 가진 계수 값을 사용하라는 거다. 이러한 전환 과정이 수학 공식일 수는 없다. 타당한 가정과 전제, 적절한 매개변수 값을 가지고 만드는 일종의 이야기(시나리오)가 될 것이다. 반드시 특정한 감축 상황에 맞추어 합당한 근거와 데이터를 가지고 시나리오를 만들어야 하겠다. GHG 단위(tCO2eq)로 전환하는데 사용한 방법, 사용한 데이터의 출처와 사용 방법 등을 투명하게 보고해야 한다. 환경건전성을 확보하고 불확실성에 대비해서 전환 방법은 보수적으로 적용해야 한다.

ITMO 용도와 상응조정 시점

ITMO의 용도

유치국은 상응조정을 하면서, ITMO의 용도를 정한다. 안내서에서 정한 ITMO의 용도에는 국가결정기여 달성(①)과 국가결정기여 달성 이외의 용도OIMP: Other International Mitigation Purposes(②, ③) 두 가지가 있다.(1항 라목(d), 바목(f)).

① 국가결정기여 달성: ITMO를 구매해서 파리협정의 감축 목표 NDC를 지킨다. ITMO의 주된 용도가 될 것이다.

② 국제 감축 목적: 국제적인 규제준수시장에서 사용할 수 있다. 대표적으로 ICAO에서 운영하는 CORSIA가 있다.

③ 기타 목적: 앞의 두 가지 용도 이외의 용도로 사용하도록 유치국이 허가하면 된다. 유치국이 자발적 탄소시장을 매개로 감축 사업을 수행할 수 있는 가능성이 열렸다. 국가만이 아니라 골드 스탠더드나 베라 같은 자발적 탄소시장 운영기구의 지원을 받아 감축 사업을 추진할 수 있다.

그런데 A국이 국가결정기여 달성 용도로 ITMO를 구입했는데 예상보다 국가 배출량이 적어서 구매분 중 일부를 굳이 사용할 필요가 없어졌다고 하자. 이 잔여분을 다른 나라(C국)에 팔 수 있을까? 안내서에 이를 금지하는 규정이 없다. 투명하게 거래가 이루어진다면 제3국(C국)으로의 재판매가 가능할 것이다.

상응조정 시점

상응조정의 시점과 관련해서 혼란이 일어날 수 있다. 유치국의 상응조정 시점과 ITMO의 사용 시점 사이에 시차가 발생할 수 있기 때문이다. 좀 더 자세히 설명하면, 유치국은 처음으로 ITMO 이전을 허가할 때, 곧 최초 이전 때 상응조정을 하게 된다(2항). ITMO의 용도가 국가결정기여 달성이면 최초 이전은 처음으로 국가 간에 이전이 일어나는 시점이다(2항 가목(a)). 이때 ITMO를 이전한 국가와 이를 취득한 국가의 등록부에 각각 표시하면 된다. 유치국의 허가와 동시에 ITMO의 사용(최초 이전)이 끝나는 셈이다. 따라서 양국의 상응조정 연도에 차이가 발생하지 않는다. 다만, ITMO 취득국이 구매한 ITMO를 다른 나라에 판매한다면 상황이 달라진다.

일정한 절차를 마련할 필요가 있겠다.

ITMO의 용도가 국가결정기여 달성 이외의 용도, 다시 말해 '기타 국제 감축 목적OIMP'이면 상황이 달라진다. 안내서는 이를 반영해서 허가일, 발행일, 그리고 ITMO 사용일을 기준으로 상응조정할 수 있도록 한다(2항 나목(b)). 기타 국제 감축 목적의 경우 유치국이 허가한 시점과 ITMO 구매자(예, 항공사)가 ITMO를 사용하는 시점 간에 여러 해의 시차가 생길 수 있기 때문에 이렇게 하는 것이다. 자발적 탄소시장에서 ITMO가 거래될 경우에도 여러 차례 소유자를 바꿔가면서 거래가 이루어질 수 있다. 이러한 상황에서 상응조정의 시점은 거래에 참여하는 당사자가 결정하기 나름이다. ITMO 구매자(기업 또는 개인)는 자신이 원하는 시점에 ITMO를 사용한다. ITMO 보유 기간 중에는 유치국이 상응조정을 할 필요가 없다. 다만 한 가지 제한이 있으니, 10년 단위로 돌아가는 국가결정기여 이행주기를 넘어서 사용할 수는 없다는 것이다(8항, 9항, 10항). 예컨대 2024년에 발생한 ITMO를 2035년에 사용할 수는 없다.[6] 제6조 메커니즘의 상쇄배출권도 마찬가지이다. 유치국은 기타 국제 감축 목적으로 사용되는 A6.4ER의 '최초 이전' 시점이 세 가지 중에 언제 인지 특정해야 한다(RMP 42항).

사실 환경건전성의 관점에서 볼 때, 상응조정의 시점이 ITMO

---

6   배출권거래제(ETS)에서도 이행 연도와 계획 기간을 구분한다. 배출권의 정산은 매년(이행 연도)한다. 하지만 5년(대한민국), 10년(유럽연합)을 계획 기간으로 정하고 그 기간 내에서는 이월과 차입을 허용해서 업체가 해마다 발생하는 배출량의 변동(fluctuation)에 신축적으로 대응할 수 있도록 돕는다. 이에 비해 계획 기간 '간(間)'의 이월은 금지하는 경우가 많다. 특정한 계획 기간 중에 과다 할당으로 발생한 잔여 배출권이 다른 계획 기간으로 넘어가는 문제를 방지하려는 것이다.

의 발생 시점과 멀어지는 것은 바람직하지 않다. 그럼에도 거래 당사자의 사정이 있을 터이니 불가피하게 ITMO의 발생 연도와 상응조정 완료 시점 간에 시차가 발생한다. ITMO 하나하나에 부여되는 고유번호unique identifier를 활용해서 문제 발생을 막아야겠다.

3. 단일 연도 목표와 ITMO 거래

두 가지 대안과 경로 방식

단일 연도 목표를 가지고 있는 국가에 대해 안내서는 두 가지 방식 중 하나를 선택하도록 한다. 이때, 한 가지 방식을 선택하면 이행기 간 내내 같은 방식을 유지해야 한다(7항).

첫째, 잠정적인 다년도 경로를 제시하는 것이다(7항 가목(a) (i)). 이 다년도 경로를 기준으로 ITMO를 구매한다(잠정 경로 방식). 실제 배출량이 잠정 경로에서 정하는 특정 연도의 배출량 목표를 초과하는 경우 ITMO 구매 수량으로 목표를 달성한다. 반대로 배출량이 목표에 미치지 못하면 ITMO를 구매할 필요가 없고, 남는 수량만큼 다음 해에 ITMO를 덜 구매해도 될 것이다. 다년도 경로를 그릴 경우 경로 아래의 면적은 국가가 배출할 수 있는 배출량, 일종의 할당 총량이 된다. 안내서는 예산budget 방식으로 관리할 수 있다고 한다. 이행기간 전체의 실제 누적 배출량을 예산(총량)과 비교하면서 관리해도 된다는 말이다. 예산 방식을 적용해도 구매해야하는 수량은 동일하다. 경로 방식의 문제는 목표 연도에 이르는 정량화된 경로를 그리기가 기술적으로 또 정치적으로 어렵다는데 있다. 사실 다년도 경로 목표를 정하기 싫어서 단일 연도 목표를 제시한 것인데 이제 다시 다년도 목표를 제시하라고 요구하는 셈이다.

둘째, 평균 방식이다. 구매한 ITMO의 누적 총량을 이행기간의 수로 나눈 평균 구매 수량을 목표 연도에 사용할 수 있다(7항 가목(a)(ii)). 매년 구매한 ITMO 수량을 가지고 잠정적인 상응조정을 하게 된다. 물론 최종(확정)적인 상응조정은 목표 연도에 이루어진다. 1천 톤을 목표 연도 국가결정기여 달성에 사용하기 위해 그 10

배인 1억 톤을 구매해야 하니 구매국 입장에서는 ITMO의 사용이 버겁게 느껴질 것이다. 반대로, 판매국은 국가결정기여 초과 달성분의 10배를 판매할 수 있다. 판매국에 유리한 방식임을 알 수 있다. 결국 구매국 입장에서는 국제 탄소시장을 멀리하고 자체 감축에 노력할 가능성이 높아진다. 반복하지만, 평균 방식은 목표 연도에 감축 목표와 실제 배출량의 차이가 얼마나 되는지에 따라 결정적으로 영향을 받는다. 평균 방식을 사용할 경우 목표 연도 배출량의 불확실성을 위험요소로 그대로 안고 가야 한다.

셋째, 다년도 목표, 즉 다년도에 걸친 배출량 경로를 제시하고 있는 나라가 있다(7항 나목(b)). 해마다 그해의 배출량 목표가 있다는 의미이다. 다년도 목표의 경우 위에서 설명한 잠정 경로 방식과 다르지 않다. 잠정 경로 방식이 다년도 목표 방식을 모방하고 있기 때문이다. 차이가 있다면 경로로 표시되는 매년의 배출량 목표가 다년도 방식의 경우에는 '확정된' 수치라는 사실이다.

세 가지 방식의 비교

이상의 세 가지 방식을 정리하면 그림 6-2와 같다. (a)는 ITMO를 사용하는 국가의 실제 배출량이고 (c)는 ITMO를 판매하는 국가의 실제 배출량이다. (b)는 ITMO로 사용된 수량이다. 실제 배출량과 목표 배출량을 비교하면 ITMO 사용국은 초과 배출이고, ITMO 판매국은 목표 초과 달성이다.

이제 세로 열을 기준으로 보자. (1)과 (3)은 사실상 차이가 없다. 잠정 경로 방식 채택 국가에게 배출 경로는 잠정 값인 반면, 다년도 목표 국가의 배출 경로는 확정된 값이라는 점이 점선과 실선으로 표시되어 있다. 상응조정 후 배출량emission balance을 보면 구

그림 6-2. 세 가지 상응조정 방식의 비교(MOEJ, 2023)

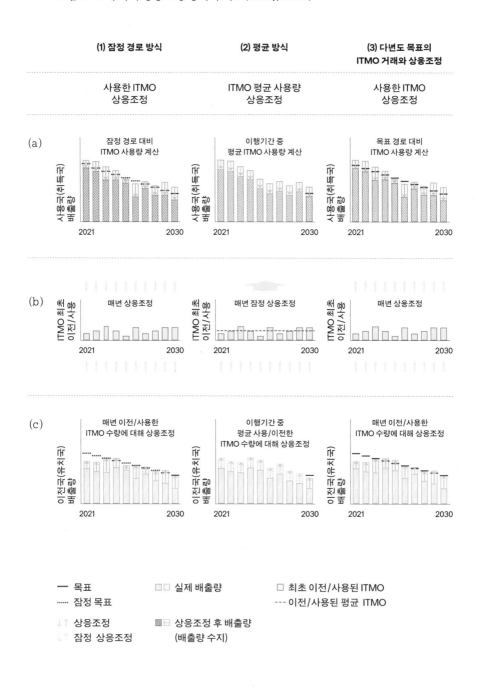

매국(c)은 감소하고 판매국(a)은 증가한다. 평균 방식 채택 국가
(2)는 구매한 ITMO 수량의 평균값을 가지고 2030년에 국가결정
기여 상 감축 목표를 달성한다.

이렇게 ITMO를 거래하려고 하니 복잡하다. 그래서 국제사회
는 2030년 이후 이행기간에 대해 모든 당사국이 하나의 국가결정
기여 방식을 의무적으로 사용하는데 동의하였다(Michaelowa et
al., 2022). 합의에 이르기까지 상당한 논란이 예상된다. 이러한 합
의 때문에 국제사회가 2030년까지 다양한 형태의 국가결정기여를
인정하고, 여러 가지 예외를 받아들이기로 합의한 것인지도 모르겠
다. 2030년 이후 파리협정의 실행력에 변화가 예상된다.

국가 간에 거래하는 ITMO를 회계 처리할 때 두 가지 기준으
로 할 수 있다. A국이 B국에서 ITMO 1톤을 구매했다고 하자. 배출
량emission 기준으로 할 경우 구매한 1톤의 ITMO는 A국의 배출량
을 줄인다(-). 다른 나라에서 구매한 ITMO로 자국의 배출량을 상
쇄한 것이다. 예산budget 기준으로 할 때는 ITMO의 해외 구매가 A
국의 예산을 늘린다(+). 배출할 수 있는 총량이 해외에서 구매한
ITMO의 수량만큼 늘었기 때문이다. 후자의 예산 방식은 배출권거
래제에서 할당 대상업체가 자신이 배출할 수 있는 총량을 관리하는
방식과 동일하다. 100톤을 배출할 수 있는 할당배출권을 받은 할당
대상업체 A가 다른 할당 대상업체 B로부터 할당배출권 100톤을 구
매하면 할당기업 A의 총량은 100톤이 늘어난다(100+100=200).
또 다른 사례가 교토의정서의 부속서 1국가이다. 선진국 하나하나
에 대해 배출 총량(QELORO)이 배정(할당)된 바 있다. 정리하면,
상응조정의 회계처리 방식을 배출량 기준으로 할 때와 배출 예산을
기준으로 할 때, 숫자는 같지만 부호가 달라진다.

전망과 한국의 대응

단일 연도 목표 국가에 대해 요구하는 평균 방식과 잠정 경로 방식은 사실 일시적인 해결책이다. 세부 내용으로 따지면 아직도 불명확한 부분이 있고, 실제 운영하다 보면 예상치 못한 어려움이 생길 수 있다. 이 두 가지 방식을 채택하기도 힘들었지만, 그렇다고 이 두 가지 방식으로 모든 문제가 해결된다고 볼 수도 없다는 말이다. 확실한 해결책은 당사국 모두가 동일한 시간 계획으로 국가결정기여를 제출하는 것이다. 파리협정 제4조 10항에서 이미 공통의 시간 계획common time frame을 정하라고 요구한 바 있다. 당사국의 여건이 천차만별이어서 공통의 방식을 적용하기가 매우 어려운 것이 사실이지만, 불가능한 것은 아니다. 시간이 지나면 공통의 시간 계획(프레임)이 적용될 것이고, 그것은 다년도 목표일 것이다.

특히 ITMO 거래를 위해 잠정 경로 방식을 선택한 당사국은 다년도 목표를 제시하라는 요구를 거부하기가 더욱 어렵다. 이미 잠정적이나마 배출 경로를 그렸으니 그렇다. 잠정 경로를 확정하면, 그것은 곧 다년도 감축 목표가 된다. ITMO 거래를 위해 잠정 경로를 그리려고 하는 대한민국은 이를 알고 대비해야 할 것이다.

어떠한 모습의 잠정 경로를 제출할지에 대한 사항도 간과해서는 안 된다. 구매국이라면 당연히 ITMO 구매 물량을 최소화하는 경로를 그리고 싶을 것이다.[7] 이해는 되지만, 설명할 수 있어야 한다. 국제사회가 왜 이러한 경로를 그렸느냐고 에둘러서 물을 테니 수긍할 수 있는 타당한 이유를 준비해야 한다. 다시 강조컨대, 이미 오래전에 선진국의 반열에 들어가 있는 대한민국은 항상 그에 합당한 평판과 위신을 염두에 두고 결정하고 행동해야 한다.

---

7   여러 가지 형태를 그려보기 바란다. 위로 볼록한 형태, 즉 감축을 미룰수록
    ITMO 구매 필요 수량도 줄 것이다.

4. 국제사회의 감시

투명성체제와 제6조 탄소시장

의의와 절차

파리협정(제13조)은 강화된 투명성체제ETF: Enhanced Transparency Framework 아래에서 당사국이 국가결정기여의 달성과 진전 사항을 보고하도록 하고 있다(254쪽). 여기에 ITMO의 이전 및 취득, 상응조정에 관한 사항이 포함된다. 특별히 6.2조의 협력적 접근법은 6.4조 메커니즘과 달리 국가끼리 정한 협력의 틀framework 안에서 ITMO 거래가 진행되기 때문에 외부 기관이 별도로 승인하는 절차도 없고, 국제사회가 감시하고 감독할 여지가 사실상 없다. 결국 ETF 아래서 진행되는 보고 및 검토 주기에 의지할 수밖에 없게 된다. 안내서 이외에 ETF의 세부이행규칙(결정문 18/CMA.1)을 눈여겨 봐야 하는 이유이다.[8]

앞서 ETF는 크게 세 부분으로 구성된다고 했다. 당사국이 제출하는 정보로서 온실가스의 배출 및 제거, 국가결정기여 달성의 진전 사항, 적응 및 재정 지원 등에 관한 보고(통보)이다. 보고 주기는 2년이다. 그래서 보고서를 〈격년투명성보고서BTR〉라 부른다. 당사국은 ETF에 합당한 자료의 생산, 수집, 검증 체계를 갖추어야 한다. 예컨대 배출량 정보는 반드시 측정·보고·검증MRV을 거쳐야 한다(95쪽).

ETF의 세부이행규칙인 MPG에서 수록 사항을 적시하고 있는데, 가장 중요한 건 국가 온실가스 배출량 자료이다. 이를 중심으

---

8   ETF의 세부이행규칙(MPG)인 Decision 18/CMA.1의 부록(Annex)에 규정되어 있다. 보다 구체적으로 MPG의 para. 77(d)이다.

로 ① 당사국의 상황이나 당사국의 추진체계에 관한 정보를 담아야 한다. ETF 담당 기관focal point, 배출량 보고 절차, 배출량 국내 승인 과정 등이다. ② 배출량과 제거량에 관한 정보도 필요하다. 〈국가 인벤토리보고서〉를 말한다. 이는 별도 보고서로 제출할 수도 있고, 〈격년투명성보고서〉 안에 포함해서 제출할 수도 있다. ③ 국가결정 기여에 관한 사항도 기술한다. 국가결정기여의 목표 연도, 기준 연도, 범위scope와 coverage, 6.2조 시장 활용에 관한 사항 등이 포함된다. 여기에 국가결정기여의 진전 추적에 관련된 정보가 필요하다. 적응에 따른 공편익을 포함해서 각종 감축 정책과 조치사항에 대해서 적는다. ④ 기후변화의 영향과 적응에 관한 정보를 담는다. 또 앞서 설명한 구조화된 요약 정보도 담아야 한다. ITMO의 이전에 관한 정보도 요약 정보에 포함된다는 사실을 기억하자.

둘째, 당사국이 제출한 정보를 토대로 기술전문가가 진행하는 검토TER 작업이다. 검토는 여러 가지 방식으로 가능하다. 팀이 한 곳에 모여서 여러 나라의 정보를 평가하거나(centralized review), 평가 대상 국가를 직접 방문해서 진행하기도 하고(in-country review), 팀원들이 각기 따로 떨어져서 평가하는(desk review) 경우도 있다. 기본협약 사무국의 지휘하에 정보가 완전한지, 또 MPG에 맞게 작성되었는지 살펴보는 초기 단계 검토 방식(simplified review)도 있다(UNFCCC, 2023). 각각 장단점이 있을 것이다. 협력적 접근법은 최소 두 개의 당사국이 참여하므로 모여서 여러 나라의 자료를 동시에 검토(centralized review)하는 방법이 가장 효율적일 수 있다. 또 데스크 리뷰 방법이 가장 적은 비용으로 검토를 진행할 수 있다. 전문가와 비용의 제약을 받을 것이 예상되므로 이 방법이 많이 활용될 것이다.

셋째, 당사국이 제출한 정보와 기술전문가 검토 의견을 가지고 진행하는 일종의 동료 평가이다. '진전에 대한 촉진적, 다자적 고려FMCP'이다.

이러한 일련의 과정은 결국 국가결정기여의 상향 압력을 목표로 한다. MPG을 보면, 파리협정 당사국은 위에서 설명한 정보를 2년 마다 제출하는 〈격년투명성보고서〉에 담아서 늦어도 2024년 12월 말까지 제출해야 한다(결정문 18/CMA.1, 3항).

유의사항

국가결정기여 그 자체에 대해 기술전문가와 다른 당사국이 검토할 수는 없다. 국가결정기여에서 제시하는 감축 수준이 적당한지, 내용이 적절한지에 관해 전문가나 다른 당사국이 왈가왈부할수 없다는 뜻이다. 국가결정기여의 형태 역시 당사국이 알아서 정했으면 그만이다. 지표가 아니라 국가결정기여의 진전사항에 관해당사국이 제출한 정보를 검토할 뿐이다(결정문 18/CMA.1, 146항, 150항). 이러한 평가의 특성을 감안하면 정보의 내용보다는 오히려 제공된 정보의 일관성consistency이 중요해 보인다.

국제사회는 다른 무엇보다도 당사국이 국가결정기여의 달성을 위해 무엇을 했는지에 관해 관심이 크기 마련이다. 그런데 국가결정기여의 형태가 다양해서 나라 간 비교가 쉽지 않다. 이런 상황에서 구조화된 요약 정보structured summary[9]에 주목해야 한다. 당사국 간 비교를 용이하게 하기 위해 만들어진 양식이기 때문이다. 여기에 6.2조 탄소시장의 활용에 관한 사항이 포함된다(결정문 18/CMA.1, 77항 라목(d)(i)~(iv)). 구체적으로 (i) 국가결정기여 범위에 포함되는 연도별 온실가스 배출량 및 제거량, (ii) ITMO의 이전·취득에 따른 상응조정을 반영한 배출량 수지표, (iii) 제6조의 보고와 관련해서 당사국총회CMA가 결정하는 추가 정보, (iv) 자발적 협력이 어떻게 지속가능한 발전을 촉진하고, 환경건전성과 투명성을 확보하며, 이중계산을 방지했는지에 관한 정보이다.

보고서 및 정보 제출

시작보고서(IR: initial report)

이름 그대로 새로운 협력적 접근법을 시작할 때마다 제출하는 보고서이다. 예를 들면 한국이 몽골과 협력적 접근법을 시작할 때 한 번, 베트남하고 시작할 때 한 번 제출한다. 보고서에 담아야 할 내용은 크게 세 부분(가목~사목, 아목, 자목)으로 나눌 수 있다(18항). 첫째 부분에서 참여 조건을 충족시킨다는 사실을 증명해야 한다(18항 가목(a)). 먼저 국가결정기여에 관한 정보를 담는다. 국가결정기여의 유형과 목표, 경계와 범위, 이행기간, 협력적 접근법의 활용 이유 등이다(18항 나목(b)). 이어서 ITMO와 상응조정에 관한 사항을 담는다(18항 다목(c), 라목(d), 마목(e), 바목(f)). ITMO 단위, 상응조정 방법, 국가결정기여의 수량화가 핵심 정보이다. 국가결정기여 수량화는 비온실가스 단위를 온실가스 단위로 전환하는 작업이 핵심이다. 상응조정 방법은 국가결정기여가 단일 연도 목표인지 다년도 목표인지에 따라 달라질 것이다. 여기에 허가서 사본

---

9   구조화된 요약 정보의 필요성은 과거의 경험에서 나온다. 국가결정기여의 이행과 진전의 보고 및 검토 과정을 효율적으로 수행하기 위해서는 당사국이 제출하는 정보를 손쉽게 비교하고 평가할 수 있어야 한다. 구조화된 요약 정보를 가지고 있으면 일이 쉬워진다.

과 함께 협력적 접근법에 관한 기술description을 제공해야 한다(18항 사목(g)). 두 번째는 환경건전성을 어떻게 확보할지 밝혀야 한다(18항 아목(h)). 환경건전성의 의미를 감안할 때 서술의 핵심은 어떻게 지구의 온실가스 순 배출량이 증가하지 않도록 할 것인지이다. 즉 엄격하고 투명한 거버넌스를 갖춘다. 감축결과물의 품질을 유지하기 위해 베이스라인을 보수적 또는 배출전망치 아래로 엄격하게 설정해야 한다. 기존 정책과 각종 불확실성, 누출 가능성을 반영하기 위해서이다. 영속성이 훼손될 가능성을 최소화하고, 훼손되었을 경우 이를 온전히 회복할 방법을 강구한다. 마지막으로 부정적인 환경, 경제, 사회적 영향을 어떻게 최소화하고, 또 어떻게 지속가능한 발전 목표에 부합하는지 설명해야 한다. 안전장치(세이프가드)와 제한사항의 준수, 적응 및 지구 순 배출량 감소 지원에 관한 사항을 기술해야 한다(18항 자목(i)).

〈시작보고서〉에 담아야 하는 협력적 접근법의 세부 정보(안내서 18항의 사목(g)과 아목(h), 19항)에 관해 제27차 당사국총회에서 구체화한바 있다. 〈시작보고서〉의 두 번째와 세 번째 부분이 정성적인 정보의 기술에 해당하기 때문에 이를 구체화할 필요가 있었다. 특별히 환경건전성을 어떻게 확보할지에 대한 국제사회의 관심이 크다. 정리하면 표 6-2와 같다.

새로운 협력적 접근법에 의해 ITMO가 허가(최초 이전)되는 시점에 〈시작보고서〉를 작성하여 제출no later than authorization of ITMO하라고 하는데, 별도 제출도 가능하지만 다음 번 〈격년투명성보고서〉 제출 시기에 맞춰 함께 제출해도 된다. 예를 들어 2025년에 베트남에서 협력적 접근법에 따른 ITMO의 첫 허가가 났다고 해도, 2026년 〈격년투명성보고서〉 제출 시기에 통보할 수 있다. 새로운 협력적 접근법을 시작해서 감축 사업이 진행되고 감축결과물이 나오면 유치국이 허가 여부를 결정한다. 이 과정에 상당한 시간이 걸리기 마련이다. 우여곡절도 있을 것이다. 결국 ITMO가 최초 이전되는 시점에 도달해야만 협력적 접근법이 비로소 시작된다고 볼 수 있다. 다른 말로 하면 그 이전은 준비 과정이다.

표 6-2. 〈시작보고서〉에 담아야 할 정보(Kessler et al.,2021)

보고 사항(para. 22(b))	관련 정보
지구 순 배출량 증가 없음	상응조정의 대표성 확보, NDC 범위(scope), NDC 수준, 거래 단위, NDC 이행기간 시간 프레임
엄격하고 투명한 거버넌스	인가·허가 절차 및 기준, 감축사업 운영 및 설계에 관한 정보, 모니터링 절차, 타당성 평가 절차
감축결과물의 품질	사업 유형, 사업의 경계와 스코프, 귀속*, 사업의 추가성, 모니터링 방법론, 타당성 평가에 대한 접근방법
기준점의 엄격성	기준선 설정 시 사용한 방법
베이스라인 보수적 적용 Below BAU 설정	추가성 및 베이스라인 평가에 적용한 방법론, 상쇄배출권의 수량(예상 v. 실제, 차이가 발생한 이유), 누출**의 평가와 계산에 사용한 방법론, IPCC 방법론에 따른 회계 처리
영속성 훼손 위기 최소화	영속성 훼손(non-permanence) 평가 방법론, 영속성 훼손 가능성을 반영한 할인율, 영속성 훼손 시 대체(replacement) 방법
영속성 훼손(역전) 시 대책	역전 여부 평가 및 계산 방법론

* 귀속(attribution): 무상원조(ODA)와 민간 자본이 감축 사업에 기여한 정도를 구분하고, 기여도에 따라 상쇄배출권을 발행하는 것.
** 누출: 감축 사업의 경계 밖에서 감축 사업에 영향을 줄 수 있는 온실가스 배출의 변화량. positive 및 negative 누출이 있음.

연례 정보(AI: annual information)

협력적 접근법이 시작되고 나면 〈연례 정보〉를 제공해야 한다 (20항). 매년 4월 15일까지 전년도의 ITMO 이전 실적을 전자적 방법electronic form으로 제출하는 것이다. 이는 ETF의 보고 절차와 별도로 ITMO의 국제 이동을 파악(추적)하기 위해 수집하는 정보로서 뒤에 설명하는 제6조 데이터베이스에 저장된다. 어떠한 용도의 ITMO를 누구와 얼마나 거래했고, 어떻게 사용했는지 파악하는 정보라고 이해하면 되겠다.

ITMO의 용도 별 허가 내역, 최초 이전, 이전, 취득, 보유, 취소, 지구 순 배출량 감소 이행을 위한 ITMO와 감축결과물의 자발적 취소, 국가결정기여 달성을 위한 ITMO의 사용에 관한 정보이다. 각각의 정보에 대해 누가 주체인지 밝혀야 하고, 조치가 일어난 연도를 표시해야 한다. 배출 부문과 사업 유형에 관한 정보도 제출 대상이다. 당연히 ITMO는 일련 번호로 표시되는 고유의 식별 표지로 구별해야 한다.

정기 정보(RI: regular information)

2년마다 그해 말까지 제출하는 〈격년투명성보고서〉에 붙임 annex으로 제출한다(21~24항). 자국이 참여하고 있는 협력적 접근법 각각에 대한 새로운 정보와 함께 이미 제출한 정보를 현행화해서 제출한다고 생각하면 되겠다.

세 가지 정보로 구분할 수 있다. 첫 번째, 자국의 협력적 접근법에 대한 요약이다. 참여 조건의 충족(21항 가목(a)), 〈시작보고서〉와 전차 〈격년투명성보고서〉의 현행화(21항 나목(b)), ITMO 허가의 용도와 수량(21항 다목 (c)), 상응조정의 방법과 내역(21항 라목(d)), 한 번 사용된 ITMO가 다시 이전되거나 사용되지 않았음을 증명하는 정보가 담긴다(21항 마목(e)).

　두 번째, 협력적 접근법의 성격에 관한 사항이다(22항). 협력적 접근법이 온실가스 감축과 국가결정기여 달성에 기여한 바를 밝힌다(22항 가목(a)). 또 환경건전성을 어떻게 확보했는지 기술한다(22항 나목(b)). 여기에 감축결과물의 산정방법에 관한 사항을 포함해야 한다. 온실가스(tCO_2eq)라면 IPCC 방법론을 적용해야 하고, 비온실가스면 전환 방법이 적절하다는 점을 밝혀야 한다(22항 다목(c), 라목(d)). 감축 사업의 공편익은 무엇이고, 부정적 영향[10]을 최소화하기 위해 무엇을 했는지, 지속가능한 발전 목표에 어떻게 부합하는지, 취해진 안전조치가 무엇이고, 어떻게 적응을 위해 기여하고, 지구 순 배출량 감소를 이행했는지에 관해 적어야 한다(22항 마목(e)~카목(k)).

　세 번째는 ITMO와 관련되는 연도별 정량 정보이다(23항). 국가결정기여 관리 범위에 포함된 연도별 배출량 및 제거량에 관한 정보를 담는다(23항 가목(a), 나목(b)). ITMO에 관한 연도별 정보로서 이전 수량(23항 다목(c)), 국가결정기여 달성용 ITMO 수량(23항 마목(e)), 국가결정기여 달성 이외의 용도로 허가받은 감축결과물의 수량(23항 라목(d)), 그리고 세 가지 용도 수량(23항 다목(c)~마목(e))의 순량과 누적 수량 정보이다(23항 바목(f), 아목(h)). 배출량 수지표에 포함된 ITMO 총량과 누적 수량, 국가결정기여 이행 추적을 위해 사용하는 비온실가스 지표의 연도별 수준, 그리고 ITMO의 배출 부문, 이전 당사국 및 사용 당사국, 발생 연도에

10　환경적, 경제적, 사회적인 부정적 영향이다. 양성평등, 인권, 원주민의 권리, 지역공동체, 취약계층에 대해 배려해야 한다.

관한 정보가 포함된다(23항 사목(g)~자목(j)). 연도별 조정 후 배출량을 온실가스 또는 비온실가스로 밝히고, 비온실가스 지표의 연도별 조정 수량에 대해 기술한다(23항 카목(k)). 마지막으로 국가결정기여 이행 기간의 마지막 해에는 국가결정기여를 제대로 달성했는지 평가하면서 상응조정이 규정에 맞게 이루어졌는지에 대해 기술해야 한다(23항 타목(l)).

검토 절차

이렇게 제출된 정보를 토대로 기술전문가의 검토 작업이 진행된다. 제6조 기술전문가 검토A6 TER이다. 앞에서 ETF와 연계해서 설명한 사항이다(265쪽). 검토의 핵심은 당사국이 제출한 정보를 가지고 안내서와 부합하는지 살피는 것이다. 다만 당사국과 사무국의 부담을 최소화해야 한다(25항).[11] 제6조 기술전문가 검토팀은 평가 결과를 담아 〈검토보고서review report〉로 작성한다. 주된 내용은 어떻게 하면 안내서의 규정과 당사국총회 결정문의 조항에 부합할지, 개선 방안에 관한 권고이다. 제6조 기술전문가의 평가와 기본협약 사무국의 일관성 체크에서 발견한 정량적 정보의 오류사항이 포함된다(27항).

이상의 제6조 탄소시장에 대한 기술전문가 〈검토보고서〉는 파리협정 제13조에 따른 투명성체제 전문가 검토Article 13 TER를 위해 제출된다. 제6조와 제13조의 검토팀이 만든 보고서는 이어 설명하는 '중앙 회계보고 플랫폼CARP: Centralized Accounting and Reporting

---

11 개발도상국의 경우 정보 제출과 외부의 평가가 성가실 것이다. 선진국이 평가 과정을 활용해 자신들을 통제할까 우려한다. 그런데 여기에 사무국까지 들어가 있다.

그림 6-3. 보고 및 검토 절차(Michaelowa et al., 2022)

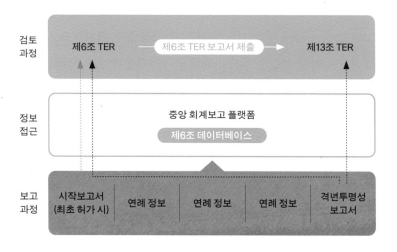

Platform'에서 일반에게 공개된다(28항). 일반에게 공개함은 제6조 탄소시장에 참여하는 당사국이 시민 사회, 특히 국제 환경단체의 감시와 비판에 노출된다는 의미이다. 당사국은 정보를 제공할 때 공개를 기본으로 한다. 공개를 원하지 않는 정보가 있다면 비공개를 요청해야 한다(24항).

ITMO 경로 추적 인프라

중앙 회계보고 플랫폼

기본협약 사무국은 전세계 ITMO의 생산 및 거래와 관련한 정보와 통계의 투명한 관리를 위해 중앙 회계보고 플랫폼을 설치해서 운영하고(35항) 운영에 관한 정보를 매년 당사국총회에 보고한다(36항). 여기에 국제 등록부와 제6조 데이터베이스가 들어가고, ITMO의 허가, 최초 이전, 이전, 취득, 국가결정기여 달성 용도의 사용, 다른 국제 감축 목적 용도의 사용, 자발적 취소 등에 관한 정보가 담긴다(29항). 모든 ITMO는 고유의 일련번호를 가지고 있고 여기에 참여 국가, 발생 연도, 사업 유형, 배출 부문이 표시된다.

제6조 데이터베이스

ITMO, 상응조정, 그리고 배출량 수지표에 관련되는 모든 정보는 사무국이 운영하는 제6조 데이터베이스A6 database에 저장된다(그림 6-3). 제6조 데이터베이스의 중요한 역할은 크게 두 가지, 정보의 투명한 외부 공개와 기술 전문가의 검토 작업 지원이다. ITMO의 거래 및 상응조정 내역과 배출량에 관한 정량 정보를 기록(저장)하고 있기 때문이다. 사무국은 제6조 데이터베이스를 활용해서 협력적 접근법에 참여 중인 여러 당사국이 제출한 정보의 일관성을 점검한다(33항). 당사국이 각각 제출한 정보를 비교하면 일관성 조건을 위반했는지 파악할 수 있다. 예컨대 상응조정에 대해서 두 개의 참여 국가가 다른 정보를 제출하면 이는 일관성을 결여한 것이다. 사무국은 일관성 점검 결과 발견된 오류를 해당 당사국에 통보한다(33항 나목(b)). 또 협력적 접근법에 관한 전반적인 정보와 일관성 점검 결과는 전문가에게도 마찬가지로 제공된다(33항 다목(c)). 당사국은 기술전문가 검토의 결과와 사무국의 일관성 점검 결과를 반영하여 수정한 정보를 제출해야 한다(34항). 제6조 데이터베이스는 중앙 회계보고 플랫폼에 통합해서 운영한다(32항).

그림 6-4. 경로 추적 및 기록을 위한 인프라(MOEJ, 2023)

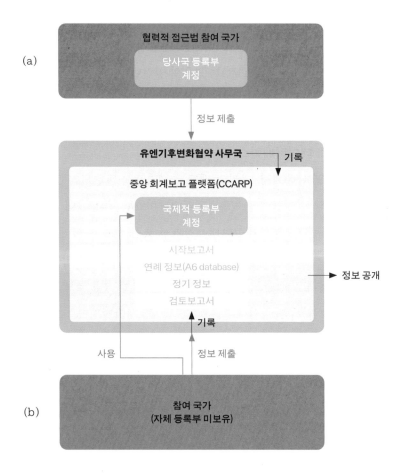

등록부

그림 6-4는 이상 설명한 ITMO 경로 추적과 보고·검토 인프라를 보여준다. 그림에서 주의해서 보아야 할 것 중 하나는 당사국이 자체적으로 6.2조 등록부national registry를 보유(a)할 수도 있고, 국제 등록부에 접근권(b)을 가질 수도 있다는 사실이다(31항). ITMO를 거래하려면 등록부가 있어야 하는데 자체적으로 만들거나 아니면 중앙 회계보고 플랫폼 안에 있는 국제 등록부를 사용할 수도 있다는 의미이다. 지역적으로 인접한 국가끼리 공동으로 등록부regional registry를 만들 수도 있겠다.

마지막으로 ITMO에 대한 투명한 정보 공개와 이를 위한 인프라CARP와 제6조 데이터베이스가 협력적 접근법에 대한 국제적 감시 방법이라는 점을 다시 한번 강조한다. 정보 공개를 통해 탄소시장에 관한 객관적인 정보가 국제 환경단체를 포함한 제3자의 눈초리에 노출될 것이다.

5. 협력적 접근법의 주요 과제

협력적 접근법과 환경건전성

환경건전성은 파리협정 제6조의 핵심 단어이다. 환경건전성을 확보하기 위해서는 안내서에서 정한 각종 기준과 절차가 이행되어야 하는데, 실제 그렇게 하는 지는 참여 국가의 보고 절차에 의해 밝혀질 것이다. 환경건전성을 확보하기 위해 안내서가 요구하는 사항이 무엇인지 다시 한번 정리한다(22항 나목(b)). 참여 국가는 엄격한 회계 기준과 투명한 거버넌스를 구축하고 실행해야 한다. 또 협력적 접근법에서 생산되는 감축결과물은 일정한 품질 기준을 충족해야 한다. 특별히 기준점과 베이스라인을 보수적으로 잡아야 하고 미래의 배출량은 기존의 모든 정책, 수량화에 수반되는 불확실성, 발생 가능한 누출을 반영해서 통상의 배출전망치 보다 낮게 전망해야 한다. 온실가스의 감축과 제거의 영속성이 확보되지 못할 가능성을 최소화하고, 제거 실적이 사라졌을 때 이를 온전히 반영(회복)할 수 있어야 한다.

상응조정과 리스크

과장해서 말하면, 안내서는 ITMO에 관한 것이고 ITMO의 핵심은 상응조정이다. 유치국에서 상응조정을 해야 ITMO가 되고, 상쇄배출권으로서 제 구실을 하게 된다. 투자자 입장에서는 유치국이 상응조정을 해 줄지가 위험 요소가 된다. 불확실한 상응조정이 투자에 영향을 미친다. 여기서 불확실성을 해소하기 위한 방법과 장치에 대해 생각하게 된다. 당장 허가 절차를 유치국의 법령에 근거한 공식 행위로 진행할 필요가 있겠다. 사업자 역시 상당한 주의를 기울여야 책임을 면할 수 있다. 법령, 허가 절차, 제반 여건 등에 대해 적정한 실사를 수행했다는 사실을 증명할 수 있어야 할 것이다.

유치국 정부가 사업을 인가하면서 감축결과물에 대해 허가(상응조정)하기로 약속했는데 상응조정 시점이나 상응조정 후 어느 시점에 유치국의 국가결정기여 달성이 불가능한 것으로 판명이 되었다면 어떻게 할 것인가? 구매국의 책임은 없는 것인가? 미달성 이유가 ITMO 판매 때문이라면 ITMO를 반납해야 하는 건 아닌가? 이를 알고도 ITMO를 구매했다는 비난이 생기면 어쩌나? 국제사회에서 국가의 평판이 실추되는 것은 아닌가? 답변이 쉽지 않은 질문이다. ITMO의 구매와 감축 사업 투자에 있어서 이러한 위험 요소를 분명히 인지하고 있어야 한다. 또 이에 대비하는 장치가 필요할지도 모르겠다. 여기서 보험 시장의 가능성이 열린다. 어쨌든 이러한 리스크는 국제 탄소시장의 활성화에 장애요소가 될 게 분명하다. 자칫하면 탄소 가격 시그널의 효과성에도 문제가 생길 수 있다.

그렇다면 유치국의 ITMO 과다 판매를 어떻게 방지할 것인가? 해외 감축 사업을 어떻게 진행할지에 대한 전략을 마련해야 한다. 유치국의 입장에서는 ITMO의 판매 전략이고, 투자국의 입장에서는 구매 전략이 되겠다. 대한민국이 해외 감축 사업을 추진할 때 유념해야할 사항이다(441쪽).

해외 판매 ITMO의 상응조정 때문에 국가결정기여 달성에 실패하는 상황을 방지하기 위해 유치국에서 선택할 수 있는 방법이 몇 가지 있다(World Bank, 2022).

① 사업 리스트를 정하는 방법이다. 이런저런 사업만 해외 감축 사업으로 할 수 있다고 하든지positive list, 이런저런 사업은 불

가하다고negative list 미리 공표하는 것이다. 리스트를 작성하려면 자국의 국가결정기여와 〈장기 저탄소 발전전략〉을 달성하기 위해 어떤 감축 사업을 자체 자금으로 추진할지 나름의 계획이 있어야 할 것이다.

② ITMO의 해외 판매 수량을 제한할 수도 있다(quantitative limits). 다양한 감축 사업이 여러 곳에서 여러 부처의 관리하에 진행된다. 이제 유치국 정부가 ITMO의 국가 총량을 정하는 것이다. 특히 국가결정기여 달성에 빨간불이 들어오면 반드시 이렇게 해야 한다. 그런데 이 방법을 사용하려면 해외 감축 사업의 중앙통제가 이루어져야 할 것이다. 당장 국가 전체의 ITMO 생산 수량을 모니터링하고 있어야 한다.

③ 사업유치국이 ITMO의 유효기간을 사전에 다른 당사국과 다르게 정할 수 있다. 유효기간을 제한함으로써 ITMO 상응조정의 투명성과 예측 가능성을 높일 수 있다(limiting crediting periods).

④ ITMO에 세금이나 수수료를 부과하는 방안이다. 상응조정으로 인해 늘어나는 배출량을 줄이는데 ITMO에 부과하는 세금(수수료)을 사용할 수 있다. 부과 대상은 ITMO 구매 국가(정부)가 될 수도 있고, 민간사업자가 될 수도 있다. 이렇게 걷히는 수입을 관리하기 위해 기금을 만들 수 있다. 이 기금을 활용해서 ITMO 거래에 따른 행정 비용, 인프라 설치 및 운영 비용 등 제반 경비를 충당할 수도 있겠다.

유치국은 이들 방안 중 하나, 또는 여러 개를 함께 선택할 수 있다. 어느 것을 선택하는지에 따라 상쇄시장에 미치는 영향이 다르다. 어떠한 방안을 채택하든 실제 기준은 국가결정기여와 〈장기 저탄소 발전전략〉이 수정될 때마나 재검토해야 할 것이다. 해외 감축 사업은 유치국의 국가결정기여와 별도로, 독자적으로 추진될 수 없다.

적응과 지구 순 배출량 감소를 위한 기여

선진국을 중심으로 끝까지 반대해서 적응 기금에 기여하도록 강력히 장려하는 정도로 결론이 났다(37항). 그 결과 같은 감축 사업이라면 협력적 접근법을 활용하는 것이 발행 수량의 5%를 적응 기금 몫으로 떼는 6.4조 메커니즘과 비교할 때 유리한 상황이다. 하지만 6.4조 메커니즘과 동일한 수준의 적응 기금 지원을 요구하는 개발도상국의 목소리는 잦아들지 않을 것이고, 일부 선진국이 이에 응하기 시작하면 적응 기금 지원을 당연하게 받아들일 가능성이 있다. 유치국에서 사업 인가와 ITMO 허가 과정에서 이를 조건으로 요구할 수 있다. 지구 순 배출량 감소 기여분도 마찬가지이다.

마찬가지로 안내서는 쓰고 남은 ITMO를 취소하도록 강력히 장려한다. 지구 순 배출량 감소에 기여하라는 요구이다(39항). 6.4조 메커니즘의 지구 순 배출량 감소 실행을 감안 또는 반영하라고 하니, 발행 수량의 2% 이상을 취소하라는 기준까지 정하고 있는 셈이다. 또 어떻게 했는지를 정기 정보에 담아 보고하라고 요구한다 (40항).

2장
6.4조 메커니즘(A6.4M)

표 6-3. 6.4조 메커니즘의 세부이행규칙(규칙, 방식 및 절차)의 구성

	국문	영문
1장	**정의**	**Definition**
2장	**파리협정 당사국총회의 역할**	**Role of CMA**
3장	**감독기구** 운영 규칙 거버넌스 및 기능 사무국의 역할	**Supervisory Body (SB)** Rules of procedure Governance and functions Role of Secretariat
4장	**참여 국가의 책무**	**Participation responsibilities**
5장	**사업 주기** 사업 설계 방법론 인가와 허가 타당성 평가 등록 모니터링 검증 및 인증 발행 유효기간 갱신 최초 이전 자발적 취소 다른 절차	**Activity Cycle** Activity design Methodologies Approval and authorization Validation Registration Monitoring Verification and certification Issuance Renewal of crediting period First transfer from the mechanism registry Voluntary cancellation Other processes
6장	**메커니즘 등록부**	**Mechanism registry**
7장	**적응 및 행정 비용의 부과**	**Levy of SOP for adaptation and administrative expenses**
8장	**OMGE(지구 순배출량 감소) 이행**	**Delivering overall mitigation in global emission**
9장	**중복 사용 방지**	**Avoiding the use of ERs by more than one Party**
10장	**다른 국제 감축목적(OIMP)을 위한 상쇄배출권 사용**	**Use of ERs for other international mitigation purposes**
11장	**CDM 사업의 전환과 첫번째 NDC 달성을 위한 CER 사용**	**Transition of CDM activities and use of CERs towards first NDC**

1. 사업 유형과 품질 기준

사업 유형

6.4조 메커니즘의 RMP는 감축(제거) 사업A6.4activity이 파리협정의 제6조 4항~6항, RMP, 그리고 당사국총회CMA의 관련 결정에서 정하는 요건을 충족해야 한다고 분명히 적는다(1항 가목(a)). 감축 사업은 6.4조 메커니즘의 제반 규정, 기준, 방법, 절차를 준수하여야 한다는 의미이다. 청정개발체제 사업으로 인정받았던 사업 유형이라도 6.4조 메커니즘의 기준과 방법론에 부합하지 않으면 6.4조 메커니즘 사업이 될 수 없다. 특별히 제거 사업에는 신규 조림, 재조림, 습지 복원, 습지 조성, 지속가능한 산림경영 등 이른 바 REDD+ 사업(44쪽)이 포함될 수 있다. 다만 REDD+ 사업 중 어디까지 6.4조 메커니즘 사업에 포함시킬지에 대해서는 국가 간에 의견 대립이 있다는 사실을 기억할 필요가 있다. 기존 산림의 보전에 따른 배출 회피를 인정할지에 대해서는 부정적 입장이 다수이지만, 최종 결론은 미루어 놓은 상태이다. 오히려 대기 중 이산화탄소를 직접 포집해서 저장하는 방법DACCS을 포함, 여러 가지 인위적 제거CDR에 대해서 상쇄배출권A6.4ER 발행을 인정하는 데는 이견이 없다(참고 2-1).

사업 규모에 따른 구분도 가능하다. 프로젝트 단위PA로 6.4조 메커니즘 사업으로 등록할 수 있지만, 프로그램 단위PoA로도 가능하다(31항 나목(b)). 역시 청정개발체제 사업과 다르지 않다. 나아가 재생에너지 시설 설치를 위한 보조금이나 에너지 효율 규제와 같은 감축 정책도 등록이 가능하다. 마지막으로 적응 행동이나 경제 다변화 계획을 추진하는 과정에서 부수적으로 발생하는 온실가스 감축, 즉 감축 공편익이 포함된다(31항 가목(a)). 계속 설명하겠지만, 6.4조 메커니즘의 절차와 내용이 청정개발체제와 별반 다르지 않기 때문에 사업의 종류 역시 청정개발체제 사업의 사례에서 크게 벗어나지는 않을 것이다. 그렇다고 해서 청정개발체제 사업과 동일한 사업이 6.4조 메커니즘 사업이 될 수 있다는 뜻은 결코 아니다. 당장 추가성 기준이 높아진다(320쪽).

품질 기준

세부 품질 기준

RMP는 6.4조 메커니즘의 상쇄배출권의 품질에 대해 자세히 규정한다(31항). 무엇보다 우선 온실가스 감축이 추가적이어야 하고, 지구적으로 배출 증가를 초래해서는 안 된다(31항 가목(a)). 현장에서 실제로 발생하고, 측정 가능하며, 감축의 편익이 장기적으로 유지되는 감축이어야 한다(31항 라목(d)(i)). 영속성이 깨질 가능성을 최소화하고, 역전逆轉이 발생했을 때 온전히 원상복구하라고 요구한다(31항 라목(d)(ii)). 얼마나 오랜 기간이 지속되어야 영속성이 확보되는가? RMP는 여러 차례multiple의 국가결정기여 이행기간이라고 한다. 역전은 인위적으로 발생할 수도 있지만 자연적으로 발생할 수도 있다. 원인이야 무엇이 됐든 역전이 발생하면 이미 발행된 ITMO는 어떤 방식이든 회수되어야 한다.

누출 위험을 최소화하고, 감축량이나 제거량을 계산할 때 누출량을 반영해서 조정하라고 한다(31항 라목(d)(iii)). 누출은 사업경계 밖에서 일어나기 때문에 정확히 산정해서 반영하기가 쉽지 않다. 부정적인 환경적·사회적 영향은 줄이거나, 가능하다면 회피해야 한다(31항 라목(d)(iv)). 전체적으로 앞 장에서 살펴본 ITMO의 품질과 다르지 않은 기준임을 알 수 있다. 6.4조 메커니즘의 상쇄배출권이 유치국의 허가를 받으면 ITMO가 되므로 둘 사이에 품질 면에서 차이가 있으면 오히려 이상하다. 참고로 청정개발체계의 상쇄배출권CER의 발행 요건과 비교해도 개념적으로는 차이가 전혀 없다. 다만, 뒤에서 설명하는 베이스라인의 설정 방법에 차이가 있기 때문에 실제로는 다르다고 말할 수 있다.

역전에 어떻게 대비할 것인가?

조림 또는 재조림 사업을 감축 사업으로 인정하는데 주저하게 되는 가장 큰 이유는 영속성을 확보하기 어렵기 때문이다. 청정개발체제에서는 조림 사업 등에서 발생한 상쇄배출권을 기한부 배출권으로 만들었다(오채운 등, 2022). 즉 단기배출권tCER, 장기배출권lCER을 발행하고 단기배출권과 장기배출권이 만료되는 시점에 다른 상쇄배출권이나 단기배출권 또는 장기배출권으로 대체하도록 한 것이다. 영속성의 문제를 감안할 때 타당한 조건으로 보인다. 하지만 이러한 제한이 감축 사업으로서 조림 사업 등을 활성화하는 데 장애 요소가 되는 것은 분명하다. 좋은 산림자원을 가진 개발도상국이 강한 목소리를 내는 이유이다.

역전의 해결책으로 ① 완충 풀buffer credit pool, ② 국가의 보증, ③ 보험 활용이 제시된다. 완충 풀은 역전이 일어났을 때 동일 수량의 상쇄배출권을 사업자의 계정에서 취소하게 하는 방법이다. 그런데 사업자가 아예 없어질 수도 있고, 또 역전이 일어난 만큼 대체할 상쇄배출권이 사업자의 계정에 남아 있으리라는 보장도 할 수 없으니, 이에 대비하는 여러 가지 방법을 강구한다. 국가가 보증하는 방법이 그중 하나이다. 관련해서 한국에서 운영하는 산림예치 계정이 있다(《외부사업 타당성 평가 및 감축량 인증에 관한 지침 (2023.1.1)》). "산림 분야 사업의 이산화탄소 손실에 대처하기 위해, 산림 분야 사업으로부터 발행된 온실가스 감축량의 일정 부분을 예치하는 계정(제2조 18호)"이다. 산림 분야 감축 사업의 경우 일정한 수량을 산림예치계정에 이전하고 나머지를 사업자에게 인증 실적으로 발행한다. 영속성이 훼손되는 상황은 사업자와 당사국에게 일종의 위험 요소이다. 따라서 위험을 해결하는 일반적인 방법으로서 보험을 떠올릴 수 있다. 이 분야에 특화된 보험 상품의 개발과 구매를 통해 역전에 대비할 수 있다. REDD+ 사업을 준비할 때는 반드시 역전의 가능성과 이에 대한 해결 방안을 고민해야 할 것이다.

2. 거버넌스

당사국총회

6.4조 메커니즘은 하향식, 중앙통제 거버넌스이다. 넓은 의미로 보면 최고 의사결정기구로서 당사국총회를 포함한다. 당사국총회는 문서(결정문)로 감독기구A6.4SB의 업무를 지도guidance한다(2항). 결정의 범위는 감독기구의 운영 규칙, RMP와 관련한 감독기구의 권고, 이 밖에 6.4조 메커니즘의 운영과 관련되어 발생하는 제반 문제이다. 당사국총회가 전속적이며 포괄적인 결정권을 가진다고 보면 되겠다.

감독기구와 거버넌스

실질적으로 6.4조 메커니즘은 감독기구의 관리하에 운영된다(그림 6-5). 감독기구를 중심으로 총 12명으로 구성되는 협의의 거버넌스가 구성된다. UN의 5개 지역 그룹을 대표하는 10명($2 \times 5 = 10$)과 최빈개도국 및 군소도서국 대표 2명이다(4항).[12] 여기에 같은 수의 대체(예비) 위원이 있는데(5항), 지역을 대표하는 위원이 참석 못할 경우 대신 회의에 참석한다. 임기(2년)는 최대 4년(중임 가능)이다(8항, 11항). 감독기구에서 의장과 부의장을 선출하는데 임기는 1년이다(18항). 회의, 회의 관련 문서, 의사결정 과정과 내용, 회의 결과는 모두 일반에게 공개한다(19항, 20항, 21항, 23항). 의사결정은 가능하면 전원합의로 하되, 여의치 않은 경우 참석자 3/4

12　감독기구는 청정개발체제의 집행위원회와 같다. 집행위원회의 구성원은 유엔 지역 그룹에서 각 1명씩 5명, 부속서1국가에서 2명, 비부속서1국가에서 2명, 군소도서개발도상국 1명으로 총 10명이 있다.

의 찬성으로 결정한다(22항).

감독기구는 당사국총회CMA의 결정에 근거해서 6.4조 메커니즘을 운영하는데 필요한 세부 사항을 결정하고 집행한다(24항). 크게 4가지 임무가 주어진다.

① 6.4조 메커니즘의 운영 요건과 절차를 정한다.
② 지정운영자DOE: Designated Operating Entities를 인정한다 (24항 나목(b)).[13]
③ 6.4조 메커니즘의 실행을 지원한다(24항 다목(c)).
④ 매년 당사국총회에 보고한다 (24항 라목(d)).

이 중 6.4조 메커니즘의 구체적인 요건과 절차를 정하는 첫번째 임무(①)에 대해 설명이 필요하다. RMP는 이 업무를 12가지로 나열하고 있다(24항 가목(a)). 독립적인 감사 기구로서 6.4조 메커니즘 사업의 타당성 평가와 검증 및 인증을 담당하는 지정운영자가 갖추어야 할 요건과 자격 인정 절차를 정한다. 사업자 등이 만든 6.4조 메커니즘 방법론을 인가한다. 스스로 개발할 수도 있다. 6.4조 메커니즘 사업으로 등록할지를 결정하고, 상쇄배출권A6.4ER을 발행하고 유효기간을 갱신한다. 아울러 이에 필요한 기준과 절차를 정한다. 6.4조 메커니즘의 등록부를 관리하고, 감축 사업의 실행에 따라 발생하는 수익금의 일부SOP를 적응 기금에 납부한다. 지구 순

---

13   청정개발체제의 지정운영기구(DOE)와 명칭은 물론이고 역할과 기능에서도 차이가 없다. 배출량 검·인증 분야에 전문성을 가진 민간기관이 담당한다. 다만 운영기구가 아닌 운영자(entities)로 번역한다. '인정(accreditation)'은 능력을 평가해서 공식적으로 자격을 부여하는 행위이다.

배출량 감소의 이행을 담당한다. 유치국의 국가 기관을 인가하고 감독한다. 사회적·환경적 안전장치를 엄격히 적용한다. 지속가능한 발전 평가 도구, 표준, 절차를 개발한다. 6.4조 메커니즘이 파리협정의 장기 목표를 달성할 수 있도록 지원한다.

세 번째 임무(③)로서 6.4조 메커니즘 사업에 관한 정보를 공중에게 제공하기 위해 홈페이지를 설치·운영한다. 또 지정운영자가 지역 별로 골고루 분포할 수 있도록 필요한 조치를 취한다. 공공인식 증진을 위한 활동을 지원하며, 이해관계자와 유치국의 대화를 활성화한다. 6.4조 메커니즘과 관련한 당사국의 역량 배양 활동을 실행하고, 당사국총회에 6.4조 메커니즘 사업과 A6.4ER 발행에 관한 정보를 제공한다.

특별히 6.4조 메커니즘에서는 독립적인 고충처리 절차를 신설한다(62항). 이해관계자, 사업자, 참여 국가는 감독기구의 결정에 대해 이의 신청을 할 수 있다. 이의 신청은 제3자가 주도하는 독립된 절차를 통해 옳고 그름을 따진다. 또 감축 사업으로부터 피해를 본 주민이나 지역공동체가 정식으로 고충을 호소하면 일정한 절차를 통해 객관적으로 고충의 타당성을 검토한다. 특별히 감독기구의 결정에 대해 외부 독립기관의 평가를 허용한 점에 의미를 부여할 수 있겠다.

그림 6-5. 6.4조 메커니즘의 거버넌스(Michaelowa et al., 2022)

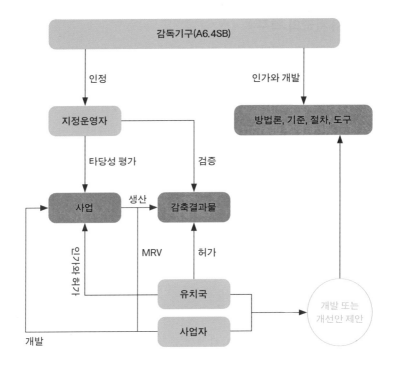

3. 사업유치국의 역할

유치국의 책무

유치국은 6.4조 메커니즘의 감독기구와 함께 중요한 역할을 담당한다. 우선 유치국이 되려면 다섯 가지 사항이 확인되어야 한다(26항 가목(a)~마목(e)). 당연하지만 파리협정 당사국이어야 하고, 국가결정기여를 준비하고 제출해야 한다. 6.4조 메커니즘 업무를 담당할 자국의 승인관청NA: national authority을 지정해야 한다. 여기에 더하여 감독기구에게 자국이 탄소시장에 참여하면 왜 지속가능한 발전이 증진되는지, 자국이 인가하려는 사업의 유형은 어떤 것이고, 이러한 사업이 자국의 국가결정기여 달성과 장기적인 배출 감축 전략LT-LEDS에 어떻게 기여하는지에 관한 정보를 공개적으로 제공해야 한다.

유치국은 감독기구에 자국에 적용될 베이스라인과 추가성을 포함한 방법론 상의 요건을 사전에 구체적으로 밝혀야 한다. 6.4조 메커니즘 상쇄배출권의 유효기간에 대해서도 마찬가지이다(27항). 이는 자국에 보다 강화된 발행 기준을 적용해 달라고 요청할 수 있는 근거가 된다. 또 유치국은 A6.4ER 유효기간을 연장하면서 일정한 조건을 달 수 있다. 상쇄배출권 발행이 국가결정기여와 〈장기 저탄소 발전전략〉 달성에 장애요인이 되지 않게 하기 위해서이다. 유치국에 따라 국가결정기여의 상향 정도와 탄소중립 달성 시기가 다를 수 있으므로 A6.4ER 발행 기준과 유효기간 또한 마찬가지로 다르게 해 달라고 요청할 수 있어야 한다. 마지막으로 6.4조 메커니즘에서도 최빈개도국과 군소도서국의 특별한 사정을 배려할 수 있도록 허용하고 있다(29항).

인가와 허가

유치국의 인가와 허가

유치국이 수행하는 공식적인 행위에는 인가와 허가 두 가지가 있다. 유치국은 사업 등록 전에 사업을 인가한다(40항). 다시 말해 사업의 등록(감독기구)을 위해서는 유치국의 인가가 필요하다. 인가서에는 세 가지 사항이 담겨야 한다. ① 제안된 사업이 자국의 지속가능한 발전에 기여한다는 확인(가목(a)), ② 바로 앞에서 설명한 바 상쇄배출권의 유효기간 갱신 인가 기준(27항 나목(b))에 따라 인가(나목(b)), ③ 사업이 어떻게 국가결정기여(유치국)의 실행과 관련되는지, 또 감축 사업이 어떻게 국가결정기여의 달성, 그리고 제6조 1항에서 요구하는 지속가능한 발전과 환경건전성에 기여하는지에 대한 설명이다(다목(c)). 청정개발체제 사업의 경우 유치국과 투자국 모두가 인가하는데 유치국의 인가 검토 사항에 마찬가지로 지속가능한 발전에 기여하는지에 대한 판단이 포함된 바 있다. 여기에 더해서 유치국이 국가결정기여의 달성과 함께 파리협정 탄소시장의 목적을 정하고 있는 제6조 1항에 부합하는지를 설명할 수 있어야 한다. 유치국에게 사업의 적정성에 대해 포괄적이고 종합적인 판단을 할 수 있는 재량이 주어진 것으로 볼 수 있겠다.

유치국의 허가는 두 가지이다. 첫째, 유치국은 민간 및 공공 사업자에 대한 허가서를 감독기구에 제공하여야 한다(41항). 바꿔 말하면, 감축 사업을 시행하려는 사업자AP는 유치국의 허가를 받아야 한다. 이 규정은 특히 민간사업자에게 중요해 보인다. 감축 사업에 자금을 지원하려는 다른 민간 또는 공공투자자가 민간사업자의 허가증을 확인하고자 할 테니 말이다. 민간사업자는 사업 시행 전에 허가를 받아야 하겠다. 이에 반해 공공사업자는 사업을 추진하고 ITMO 발행이 예상되는 시점에서 사업자 허가를 받아도 문제는 없을 것이다. 둘째, 유치국은 6.4조 메커니즘의 상쇄배출권을 국가결정기여의 달성이나 국가결정기여 달성 이외의 용도로 사용할 수 있도록 허가하고, 이를 감독기구에 문서로 통지한다. 이때 상쇄배출권의 용도를 정하면서 함께 부과되는 조건terms and provisions, 또 국가결정기여 달성 이외의 용도로 사용을 허가할 경우는 최초 이전 시점을 언제로 할지에 관한 정보를 감독기구에 제공해야 한다(42항). 가장 중요한 유치국의 허가 행위라 하겠다. 이 허가로 인해 유치국에게 상응조정 의무가 발생하기 때문이다. 상응조정은 A6.4ER이 두 번 사용되는 것을 방지하기 위한 것으로 유치국이 이행해야 할 의무(shall)이다(71항, 72항).

인가와 허가의 효용

사업의 인가와 ITMO 발행의 허가는 시간상으로 분리된 절차이다. 유치국이 6.4조 메커니즘 사업의 초기 단계에서 사업을 인가함으로써 사업이 공식적으로 시작되고, 최종 단계에서 다시 유치국이 허가함으로써 사업에서 생산된 상쇄배출권을 해외로 이전할 수 있게 한다. 인가와 허가가 사업의 시작과 ITMO의 해외 이전이라는 두 개의 절차를 분리함을 알 수 있다. 이제 유치국이 인가 후 사업의 내용이 바뀌었을 때 ITMO의 허가 단계에서 인가 후 일어난 변동이 적정한지 판단할 수 있는 기회를 갖게 되었다.

사업자(투자자)의 입장에서는 인가와 허가라는 두 개의 절차를 밟아야 한다는 사실이 곧 사업의 불확실성이 된다. 거래 비용을 증가시킬 것이다. 유치국의 정부 역시 인가와 허가를 각각 실행하는데 비용이 들 것이다. 그렇다면 인가를 없애는 게 어떨까? 하지만 생각해 보라. 유치국은 인가 절차를 통해 제안된 사업이 자국의 지속가능한 발전이나 국가결정기여의 달성에 기여할지 판단할 수 있는 기회를 가지게 된다. 반면 사업자는 인가 절차를 거침으로써 자신의 사업에서 생산된 배출감축량이 어떤 용도로 얼마나 ITMO로 발행될 수 있을지 ITMO 발행까지 가기 전에 예상할 수 있게 된다. 각각의 행정 행위가 나름의 역할을 하는 것이다.

유치국의 역할 비교

청정개발체제에서 유치국의 역할은 사업의 등록 전에 사업의 인가서LoA: letter of approval를 발부하는 정도이다. 인가서는 청정개발체제 사업이 유치국의 지속가능한 발전에 기여함을 확인하고, 향후 동 사업에서 CER이 발행될 수 있다고 인정하는 공문서이다. 이후 유치국의 추가적인 행정 행위는 없었다.

파리협정의 탄소시장에서 유치국의 역할은 더욱 커진다. 협력적 접근법에서는 유치국을 포함한 참여 국가가 사업의 세부 절차를 결정할 수 있다. 사업을 어떻게 모니터링하고 보고할지, 감축량을 어떻게 정하고 검증할지 참여 국가가 정한다. 물론 안내서의 규정을 준수해야 하고, 국제사회가 인정할 만한 범위 내이어야 한다. 참여 국가의 재량에는 분명 한계가 존재한다. 6.4조 메커니즘은 유치국에 허가 권한을 부여한다. ITMO로 거래되려면 반드시 유치국의 허가가 있어야 한다. 이 허가는 상응조정 의무를 동시에 발생시키므로 유치국은 국가결정기여 달성과 향후 상향까지 염두에 두고 허가 여부를 결정해야 한다. 국가 온실가스를 총괄하는 행정관청(부처)의 종합적이고 전략적인 판단이 필요하다.

4. 사업 주기

과정 요약

6.4조 메커니즘의 사업 주기는 청정개발체제 사업의 주기(230쪽)
와 별반 다르지 않다. RMP는 이를 다음과 같이 구분하여 규정한다
(30~62항).

A. 사업 설계, B. 방법론, C. 인가와 허가, D. 타당성 평가,

E. 등록, F. 모니터링, G. 검증과 인증, H. 발행,

I. 유효기간 갱신, J. 최초 이전, K. 자발적 취소, L. 기타 절차

편의상 크게 네 단계로 나누어 볼 수 있다(그림 6-6). 첫째, 사
업 설계 단계가 있다. 사업자AP[14]가 사업의 범위와 방법론을 정하면
독립된 외부 감사기관인 지정운영자가 6.4조 메커니즘 규정 준수
여부를 포함해서 사업의 타당성을 검토(평가)하고, 타당하다면 사
업 등록을 감독기구에 요청한다. 그러려면 행정 비용을 미리 납부
해야 한다. 6.4조 메커니즘 사업에는 6.4조 메커니즘 방법론을 사
용해야 한다. 방법론의 기능 또는 역할은 배출감축량ER을 계산하는
데 필요한 베이스라인을 어떻게 설정하고, 어떤 이유로 사업의 추
가성이 입증되는지를 밝히는데 있다. 또 어떤 방식으로 배출감축량
을 정확히 모니터링해서 계산할 수 있는지를 설명해야 한다.

둘째, 사업의 실행 단계에서는 지정운영자가 실제 사업이 계
획대로 진행되는지 모니터링하고, 사업에서 발생한 배출감축량을

---

14   청정개발체제 사업은 사업자를 PP(project participants)라 칭한다. 실제
      AP와 PP 간에 차이는 없다.

검증하고 인증한다. 이렇게 인증받은 수량의 배출감축량을 6.4조 메커니즘의 상쇄배출권으로 발행하도록 감독기구에 요청하는 역할도 지정운영자의 몫이다. 여기에 지역local을 단위로 해서 일반인, 지역 공동체, 원주민 등이 참여하는 이해관계자 자문stakeholder consultation을 실시해야 한다(31항 마목(e)).

셋째, 감축 사업 결과로 A6.4ER을 발행issuance한다. 이때 행정 비용을 지불해야 한다. 요율은 당사국총회가 정하는데 현금으로 납부한다(68항). 발행 수량의 5%는 적응기금 계정에 귀속된다. 청정개발체제(2%)와 비교해서 비율이 올랐다. 여기에 두 가지 지원이 추가된다. 먼저, 사업 규모나 6.4조 메커니즘의 상쇄배출권 발행 규모에 따라 금전적 공여MC: monetary contribution를 하게 된다. 이를 얼마로 할 지는 감독기구에서 정한다(67항 나목(b)). 금전적 공여라는 명칭 하에 적응 기금에 추가 지원을 요구할 수 있도록 가능성을 열어놓은 것으로 볼 수 있다. 여기에 대해서, 사업자가 납부한 행정 비용(수수료) 중 6.4조 메커니즘을 운영하기 위해 사용하고 남는 금액을 정기적으로 지원한다(67항 다목(c)). 청정개발체제 사례를 보면 CER 발행을 위한 행정 수수료 수입이 실제 소요비용을 초과해서 상당한 수익금이 쌓인 바 있다(410쪽). 이에 지출하고 남은 행정 비용의 일부를 적응 기금으로 넘기기로 한 것이다. 명칭은 정기적인 지원periodic contribution이다(67항 다목(c)). 마지막으로 지구 순 배출량 감소를 위해 추가로 최소 2%를 취소한다. 이는 강제 취소이다(69항 가목(a)). 최초 이전되는 A6.4ER의 2%를 취소 계정에 이전하는 절차이다.

넷째, 6.4조 메커니즘에서 발행된 상쇄배출권이 거래되는 단계이다. 최초 이전으로 시장에 나온 A.6.4ER이 사용되거나 취소됨으로써 사라지기까지의 단계이다. 자발적 취소는 사용과 동일한 효과를 가진다. 상쇄 용도가 아닌 방식으로 사용하기로 하는 것이니 그렇다. 소유자의 자유의사로 그렇게 한다. 그래서 자발적 취소라고 부른다. 예컨대 지구 순 배출량 감소를 위한 강제 2% 취소에 더해서 추가로 자발적인 취소가 가능하다(70항).

그림 6-6. 6.4조 메커니즘 감축 사업의 주기(Michaelowa et al., 2022)

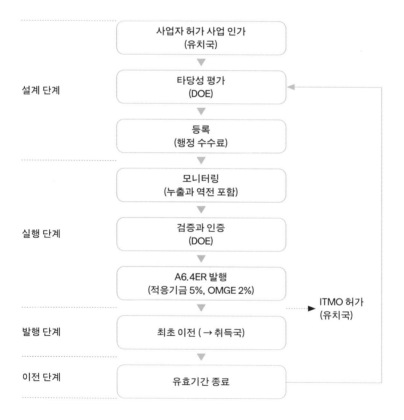

활동 수익의 일부

행정 비용과 적응 비용

활동 수익 중 일부SOP는 행정 비용SOP-administration과 적응 비용SOP-adaptation으로 나뉜다. 6.4조 메커니즘 사업을 진행하는 과정에서 사무국에 납부해야 하는 행정 비용(수수료)은 세분하면 5가지이다. 향후 A6.4SB에서 행정 비용의 구체적인 수준을 정할 것이다. 참고로 최빈개도국과 군소도서국에 행정 비용을 면제한다.

A6.4ER의 발행 수량에 따라 차등해서 부과하는 등록 수수료 registration fee가 있다. 다수의 유사한 개별 사업을 프로그램 사업 PoA에 포함시키려면 추가 수수료inclusion fee를 내야 한다. 상쇄배출권 한 단위unit마다 소액의 발행 수수료issuance fee가 부과된다. 유효기간을 갱신할 때는 등록비와 동일한 갱신 수수료renewal fee를, 등록 후 사업을 변경할 때에도 등록 변경 수수료post-registration fee를 내야 한다.

활동 수익의 일부를 적응기금에 지원SOP-adaptation하는 문제는 협상 과정에서 개발도상국이 강한 관심을 가지고 참여한 주제이다. 몇 가지 쟁점이 있었다. 첫째, 발행된 상쇄배출권의 5%에 해당하는 수량을 적응기금에 납부한다고 했을 때 이를 현금화하는 방법이 문제였다. 아예 현금화해서 납부하라고 할 수도 있었다. 현재의 규정은 현물로 받는 것이다. 적응기금이사회에서 현금화 전략을 만들고, 현금화 상황을 매년 당사국총회에 보고할 예정이다. 둘째, 적응기금 기여분을 종전 2%에서 5%로 늘린 것 이외에 금전적 공여MC를 추가했다(67항 나목(b)). 금전적 공여는 사업의 규모나 상쇄배출권 발행 수량을 기준으로 감독기구가 정하는 바에 따라 부과된다. 결국 당사국총회의 결정에 달려 있다. 정기적인 지원 역시 당사국총회에서 수준level과 횟수frequencies를 정할 것이다.

청정개발체제 SOP 경험과 향후 검토 과제

SOP는 청정개발체제에서 부과하기 시작했다(교토의정서 제12조 8항).[15] 행정 비용은 수수료 형태로 현금 납부하고, 적응기금 지원에 CER 발행 수량(현물 지원)의 2%를 이전한 것이다. 현금 지원과 현물 지원, 어느 방식이 더 좋은가? 결과를 보자(Michaelowa, Greiner, Espelage, Hoch and Kramer, 2019).

행정 비용은 총 3억5,600만 달러가 걷혔는데 실제 지출한 행정 비용은 1/3 정도이다. 쓰고 남은 돈이 2012년에 2억 달러까지 쌓인다. 한편 적응 지원을 위해 3,800만 CER을 적응기금AF 계정에 이전했고, 현금화 수입은 2억 달러이다. 행정 비용에 비해 훨씬 적은 금액이고, 원인으로 현금화 전략의 실패를 지적한다. CER 가격이 올랐을 때 바로 현금화했다면 4억 달러의 수입을 거둘 수 있었다.

행정 비용이 남아도는데도 사무국은 담당 직원 수만 늘렸을 뿐 행정 비용(수수료)의 요율을 낮추지 않았다. 현물 지원 수입은 전적으로 상쇄배출권의 시장 가격에 달려 있다. 특히 가격이 떨어질 때 쌓아 놓은 상쇄배출권은 위험하다. 이러한 경험 때문에 현금화 전략에 대한 보고 요구, 금전적 공여와 정기적 지원 근거를 마련한 것이다.

협력적 접근법에는 SOP를 부과하지 않기로 했지만, 고려해야 할 사항이 있다. 협력적 접근법이 참여 국가끼리 상향식으로 중앙

---

15 제12조 8항. 이 의정서의 당사자회의 역할을 하는 당사자총회는 인증 프로젝트 활동의 수익 중 일부가 행정 경비를 지불하는 데 사용되고, 또한 기후변화의 부정적 효과에 특히 취약한 국가의 적응 비용 충당을 지원하는 데 사용되도록 보장한다.

의 통제 없이 진행되지만 그래도 중앙에서 담당해야 할 기능이 꽤 있다. ITMO 경로 추적을 위한 등록부, 제6조 데이터베이스, 제6조 기술전문가 검토, 사무국의 일관성 체크 등이다. 이러한 중앙 행정 기능의 실행을 위한 수입을 어떻게 마련할지 고민해야 할 것이다. 예컨대 ITMO 발행이나 거래에 대해 일정한 세금이나 수수료를 부과해서 사용하는 방법이 있다. 협력적 접근법에 대해 SOP를 부과하려면, 다양한 형태의 협력적 접근법에 어떤 방법으로 부과할지 검토해야 한다. 협력적 접근법의 경우 공동의 거래시장이 없고, ITMO 가격 역시 협력적 접근법마다 다를 것이므로 일정 비율의 ITMO 발행 수량을 이전하는 방식으로 SOP를 부과하기는 적절치 않을 것이다. 협력적 접근법이 배출권거래제 연계인지 상쇄시장인지에 따라 SOP 부과·징수를 달리해야 한다. 이 모두가 향후 검토 과제이다.

지구 순 배출량 감소

기본협약 사무국은 제로섬zero sum을 포지티브섬positive sum으로 만들기 위해 A6.4ER의 2%에 해당하는 수량을 강제로 취소한다. 강제 취소는 상응조정 여부와 무관하게 6.4조 메커니즘의 모든 상쇄 배출권에 대해 일률적으로 시행된다. 사업자가 2% 이상의 추가 수량을 강제로 취소해 달라고 요청할 수 있다. 또 자발적으로 취소할 수도 있다. 두 가지 방식의 관련 절차는 추후 감독기구에서 정할 것이다. 강제 취소와 자발적 취소가 얼마나 일어났는지 감독기구가 매년 당사국총회에 보고한다. 지구 순 배출량 감소를 달성하기 위해 고작 2%를 취소하냐는 비판이 충분히 생길 수 있다. 규정상 발행 수량의 2% 이상을 취소할 수 있도록 열어놓았으니 실제 어떻게 될지 지켜보아야 할 것이다.

5. 6.4조 메커니즘의 방법론

방법론 조항의 구조

청정개발체제와 마찬가지로 파리협정의 6.4조 메커니즘에서 가장 중요한 사항이 방법론이 아닌가 싶다. RMP 5장에서 상쇄배출권 발행을 위한 사업 주기의 일부로 방법론을 소개한다. 33~39항까지 7개 항으로 다른 주제와 비교해서 적지 않은 분량이다. 참고로 RMP 전체가 75개 항이다. 방법론의 작성 절차와 특례에 살펴 보면, 먼저 35항은 방법론을 개발할 수 있는 주체를 사업자, 유치국, 이해관계자 또는 감독기구로 지정한다. 방법론의 개발 주체를 폭넓게 정하고 있는데, 반드시 감독기구의 인가approval를 받아야 한다.

감독기구는 유치국의 요청에 따라 표준화된 베이스라인을 만들 수 있다(37항). 표준화된 베이스라인은 33항의 기준을 반영해야 한다. 사실 베이스라인이 RMP에 맞게 적정하게 설정되어 있는지에 관해 논란이 일어날 가능성이 크다. 베이스라인을 표준화해서 사용하는 방법이 이러한 다툼과 이로 인한 불확실성을 피하는 좋은 방법이 될 수 있겠다. 최빈개도국과 군소도서국이 요청할 경우 감독기구는 이들 국가에 간소화된 추가성 기준을 적용할 수 있다(39항). 이 때 적용하는 간소화된 기준 요건은 감독기구가 만든다. 방법론의 추가성을 입증할 때도 최빈개도국과 군소도서국의 특별한 사정을 배려할 수 있다는 의미가 되겠다.

6.4조 메커니즘과 청정개발체제의 추가성

협력적 접근법에서 추가성 확보는 참여 국가의 책임이다. 안내서에서 시시콜콜하게 정할 사항이 아니다. 하지만 6.4조 메커니즘의 경우는 다르다. 6.4조 메커니즘의 추가성은 유치국의 국가결정기여 수준과 직결되는 현실적 문제이다. 이를 엄격하게 확보하지 못하면 6.4조 메커니즘의 신뢰성은 물론이요, 당사국의 국가결정기여 상향 의지마저 훼손된다.

방법론의 핵심 사항이면서 실제로 현장에서 판단하기 쉽지 않은 기준이 바로 추가성이다. 6.4조 메커니즘의 인센티브, 반복하면 "상쇄배출권의 생산·판매가 아니었으면 감축 사업이 추진되지 않았을 것"이라는 조건이다. RMP에 따르면 두 가지 요건이 충족되어야 한다(38항).[16] 첫째, 모든 관련 국가 정책을 감안해야 한다. 법령은 물론이고, 법과 규제가 요구하는 수준을 초과하는 감축이어야 한다. 둘째, 보수적인 접근방식을 적용해야 한다. 보다 구체적으로 이어서 설명하게 될 33항에 부합하지 않는 배출 수준, 기술, 탄소집약적 관행에 빠지지 않도록 해야 한다.

6.4조 메커니즘의 추가성 조건이 청정개발체제 사업에 비해 강화되었다는 점에 주의해야 한다. 유치국에서 시행 중인 온실가스 감축 관련 모든 법령과 정책을 반영하라고 하니 그렇다. 시간이 갈수록 강화되는 국가결정기여를 달성하기 위해 추진하는 각종 정책과 규제의 영향을 받는 감축 실적은 모두 제외되는 것으로 이해할

---

16   (Paragraph 38.) ... Additionality shall be demonstrated using a robust assessment that shows the activity would not have occurred in the absence of the incentives from the mechanism, taking into account all relevant national policies, including legislation, and representing mitigation that exceeds any mitigation that is required by law or regulation, and taking a conservative approach that avoids locking in levels of emissions, technologies or carbon-intensive practices incompatible with paragraph 33 above.

수 있다. 청정개발체제에서는 흔히 사용되지 않거나 새로운 기술을 적용하는 사업(기술적 추가성)과 비용이 비싸서 경제성이 떨어지는 사업(경제적 추가성)을 주로 인정했는데, 6.4조 메커니즘에서 이러한 요소는 고려 대상이 아니다. 파리협정체제에서 개발도상국은 자국의 국가결정기여를 달성하기 위해 경제성이 떨어지는 사업과 새로운 감축 기술을 적용하는 사업을 당연하게 자체적으로 실행해야 하기 때문이다. 더구나 당사국이 파리협정의 요구대로 가능한 최대 수준의 국가결정기여를 설정한다면 더더욱 그래야 한다. 종전에 청정개발체제에서 인정되던 경제적 추가성과 기술적 추가성만 가지고는 파리협정에서 감축사업으로 인정받지 못 할 것이다.

베이스라인 방법론(RMP 33항)

6.4조 메커니즘의 방법론(RMP 33항)[17]은 반드시 일독해야 할 조문이다. 6.4조 메커니즘의 방법론은 국가결정기여의 상향과 광범한 참여를 촉진해야 한다. 실제 발생하고, 투명하고, 보수적이고, 신뢰할 수 있어야 하고, 배출전망치보다 낮은 수준Below BAU이어야 한다. 누출을 회피해야 하고, 억압된 수요[18]를 인식해서 반영해야 한

---

17   (Paragraph 33.) Mechanism methodologies shall encourage ambition over time; encourage broad participation; be real, transparent, conservative, credible and below 'business as usual'; avoid leakage, where applicable; recognize suppressed demand; align with the long-term temperature goal of the Paris Agreement; contribute to the equitable sharing of mitigation benefits between the participating Parties; and, in respect of each participating Party, contribute to reducing emission levels in the host Party, and align with its NDC, if applicable, its long-term low GHG emission development strategy, if it has submitted one, and the long term goals of the Paris Agreement.

다. 파리협정의 장기 기온 목표에 부합해야 하고, 참여 국가 간에 공평하게 감축 편익을 공유하는데 기여해야 한다. 유치국의 국가결정기여와 〈장기 저탄소 발전전략〉에 부합해야 한다. 이 중 실제 발생하고, 투명하고, 보수적이고, 신뢰할 수 있어야 한다는 내용은 교토의정서에서 열거된 사항(보수성과 투명성, 참고 4-2)과 다르지 않다. 특별히 다른 것이라면 배출전망치BAU 보다 낮은 수준으로 베이스라인Below BAU을 설정하라는 대목이다.

청정개발체제 사업의 기본 베이스라인은 배출전망치이다. 6.4조 메커니즘의 베이스라인은 이보다 강하고 엄격한 것이어야 한다. 우선 떠오르는 이유는 국가결정기여 때문이다. 감축 목표가 없을 때는 배출전망치를 기준으로 할 수 있지만, 감축 목표를 만들고 이를 지켜야 하는 파리협정 체제에서는 당연히 배출전망치가 기준이 될 수는 없다. 배출전망치를 감축 목표로 한다는 말은 온실가스 감축을 위해 아무것도 안 하겠다는 말이기 때문이다. 통상의 배출전망치보다 낮은 배출전망치, 더 엄격하고 과감한 배출전망치 Below BAU, more stringent and ambitious BAU는 모두 이러한 사정을 반영하라는 의미이다. 또 지속적으로 강화해야 하는 국가결정기여를 감안해서 베이스라인을 잡아야 한다. 배출권의 유효기간을 갱신할지 말지를 유치국이 검토할 기회가 있지만 그래도 국가결정기여를

---

18   억압된 수요(suppressed demand)는 청정개발체제의
      세부이행규칙(modalities and procedures) 46항에서 사업유치국의
      특별한 사정으로 미래의 배출량이 증가하는 시나리오를 의미한다. 여기서
      말하는 특별한 사정으로는 예상보다 높은 인구 증가나 낮은 경제 성장, 그리고
      사회·문화적 여건 등이 대표적이다(Michaelowa et al., 2022). 개발도상국이
      불가피하게 탄소집약적 경제성장을 추구해야 할 필요성 또는 가능성을
      억압하지 말라는 요구로 이해할 수 있겠다.

계속 강화해야 하는 유치국의 입장에서 상응조정을 해야 하는 감축 사업은 두고두고 상당한 부담이 된다. 이러한 모든 사정이 베이스라인을 설정할 때 반영되어야 한다.

감축 사업의 혜택은 형평성의 차원에서 참여 당사국 간에 "적정하게 공유해야 한다(equitable sharing)"고 한다(33항). 배출감축량ER도 마찬가지이다. 투자비를 지원한 국가가 배출감축량을 모두 가져가지 말고, 일부는 유치국의 국가결정기여 달성에 사용할 수 있도록 해야 한다는 주장을 유치국이 제기할 수 있다. 그렇다면 베이스라인 아랫부분의 일부는 유치국의 몫이 되어야 할 것이다(그림 5-10). 이를 반영하면 베이스라인이 통상적인 배출전망치보다 더욱 낮아진다.

마지막으로 상응조정을 해야 하는 유치국의 입장에서 다양한 불확실성을 감안할 필요가 있다(34항). 누출이 발생하면 어떻게 하나? 감축 사업의 경계 밖에서 추가적인 배출이 일어나는 상황이다. A 지역에서 줄어든 벌목량을 B 지역에서 추가로 벌목하면 어떻게 하나? 역전 현상도 발생한다. 국가 전체의 배출량은 전혀 줄지 않았는데 상응조정은 이루어졌다. 청정개발체제 사업과 달리 상응조정이 이루어지는 6.4조 메커니즘 사업은 이러한 변수를 감안할 필요가 있다.

RMP는 6.4조 메커니즘의 베이스라인 설정이 성과기반 접근방식에 따라야 한다고 제안한다(36항).[19] 36항에서 구체적으로 세 가지 방법이 제시되고 있다. 최적 가용 기술BAT: best available technologies, 과감한 벤치마크, 그리고 실제 또는 과거 배출량을 33항에 따라 조정한 기준이다. BAT는 경제적으로 가능feasible하고 환경적으로 건전한sound 기술이다. 이러한 기술을 사용할 때 나타나는 예상 배출 경로를 베이스라인으로 사용하라는 말이다. 벤치마크 BM는 유사한 감축 사업 중 일정한 기준 이상의 좋은 성과를 내는 사업을 기준으로 베이스라인을 만드는 것이다. RMP는 과감하게 높은 벤치마크 기준을 사용하라고 요구한다. 여건상 앞의 두 가지 방식을 적용하기 어렵다면, 실제 배출량이나 과거 배출량을 기준으로 하되 33항의 기준에 따라 베이스라인을 하향 조정해서 사용하라고 한다.

19 (Paragraph 36.) ... A performance-based approach, taking into account: (i) Best available technologies that represent an economically feasible and environmentally sound course of action, where appropriate; (ii) An ambitious benchmark approach where the baseline is set at least at the average emission level of the best performing comparable activities providing similar outputs and services in a defined scope in similar social, economic, environmental and technological circumstances; (iii) An approach based on existing actual or historical emissions, adjusted downwards to ensure alignment with paragraph 33 above.

6. 허가와 A6.4ER의 용도

유치국에게 허가 받은 상쇄배출권을 'authorized A6.4ER'이라 부르는데, 유치국이 허가를 하면서 용도를 지정하게 된다. 이 순간 상쇄배출권은 국제 거래가 허용되는 ITMO가 된다. 용도는 크게 세 가지이다. ① 국가결정기여NDC 달성 용도, ② 국제 감축 목적, ③ 기타 목적이다. 그런데 ①번과 ②번 용도로 사용하려면 반드시 허가authorization가 있어야 한다(43항).

허가를 받지 않은un(non)-authorized A6.4ER[20]의 용도는 무엇일까? 상쇄와 기여의 차이에 대해 설명했다(344쪽). 개발도상국에 온실가스 감축 사업을 지원하면서 6.4조 메커니즘의 절차와 방식에 따라 감축 실적을 생산하라는 조건을 내걸 수 있다. 선진국에서 감축의 증거로 확인할 뿐이지, 목적은 선진국이 개발도상국에 대해 재정적으로 지원finance하는데 있다. 대표적으로 'Result-based climate finance(RBCF)'가 해당한다. 파리협정 제5조(산림)에서는 흡수원의 '결과기반지불result-based payments'을 말한다. 이러한 배출권은 국내용으로 사용할 수 있다. 예컨대 탄소세를 면제하는 조건으로 배출권을 제출하라고 할 수 있다. 기업이 국내의 감축 사업에 투자해서 감축에 기여했다면 동일한 목적으로 시행하는 탄소세의 부과를 면제해 줄 수 있겠다. 국외로 이전되지 않으니 상응조정이 필요 없다. 또 자발적 탄소시장에서 허가를 받지 않은 기타 목적의 상쇄배출권A6.4ER을 거래할 수 있다.

앞서 A6.4ER을 상응조정 여부에 따라 조정 배출권과 미조정

20　허가를 받지 않아서 상응조정이 이루어지지 않은 배출권을 상쇄배출권이라고 불러서는 안 된다고 생각한다. 상쇄 용도로 사용할 수 없기 때문이다.

배출권으로 편의상 구분했다(343쪽). 그런데 제27차 기후변화협약 당사국총회(2022, 샤름 엘 셰이크)에서 재정 지원을 목적으로 하는 미조정 배출권을 가리키는 용어가 나왔다. 상쇄가 아니라 감축 기여MC: mitigation contribution임을 분명히 하는 'MC A6.4ER'이다. A6.4ER 앞에 MC(감축 기여)를 붙여서 상쇄배출권의 발행이 아니라 유치국의 감축에 기여하는 것이 목적임을 분명히 한다.

ITMO에 허가 여부를 표시하는 행위는 문서(허가서)로 해야 한다. 허가(상응조정)를 받지 못한 감축결과물에 대해서, 유치국은 다른 형식의 문서, 즉 확인서를 제공할 수 있겠다(World Bank, 2021). 다른 나라의 배출 상쇄가 아니라 유치국의 국가결정기여 달성을 위해 사용되었다는 확인이라 하겠다. 전자는 필수이지만, 후자는 선택이다.

6.4조 메커니즘 상쇄배출권의 용도를 허가 여부로 나누면 그림 6-7과 같다. 허가 여부에 따라 상쇄배출권의 용도가 다르다는 사실을 눈여겨 보기 바란다.

7. 메커니즘 등록부와 유효기간

등록부

6.4조 메커니즘의 국제 거래를 추적할 수 있는 등록부A6.4M registry
가 필요하다. 여기에 A6.4ER의 발행, 최초 이전, 자발적 취소[21] 가
표시된다. 이 등록부는 6.2조에 근거한 국제 등록부와 연결된다.
기본협약 사무국이 감독기구의 감독을 받아 운영한다(65항). 등
록부는 최소한 다음과 같은 계정(계좌)을 가지고 있어야 한다(63
항). 잠정pending 계정, 보유holding 계정, 폐지retirement 계정, 취소
cancellation 계정, 지구 순 배출량 감소 사용을 위한 취소 계정, 수익
금의 일부SOP로 지원하는 적응기금 계정이다. 또 각 당사국에게 배
정하는 보유 계정과 더불어 당사국이 허가서를 발부한 사업자에 대
해 개별적으로 계정을 배정한다.

  이상의 계정을 가진 등록부는 그림 6-8과 같다. 등록부 관
리자는 6.4조 메커니즘의 모든 상쇄배출권을 잠정 계정으로 발행
한다. 이 중 5%는 적응 기금으로 귀속시키고, 2% 이상은 OMGE
취소 계정으로 보낸다. 이 때 이미 각 배출권에는 상응조정 여부
가 표시되어 있다. 상응조정 대상 배출권은 적응기금과 OMGE 계
정으로 이전되는 순간에 최초 이전으로서 유치국에서 상응조정
을 이행한다. 등록부 관리자(사무국)는 사업자의 요청에 따라 나
머지 상쇄배출권을 정해진 보유 계정으로 이전한다. 보유 계정

---

21 사업자 또는 자발적 구매자가 NDC 상향에 기여하고자 ITMO를 자발적으로
    취소할 수 있다. 교토의정서의 청정개발체제에서 국내 할당업체가
    할당배출권(KCU)으로 사용하기 위해서 CER을 구매할 경우 자발적 취소 후
    KCU로 전환할 수 있었다.

그림 6-7. A6.4ER의 용도(Michaelowa et al., 2022)

은 허가받은 상쇄 배출권authorized A6.4ER과 허가 받지 못한 MC A6.4ERunauthorized A6.4ER을 분명히 구분한다. A6.4ER이 국가결정기여 달성 용도로 지정되는 경우 이때 최초 이전으로서 상응조정이 이루어진다.

A6.4ER의 유효기간

6.4조 메커니즘 상쇄배출권의 유효기간crediting period은 일반적으로 5년이고, 이후 2번(5+5) 갱신할 수 있다(최대 15년). 갱신 옵션 없이 10년짜리 상쇄배출권을 발행할 수도 있다(31항 바목 (f)). 제거 사업의 경우는 이보다 유효기간이 더 길다. 15년을 기본으로 역시 2번 갱신(15+15)할 수 있다(최대 45년). CER의 유효기간이 기본 7년(최장 21년)인 것에 비하면 줄었다. 5년으로 줄어든 것은 국가결정기여의 주기적 갱신이 5년마다 이루어지기 때문이다. 유치국으로 하여금 국가결정기여 갱신에 맞추어 기존 상쇄사업의 베이스라인과 추가성을 재검토할 수 있도록 한 것이다. 유치국은 A6.4ER의 유효기간을 연장할 때 5년마다 상향해야 하는 국가결정기여 달성에 문제가 없는지 판단해야 한다. 유효기간 갱신을 위해서는 감독기구와 유치국의 인가를 받아야 한다. 이때 지정운영자의 기술적인 평가에 따라서 베이스라인, 추가성, 배출권의 수량을 업데이트한다(57항). 이 과정에서 유치국은 유효기간을 줄여서 인가할 수 있는 기회를 가진다(27항 나목(b)).

A6.4ER은 생산, 발행, 사용 연도가 모두 다를 수 있다. 여기에 상응조정은 일정한 시차를 두고 이루어진다. A6.4ER은 CER과 달리 상응조정이 필요하기 때문에 문제가 생길 수 있다. 더구나 국제사회가 5년을 단위로 10년 간의 국가결정기여 이행기간을 함께

그림 6-8. 메커니즘 등록부의 형태(MOEJ, 2023)

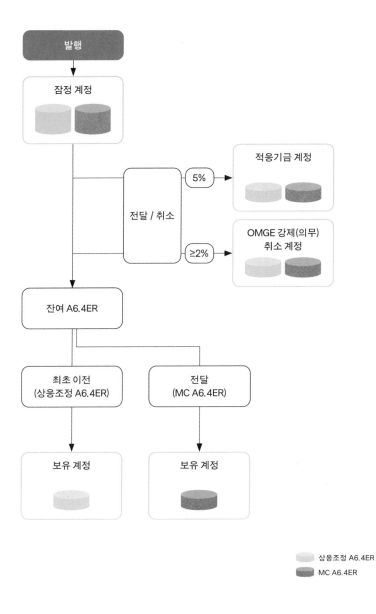

사용하기로 합의는 했지만, 구체적인 연도는 정하지 않았다.[22] 국가결정기여 이행기간이 나라마다 다를 수 있다는 말이다. 이 모두가 얽혀서 상당한 혼란이 발생할 수 있다. 2023년산 상쇄배출권이 2025년에 발행되고, 2030년에 사용된 경우를 생각해 보자. 보고는 2년마다 이루어지므로 2032년에 상응조정이 확정될 수 있다. 차기 국가결정기여 이행기간에 상응조정이 되는 문제가 생긴다. 그래서 더더욱 식별번호에 ITMO가 속한 국가결정기여 이행기간을 명시할 필요가 있다.

---

22   구체적으로 2차 NDC는 2025~2035년, 3차 NDC는 2030~2040년으로 명시하지 않았다. 이렇게 설정할 경우 NDC 기간이 겹치면서(overlap) 진행된다.

8. 청정개발제제의 전환

청정개발체제 사업의 전환

이미 청정개발체제 사업(PoA 포함)으로 등록된 사업을 파리협정의 6.4조 메커니즘에서 어떻게 할지에 대한 결정이다. RMP에 나오는 협상의 결과를 보자(73항). 등록을 마친 기존 청정개발체제 사업자는 2023년 말까지 사무국과 유치국에 6.4조 메커니즘 사업으로 전환을 요청해야 한다. 전환의 인가approval는 유치국이 하는데 2025년 말까지 가능하다. 유치국은 인가 사실을 감독기구에 알려야 한다. 전환을 위해서는 RMP를 포함해서 감독기구와 당사국총회 CMA가 정한 요건requirements을 충족해야 한다(73항 다목(c)). 방법론을 제외한 다른 모든 RMP의 규정을 지키라는 의미가 되겠다. 여기서 말하는 요건에는 유치국의 상응조정이 포함된다.[23] 이렇게 기존의 청정개발체제 방법론은 최장 2025년 말까지 사용할 수 있다. 다만 청정개발체제 사업의 유효기간이 2025년 이전이면 그때 종료한다. 다른 말로 하면, 늦어도 2026년부터는 A6.4M 방법론을 사용해야 한다. 추가로 감독기구는 소규모의 청정개발체제 사업이나 프로그램 청정개발체제 사업PoA에 대해 빠른 전환 절차를 적용한다(74항).

이해를 쉽게 하기 위해 전환을 크게 세 가지 단계로 정리해 보자.

---

23   (Para. 73(c)) Subject to paragraph 73(d) below, the compliance with these rules, modalities and procedures, including on the application of a corresponding adjustment consistent with decision 2/CMA.3, relevant requirements adopted by the Supervisory Body and any further relevant decisions of the CMA.

① 사업자PP가 사무국과 유치국 정부에 자신이 등록한 청정개발 체제 사업을 6.4조 메커니즘 사업으로 전환해 달라고 요청한 다(2023년까지).

② 유치국 정부(승인관청)는 전환 인가 사실을 6.4조 메커니즘 감독기구에 통보한다(2025년까지).

③ 6.4조 메커니즘의 감독기구는 유치국의 전환 요구를 인가 approve한다. 이에 전환된 사업은 자동적으로 청정개발체제 사업 등록부에서 6.4조 메커니즘 사업 등록부로 옮겨지고, 6.4조 메커니즘의 규정과 절차에 따르게 된다.

2021년 이전 CER의 사용

일정한 조건을 충족시키는 청정개발체제의 상쇄배출권에 대해, 1차 국가결정기여 이행기간 동안에 한해, 국가결정기여 달성 용도로 사용할 수 있도록 했다(75항). 2013년 1월 1일 이후 등록된 청정개발체제 사업(PoA 포함)에서 발생한 CER이어야 하며, 2021년 이전(2020년 말까지)에 발생한 CER이라는 사실이 확인되어 6.4조 메커니즘의 등록부로 이전되어야 한다. 이전된 CER은 오로지 1차 국가결정기여 달성 용도로만 사용할 수 있다. 이렇게 이전되는 CER에 대해서 유치국은 상응조정을 할 필요가 없다. 또 적응기금 지원과 행정 비용 납부도 면제한다. 다만 온실가스 제거 실적으로 발행된 단기 상쇄배출권tCER과 장기 상쇄배출권lCER은 국가결정기여 달성용으로 사용해서는 안 된다(75항 바목(f)).

해당 절차에 대해 알아보자. 이전 대상인 상쇄배출권을 보유한 사업자PP와 당사국은 그 상쇄배출권을 6.4조 메커니즘의 등록부로 이전해 달라고 유치국에 문서로 요청해야 한다. 이 문서에 이전 대상인 상쇄배출권의 고유번호와 이전되는 계정에 대한 자세한 정보를 적어야 한다. 유치국이 정해진 기한 내에 문서로 반대하지 않으면 상쇄배출권은 이전된다. 정확히 말하면, 청정개발체제 등록부에서 취소되고 새로이 6.4조 메커니즘의 등록부에 등록된다. 당사국이 이전된 상쇄배출권Pre-2021 CER을 1차 국가결정기여 이행에 사용하면 6.4조 메커니즘 등록부에서 폐지(삭제)된다. 당사국은 이렇게 국가결정기여의 이행에 사용한 Pre-2021 CER의 연도별 수량을 〈격년투명성보고서〉의 구조화된 요약 정보에 담아 보고해야 한다. 언제까지 이러한 절차로 청정개발체제의 상쇄배출권 사용을 허용할지 그 시한은 향후 당사국총회CMA에서 정한다.

Part 7
국제 탄소시장과 대한민국

1장
전망: ITMO의 공급과 수요, 그리고 가격

파리협정의 국제 탄소시장을 전망할 때면 교토의정서의 청정개발체제가 당연히 비교 대상이자 기준점이 된다. 청정개발체제의 상쇄배출권에 대한 국제사회의 의구심과 불만을 기억할 필요가 있다. 파리협정의 국제 탄소시장이 청정개발체제처럼 되어서는 안 된다는 분위기가 조성될 수밖에 없다. 같은 잘못을 되풀이하려 하지 않을 것이다. 파리협정의 국제 탄소시장이 청정개발체제에 비해 상당 부분 정상화되는 시장이 될 것이라고 전망하는 이유이다.

엄청난 관심 가운데 출범한 청정개발체제는 상쇄배출권 공급 초과에 따른 가격 급락으로 새로운 감축 사업을 유인하지 못했다(242쪽). 청정개발체제는 사실상 수요가 가격을 결정하는 시장이었다. 수요가 너무 적어서 가격이 폭락했다. 다른 쪽에서 보면 공급 역량은 충분했다. 지나치게 충분했다. 개발도상국이 일정한 기준을 지키고 정해진 절차를 따르면 얼마든지 상쇄배출권을 발행할 수 있었기 때문이다. 모든 시장이 그렇지 않은가? 수요와 공급이 적정한 수준이어야 하는데 수요는 거의 없고 공급은 넘쳐나니 제대로 된 시장 기능이 작동할 리 없다. 파리협정의 국제 탄소시장은 이와 다를 것이다. 공급과 수요를 가지고 따져 보자.

공급 잠재력과 공급 비용

6.4조 메커니즘의 공급 잠재력은 청정개발체제에 비해 상당히 줄어들 것이다. 무엇보다 유치국이 자국의 국가결정기여를 달성하고 남은 물량을 시장에 공급할 수 있기 때문이다. 감축 사업으로 1천만 톤을 줄여도 500만 톤을 감축 목표 달성에 쓰고 나면 나머지 500만 톤만 해외로 이전할 수 있다. 여기에 상응조정 부담이 작용한다. 정상적인 유치국이라면 함부로 배출감축량을 생산하도록 방치하지

않을 것이다. 상쇄배출권의 품질에 신경을 쓸 것이라는 의미이다. 종전의 배출전망치는 베이스라인이 될 수 없다. 예컨대 Below BAU를 설정하자고 할 것이다. 여기에 그치지 않는다. 100만 톤의 상쇄배출권이 생산되면 그중 50만 톤만 상응조정해 주겠다고 할 수 있다. 감축결과물의 공유이다(sharing mitigation outcomes). 절반만 ITMO로 사용할 수 있다면 나머지 절반은 유치국의 감축 목표 달성을 지원하는 셈이 된다. 이제 유치국이 ITMO를 공급하는데 상응조정이라는 비용이 추가된다.

다음으로 상쇄배출권의 공급 비용에 대해 생각해 보자. 투자자 입장에서 공급 비용은 방금 설명한 이유로 특정 감축 사업에서 발행되는 상쇄배출권의 수량이 감소함에 따라 증가하기 마련이다. 여기에 유치국이 해외 감축 사업을 종전(CDM)에 비해 비용이 많이 드는 사업 유형에 한정할 것이다. 예컨대 단순한 쿡 스토브가 아니라 메탄가스를 사용하는 쿡 스토브는 되어야 승인이 나는 것이다.[1] 당연히 공급 비용이 올라간다. 상쇄배출권의 단가 역시 상승한다. 추가로 상쇄배출권 하나하나에 대해 유치국이 수수료를 부과하겠다고 할 수 있다. 이 모두가 가격 상승 요인이다.

초기에는 상당수의 유치국이 상쇄배출권 허가와 해외 이전을 꺼릴 가능성이 높다. 제도에 익숙해지는 기간이 필요하고, 무엇보다 과다 판매 또는 과다 이전을 걱정할 테니 그렇다. 제도에 적응하

---

1   가나 정부는 자동 승인(automatic approval)되는
     해외 감축 사업의 목록(white list)을 발표했다.
     실제 여기에 바이오매스와 LPG를 사용하는 쿡 스토브
     보급 사업이 포함되어 있다. 가나 정부의 화이트 리스트를
     참조하라(Whitelist – Ghana Carbon Registry System
     (epa.gov.gh).

가나 정부의
화이트 리스트

는 기간 동안에는 거래가 정체되어 적정 가격이 발견되지 못할 수 있다. 시장이 활성화되지 못하는 초기 상황에 대비할 필요가 있다.

잠재 수요량

상쇄배출권 수요는 더욱 예측하기 어려워 보인다. 당연한 말이지만 '실제' 수요량은 시장 가격의 영향을 절대적으로 받을 것이다. 수요자가 자신의 감축 비용과 시장의 공급 가격을 비교해서 구매를 결정하게 된다. 앞에서 언급한 ITMO의 세 가지 용도를 생각하면서 잠재적인 수요처를 예상해 보자. 우선 눈에 띄는 ITMO 수요는 ICAO의 CORSIA이다. ITMO의 용도로서 국제 감축 목적이다. CORSIA의 총 수요(2021~2035년)는 27억1천만 톤(tCO₂eq)으로 예상한다. 세분하면, 시범사업 기간(2021~2023년) 중 1억2천만 톤, 1단계(2024~2026년)에 2억7천만 톤, 강제 참여 단계인 3단계 (2027~2035년)에는 23억2천만 톤이다(Schneider and La Hoz Theuer, 2017). 상당한 수량의 ITMO 수요이다.

여기에 국가결정기여의 달성을 위한 ITMO 수요가 있다. ITMO 거래의 주된 이유가 ITMO를 국가결정기여 달성에 사용하기 위해서이다. 예를 들어 한국이 2030년까지 3,750만 톤(tCO₂eq)을 해외에서 조달하겠다고 발표한 바 있다. 그런데 국제 탄소시장을 활용하겠다는 당사국은 대개 판매를 생각한다. 구매를 말하는 당사국은 한국, 일본, 스위스 등 소수이다. ITMO를 국가결정기여 달성에 사용하는 국가는 ITMO 가격에 따라 변할 것이다. 국내 감축의 한계비용과 ITMO의 가격을 비교해서 결정할 테니 그렇다. 또 국가결정기여의 감축 수준에 따라 ITMO의 수요가 절대적으로 영향을 받는다. 감축 목표가 상향되면 될수록 더욱 ITMO에 의지하게 될 가능성이 커진다. 당장 한국의 경우 2030 감축 목표NDC를 40%로 상향하면서 국외 감축분을 크게 늘린 바 있다(1,620 ⟶ 3,350 ⟶ 3,750). 이 모두가 국가결정기여 달성용 ITMO의 수요 수량을 예측하기 어렵게 만든다.

참고로 구매 방식을 어떻게 할지 결정해야 한다. 국가결정기여 달성용 ITMO를 구매하는 방식은 크게 두 가지이다. 직접 구매는 국가가 국제 탄소시장에서 ITMO를 구매하는 방식이다. 간접 구매 방식도 있다. 싱가포르는 2019년부터 탄소세로 톤(tCO₂eq)당 5달러를 부과하고 있다. 이후 요율料率을 톤당 25달러(2024~2025년), 톤당 45달러(2026~2027년)로 높이고, 2030년에는 톤당 50~80달러 수준으로 상향할 계획이다. 그런데 2024년부터 탄소세 부과 배출량의 5%를 ITMO로 충당할 수 있도록 했다. 싱가포르의 기업은 탄소세율보다 가격이 낮다면 ITMO를 구매할 것이다. 이렇게 ITMO의 잠재(미래) 수요자가 생긴다.

마지막으로 자발적 탄소시장의 수요가 있다. 자발적 취소를 위한 수요로 이해하면 된다. 기업이나 환경단체가 유치국에서 생산한 감축 실적을 구매해서 취소하는 것을 말한다. 예컨대 글로벌 선도 기업이 탄소중립 감축 경로를 제시하고, 그때까지 불가피하게 배출하는 온실가스는 배출권을 구매해서 상쇄하겠다고 한다.[2] 과거에도 그랬으니 파리협정체제에서도 그렇게 할 것이다. 다만 ITMO의 가격이 지금까지 자발적 탄소시장에서 판매하던 배출권의 가격보다 높아질 것이기 때문에 이 수요를 예측하기가 어렵다.

---

2   반복하지만, 이 때 배출권은 유치국의 허가를 받은 조정배출권(authorized A6.4ER)이어야 한다. 미조정배출권(MC A6.4ER)을 사용하면 자칫 그린 워싱이 될 수 있다.

ITMO의 적정 가격

파리협정의 국제 탄소시장과 관련해 가장 궁금한 것이 ITMO의 가격일 것이다. 하지만 지금 이를 전망하는 게 얼마나 큰 의미가 있을지 의문이다. 다종다양한 불확정 요소와 불확실성 때문이다. 투자자의 입장에서 개별 감축 사업의 집행 비용은 꽤 정확하게 계산할 수 있을 것이다. 하지만 실제 ITMO 가격을 예상하는 건 다른 차원의 문제이다. 어디서 얼마만큼의 수요량이 발생할지 모른다. 더구나 상응조정 등 여러 가지 부수적 요소가 영향을 미칠 것이다.

개인적으로 ITMO 가격을 결정하는 열쇠는 유치국이 쥐고 있다고 생각한다. 감축 사업의 인가는 유치국의 권한이다. 유치국은 국가결정기여 달성 여부, 지속가능한 발전에 미치는 영향, 장기적인 온실가스 감축 실현, 공편익의 크기 등 여러 요소를 반영해서 유치 대상 감축 사업을 인가할 것이다. 상응조정 비율을 얼마로 할지도 유치국의 몫이다. 상응조정 비율이 모든 감축 사업에 대해 일정하리라 기대해서도 안 된다. 감축 사업의 배출 부문, 기술 및 투자 유형, 심지어 상대 국가(투자국)에 따라 다른 비율을 정할 수 있다.

확실한 사항도 있다. 교토의정서 청정개발체제 사업의 상쇄배출권 가격보다는 ITMO 가격이 분명히 높을 것이다. 또 특정 유치국의 ITMO 가격은 시간이 지날수록 계속 올라갈 것이다. 유치국의 국가결정기여가 시간이 흐를수록 상향될 터이고, 이에 따라 점점 더 비용이 많이 드는 감축 사업을 실행해야 하기 때문이다. 또 해외 감축 사업의 비용은 유치국의 자체 감축 비용보다 고가高價가 될 것이다.

2장
탄소시장의 위험 요소와
국가의 평판

상쇄배출권의 사용과 윤리 문제

대한민국은 파리협정 국제 탄소시장에서 투자국이 될 것이다. 국제 사회에 공표한 구매 예정 물량(3,750만 톤)으로 따지면 단연 중요 투자국이다. 그런데 국가로서, 또 투자자로서 감당해야 할 탄소시장의 위험 요소가 존재한다. 이를 알고 대비해야 평판을 해치지 않는다. 한국은 선진국이다. 국제사회에서 모두 그렇게 본다. 이제 선진국에 합당한 자세와 책임감을 가져야 한다. 국익과 더불어 국가의 위신과 평판에 미치는 영향을 고려하면서 행동해야 한다. 평판을 해칠 수 있는 대표적인 위험 요소에 대해 생각해 보자.

사실 상쇄배출권의 사용에 대해 시작부터 윤리적 비난이 따른다. 정의론justice으로 유명한 마이클 샌델M. J. Sandel은 배출권 시장이 만들어지면 부유한 선진국이 자신의 의무를 외면하도록 허용하는 핑계가 생긴다고 주장한다. 오염물질 배출이라는 나쁜 행위를 돈을 주고 살 수 있도록 허용함으로써 부도덕한 행위에 따라붙는 낙인이 떨어져 나간다. 무엇보다 인류 공동의 자산인 지구 환경을 함께 돌보고 지킨다는 공동의 책임의식, 나아가 인류의 공동체 의식을 좀먹는 것이 큰 문제다.

이와 같은 윤리적, 철학적 이의 제기는 접고 생각한다고 해도 탄소시장이 선진국의 감축 목표 상향에 실제로 기여한 사실이 있느냐, 오히려 자체 감축을 회피하기 위한 수단으로 탄소시장을 악용하는 것이 아니냐는 주장에는 분명히 수긍이 가는 부분이 있다. 여기서 탄소시장의 윤리성에 대해 시시콜콜하게 논하자는 게 아니다. 국제 탄소시장에 대한 개발도상국과 환경단체의 반감이 투자국과 투자 기업에 위험 요소가 될 수 있다는 점을 지적하고 싶은 것이다.

워런 버핏이 한 말을 기억하자.

"돈은 잃어도 된다. 그렇지만 평판을 읽을 수는 없다. 아주 작은 조각이라도(We can afford to lose money. But we can't afford to lose reputation. Not a shred)."

선 긋기에 대하여

이제 선線을 그을 일이 많아질 것이다. 당장 5년마다 감축 경로를 그리고, 이를 토대로 강화된 국가결정기여를 제출해야 한다. 또 단일 연도 목표를 제시한 국가라면 ITMO를 활용하기 위해 잠정적인 indicative 배출 경로를 그려야 한다. 온실가스 감축이 결코 쉬운 일이 아니라고 여러 번 언급했다. 당장 기업이 반발할 것이다. 이 어려운 일을 5년마다 반복해야 한다. 온실가스 감축은 기업의 대외 경쟁력, 국가의 산업구조, 경제의 체질에 영향을 미친다. 무엇을 기준으로 할 것인가?

대한민국은 2050년 탄소중립을 약속했다. 한국의 장기저탄소발전전략이다. 당연히 2030년 목표 배출량에서 탄소중립 목표 달성 연도인 2050년을 향해 선을 그어야 한다. 당연히 반박이 나올 것이다. 2050년 탄소중립은 약속일 뿐이다. 2030년 40% 감축도 지키기 어려운데, 여기서 2050년 탄소중립으로 가는 경로를 그리고 이를 실행하는 일은 비현실적이다. 틀린 말이 아니다. 직선형, 지연형, 가속형 감축 경로에 대해 설명했다(112쪽). 만일 상향식 방법으로 감축 잠재량을 계산해 보니 도저히 직선형 경로가 도출되지 않아서 지연형 경로를 그렸다고 하면 그 이유를 설명할 수 있어야 한다.[3] 2050년 탄소중립 경로와 비교해서 어떤 모습의 경로인지, 지

---

3   한국정부는 지연형으로 그릴 가능성이 매우 높다고 생각해서 하는 말이다. 한국의 현실에서 가속형 경로는 상상하기도 힘들어 보인다.

연형이라면 그렇게 된 이유가 무엇인지 답을 할 수 있어야 한다.

국제사회가 요구하는 감축 목표 제시 일정과 국내의 정치 일정의 관계를 보자. 모든 정부는 임기 중 한 번 10년 후 국가결정기여를 제출하게 되어 있다. 예컨대 현 정부는 2025년에 2035년의 국가결정기여를 제출해야 한다. 10년 후라면 차차기次次期 정부의 국가결정기여이다. 다음次期 정부의 국가결정기라면 그나마 모르겠는데, 차차기정부의 국가결정기여라고 하니 책임감이 급감한다. 하지만 선진국 '대한민국'의 국가결정기여이다. 심사숙고와 함께 특별히 미래 정부에 대한 '배려'가 절실하다.

ITMO의 구매기준 설정

청정개발체제에서 파리협정 탄소시장으로 넘어오는 상쇄배출권 Pre-2021 CER은 사용하지 않겠다는 국가들이 벌써 나타나고 있다. 또 국제 탄소시장에 의지하지 않고, 자체 국내 감축에 주력하겠다는 국가들이 있다. 유럽연합이 대표적이다. 국제 탄소시장을 선용善用해야지 악용해서는 안 된다는 국제사회의 요구와 바람이 있다. 할 수는 있지만 해서는 안 되는 행동이 있을 수 있다. 협상 결과로 허용되는 행위이지만 바람직하지 않은 행위가 있다는 말이다.

이러한 맥락에서 ITMO 구매에도 일정한 판단 기준이 필요할 수 있다. 대한민국 나름의 기준이다. 당장 국가결정기여의 감축 수준이 터무니없어서 핫에어를 이전하는 게 분명한 유치국의 ITMO를 구매해서는 안 될 것이다. 책임이 구매국에 튈 수도 있어서 그렇다. 특별히 협력적 접근법에서는 재원을 부담하는 나라가 구매국이다. 책임을 회피할 방법이 없다. 사업 유형을 구매의 기준으로 정하는 방법도 있다. 국제사회가 환경건전성 기준 충족 여부를 사업 유형을 보고 판단할 가능성이 높다. 이 방법은 국가간 비교가 가능하다. 다른 주요 선진국이 꺼리는 사업 유형을 앞장서 선택할 필요는 없겠다. 주의를 기울여 판단해야 할 대목이다.

오히려 반대로 최빈개도국이나 군소도서국가의 ITMO를 우대할 수 있다. 이들은 파리협정에서 특별한 대우를 받는 국가들이다. 이들 국가의 지속가능한 발전을 위해서 이들 국가에서 발행한 ITMO를 우선 구매하는 방법을 생각해 볼 수 있다.

결론적으로 구매국으로서 대한민국의 평판을 저해하는 ITMO 구매나 투자 활동은 자제하고, 나아가 적극적으로 ITMO의 품질을 평가하는 기준을 만들어 활용할 필요가 있어 보인다. 배출권거래제 할당 대상업체를 중심으로 민간 분야의 ITMO 구매가 예상되므로, 정부가 반드시 기업 및 다른 잠재적 구매자(예: 금융 부문)와 사전에 충분히 협의할 필요가 있겠다.

투명성의 확보: 상응조정 비율의 결정

파리협정이 강조하는 바로서 투명성의 중요성에 대해서는 곳곳에서 설명했다. 상응조정 비율에 따라 당연히 ITMO의 가격이 변동한다. 개별 사업의 상응조정 비율에 대해 국가 간에 협상이 진행될 가능성도 있다. 그런데 비율은 다를 수 있겠지만, 비율을 정하는 과정은 투명하고 합리적이어야 할 것이다. 부정의 여지가 있어서는 안된다. 관련해서 재정 지원과 상쇄 메커니즘을 동시에 활용하는 감축 사업blended financing의 경우, 전자가 후자에 얼마나 또 어떻게 영향을 미쳤는지에 대해 역시 투명하게 정보를 공개해야 할 것이다.[4] 예컨대 외부에는 재정 지원이라고 하면서 상쇄배출권을 발행해서는 안 된다. 재정 지원에 해당하는 부분을 제외시키는 방법은 여러 가지이다. 상응조정 비율의 조정도 가능하고, 아예 베이스라인 설정 때 반영할 수도 있다. 베이스라인의 설정에서부터 상응조정 비율에 이르기까지 파리협정의 규정과 취지에 맞게 해야 할 것이다. 그렇지 않으면 역시 대한민국의 평판을 훼손할 수 있다.

해외 감축 사업 투자의 위험 요소와 해결 방법

잘못된 해외 감축 사업에 대한 투자로 투자자가 손해를 볼 수 있다. 무엇보다 유치국을 제대로 선정해야 한다. 앞에서 유치국이 갖추어야 할 5가지 요건을 설명했다. 그런데 가만히 생각해 보면, 파리협정의 당사국이어야 한다는 너무도 당연한 요건을 제외하고 다른 4가지 요건이 모두 유치국이 수행해야 하는 실효적인 허가(상응조정)와 관련된다. 투자자의 입장에서 가장 주의를 기울여야 할 부분이 유치국의 허가이다. 허가는 유치국의 고유한 권한이지만, 유치국이 허가를 제대로 못 하면 그 피해를 투자자가 고스란히 감당해야 할 수 있다. 허가와 관련해서 유치국이 갖추어야 할 요소가 무엇인지에 대해 정확히 알고 이를 확인할 필요가 있다(Marr et al., 2023).

① 유치국이 탄소시장에 대한 원칙과 기준을 갖추고 있어야 한다. 예컨대 자국에서 실행 가능한 해외 감축 사업이 무엇인지 기준을 정하고 있어야 한다.

② 유치국이 국가결정기여 및 장기 감축 목표LT-LEDS의 달성에

---

4. 감축 사업의 투자 자금을 공적지원(ODA)과 민간 투자자금으로 분명히 나누는 것을 귀속이라 한다. 투자 자금의 종류를 잘 분류해서 제시해야 한다. 상쇄배출권의 정당한 수량과 관련되기 때문이다.

대한 계획과 전략이 있는지 보아야 한다. 국가결정기여와 장기 감축 목표 달성을 위해 어떻게 자체 감축과 해외 감축 사업을 나누어 추진할 것인지 판단하고 있어야 한다. 해외 감축 사업의 유형에 대한 리스트positive list를 가지고 있다면, 투자자(사업자)가 감당해야 할 불확실성이 크게 준다.

③ 제6조 탄소시장을 운영하는데 필요한 유치국의 제반 준비가 필요하다. 특히 허가 절차가 분명해야 한다. 어느 기관이 어떤 업무를 담당하는지 정해져야 한다. 예컨대 허가서의 발급 부서가 특정되어야 한다.

④ 유치국이 세부이행규칙에 맞춰 상응조정을 수행할 수 있어야 한다. 예컨대 단일 연도 목표를 제시한 국가라면 경로 방식 또는 평균 방식을 정하고, 시작 보고서, 연례 정보 및 정기 정보를 제출해야 한다. 또 상응조정에 따른 배출량 수지표emission balance을 작성해야 한다.

⑤ 유치국의 등록부 인프라에 대해 살피자. ITMO의 경로 추적, 즉 허가, 최초 이전, 이전, 취득 및 사용을 정확히 밝히는데 필요한 인프라이다. 모든 ITMO는 고유 식별번호로 관리되어야 한다.

유치국이 갖추어야 할 이상의 요건은 쉽게 드러나는 것도 있지만, 상당한 주의due diligence를 기울여야 파악 가능한 내용도 있다. 투자자가 부주의하면 책임을 면하기 어려워질 수 있다. 투자자는 필요한 정보를 얻고 자신의 의사를 밝히기 위해 무엇보다 우선 유치국의 담당 부서를 '직접' 접촉해야 한다. 또 진행 상황을 문서로 남김으로써 나중에 생길 수 있는 분쟁에 대비할 필요가 있다.

3장
국제 탄소시장과
대한민국 배출권거래제
(K-ETS)

상쇄배출권을 할당기업이 사용할 수 있을까?

누가 제6조 탄소시장에 실질적인 관심을 가질까? 답은 배출권거래제 할당 대상업체가 아닐까 싶다. 6.2조 협력적 접근법과 6.4조 메커니즘에서 발행되는 ITMO를 활용해서 자신의 감축 의무를 이행할 수 있을지 궁금해할 것이다. 결론은 간단하다. 대한민국 정부가 결정하기에 달려 있다. 할당 대상업체와 정부간에 줄다리가 있을 것이다. 양측이 모두 환경건전성이라는 기준을 훼손치 않도록 노력해야 한다. 특히 할당 대상업체가 환경건전성이 무엇인지 충분히 이해하고 정부와 대화해야 할 것이다.

예를 들어보자. 국제 탄소시장에서 배출권은 유치국의 허가를 받았는지에 따라 가격 차이가 상당할 것이다. 기업은 가격이 저렴한 미조정배출권MC A6.4ER을 사용할 수 있게 해달라고 요청하고 싶을 것이다. 하지만 이는 부당하다. 한국의 배출권거래제K-ETS가 국가결정기여의 달성을 위해 총량을 설정하기 때문이다. 다시 말해 K-ETS의 할당배출권KAU은 하나하나가 국가결정기여 달성용이다. 상식적으로 국가결정기여 달성용 할당배출권을 미조정 배출권이 대체할 수는 없다. 참고로 할당 대상업체 이외의 기업이 국내에서 실현한 감축결과물을 할당 대상업체가 구매해서 사용하는 것은 다른 문제이다. 국내 감축이므로 배출량 국가 인벤토리에 감축으로 잡힌다. 이러한 경우는 상쇄가 가능하다. K-ETS가 이에 필요한 절차를 상세하게 정하고 있으니 따르면 된다.

한국 정부는 K-ETS의 제2차 계획기간(2018~2020년)에 국내 기업이 시행한 청정개발체제의 상쇄배출권을 국내 감축용으로 사용할 수 있도록 허용한다. 1 CER = 1 KOC(Korean Offset Credit)이고, 1 KOC를 1 KAU로 전환해서 사용된다(182쪽). CER

은 상응조정이 필요 없었던 상쇄배출권이다. 이에 비해 상응조정이 이루어지고 국가결정기여 달성용으로 용도가 특정이 된 ITMO를 할당 대상업체가 사용하지 못하도록 할 이유와 근거는 없어 보인다. 정도(수량 제한)와 방식이 문제가 될 것이다.

추가 결정 사항

정부에서 상응조정이 완료된 ITMO를 K-ETS의 배출권으로 사용하도록 허용해도 추가로 결정해야 할 사항이 있다. 우선 수량을 제한할 수 있다. ITMO 구매의 효과는 일시적이다. 한국 기업이 온실가스 감축 투자를 해서 감축의 '체력'을 높이는 것과는 차원이 다르다. 체력이 좋아지면 지속적으로 좋은 성적을 낼 수 있지만, 약물은 경기 때마다 먹어야 한다. 약물의 양도 계속 늘려야 한다. 5년마다 감축 수량이 늘어나기 때문이다. 이러한 사정을 감안해서 정부가 ITMO 사용 가능 수량을 제한할 수 있다.

까다롭고 헷갈리는 사항도 있다. ITMO는 세 가지 용도가 있다. 대한민국 할당 대상업체가 어떤 용도의 ITMO를 구입해야 하는지가 궁금하다. 당연히 국제 감축 목적은 아닐 것이다. K-ETS는 국내 감축 수단이라서 그렇다. 그러면 이제 국가결정기여 달성용으로 한정할지, 기타 목적까지 포함할지 결정해야 한다. 개인적으로는 상응조정 여부가 중요하지 꼭 국가결정기여 달성용 ITMO라야 할 필요는 없다고 생각한다. 국제 탄소시장의 상황을 보고 판단할 필요가 있겠다.

더 중요한 결정 사항은 한국 정부가 국가결정기여에 공식적으로 밝힌 국외 감축분 3,750만 톤을 어떻게 확보할지에 관한 것이다. 당장 국외 감축분 확보에 소요되는 비용의 부담 주체는 누가 될지 궁금하다. 한국 정부는 한국 업체가 보유한 미사용 CERPre-2021 CER에 대해 할당배출권KOC(KAU)을 발행하기로 한 바 있다. 이런 방식이면 할당 대상업체가 국외 감축분의 비용을 부담한다. 대신 K-ETS의 할당배출권인 KAU의 수량이 늘어난다. 실질적으로 정부가 유상으로 배출권을 할당(판매)한 셈이 된다. 이와 다르게 정부가 예산(재정)을 투입해서 ITMO를 직접 구매할 수 있다. 이 경우에도 특정 국가로부터 직접 구입할 수도 있고, 국내 기업 등을 통해서 간접적으로 구매할 수도 있다. 어찌하든 정부 예산이 들어간다. 비용 부담 주체 측면에서 KOC 전환과 다르다. 두 가지 방식에 장단점이 있을 것이다. 면밀한 검토가 필요하다.

A6 database	Article 6 database	제6조 데이터베이스
A6.4ER	Article 6(4) Emission Reductions	6.4조 메커니즘의 배출감축량
A6.4SB	Article 6(4) Subsidiary Body	6.4조 메커니즘의 감독기구
AAU	Assigned Amount Units	EU-ETS의 할당배출권
Accreditation		인정
AI	Annual Information	연례 정보
Approval		인가
AR	Assessment Report	평가 보고서
A/R	Afforestation/Reforestation	조림/재조림
Authorization		허가
Baseline		기준 배출량/기준선
BAT	Best Available Technology	최적 가용 기술
BAU	Business As Usual	배출전망치
BR	Biennial Report	격년보고서
BTR	Biennial Transparency Report	격년투명성보고서
CARP	Centralized Accounting and Reporting Platform	중앙 회계보고 플랫폼
CBDR	Common But Differentiated Responsibilities	공동의 그러나 정도에 차이가 나는 책임
CDM	Clean Development Mechanism	청정개발체제
CDM EB	CDM Executive Board	청정개발체제 집행위원회
CER	Certified Emission Reductions Certification	청정개발체제의 상쇄배출권
Certification		인증
CMA	Conference of the Parties serving as the meeting of the Parties to the Paris Agreement	파리협정 당사국총회
CMP	Conference of the Parties serving as the meeting of the Parties to the Kyoto Protocol	교토의정서 당사국총회
Cooperative Approaches		협력적 접근법

COP	Conference of the Parties	당사국총회
CORSIA	Carbon Offsetting and Reduction Scheme for International Aviation	국제항공 탄소상쇄 감축 제도
Corresponding Adjustments	Corresponding Adjustments	상응조정
DNA	Designated National Authority	국가승인기구
DOE	Designated Operational Entities	지정운영기구 (지정운영자)
Emission Balance	Environmental Integrity	배출량 수지표
Environmental Integrity		환경건전성
ERU	Emission Reduction Units	공동이행의 상쇄배출권
ET	Emission Trading	배출권 거래
ETF	Enhanced Transparency Framework	강화된 투명성체계
ETS	Emission Trade System (Scheme)	배출권거래제
First Transfer		최초 이전
FMCP	Facilitative, Multilateral Consideration of Progress	진전에 대한 촉진적, 다자적 검토
GCF	Green Climate Fund	녹색기후기금
GEF	Global Environment Facility	지구환경기금
GHG	Greenhouse Gas	온실가스
GST	Global Stocktake	전지구적 이행점검
GWP	Global Warming Potential	지구온난화지수
IAR	International Assessment and Review	국제 평가 및 검토
ICA	International Consultation and Analysis	국제 협의 및 분석
ICAO	International Civil Aviation Organization	국제민간항공기구
IPCC	Intergovernmental Panel on Climate Change	기후변화에 관한 정부간 협의체
IR	Initial Report	시작보고서
ITMO	Internationally Transferred Mitigation Outcomes	국제적으로 이전된 감축결과물
JI	Joint Implementation	공동이행(제도)
LDC	Least Developed Countries	최빈개도국

LT-LEDS	Long Term Low greenhouse gas Emission Development Strategy	장기 저탄소 발전전략
MC	Monetary Contribution	금전적 기여
MPG	Modalities, Procedures, and Guidelines	방식, 절차 및 지침 (강화된 투명성체계 세부이행규칙)
MRV	Measurement(Monitoring), Reporting, and Verification	산정(측정), 보고, 검증
NA	National Authority	승인관청
NC	National Communication	국가 보고서
NC	National Circumstances	국내 여건
NDC	Nationally Determined Contribution	국가결정기여
NIR	National Inventory Report	국가 인벤토리 보고서
OMGE	Overall Mitigation in Global Emissions	전 지구적 배출의 전반적 완화(지구 순 배출량 감소)
PA	Project Activities	프로젝트 청정개발체제 사업
PDD	Project Design Document	(청정개발체제 사업의) 사업계획서
PoA	Progrmme of Activities	프로그램 청정개발체제 사업
RBCF	Result-Based Climate Finance	결과기반 기후재정지원
RC	Respective Capabilities	역량의 차이
REDD+	Reduce Emissions from Deforestation and forest Degradation in developing countries	개발도상국 산림전용과 산림 황폐화로 인한 온실가스 배출
RI	Regular Information	정기 정보
RMP	Rules, Modalities and Procedures	규칙, 방식 및 절차 (6.4조 메커니즘 세부이행규칙)
RMU	Removal Units	EU-ETS의 제거 상쇄배출권
Robust Accounting		엄격한 회계기준 (처리)
SBI	Subsidiary Body for Implementation	이행부속기구

SBSTA	Subsidiary Body for Scientific and Technological Advice	과학기술자문부속기구
SIDS	Small Island Developing Countries	군소 도서 개도국
SOP	Share of Proceeds	활동 수익의 일부
TER	Technical Expert Review	기술전문가 검토
tracking		추적
VCM	Voluntary Carbon Market	자발적 탄소시장
Verification		검증
Voluntary Cancellation		자발적 취소
Voluntary Contribution		자발적 기여
WMO	World Meteorological Organization	세계기상기구

참고 문헌

1. 국내 문헌

강헌, 박기학, 김서현. (2022). 온실가스 관리 기사·산업기사 실기. 성안당.

관계부처 합동. (2019). 제2차 기후변화대응 기본계획.

기상청. (2020). 기후변화과학 용어 해설집.

기상청. (2021). 기후변화 2021 과학적 근거: 정책결정자를 위한 요약본.

김민기. (2023). 저탄소 포트폴리오와 자본시장의 기후변화 대응. 자본시장 포커스 2023-16호.

김승도, 나승혁. (2008). 온실가스 배출량 산정방법. 전자공학회지 35(11) 1313-1322.

김영하. (2019). 여행의 이유. 문학동네.

김찬우. (2020). 파리협정의 목표. 파리협정의 이해. 박영사.

남상욱, 이동근. (2022). 보험, 기후위기를 들다. 보문당.

박덕영. (2020). 기후변화대응과 국제조약체제. 파리협정의 이해. 박영사.

박꽃님. (2020). 기후변화협상의 진행 절차. 파리협정의 이해. 박영사.

송경호. (2022). 한국 제조업의 생산성 성장과 산업 역동성. 재정포럼 2022-1호.

오진규. (2020). NDC의 의미와 역할. 파리협정의 이해. 박영사.

오채운. (2020). 기술개발과 이전. 파리협정의 이해. 박영사.

오채운, 박순철, 문성삼, 송혜원. (2022). 파리협정 제6조 상응조정 규칙의 해석과 우리나라 대응 정책의 시사점. Journal of Climate Change Research 2022, 13(2) 243-61.

이우균, 황석태, 오일영, 류필무, 강부영. (2023). 자연기반해법: 위기에서 살아남는 현명한 방법. 지을.

이우균 등. (2022). 기후위기 대응 탄소중립 시대 산림탄소경영의 과학적 근거. 지을.

최재철, 박꽃님. (2016). 파리협정의 채택과 신기후체제의 출범. 기후변화: 27인의 전문가가 답하다. 지오북.

한국에너지공단. (2018). CDM 사업 지침서.

환경부, 환경관리공단. (2023). 외부사업 타당성 평가 및 감축량 인증에 관한 지침 해설서.

환경부. (2022). 2021년 국가 온실가스 배출량, 6억 7,960만톤 예상. 환경부 보도자료(22.6.28).

한삼희, 위키드 프라블럼: 환경 저널리스트 한삼희의 기후 난제 이야기. 2016. 궁리.

황석태. (2022). 기후변화의 이해: 과학, 윤리, 그리스도교. 신학전망 219호
2-27.
교황 프란치스코. (2015). 찬미받으소서: 공동의 집을 돌보는 것에 관한 회칙.
한국천주교중앙협의회.

2. 국외 문헌

Asian Development Bank (ADB). (2018). Decoding Article 6 of the
Paris Agreement.
Asian Development Bank (ADB). (2021). From Kyoto to Paris:
Transitioning the Clean Development Mechanism.
Ahonen, H., A. Michaelowa, A. Espelage, J. Kessler, J. Christensen, S.
Dalfiume, E. Danford. (2021). Safeguarding Integrity of Market-
based Cooperation under Article 6. Perspectives Climate Research
gGmbH.
Betsill, M. M. and Corell, E. (2001). NGO Influence in International
Environmental Negotiations: A Framework for Analysis. Global
Environmental Politics 1(4), pp. 65-85.
Bodansky, D. (2005). The International Climate Change Regime.
Perspectives on Climate Change: Science, Economics, Politics,
Ethics Advances in the Economics of Environmental Resources,
Vol 5, pp. 147-180.
Bodansky, D. (2016). The Paris Climate Change Agreement: A New
Hope? The American Journal of International Law, 110(2), pp. 288-
319.
Bose, A., J. Cohen, B. Fattouh, O. Johnson, G. Spiker. (2021). Voluntary
Markets for Carbon Offsets: Evolution and Lessons for the LNG
Market. Oxford Institute for Energy Studies.
Brescia, D., A. Michaelowa, M. Marr, A. Espelage and R. Kassaye. (2019).
Transition pathways for the Clean Development Mechanisms under
Article 6 of the Paris Agreement: Options and Implications for
international negotiators. Perspective Climate Group.
Broekhoff, D., M. Gillenwater, T. Colbert-Sangree and P. Cage. (2019).
Securing Climate Benefits: A Guide to Using Carbon Offsets. GHG
Management Institute and Stockholm Environmental Institute
(SEI).
Cames, M., R. Harthan, J. Fuessler, M. Lazarus, C. Lee, P. Erickson, R.
Spalding-Fecher. (2016). How Additional Is the Clean Development
Mechanism. Oeko Institute e. V.
Carbon Market Watch. (2015). Avoiding Hot Air in the 2015 Paris

Agreement.

Carbon Market Watch. (2019). Carbon Markets 101: Ultimate Guide to Global Offsetting Mechanisms.

Climate Change Committee. (2020). The Sixth Carbon Budget: The UK's Path to Net Zero.

Eden, A., C. Unger, W. Acworth, K. Wilkening and C. Houg. (2018). Benefits of Emission Trading: Taking Stock of the Impacts of Emissions Trading Systems Worldwide. International Carbon Action Partnership (icap).

Espelage, A., A. Michaelowa, B. Muller, C. Spence. C. Schwarte. (2022). COP 26 Key Outcomes. European Capacity Building Initiative (ecbi).

Falkner, R. (2012). Global Environmentalism and the Greening of International Society. International Affairs, 88(3), 503-22.

Fattouh, B. and A. Maino. (2022). Article 6 and Voluntary Carbon Market. Oxford Institute for Energy Studies (OIES).

Fearnehough, H., A. Kachi, S. Mooldijk, C. Warnecke, L. Schneider. (2020). Future Role for Voluntary Carbon Markets in the Paris Era. German Environmental Agency.

Friedlingstein et al. (2022). Global Carbon Budget 2021. Earth System Science Data, 14, 1917-2005.

Fuessler, J., S. La Hoz Theuer, and L. Schneider. (2019). Transitioning Elements of the Clean Development Mechanism to the Paris Agreement. German Emissions Trading Authority (DEHst).

Gillenwater, M. (2021). What Is Additionality? GHG Management Institute.

Global Carbon Project. (2021). Global Carbon Budget 2021.

Global Carbon Project. (2022). Global Carbon Budget 2022.

Graichen, J., M. Cames and L. Schneider. (2016). Categorization of INDCs in the light of Art. 6 of the Paris Agreement. German Emissions Trading Authority (DEHst).

Greenhous Gas Protocol. (2011). Corporate Value Chain (Scope 3) Accounting and Reporting Standard: Supplement to the GHG Protocol Corporate Accounting and Reporting Standard.

Greehous Gas Protocol. (2016). Global Warming Potential Values.

Greiner S., S. Hoch, N. Krämer, S. Dalfiume, F. De Lorenzo, A. Michaelowa. (2021). NDC Conditionality and Article 6: An Analysis of African Countries' Updated NDC. Climate Finance Innovators.

Gwin, P. and Rayner, S. (2007). Time to ditch Kyoto. Nature, 449(25), pp. 973-975.

Hardin, G. (1968). The Tragedy of the Commons. Science 162, 1968. 1244-48.

Held, D. and Roger, C. (2018). Three Models of Global Climate
Governance: From Kyoto to Paris and Beyond. 2018. Global Policy,
9(4), pp. 527-537.

Hood, C. (2019). Completing the Paris Rulebook: Key Article 6 Issues.
Center for Climate and Energy Solutions (C2ES).

Howard, A. (2018). Accounting Approaches under Article 6 of the
Paris Agreement. Center for Climate and Energy Solutions (C2ES).

International Carbon Action Partnership (ICAP). (2021). ETS Brief
(#2) 7 Arguments for Emission Trading.

International Carbon Reduction and Offset Alliance. (2021). Article 6
of the Paris Agreement and Implications for the Voluntary Market.

International Energy Agency (IEA). (2021). Net Zero by 2050: A
Roadmap for the Global Energy Sector (2nd revision).

International Panel on Climate Change (IPCC). (2018). Summary for
Policymakers In: Global Warming of 1.5℃. An IPCC Special Report
on the impacts of global warming of 1.5℃.

International Panel on Climate Change (IPCC). (2021). Summary for
Policymakers In: Climate Change 2021: The Physical Science Basis.
Contribution of Working Group I to the Sixth Assessment Report
of IPCC.

International Panel on Climate Change (IPCC). (2022). 2022
Summary for Policymakes in: Climate Change 2022: mitigation of
Climate Change Contribution of Working Group (Ⅲ3) to the Sixth
Assessment Report of IPCC.

Ishikawa, T., S. Yamasaki, H. Fearnehough, L. Schneider, C. Warnecke,
T. Hemmi, K. Yamaguchi, K. Takahashi. (2020). CDM Supply
Potential for Emission Reductions up to the End of 2020. IGES,
Mitsubishi UFJ Research and Consulting Co., Ltd., New Climate-
Institute for Climate Policy and Global Sustainability gGmbH and
Oeko Institute e. V.

Jeudy-Hugo, S., L. Lo Re and C. Falduto. (2021). Understanding
Countries' Net-Zero Emission Targets. OECD/IEA.

Kessler, J., A. Espelage, J. Christensen, A. Michaelowa. (2021). Ensuring
Transparency of Article 6 Cooperation: Designing Robust and
Feasible Reporting and Review Processes and Building Capacities.
Perspectives Climate Research gGmbH.

Kollmuss, A., L. Schneider, and V. Zhezherin. (2015). Has Joint
Implementation Reduced GHG emissions? Lessons learned for the
design of Carbon Market Mechanisms. Stockholm Environment
Institute (SEI).

Kreienkamp, J. (2019). The Long Road to Paris: The History of the

Global Climate Change Regime. Policy Brief, Global Governance
Institute.

La Hoz Theuer, S., L. Schneider, S. Broekhoff and A. Kollmuss. (2017).
International Transfer under Article 6 in the Context of Diverse
Ambition in NDCs. Stockholm Environment Institute (SEI).

Leopold, A. (1949) A Sand County Almanac, and Sketches Here and
There, Oxford Univ. Press, 262.

Levin, K., K. Kizzier and M. Rambharos. (2019). Making Sense of
Article 6: Key Issues and What's at Stake. Working Paper, World
Resources Institute (WRI).

Lo Re, L., J. Ellis, M. Vaidyula and A Prag. (2019). Designing the Article
6.4 Mechanism: Assessing Selected Baseline Approaches and their
Implications. OECD/IEA Climate Change Expert Group Papers.
OECD.

Marcu, A., S. Kanda and D. Agrotti. (2020). CDM Transition: CER
Availability. European Roundtable on Climate Change and
Sustainable Transition (ERCST).

Marr, M., H. Ahonen, X. Figueroa and M. Unger. (2023). Supporting
Authorizations under Article 6 of the Paris Agreement: Lessons
Learned and Key Considerations. Perspectives Climate Group.

Michaelowa, A., A. Espelage, and K. Weldner. (2019). Ensuring
Additionality of Mitigation Outcomes Transferred through Article
6 of the Paris Agreement. Perspectives Climate Group.

Michaelowa, A., L. Hermwille, W. Obergassel and S. Butzengeiger.
(2019). Additionality Revisited: Guarding the Integrity of Market
Mechanisms under the Paris Agreement. Climate Policy, 19(10).
1200-24.

Michaelowa, A., S. Greiner, A. Espelage, S. Hoch and N. Kramer. (2019).
Operationalizing the Share of Proceeds for Article 6. Climate
Finance Innovators.

Michaelowa, A., I. Shishlov and D. Brescia. (2019). Evolution of
International Carbon Markets: Lessons for the Paris Agreement.
WIREs Clim Change. 2019; 10: e613.

Michaelowa, A., A. Espelage, and K. B. Mueller. (2020). 2020 Update:
Negotiating Cooperation under Article 6 of the Paris Agreement.
European Capacity Building Initiative (ecbi).

Michaelowa, A., P. Censkowsky, A. Espelage, A. Singh. (2021). Volumes
and Types of Unused CER: Lessons Learned from CDM Transactions
under the Kyoto Protocol, Transparency Gaps and Implications
for Post-2020 International Carbon Market. Perspectives Climate
Group.

Michaelowa, A., X. Samaniego, J. Kessler, H. Ahonen, C. Spence. (2022). Pocket Guide to Article 6 under the Paris Agreement. European Capacity Building Initiative (ecbi).

Ministry of Environment Japan (MOEJ). (2023). Paris Agreement Article 6 Rule Guide Book. 2023.3.17 ver.

Nordhaus, W. (2013). The Climate Casino: Risk, Uncertainty and Economics for a Warming World. Yale University Press.

Nordhaus, W. (2015). Overcoming Free-riding in International Climate Policy. The American Economic Review, 105(4) 1339-70.

Nordhaus, W. (2020). The Climate Club. Foreign Affairs, May/Jun 2020, 99(3).

Obergassel, W., and M. Gornik. (2015). Update on the Role of Market Mechanisms in Intended Nationally Determined Contributions. JIKO Policy Brief, (04/2015).

Olson, M. (1965). The Logic of Collective Action. Harvard University Press.

O'Neal, K. (2017). The Environment and International Relations (2nd edition). Cambridge University Press.

Partnership for Market Readiness (PMR). (2012). The Nuts and Bolts of Baseline Setting: Why, What and How?

Pendleton et al. (2012). Estimating Global Blue Carbon Emissions from Conversion and Degradation of Vegetated Coastal Ecosystems. Polos One 7(9) 1-7.

Prag, A., G. Briner and C. Hood. (2012). Making Markets: Unpacking Design and Governance of Carbon Market mechanisms. OECD/IEA.

Project Drawdown. (2020). The Drawdown Review 2020. A Project Drawdown publication.

Rajamani, L. (2016). Ambition and Differentiation in the 2015 Paris Agreement: Interpretive Possibilities and Underlying Politics. International and Comparative Law Quarterly 65(2), 493-514.

Sandel, M. J. (2005). Public Philosophy: Essays on Morality in Politics. Harvard University Press.

Schneider, L., A. Kollmuss and S. La Hoz Theuer. (2016). Ensuring the Environmental Integrity of Market Mechanisms under the Paris Agreement. Stockholm Environment Institute Policy Brief.

Schneider, L., D. Broekhoff, M. Cames, S. Healy, J. Fuessler, S. La Hoz Theuer. (2016). Market Mechanisms in the Paris Agreement: Differences and Commonalities with Kyoto Mechanisms. German Emissions Trading Authority (DEHst).

Schmeider, L., J. Fuessler, S. La Hoz Theuer, A. Kohli, J. Graichen, S. Healy and D. Broekhoff. (2017). Environmental Integrity under

Article 6 of the Paris Agreement. German Emissions Trading
Authority (DEHst).

Schneider, L. and S. La Hoz Theuer. (2017). Using the Clean
Development Mechanism for Nationally Determined Contributions
and International Aviation. Stockholm Environment Institute (SEI).

Schneider, L., J. Fuessler, A. Kohli, J. Graichen, S. Healy, M. Cames, D.
Broekhoff, M. Lazarus, S. La Hoz Theuer, V. Cook. (2017). Robust
Accounting of International Transfers under Article 6 of the Paris
Agreement. German Emissions Trading Authority (DEHst).

Schneider, L., M, Duan, R. Stavins, K. Kizzier, D. Broekhoff, F. Jotzo,
H. Winkler, M. Lazarus, A. Howard and C. Hood. (2019). Double
Counting and the Paris Agreement Rulebook. Science, 11 Oct. 2019,
366(6462), 180-3.

Schneider, L. and C. Warnecke. (2019). How Could the Concept of an
OMGE Be Operationalized under the Paris Agreement. New Climate
and Oeko Institute e.V.

Schneider, L. and A. Siemons. (2021). Averaging or Multi-year
Accounting: Implications for Environmental Integrity of Carbon
Market under Article 6 of the Paris Agreement. Oeko Institute e.V.

Shishlov, I. and V. Bellassen. 10 Lessons from 10 years of the CDM.
(2012). Climate Report N 37.

Spalding-Fecher, Randall. (2017). Article 6.4 Crediting Outside of
NDC Commitment under the Paris Agreement: Issues and Options.
Swedish Energy Agency.

Spalding-Fecher, R., F. Sammut, D. Broekhoff, J. Fuessler. (2017).
Environmental Integrity and Additionality in the New Context of
Paris Agreement Crediting Mechanisms. Swedish Energy Agency.

Spalding-Fecher, R., A. Kohli, F. Fallasch, P. Brown, J. Fuessler, D.
Broekhoff, L. Schneider. (2021). Attribution: A practical Guide to
Navigating the Blending of Climate Finance and Carbon Markets.
Swedish Energy Agency.

Spalding-Fetcher, R., F. Sammut, D. Broekhoff, and J. Fuessler. (2017).
Environmental Integrity and Additionality in the New Context of
Paris Agreement Crediting Mechanisms. Swedish Energy Agency.

TCFD. (2017). Recommendations of the Task Force on Climate-related
Financial Disclosures.

The World Bank. (2020a). Ensuring Environmental Integrity under
Article 6 Mechanism. World Bank Working Paper.

The World Bank. (2020b). Country Processes and Institutional
Arrangements for Article 6 Transactions. World Bank Working
Paper.

The World Bank. (2021). Carbon Asset Development Process. World Bank Working Paper.

The World Bank. (2022). Developing an Article 6 Strategy for Host Countries. World Bank Working Paper.

Timperley, J. (2019). Corsia: The UN's Plan to Offset Growth in Aviation Emissions. Carbon Brief (https://www.carbonbrief.org/corsia-un-plan-to-offset-growth-in-aviation-emissions-after-2020/).

United Nations Environmental Programme (UNEP). (2021). Emission Gap Report 2021: The Heat Is On – A world of Climate Promises Not Yet Delivered.

United Nations Framework Convention on Climate Change (UNFCCC). (2012). TOOL01, Tool for the Demonstration and Assessment of Additionality, ver. 07.0.0.

United Nations Framework Convention on Climate Change (UNFCCC). (2023). Technical Handbook for Developing Country Parties on Preparing for Implementation of the Enhanced Transparency Framework under the Paris Agreement.

United Nations Framework Convention on Climate Change (UNFCCC). (2023). Nationally Determined Contributions under the Paris Agreement: Synthesis Report by the Secretariat.

Victor, D. 1999. Enforcing International Law: Implications for an Effective Global Warming Regime. Duke Environmental Law and Policy Forum 10(1), pp. 147-184.

3. 국제 협약 및 문서

UNFCCC(법제처 번역). (1992). 기후변화에 관한 국제연합 기본협약.

UNFCCC(법제처 번역). (1997). 기후변화에 관한 국제연합 기본협약에 대한 교토의정서.

UNFCCC(법제처 번역). (2015). 파리협정.

UNFCCC. (2018). Decision 18/CMA.1 Modalities, procedures and guidelines for the transparency framework for action and support referred to in Article 13 of the Paris Agreement.

UNFCCC. (2021). Decision 2/CMA.3 Guidance on cooperative approaches referred to in Article 6, paragraph2, of the Paris Agreement.

UNFCCC. (2021). Decision 3/CMA.3 Rules, modalities and procedures for the mechanism established by Article 6, paragraph 4, of the Paris Agreement.

탄소시장

1판 1쇄 2024년 6월 15일
지은이 황석태

편집 이명제
디자인 김민정

펴낸곳 지을
출판등록 제2021-000101호

전화번호 070-7954-3323
홈페이지 www.jieul.co.kr
이메일 jieul.books@gmail.com

ISBN 979-11-93770-11-5 (03340)

이 책의 저자 수익금은 전액 온실가스 감축 실천 활동에 기부됩니다.

OJERI Books는 고려대학교 부설 오정리질리언스연구원의
연구 성과를 출판합니다.

이 책은 재생 펄프를 함유한 종이로 만들었습니다.
표지에 비닐 코팅을 하지 않았으므로 종이류로 분리배출할 수 있습니다.
표지: 플로라 가드니아 240g, 면지: 밍크지 라벤더 120g, 내지: 친환경미색지 95g